刘英传

生而为英

吴利明 著

浙江文艺出版社

图书在版编目(CIP)数据

刘英传：生而为英 / 吴利明著. —杭州：浙江文艺出版社，2024.7
ISBN 978-7-5339-7576-0

Ⅰ. ①刘… Ⅱ. ①吴… Ⅲ. ①刘英（1903-1942）—传记 Ⅳ. ①K827=6

中国国家版本馆CIP数据核字(2024)第067149号

责任编辑 柳聪颖
责任校对 许红梅
责任印制 吴春娟
封面设计 吴心安 吕翡翠
封面题签 樊芃序
插画绘制 尹宇琪

刘英传：生而为英

吴利明 著

出版发行 浙江文艺出版社
地　　址 杭州市环城北路177号
邮　　编 310006
电　　话 0571-85176953(总编办)
　　　　 0571-85152727(市场部)
制　　版 杭州天一图文制作有限公司
印　　刷 杭州富春印务有限公司
开　　本 710毫米×1000毫米 1/16
字　　数 365千字
印　　张 24.75
插　　页 6
版　　次 2024年7月第1版
印　　次 2024年7月第1次印刷
书　　号 ISBN 978-7-5339-7576-0
定　　价 119.00元

刘英（1905—1942）

庆元县竹口镇后坑桥（当地群众称之为红军桥），竹口战斗旧址

崇安县（今武夷山市）岚谷村，挺进师进行短期整训之地

崇安县（今武夷山市）车盆坑村，挺进师与闽北党组织和闽北红军在此会师

庆元县半岭村，挺进师曾在此召开政委会会议

庆元县斋郎村吴氏宗祠，斋郎战斗指挥部旧址

松阳县枫坪乡斗潭村永福寺，欢迎红军大会旧址

松阳县小吉村翁氏宗祠，挺进师曾在此召开政委会会议

松阳县安岱后村陈氏宗祠，挺进师机关、中共浙西南特委和军分区驻地旧址

遂昌县王村口镇桥西村程氏民宅，挺进师师部驻地旧址

遂昌县王村口镇天后宫，挺进师“八一”誓师大会旧址

龙泉市仓坛村社殿，挺进师曾在此召开上田会议

泰顺县九峰乡白柯湾村小宫庙，中共闽浙边临时省委成立旧址

泰顺县峰文乡双溪口村，红军医院旧址

平阳县山门镇大屯村，中共浙江临时省委驻地旧址

平阳县山门镇畴溪小学，中共闽浙边临时省委抗日救亡干部学校旧址

温州九柏园头，新四军驻温州通讯处旧址

丽水高井弄九号，新四军驻浙江办事处旧址

丽水厦河村，中共浙江省委机关旧址

丽水梅山弄十九号黄景之律师事务所旧址，曾经是中共浙江省委秘密活动点

丽水四牌楼兴华广货号，中共浙江省委秘密联络站旧址

永康市方岩镇马头山麓，刘英烈士陵园

摄影：吴利明　杨文龙

序

陶正明

刘英同志曾担任中共浙江省委书记，不幸被国民党反动派杀害了，这是我刚调到驻浙江省湖州一军政治部工作时知道的。一九七九年五月，我第一次跟随首长率领的工作组到驻金华的三师蹲点，了解部队情况。一个周末，三师首长带我们去永康县（后来改为市）方岩瞻仰刘英烈士陵园。我们走到刘英墓地前，献上鲜花，向着墓碑三鞠躬。县里领导简要介绍了刘英同志的生平和壮烈就义的过程，给我留下了深刻的印象。

十四年后，我到驻杭州的一师工作，这期间我认识了刘英的儿子刘锡荣同志，当时他在省里工作，是从温州市委书记的位置上提升的，先当副省长，后任省委副书记，一直分管双拥共建工作。他对驻浙陆海空部队非常关心，每年的军政座谈会上，他都认真听取各单位的介绍，请机关将难题一条一条地记录，按内容分给各厅局办，督促省“双拥办”逐条落实解决。那时我们部队的饮用水全靠自己抽，一到夏天，水供不应求，严重地影响了部队的战备训练和官兵的身体健康。我们专门书面给省市“双拥办”做了汇报。没想到，第三天省委办公厅就来了通知，刘锡荣同志带有关部门和技术单位，现场办公，一个团一个团地查看水房，到连队伙房和洗漱间拧开水龙头查看流量……

时隔不久，刘锡荣再次来到部队，在师党委会议室里明确几条：一是一师部队用水困难一次性解决；二是所需的一千多万元经费由省市两级统一支出，专款专用；三是技术方面由地方专业单位负责，人工由部队承担。我们听了，不由得想起刘英老书记，有其父必有其子，作风一脉相承。

二〇〇五年九月，我从第十二集团军调到浙江省军区工作。知道刘英同志在浙西南战斗的时间长，留下的脚印深，因此，我和机关的同志经常到这些地方去，想去寻找老一辈的精神动力和革命智慧。二〇〇七年，省军区要资助建设一所希望小学，我与有关方面商量后，决定将这所希望小学建在浙西南的丽水市云和县——让老区的孩子有书读，让老区的群众过上美好的生活，这正是刘英等老一辈革命家抛头颅、洒热血，为之奋斗的愿望。

也许真有缘分。刘英二十世纪初出生在江西瑞金，二〇一〇年，我有幸到江西省军区任政治委员。上任不久，我就去了瑞金市的竹岗村——刘英同志的出生地，听了市里党史研究专家的介绍，并找来有关书籍阅读。当我站在“红军井”旁，望着“吃水不忘挖井人”几个字时，不由得想起了一师部队的水井，当年毛泽东等老一辈革命家为当地老百姓挖井，后来刘锡荣同志等地方领导为人民子弟兵送水，真是军政军民一家人，传承的都是不忘初衷的心!

前不久，老战友吴利明来电话说，他为刘英写了一部传记，有意请我作序。我与利明同志早就认识，一九九七年他跟随考察组到我所在的一师部队为浙江省军区考察干部，二〇〇六年他在丽水市莲都区人民武装部任政治委员，我到过该部，他的工作汇报理论与实际联系得很紧密，给我留下很深的印象。他提出让我为本书作序，我有点诚惶诚恐，介绍同时代战友，我有求必写，但为老一辈革命家的传记作序，我原本不敢应允的，我有自知之明。几天后，利明同志专程来杭州，再次商议作序一事，并带来了他的作品。他已出版了五部作品，全是写浙闽赣边区根据地和红军的故事，有两本是文字稿，有的还图文并茂。他简要介绍了创作的过程和其中的艰辛，诉说了许多的红色心愿和梦想。回到家里，我一本一本地翻看，心灵受到了强烈震撼——这片秀美的大地曾流淌过先烈的鲜血，殷实富足的生活浸透着先烈的梦想，中国的大花园靠一代又一代人的汗水浇灌润色！

红色文化资源凝结着中国共产党的光荣历史，展现了近代以来中国人民英勇奋斗的壮丽篇章。深入挖掘和阐释红色文化资源的时代价值，对于加强革命传统教育和爱国主义教育、传承和守护红色根脉具有深远意义。现在的浙江和中华大地，已经像刘英等老一辈革命家为之奋斗和期许的那样，过上了幸福美好的生活。吴利明同志希望能够挖掘出更多的红色故事，丰富革命精神的内涵，为下一代的健康成长、为革命老区的红绿融合发展和共同富裕注魂、赋能、立根。衷心祝愿他在各级领导的鼎力支持下，在父老乡亲的呵护中，能实现一个又一个的红色心愿和梦想。

是为序。

（陶正明，曾任浙江省军区副政治委员，中共江西省委常委，江西省军区政治委员，少将。现已退休。）

目　录

卷一

赣南·闽西

（一九〇五至一九三四）

第一章
翠竹满山岗

有些来历的家族

一九〇五年的中国，风雨飘摇。

走过两千多年历史的古老封建帝国，就像枝头上一片即将凋零的枯黄树叶，又像荒野中一座即将倾覆的高楼。

一九〇五年是中国的一个转折点。

这一年，也就是光绪三十一年，清政府宣布："自丙午（一九〇六）科为始，所有乡、会试一律停止，各省岁、科考试亦即停止。"废除了延续一千三百多年的科举制度，引发了近代中国文化教育制度的根本改变，这已是一件了不得的大事。

这一年的三月，日本、俄国在中国东北的奉天（今沈阳）会战。这一战俄军被击溃，日本获胜，从此逐步揭开了日本侵华的序幕，给中华民族带来了前所未有的沉重灾难。

再说这一年的八月，中国第一个资产阶级政党——中国同盟会在日本东京成立，提出了"驱除鞑虏，恢复中华，建立民国，平均地权"的政纲，为六年后推翻清政府、结束两千多年封建帝制的辛亥革命，奠定了坚实的思想组织基础。

美国的吉尔伯特·罗兹曼主编的《中国的现代化》一书中认为："一九〇五

年是新旧中国的分水岭，它标志着一个时代的结束和另一个时代的开始。”

也就在这一年，在中国赣南一个二三十年后声名远播赣闽浙皖的人出生了，也就是本书的主人公——刘英。

刘英出生在赣南瑞金城的竹岗村。如今，这个地方属象湖镇。

瑞金地处赣闽交界处，是两省之间的主要通道，旧有“入闽之咽”之称，属江西的南大门。象湖镇则因“地形似象，塘多如湖”而得名。

这里有不少名胜古迹，更有丰富的红色资源。

就说镇上那排很有气势的建筑，四间祠堂连成一片，主祠堂大门口有一对石狮，高高大大，威猛无比。围墙两米多高，把整个祠堂围得很严实，这就是瑞金典型的客家建筑杨氏宗祠。

瑞金封建宗族观念及其组织制度根深蒂固。人们聚族而居，一姓一个村子或一姓几个村子。高大宽敞、气势恢宏的宗祠，是一姓一族权力的象征。而杨氏宗祠不仅是供奉祖先的场所，还曾经是中国工农红军学校的校址。

红军学校是一九三二年夏从瑞金的天后宫搬迁而来。刘伯承、叶剑英都曾任校长，培养了一批人民军队的中高级军事和政治指挥人才。

象湖镇四周长满青青的翠竹，镇里有个地势略高而平缓的村庄掩映其中。这个村就是竹岗村。

这满山的翠竹不由得让人想起，作家袁鹰对革命根据地毛竹的描写。

> 从远处看，郁郁苍苍，重重叠叠，望不到头。到近处看，有的修直挺拔，好似当年山头的岗哨；有的密密麻麻，好似埋伏在深坳里的奇兵；有的看来出世还不久，却也亭亭玉立，别有一番神采。
>
> ……
>
> 大家用它搭过帐篷，用它做过梭镖，用它当罐盛过水，当碗蒸过饭，用它做过扁担和吹火筒……还用它摆过三十里竹钉阵，使多少白匪魂飞魄散，鬼哭狼嚎。如今，早就不再用竹钉当武器了，然而谁又能把

它忘怀呢？

就在竹岗村的一个农户家中，一名男婴出生了，家人为他取名刘声沐，字浴沂。

刘声沐出生的时间有多种说法。有说出生于一九〇三年，比如一九七九年版的《辞海》就采用了这种说法；有说出生于一九〇六年，比如一些领导人和刘英亲属早年的讲话稿，以及一九八九年版《辞海》都是这种说法。

家谱是家之根、人之根，也是家族血缘的重要凭证。如果要寻根问祖，还得找家谱最为靠谱。根据一九九五年三月编印的《瑞金九竹族刘氏八续重修谱》，清光绪三十四年（一九〇八）重修的《瑞金西关刘氏七修族谱》记载的关于刘声沐出生时间，被近年来大部分出版机构、研究单位所采用。这个时间是：一九〇五年十一月二十六日。

这个刘声沐，就是后来的革命者刘英。

说起这个刘氏家族也有些来历。

早在唐德宗年间，北方的刘氏就因为出外当官，或者其他原因迁徙，纷纷到赣南、闽西各县落户。竹岗村的刘氏源于彭城郡，也就是现在江苏徐州一带。村中的刘姓人家，就是汉景帝第十个儿子中山靖王刘胜的后裔。

在往南的迁徙大军中，有个人叫刘芾。刘芾是宋理宗景定辛酉年（一二六一）的举人，也是壬戌年（一二六二）的进士，任过校书郎、尚书仆射这样的官，官居在赣州水木洞这个地方。他有个孙子叫刘元德，号景，字灼，是宋乾道丁亥年（一一六七）的进士，官至工部尚书。元朝至治年间，刘芾五世孙刘君用全家从赣州水木洞，迁到瑞金竹岗村定居。

刘芾第二十二世孙刘世星，就是刘英的祖父。刘世星，字耀明，道光乙未年（一八三五）农历正月十一日出生，同治庚午年（一八七〇）农历七月十八日去世。刘世星生有两个儿子，长子刘芳针，就是刘英的父亲，次子刘芳钊。

刘芳针，字著裳，清同治癸亥年（一八六三）农历七月十二日生，一九四八年十二月去世。他娶杨氏为妻，生有七个儿子，刘英最小，上面有六个哥哥。大哥刘声源，二哥刘声波，三哥刘夏生，四哥刘声根，五哥刘声海，六哥刘润生。其中，三哥刘夏生、六哥刘润生幼年夭折；四哥刘声根过继给叔叔刘芳钊。

兄弟七人中，除小儿子刘英参加革命外，第五个儿子刘声海也参加过革命。刘声海，字汇淮，清光绪庚子年（一九〇一）农历十二月十九日出生，后来参加红军，在战斗中牺牲。但无法考证刘声海牺牲的时间、地点和他的革命历程。

刘英小的时候，家庭生活还算得上殷实。当时父母四五十岁，父亲刘芳针是一个勤劳的壮汉，母亲杨氏虽是大姓人家出来的，却勤俭持家，针头线脑的活都会干。那时，大哥二哥没有生病，五哥刘声海没有入伍，家里有着他们几个出工出力的小伙子帮衬着父母，共同把家里的几亩薄田侍弄好。再加上，父亲掌管着刘氏公堂十几年，经手的钱粮不少。按照村规民约，管理者可以不交田租，耕种部分公田，单凭这一点也能让全家大小衣食无忧，把家中小日子过好。

在村里，父亲刘芳针是个头面人物，能干涉家族中的大小事务，为邻里族人调解矛盾纠纷。他在私塾里读了几年，略通文墨，还纳捐了一个功名——例监，成了“国学生”，算是乡间的一个绅士，一直以来受到村里族人的敬重。

可是，后来随着大哥刘声源、二哥刘声波的病故，刘英和五哥刘声海参加红军，以及母亲的去世，父亲刘芳针掌管的公堂不兴盛，刘家也逐渐家道中落了。

求学生涯

在这样的乡村、这样的家庭中长大的刘英，既有一般农家弟子的调皮、淘气，又有勤劳、节俭、刻苦的品德，还有远近闻名的机灵、聪明。

刘英没有上学的时候，与乡村的孩子们一起玩耍，也是野性十足的。他也经常会惹出一些小麻烦。有时候与同伴追逐嬉戏，把庄稼踩伤了；有时候捉迷藏，把大人吓着了；有时与小伙伴们玩打仗，把小伙伴误伤了。

有一次，刘英拿石子打狗，不小心把邻居家的水缸打破了。邻居就跑到刘家告状，母亲脸面下不去，就追赶着要打刘英。他就爬到一棵大树上，母亲在树下一边责骂他，一边等他。他就在树上叫起来，说自己要尿尿了！母亲忍着笑骂他。只好先离开树下。噗的一声，刘英纵身一跳，就往田埂上跑了。母亲又好气又好笑，不敢继续追，怕他逃跑时不小心摔了。她只得叫他：“不要跑了，不要跑了，不打你了！”

于是，刘英得意地跟着母亲回家吃饭。

参加革命以后，刘英给战友们讲起这个故事，自己也禁不住哈哈大笑起来。

竹岗村上的大人和小孩都喜欢刘英的聪明劲儿。小伙伴们在玩打仗时，都想跟他一伙儿。大人们不时逗着他玩，还会出几道简单的算术题考考他。刘英往往不假思索，很快做出正确的回答。乡亲们都认为这个孩子长大后一定有出息。

九岁那年，父母把刘英送进了本村私塾。在私塾的几个孩子里，他的背书速度是最快的，但他调皮，老师觉得他难管。刘英既不喜欢老师的死板，也不喜欢课堂的沉闷。他有时故意答不出老师的提问，或者没有死板地按老师的答案答题。于是，师生间免不了一些小冲突。

读了两年私塾，师生关系越来越紧张，刘英甚至到了不想上学的地步。所以父母把刘英转入群德小学继续就读。父母希望他通过读书不但能混到饭吃，还能出人头地、耀祖光宗。

在群德小学里，刘英像是突然懂事起来，读书用功了许多，成绩也名列前茅。尤其是有兴趣的课目格外勤奋努力，国文、算术、图画、体操这几门课更是比别人好出许多。

而且，小小的刘英还能吟诗作对，他在老房子的墙壁上留下了一句流传至今的诗句。

> 夜静书为友，春深笔吐花。

这也可以看出，他国文基础扎实，从小把书作为良友，春天夜深人静之时，依然在刻苦读书写作。除了国文之外，刘英还特别喜欢国画课。作业本的空页，都被他画满了画。

刘英在学校里体操课成绩也很好。他除了认真读书学习，还坚持锻炼身体，小小的年纪就认识到健强体魄的重要。每天早上，刘英起来练习武术，用拳头打土墙、打柱子、打树干，打得手上不是这里脱了皮，就是那儿出了血；他还练飞腿，常常练得腿上青一块紫一块，但他从来不叫苦、不叫痛。

苦练了几年，刘英能用手掌把一块青砖轻易劈断。经常有师生围观，并连连为他叫好。

刘英还会撑竿跳高，在学校的体操比赛中名列前茅。

时间过得非常快，一晃又到了毕业季。一九二二年七月十八日，群德小学举行毕业典礼。校长刘育彬双手打着拍子，为全体毕业生领唱：

> 光阴似流水，不一会，课毕放学归。我们仔细想一会，今天功课明白未，老师讲的话，可曾有违背。父母望儿归，我们一路莫徘徊，将来治国平天下，全靠吾辈。大家努力呀！同学们，明天再会！

这歌声与曲调，把所有师生都带入淡淡的离愁中。

刘英小小的年纪，也开始尝到了离别的惆怅。他和同学们一起排好队，校长刘育彬亲手给大家颁发毕业证书。刘英从校长手上接过毕业证书，只见证书上印制着精美的文字：“学生刘声沐系江西省瑞金县人，现年十六岁，在本校高等科修业期满，考查成绩及格，准予毕业。此证。”上面盖着瑞金县私立群德高等学校和刘育彬的方印。

这是刘英领到的平生第一本也是唯一一本毕业证书。有人说他读过本地的绵江中学，从绵江中学办学时间和刘英在松山小学任教时间来推算，没有这种可能性。

叛逆与奋发

小学毕业之后的一段时间里，是刘英感到最苦闷彷徨的时期。

十六七岁的少年，心中有各种各样的想法，但都无法实现，只能跟在父亲屁股后面做一些农活。父亲刘芳针认为干农活是没有出息的，因此他对刘英也十分不满意。

这个时期，刘英父子之间冲突不断。刘英对父亲刘芳针的感情是矛盾和复杂的。

他有佩服父亲刘芳针的一面。父亲在村里比较有权威，向来说一不二，村里大人小孩都听他的话。许多小孩大闹时，只要父亲一出现、一瞪眼，就都变得静悄悄的。谁家吵架了，父亲都能圆满调解。尤其是，在很长一段时间里，他把村里的公堂管理得井井有条，使得刘英不得不暗暗对父亲有些崇拜。

刘芳针平常喜欢背着手走路思考。父亲的这一习惯也有意无意地影响着刘英，多年以后，刘英无论是大庭广众之下的讲演，还是个人或集体拍照，都习惯背着手。

刘英也有些憎恨父亲刘芳针。在几个孩子里，父亲期望最高的当然就是小儿子刘英了，所以他处处给刘英提要求，希望刘英长大后有大出息。父亲对刘英严加管教，要求他热心于家事和宗族事务，还用封建宗法观念规范刘英。父亲特别注重宗族事务，他认为“同姓是一家，雷公劈不开”，刘英就用俗语“头头大树有燥桠，只只村场有穷人”对父亲进行反驳。

父亲刘芳针平时十分严厉，整天板着脸，对刘英一副恨铁不成钢的样子。刘英不喜欢父亲的这种表情。

特别让刘英感到难堪的是，他长大后经常有人在他面前诉说对父亲的不满。当时，刘英已经出去当小学老师了，还有人向他抱怨：父亲管理刘氏公堂年限长，办事不公允、不民主；清明做祭等开销不愿算账，不公开账目；有的公田租种的佃户因歉收，无法缴清当年田租，父亲也不肯通融晚交或免交。

村民对父亲的积怨不少，特别是他坚持维护旧礼教、旧秩序、旧规章，不肯做一些变革，平息村人、族人的怨气。刘英越来越感到父亲固执己见、唯我独大，逐渐对父亲有怨气和不满。

于是，刘英责问父亲："村上这么多人有意见，你为什么就听不进去？为什么不愿意改一改呢？"父亲不但置之不理，还训斥刘英道："一个小孩子，别管大人事！"刘英与父亲论理，结果不但挨了骂，父亲还要动手打他。

好在刘英身手敏捷，父亲打不到。但从此，父子俩"相背以至反目"。

有一次，刘英与父亲又因一件小事，吵了一架，把父亲气走了。想不到刘英正在厕所蹲坑时，父亲转过身，手拿一把砍柴的刀，还骂他是逆子，叫他出来！刘英赶紧提起裤子，凭借自己的敏捷身手，腾地跃出厕所矮墙逃走了。要不然，刘英说不定真被正在气头上的父亲，要了小命，或伤了筋动了骨。

其实，这仅是因为刘英说了一些对父亲不满的话，刘芳针也只是嘴上骂骂而已，哪有不疼爱自己孩子的父亲？

然而，刘英却与父亲开始生分和疏远了。

刘英当然不会满足于干好农活，他想结识更多的人，参加更多的社会活动，学到更多的本事。

竹岗村中设有拳坛，聘请了外地有名的拳师来教授村民习练武功，刘英自然是最积极的习练者，除学拳、棒、站桩这些常规武术套路外，他还刻苦习练“三指禅功”，希望自己能有一身超出常人的功夫。

刘英刻苦习练“三指禅功”，把食指、中指、无名指都“顿”平了。

当时在乡亲们的眼中，刘英已经是很有学问和本事的人了。他也乐意给乡亲们写写画画。乡亲们平时写信和过年写春联，都少不了请他代笔。

刘英遒劲有力、别具一格的毛笔字，时常得到大家的夸奖：要是还兴科举的话，这孩子早就考中秀才了。的确，刚好就是刘英出生那年，科举制被宣布废除了。其实，即使科举制还保留，凭刘英的性格也不会去考的。

刘英小学毕业后还经常给人画画。过年时，他就给人画很大幅的年画，贴在堂屋的正中。有人娶媳妇打扮新房，他也给人画一些喜气洋洋的画。

他曾为城南刘屋坪的竹岗本族众厅画过八幅壁画。这些壁画分别画在众厅东西两面墙的上部，每一幅画都设有长方形双线框，框的转角处做云纹处理，显得飘逸，很有气势。他的画细腻入微，很有传统的中国画风。这八幅画，有的画嬉戏的梅花鹿，有的画鸣叫的报喜鸟，有的画岁寒三友，有的画虎啸山林……画作题材的选择，有意无意表达出刘英的心境。他想干一番惊天动地的事业，不畏任何艰难险阻，对美好未来无限向往。

这些画被刘屋坪主人的后人翻拍成照片，一直保留至今。

刘英与村里的刘德连常在一处，与相邻的安治村同姓者刘忠恩也有联系和交流。刘忠恩深受新文化运动的影响，与同乡的邓希平、谢仁鹤等人一起在离竹岗村十来里的安治村，创办了一所醒群小学。他们希望更多的群众，通过学习从无知愚昧中惊醒。

说起办学，还得说一下绵江中学。

这也是一批瑞金外出求学的青年，怀抱教育救国和革新家乡文教事业的志向，于一九二一年自愿捐资筹办的瑞金有史以来第一所中学。两年后的秋天，绵江中学开始正式招生，学校提倡新文化，用白话文教学，鼓励学生主动发展，给瑞金的教育带来一股清新之气。

后来，绵江中学也确实成了革命之地，成了工农运动的指挥部。

让刘英想不到的是，一九二七年九月上旬，正是创办醒群小学的年轻党员刘忠恩、邓希平、谢仁鹤等在这里秘密成立了瑞金第一个中共支部——绵江中学支部，刘忠恩任书记。

此后，刘英也认识到学校是一个传播新思想的重要地方。

教书与经商

竹岗村的村中心坐落着松山小学。一九二四年，刘英经人推荐到这里任教。

松山小学就是原来的群德小学。这里是竹岗村开基的地方，学校众厅里仍然安有神龛。逢年过节，村中的族人都要前来祭拜。刘英认为这不但影响了教学，还严重禁锢了师生的思想。近些年来，刘英亲眼看到世道在变：学校的师生上街游行，县城在焚烧日本货，墙上张贴着新鲜激昂的口号标语，人们在热烈、悲愤地交谈。他也逐渐懂得“天下兴亡，匹夫有责；爱国光荣，卖国可耻”这些道理。

任教不久，刘英便让族人将神龛撤出学校。

有村民跑来指责刘英，说：“神龛是有神灵的，你怎么可以随便动?”刘英就耐心地劝说：“老伯啊，孔夫子大于凡夫，也胜过神灵，大家随便进到校园来祭拜神灵，会吵着孔夫子，触犯孔夫子会遇到麻烦的。”那老伯无言以对，悄悄地走了。

刘英挥毫作画，把校舍重新布置了一遍，族中许多老前辈看到后，都称赞刘英这个小伙子能干。

学校只有二十来个学生，但刘英在教学上非常用心，认真负责。他使用新式教材，用白话文授课；教育学生爱国、爱乡、爱家，重视知识，更看重做人；要求学生诚实守信、尊老爱幼，崇尚科学、反对迷信，要有正义感，不欺负弱小者。他对贫苦的学生减免学费，亲手为孩子们裁纸、装订作业本。

两年后，刘英调到性定小学任教。他读书时就很擅长的国文、算术、图

画、体操四门课，全都由他讲授。刘英全身心投入到教学中，白天上课，晚上备课、批改作业，工作安排得非常满。经过两年的教学实践，刘英既增长了自身的文化知识，教学水平也在不断提高。

但由于时局动荡，老百姓生活每况愈下，穷人的孩子还怎么安心读书？学生们纷纷退学，剩下的学生寥寥无几，办学资金难以为继，学校不得不停办。

就这样，刘英结束了教书生涯。

刘英不想无所事事，就萌生了做小本生意的念头。

竹岗村就在瑞金城边上。刘英与村人商量，决定合伙到城里开个小米店。几个合伙人中只有刘英读过书，会算账，于是大家推他为掌柜，负责对外应酬和记账。一九二八年初，在一阵鞭炮声中，水府庙边的一家小米店正式开业。

米店的开张方便了竹岗村一带的乡亲，村里人也照顾生意，米店买卖看似很红火。但是，困难群众来买米，刘英大都同意给他们赊账，有时还会接济揭不开锅的人家。

后来，各种苛捐杂税接踵而来，店里资金周转出现困难，但赊出去的账一时半会又要不回来。小米店不但挣不到钱，还出现了亏损，只能关门大吉。

但教书、经商这几年，刘英接触到不同的行业和人群，特别是各种身份、不同阶层的家长和顾客，不但丰富了自己的阅历，还在思想上有了很大的触动。

这期间，他阅读了《新青年》《向导》《岩声》《改造》等大量的进步报刊，对许多社会问题进行了思考。例如，中国社会尤其是乡村为什么这么落后？为什么有些人那么富有，有些人那么贫穷？为什么存在封建宗族、礼法、迷信？

刘英一方面想从进步报刊中寻找答案，另一方面想找到能解答这些问题的导师。

离开竹岗村

一九二七年八月一日，南昌起义，震惊中外。

到了这一年八月二十五日，贺龙率领起义军一部来到瑞金城东北四十里许的壬田镇双巴子岭，与国民党军新编第二十师王文翰部打了遭遇战。

经过激战，贺龙部击败王文翰部三个团，俘虏官兵数百人，缴枪数百支。第二天，贺龙率部占领瑞金城，并追击敌人至会昌。八月三十日，会昌战斗结束后，起义军返回瑞金县城。起义部队的党组织成立了中共在瑞金的第一个支部——绵江中学党支部，并进行了土地革命试验，开展了革命宣传和打土豪、分浮财活动。贺龙和郭沫若就是经起义军前委批准，在绵江中学加入中国共产党的。

九月七日，起义军经瑞金城边的安治村向福建长汀县开进。

起义部队在瑞金城时间不长。但这支部队以纪律严明、形象清明得到了瑞金百姓的欢迎和拥护。刘英也亲眼见到张贴有“铲除贪官污吏，实行土地革命”“打倒土豪劣绅，耕者有其田”等内容的标语，感觉到这支部队与以前的军队不一样。

城南著名伤科郎中刘远崇、刘登奎父子是刘英同宗的族人。刘英是他们家的常客，也亲眼看到了他们父子为起义军的伤员治伤，见证了这些为百姓利益流血牺牲的英雄事迹。

贺龙部在瑞金不到十天，但给刘英的内心冲击很大，激起了很大的波澜。他的心中不禁升腾起阵阵的暖意和无限的激情，也希望有朝一日能加入到这样的队伍中去。要不是起义部队走得快，他或许在这个时候就加入这支部队了。当贺龙部离开瑞金后，他为自己没有及时加入红军队伍，而不断懊悔。

此后，刘英与父亲的冲突继续升级，父子俩的“思想裂痕越来越深，感情便日益疏淡”。

父亲曾按乡村的风俗早就给刘英娶下了妻子杨氏。杨氏没有进过学校的门，而且生性孤傲，固执己见，婚后与刘英性格脾气合不来，没有共同语言，经常争吵。刘英参加红军后，杨氏还找到部队驻地，闹着要跟刘英到部队去享清福。

刘英越来越觉得在竹岗村不能继续待下去了，得出去寻找新的出路，另谋新的生活。

离竹岗村两里地的下半村，是刘英妻子杨氏的娘家。

这个村里有个叫邓文生的人，他的祖辈从江西乐安迁到瑞金北面的大柏地居住，再从大柏地搬到城南的下半村。刘英的堂哥刘声绥就是邓文生的女婿。刘英上街办事，常常经过下半村。邓文生懂中医药，在自己家门口摆了个中草药摊，用中草药给人治外科伤病。刘英每次路过都会与邓文生打招呼，两人十分熟悉。

有许多地方史料认为：邓文生是共产党派到瑞金从事工农运动的，是瑞金地下党负责人之一，也是对刘英有着深远影响的一个人。也有一些专家认为，这种说法不可信。不过，邓文生确有其人，跟刘英的关系有两种可能：一是刘英从他这儿经常会听到一些革命的消息，受到一些进步思想的影响；二是经过多番传说，邓文生就成了刘忠恩、邓希平的混合体，因为刘忠恩、邓希平的确是中共瑞金第一支部的主要创始人。

一九二九年二月九日，农历除夕，朱德、毛泽东率领的红四军，从井冈山下来向赣南闽西进军，到达瑞金城北约六十里的大柏地。这里有一条十余里长的山谷，山高林密，红军以有利地形伏击尾追的国民党军第十五旅刘士毅部，经过反复激战，赢得了“红军成立以来最有荣誉之战争”。三月十四日，红四军在与瑞金相邻的福建长汀取得长岭寨大捷，歼灭国民党军郭凤鸣部两千余人，并占领长汀县城。从此，红四军几度来回瑞金、闽西之间，发动工农革命。

这些消息都经过肩挑背扛的货郎小贩和邓文生一样的商人摊主，从大柏地或长汀传到瑞金城，成为街谈巷议的新闻。

此时，大柏地还不是红军的根据地，当地群众听说红军来了，几乎都往山上跑，红军虽说打了大胜仗，指战员吃饭却成了问题。鉴于这种特殊情况，朱德、毛泽东采取灵活办法，批准各部可以动用群众家里的粮、油、菜，但是动用群众家的东西必须留下借条、出布告，说明日后会偿还。

红军十分重视取信于民。事隔五十多天后，当红四军第二次路过大柏地时，命令各军需部门按借条向老百姓兑现大洋，而且规定可以多给、不许少付。军需部门的官兵给各家各户兑现大洋，办完了这件事，在群众中形成了非常好的政治影响。

老百姓都称道，红军与国民党军队根本不一样，借条兑现，说话算数。

于是，瑞金群众把红军看成穷人的救星与希望，包括进步知识分子在内的许多年轻人，纷纷响应号召，报名参加红军。此时的刘英在苦闷彷徨之际见到了出路，再也忍耐不住了，决计把想法化为行动。他暗中邀约年轻的朋友、亲戚，打算一起去参加红军。

三月下旬的一天，刘英突然接到朋友的确切消息：红军还在长汀城！

刘英立即出去寻找红军，事先没有透露半点风声给父母，更没有告诉感情不和的妻子杨氏。让他想不到的是，他出去参军不久，他的妻子杨氏跑到部队闹了一场，回去后就另嫁他人，幼小的女儿送人不久就夭折了。

而此时，听到红军还在长汀这个好消息，刘英兴奋异常，只怕再失去机会。于是，他撂下肩膀上正挑着的泥担子，与早已约好的外村同姓朋友刘德连一起，向着闽西长汀方向出发。

暮色中，刘英回头看到远远的竹岗村，掩映在一片宽阔的竹海中。

第二章

豪情上坦途

拿枪的"账房先生"

仲春时节。

两个小伙子从瑞金出发，随着绵江一路向东疾行。江的两岸山峰林立，森林茂密。两人沿着由赣入闽的千年古道，一边赶路，一边商量："参加红军名字不能太俗气，得改个名字。"

刘英认为，两个人的名字都不好听，叫起来不响亮，也没什么含义，刘德连认同兄长的意思，让刘英说了算。

刘英似乎早有准备，滔滔不绝地讲起道理："红军个个都是英雄好汉，我们参加红军后，也要争当英雄。"

刘德连急切地问："那你的意思是起个什么名字？"

刘英这才把早就想好的名字说出来，他比刘德连大，改名为刘英，刘德连改名为刘雄，两人合起来就是英雄。

刘德连说："好，太好了！"

两人边走边说话，不觉已翻过了几座山。连夜走了八十里的古道，两人都还不觉得累，天不亮就到达闽西的古城——长汀。

长汀，自古为闽粤赣三省边陲要冲，是福建省西大门。这里历史悠久，唐代就在此置州，此后一千多年里，一直都是州、郡、路、府的治所，也是客家人聚居地，被誉为“客家首府”。长汀自然景观独具特色，人文景观丰富，文化底蕴深厚，曾被“中国缘·十大国际友人”之一的路易·艾黎称为“中国最美丽的山城”。后来，这个路易·艾黎因为发起了“工合”运动，抗战时期还与刘英在浙江有过接触。

吃过早饭，他俩无心游览古城风光，直接找到了红四军司令部、政治部的驻地——辛耕别墅。这是一处庭院式古民居建筑，原是一位商会会长的别墅。

红军要扩大，所以在别墅门前不远的地方设立了招兵处。

负责招兵扩红的红军干部一看两人是要求参军的，立即表示欢迎。两人填写好登记表，红军干部拿起来一看，新奇地叫起来：“刘英、刘雄，你们是兄弟？你们一起参加红军，就是一对英雄。”

两人的心思一下子就被红军干部看穿了，刘英、刘雄都不好意思地笑了。此后，事实证明，刘英在红军队伍里不断成长进步，成了一名真正的英雄。而刘雄却经受不了战斗的考验，还开过小差。

招兵的红军干部一看刘英是读过书的，也算是个小知识分子。

刘英还告诉红军干部，自己教过书，又开过米店。

红军干部问刘英：“那算账有没有问题？”

刘英认真回答道：“没问题！”

红军干部还出了几道算术题给刘英做，刘英教过几年小学，这种简单的问题自然考不倒他。红军干部就告诉他，现在部队正缺少会计，既然刘英会算账，那就在部队当会计吧！就这样，刘英参加了红军，投入到革命斗争的洪流中，成为一名红色“账房先生”。

不久，他还和刘雄一起赶回老家瑞金，动员了一批青年到闽西参加红军。为了让大家铁下心，跟随红军闹革命，他还与朋友们像古代的侠士一样，结拜兄弟，并带领大家宣誓：如有半途变心，刀斩弹击不赦！

刘英在部队任会计，不仅账目做得认真、仔细、清楚，还主动兼任保管、军需等工作。虽然战斗生活十分紧张繁忙，他仍然利用空隙时间看书学习，思想进步很快。因为刘英表现突出，很快被挑选到红四军副官处担任会计。不久，又出任军需供给部出纳股股长。

刘英在部队感觉自己找到了人生方向。他回想二十多年的人生历程，颇为感慨，写下了一首五言诗：

幼时不知路，今日上坦途。
赤心献革命，决然无返顾。

纵观刘英的成长经历，从他走上革命道路至一九三四年，前后不到五年时间，无论在思想觉悟、政治理论上，还是工作能力、职务升迁上，他都进步得很快。

忙碌的出纳员

之后，刘英跟随红四军二度入闽，三占龙岩，前后三十七天，行程一千多里，在五个县的广大城乡区域，开展机动灵活的游击战。他所在的部队就是朱德任军长、毛泽东任党代表的红四军，是中国共产党最早创建的一支红军部队。

为什么这支部队称为“红四军”，而不称“红一军”呢？

原来，国民革命军第四军由叶挺独立团作为先锋，向湖南进军，揭开了北伐战争的序幕。第四军是中国共产党掌握的部队，扩编参加了南昌起义。起义部队南下后，在朱德、陈毅率领下，转战湘南。一九二八年四月，部队上井冈山与毛泽东秋收起义部队会师后，为发扬第四军英勇作战的光荣传统，中国共产党领导下成立的第一支新型人民军队命名为“中国工农革命军第四军”，一个多月后改称为“中国工农红军第四军”，简称“红四军”。

一九二九年六月，蒋介石决定调动闽粤赣三省国民党军对闽西革命根据地和红四军发动大规模的“会剿”，总兵力达十四个团，两万余人。

红四军根据敌强我弱的实际，提出了“打破一面找出路”的“七月分兵计划”。此时，毛泽东在六月份的红四军第七次党代会上，以一票之差落选了前敌委员会书记一职，并且身患疟疾，就以特派员身份到闽西特委所在地上杭县蛟洋，一边养病，一边开展调查研究和指导工作。七月二十九日，朱德火速赶到蛟洋的文昌阁，与毛泽东等会商退敌之策。

商议的结果是，红四军分兵应对敌人。毛泽东率领第四纵队留守闽西，开展根据地建设，缩小目标。朱德率领第一、二、三纵队和军部向闽中出击，分散敌人力量。在军需供给部工作的刘英自然跟随军部。

而此时，林彪率领的第一纵队因汀江水位上涨，未能与第二、三纵队会合，只好仍留在闽西。刘英日后的老搭档粟裕就一直在林彪的部队，粟裕在闽西这段时间进步特别快，从连长到一支队三大队的政委，调任二支队政委，并且参加了大柏地、长汀等战斗。后来，粟裕调任红四军特务支队政委，而刘英在军部机关任出纳股股长，他们在这时候就相互认识。

朱德只得率第二、三纵队和军部近三千将士向漳平方向开进。

漳平地处闽西、闽中、闽南接合部，战略位置十分重要。八月四日，朱德率部在兵不血刃的情况下，夺取了漳平双洋，并在这里住了三天四夜。

红军组织召开群众大会，号召工农群众起来暴动，参加革命。刘英除做好本职工作外，跟随红军宣传员在各个街巷张贴革命标语。上个世纪七十年代，在漳平双洋发现当时留下的两件罕见的革命文物：一件是太平桥亭里张贴的朱德、毛泽东签署的《红军第四军司令部布告》，现珍藏在中国国家博物馆；另一件是观音庙墙上张贴的红四军出版的《浪花》创刊号，为红军正式出版的第一份铅印报纸，现陈列于古田会议纪念馆。

在双洋，红军还开展了打土豪、分财产等活动。刘英带领出纳股的官兵参加统计、分发财产工作。

八月八日，朱德率领队伍到达漳平县城下，并亲自指挥攻城。第三纵队司令员伍中豪、党代表罗荣桓等将领在前沿阵地分头执行作战命令。红军势如破竹，一举击溃守敌，占领县城。部队在漳平县城驻扎了十多天，成立中共漳平支部、漳平县工会、漳平县农民协会和漳平城防第一赤卫队。在“衙内后土”召开群众大会，朱德亲临讲话，号召工农大众跟着共产党打土豪、分田地。在“三合药房”分别召集手工业工人和农民代表开座谈会，朱德亲自主持，听取群众的革命要求。

在漳平县城，刘英所在的出纳股参与的工作更多了。清算城区四个土豪、国民党县长陈丰帆家的财务，把没收来的财物分发给穷苦百姓，需要财务参与；成立支部、工会、农协、赤卫队，需要财务拨开办经费。在漳平，刘英忙得不亦乐乎。

红军还组织书写和张贴标语。刘英的字写得好，常常利用出纳股休息的时间写标语：漳平民众赶快暴动起来！打土豪分田地！增加工人工钱！

为进一步打破敌人的“会剿”计划，完成战略任务，红四军分两批离开漳平县城，欲向闽中地区出击。闽中是福建“土皇帝”卢兴邦的地盘，拥有十几个团的兵力，上万人马，并有制造枪弹的兵工厂。

中共闽西特委致信红四军，要求“调四军回闽西，在漳平一带工作”。

红四军接信后，客观分析实际情况，决定回师漳平。八月二十八日，红四军在漳平境内取得了溪南突袭战的胜利，毙敌数百人，俘敌两百余人，缴获大批枪支弹药，以及其他物资。三十日，红军再度攻克漳平县城。接着，红军兵分两路，乘胜追击逃往永福的残敌。红军在永福休整五天，上百名青壮年参加红军队伍。

九月六日，刘英随红四军离开永福，回师闽西龙岩。

一担银圆的考验

“七月分兵”后的一个多月时间里，红四军不但缴获了许多枪支弹药，还收获了不少军需给养。

刘英是出纳股股长，管钱管账管物资。在行军时，他一般都与后勤保障队伍在一起，还时不时地帮挑担的战士或民夫挑一程，以减轻他们的负担。

部队在漳平县缴获了许多军需物资。这一天，部队正在行进，刘英发现队伍里少了一个挑银圆的挑夫。银圆是战士们用鲜血换来的，是建设根据地和保障部队给养的经费，绝不能有任何闪失。他赶忙循着来时的路，急切寻找挑夫。

往回走了很长的路，刘英终于发现挑夫吃力地挑着担子在赶路。

刘英急忙接过担子和挑夫一起追赶队伍。秋天的太阳还是热烘烘的，他与挑夫轮流挑银圆，走得汗流浃背、口干舌燥，饿了就啃几口干粮，渴了喝几口山溪水。他们走过了七八个村庄，也没有用担子里的银圆去买一点吃的东西。这是刘英到红军部队后，第一次没有跟上队伍单独行动，心里很不踏实。

刘英对挑夫说："老乡，你走得太慢了，这样我们什么时候才能追赶上队伍?"

挑夫只得如实相告："首长，这担子实在太重了，跑不动。"

所以一路上，刘英大多自己挑着担，挑夫只是偶尔接替一下。刘英咬着牙，拼命追赶部队。半夜时分，他和挑夫经过十几个小时的长途跋涉，以惊人的毅力，战胜了饥饿、酷暑、黑暗和疲劳，终于赶上了部队。

此时，战士们已进入梦乡，得知刘英回来了，惊醒的战友们都围了上来，嘘寒问暖。

此时，连长和一名战士不好意思地站在一旁，愧疚地搓着手。原来，当部队清点人数时发现刘英和挑夫没有到场。新调来不久的连长和一名战士认为刘英是小知识分子，不一定能吃得了苦，猜测他们私分银圆开溜了。其他战友则认为刘英不是这样的人，他一定会归队的。

后来，连长了解了事情的经过，佩服地说："刘英思想确实过硬，经得起任何考验!"

九月中旬，在闽西龙岩，刘英终于实现自己梦寐以求的愿望，光荣地加

入了中国共产党。从此，他把自己的一生乃至生命都交给了党。后来，刘英跟随中国工农红军北上抗日先遣队到达浙西地区，在他入党五周年也是艰难北上之时，写下了一份珍贵的《备忘录》，诠释他的入党动机："我能舍弃一切，但是不能舍弃党、舍弃阶级、舍弃革命事业。我有一天生命，我就应该为它们工作一天!"

不仅自己投身革命，刘英还动员自己的亲戚朋友参加革命。他在战斗间隙也会抽空写家书。在书信中，他还鼓励远房堂妹参加革命。

他堂妹曾被家人看不起，甚至连名字都没有，被叫作刘贱女。刘英为堂妹改名为刘志英，意思是要做一个有志向的英雄。堂妹一向敬佩刘英哥哥，不但改了名字，还听哥哥劝告，到夫家所在地南岗乡苏维埃政府报名参加了洗衣队，为红军伤员做护理、洗衣服。一九三二年，刘志英鼓励丈夫邓光连报名参加红军，邓光连到部队后英勇作战，后来牺牲在战场上。

刘英的笔头总是闲不住，经常在宿营地写写画画。

有一天，刘英写家信时被路过的毛泽东看见。毛泽东就问刘英："小伙子写什么？拿过来给我看看!"刘英有些不好意思，但还是恭恭敬敬地把家信递给毛泽东看，只见他字迹工整秀逸，文笔也很不错。

两人就聊起来，毛泽东问了刘英是哪儿人，刘英回答是瑞金竹岗村的。

毛泽东一听是瑞金的，一连问了许多关于瑞金的问题，还聊到刘英名字的来历、家乡的情况、个人的愿望，以及现在担任出纳股股长的情况。临走时，他问刘英愿不愿意做文书工作，刘英响亮地回答："愿意!"

不久，刘英就调到军部文书岗位上，直接在毛泽东、朱德等领导人身边学习、工作和战斗。

转战中成长

作战的胜负很大程度取决于士气。

为支援群众斗争，发展闽西根据地，部队决定进攻上杭县城。上杭城三面环水，易守难攻。好在驻在城内的闽防军第二混成旅卢新铭部，战斗力并不强。一九二九年九月十九日红军发起进攻，第二天早晨上杭城就被攻克，歼敌两千余人。

十月，红军第三次进入闽西，再次攻占上杭。上杭战斗后，红四军得到了发展，每个纵队由原来的两个支队，发展为三个支队，共六七千人。至此，闽西革命根据地已拥有长汀、上杭、连城、龙岩、武平、宁洋、漳平等县，几百里区域几十万人民获得解放，根据地建立起红色政权，开展了以打土豪、分田地为主要内容的土地革命。

此时，已进入深秋季节，但毛泽东没有被南方秋天的萧瑟所感染，而是为胜利的消息所振奋，也为革命前景所鼓舞，于马背上写下了“红旗跃过汀江，直下龙岩上杭”的诗句。

刘英随毛泽东率领的红四军进入闽西。他在军部主要从事文书工作，也就是接收、整理电文，还做一些军部机关的杂务。这也让他有机会近距离观察了解毛泽东、朱德等领导的战斗生活。

此时，毛泽东不断碰到不顺心的事，身患疟疾，长时间没有康复；在上杭苏家坡养病期间差一点被敌人捕获；红四军第八次党代会已经召开，却没有恢复他的前敌委员会书记职务。他被安排在上杭县城的临江楼上养病，当看到院子黄花盛开之时，一改前人的“悲秋”之作，写下了“战地黄花分外香”“寥廓江天万里霜”等诗句，气象恢宏、意境开阔。

正当准备应对敌人新的“会剿”，扩大战果之时，红四军接到中共中央来信，命令部队支援和发展广东东江地区的革命斗争。红四军主力进入广东，形成拉锯战，伤亡较大，就撤出战斗，向赣南闽西转移。

十一月，根据中共中央的指示，毛泽东重新回到红四军主持工作。他此前做了大量的调查，全面而深刻地研究了部队中存在的问题及解决办法。

闽西大地，大雪纷飞。十二月二十八日，在上杭县古田镇廖氏宗祠召开了中共红四军第九次代表大会。与会代表经过热烈讨论，通过了毛泽东起草的《古田会议决议》。这个决议是从政治上、思想上、组织上建设人民军队的纲领性文件，体现了党对军队的绝对领导，规定了人民军队的性质和基本任务，明确了政治工作在军队中的地位，是中国人民解放军建军史上的重要里程碑。

刘英还没有资格参加古田会议，但会后还是聆听了会议精神传达，知道毛泽东当选为中共红四军前敌委员会书记。

一九三〇年一月，闽粤赣三省国民党军集中十四个团的兵力，对闽西根据地发动第二次“会剿”。红四军决定，采取各个击破敌人的方针。

朱德率第一纵队、三纵队、四纵队从古田向连城开进。

毛泽东率第二纵队经龙岩随后也进入连城，时值数九寒冬，天寒地冻，战士依然情绪高涨。毛泽东边行军，边情不自禁地吟诵着“今日向何方，直指武夷山下；山下，山下，风展红旗如画”的词句。

朱德率领的红军主力从连城出发，占领广昌城。毛泽东率领第二纵队于一月下旬到达广昌的东韶，与主力会合。闽西地方游击武装乘机收复龙岩、永定等城。在红军的强大威慑以及福建国民党军发生内讧的情况下，红四军第二次反“会剿”胜利结束。

随后，红四军与赣南、赣西特委和红五军、红六军举行联席会议，决定集中兵力攻打吉安。之后，红军根据实际情况，采取诱敌深入的方针，率部退却。敌人分路进逼。红军见敌人兵力分散，态势孤立，决定乘机集中兵力各个歼灭。二月下旬，红军集中兵力猛攻水南之敌，经激战歼其大部，共俘敌一千六百余人，取得了胜利，促进了赣南革命形势的发展。

水南战斗后，红四军在水南地区休整了十余天。三月十六日，围攻赣州，没有攻克，撤出战斗。随后，红军在梅岭歼灭粤军两个营。

六月初，刘英跟随红四军由赣南进入闽西，回到熟悉的长汀城。不久，党领导的闽西革命武装组织，就像刘英所期待的那样快速发展。

红四军第四纵队、红十二军第一纵队和闽西各县的工农革命武装——赤卫团，合编为闽西新的主力军——中国工农红军第二十一军，邓毅刚任军长，邓子恢任政治委员。后来，红二十一军又与红二十军合编，改番号为新十二军。

刘英跟随朱毛红四军“转战赣南闽西，屡建战功”，尤其在学习《古田会议决议》后，思想观念发生了很大的变化，各方面进步很大。

八月二十三日，红军第一、第三军团在湖南省浏阳永和市会师后，举行联席会议，决定组成中国工农红军第一方面军，下辖五个军，共计三万多人，是中国工农红军主力之一。

就在红军部队迅猛发展之时，蒋介石从军阀混战中腾出手来，调集十万余人，对中央革命根据地发动第一次“围剿”。

国民党军步步逼近，红一方面军采用了灵活机动的战术。毛泽东主持召开苏区军民歼敌誓师大会，并为此次大会撰写了一副对联，上联“敌进我退，敌驻我扰，敌疲我打，敌退我追，游击战里操胜算”，下联“大步进退，诱敌深入，集中兵力，各个击破，运动战中歼敌人”。这为第一次反“围剿”斗争的战略思想做了最好的注解。

这时候，刘英主动提出要求离开红四军机关，下到一线部队去，担任基层指挥员参加战斗。毛泽东听到这个消息后，就问刘英，为什么要到基层去？

刘英回答：“到一线去才能经受锻炼，到基层去才能增长才干。”

毛泽东十分欣赏刘英的决心和勇气，他高兴地鼓励刘英说：“很好嘛！年轻人就是要多锤炼，才能成为好材料。”

在跟随部队出击赣南的一次战斗中，作为连队指导员的刘英，曾只身抱着机枪向敌人猛扫，掩护部队撤退。撤退过程中，刘英又一次掉队。不久，他又奇迹般地辗转回到部队。

红军三次反“围剿”斗争中，刘英虽然离开毛泽东到基层任指挥员，但他一直都在朱德、毛泽东率领的红一方面军中作战，目睹了朱毛的游击战术，深受其影响。

龙冈战斗是第一次反“围剿”斗争中最精彩的一战，给刘英留下了深刻的印象。

一九三〇年十二月二十九日，国民党军前线总指挥兼第十八师师长张辉瓒，率部孤军深入到永丰县的龙冈。龙冈位于永丰、兴国、宁都、吉安四县交界的中心地带，是一个畲族聚集的地方。

红军由宁都小布秘密西进，采取四面包围之策。红一方面军利用有利地形，以正面攻击堵住敌军去路，以侧后穿插、迂回的方式切断敌人的联系。刘英所在的红四军的任务正是沿龙冈北侧穿插到敌人背后，其他三面也被友邻部队所包围。

张辉瓒率部反击，被红军击退。下午，红军发起总攻，将敌人全部歼灭，活捉师长张辉瓒。

歼灭国民党军第十八师的龙冈战斗，是中央苏区第一次反“围剿”中的第一仗。红一方面军随即乘胜向东追击，于一九三一年二月三日在东韶地区歼灭敌第五十师一个多旅，迫使深入苏区的其他国民党军纷纷回撤，从而结束了国民党军对中央革命根据地的第一次“围剿”。

这次胜利极大地鼓舞了苏区人民的士气，也为今后游击战的战法做了有益的探索。毛泽东喜形于色，吟诵了“万木霜天红烂漫，天兵怒气冲霄汉”的诗句。

蒋介石不甘于失败，任命军政部部长何应钦为“陆海空军总司令南昌行营”主任，调集二十万人的兵力，采取“稳扎稳打，步步为营”的方针，对中央革命根据地发起第二次“围剿”。四月一日，国民党军分四路发起进攻。

红一方面军在朱德、毛泽东的指挥下，继续采取“诱敌深入”的战略方针，进行精心的准备和紧张的临战训练，以便迎击敌人。五月，各路敌人继续向根据地中心区推进。红一方面军乘机举行反攻，连续在富田、白沙、中村、广昌、建宁五次战斗中取得胜利，歼敌三万多人，缴获长短枪两万多支，取得了第二次反“围剿”的胜利。

其间，毛泽东亲自指挥红军，选择进占富田之敌为首战对象，向东横扫，先将红军主力集结隐蔽，秘密埋伏二十五天，然后出其不意发起攻击，经过一天战斗，歼敌一整师。

战后，毛泽东又创作了一首《渔家傲》，词中有“横扫千军如卷席”的句子，气吞山河，震撼人心。

接着，蒋介石又调集包括嫡系部队在内的三十万大军，并亲自担任“围剿”总司令，聘请德、日、英军事顾问，采取“厚集兵力，分路围攻，长驱直入”的战术，于一九三一年七月，对中央革命根据地发动了第三次“围剿”。

红一方面军在毛泽东、朱德指挥下，采取“诱敌深入”“避其主力，打其虚弱”的作战方针，并以一部分兵力结合地方武装，迟滞敌人。

国民党军进入中央苏区后，东奔西走，寻找红军主力决战，却处处扑空。红军主力从闽西地区出发，绕道千里，回师赣南。敌人纷纷逼近，重兵密集，把红军主力压缩在一个方圆数十里的狭小范围内，处于北、东、南三面受敌的危险境地。

红军决定实行中间突破，向东突进，求歼战斗力较弱的一路敌军，然后调动敌人于运动中予以各个歼灭，从原来的被动局面中夺回主动权。

国民党军将主力掉过头来，对红军形成包围圈，红军再次处于重兵合围的态势。红军采取“声东击西”的战术，用一部分兵力继续向东牵制敌人，掩护红军主力秘密西进，隐蔽等待时机。红军用小部分兵力，吸引敌人，将国民党军主力一部拖了近半个月，使他们精疲力竭，士气低落。

毛泽东、朱德率主力红军发起总反击。在一个半月时间中，红军连续在莲塘、良村、黄陂、老营盘、高兴圩、方石岭取得“六战六捷”的战绩，歼敌十七个团共三万余人，缴枪一万五千余支，粉碎了敌人的第三次“围剿”。经过三次反“围剿”斗争，赣南、闽西两块根据地连成一片，红军也取得了更丰富的斗争经验，进一步发展和巩固了中央苏区。

刘英从这三次反“围剿”斗争中，也学到了不少作战经验。比如，打其弱点，声东击西，隐蔽待机，变被动为主动等战术。

在此期间，刘英职务由连指导员升至营政委、团政治部主任、团政委，直至师政委。这段时间，刘英不但作战经验得到了丰富，职务晋升也很快，提拔次数很多。

肩负重任与管好亲属

为适应战争的需要，红军部队编制进行了多次调整，所以，人员调动频繁，部队序列非常复杂。一九三一年十一月，成立中央革命军事委员会，简称“中革军委”。中革军委不断发出作战训练和人事调动的命令，机构设置不断变化，领导人也经常变动。

翻遍了能找到的有关红军的史书，也没有找到刘英职位在师以下时期的具体记录，任师政治委员的记录也不太详细和明确。宁都起义后，刘英在红五军团第十五军任职，并且“担负起改造、巩固这支起义部队的重任”。

宁都起义又称二十六路军起义。二十六路军是冯玉祥西北军之一。大革命失败后，还有少数中共党员仍在该部秘密开展工作。蒋、冯、阎军阀混战，冯玉祥战败，蒋介石收编了该部队为国民革命军第二十六路军，孙连仲任总指挥，赵博生任参谋长。

蒋介石命令该部从山东开赴江西，参加对中央根据地的第二、第三次“围剿”。第三次“围剿”失败后，继续要求该部驻守宁都。

第二十六路军官兵对孤军驻守宁都深为不满，内部矛盾尖锐。红军反“围剿”斗争的胜利，深刻影响着该部，加上全国抗日的呼声日益高涨，许多官兵要求回北方抗日救国。孙连仲借治病离开江西，隐蔽在该部的中共党员积极开展争取工作，并根据中共中央的指示，秘密进行起义的宣传和组织工作。一九三一年十二月十四日，第二十六路军一万七千多名官兵，在参谋长、共产党员赵博生和旅长季振同、董振堂和团长黄中岳的率领下，逮捕了抗拒起义的军官，控制了电台、指挥机构等要害部门，携带武器两万余件，在宁都宣布举行起义。

起义部队被中革军委改编为中国工农红军第五军团，季振同任总指挥，萧劲光任政治委员，董振堂任副总指挥，赵博生任参谋长，下辖第十三军、第十四军、第十五军。同时，发表了《中国工农红军第五军团宣言》，第二天起义部队开进苏区。

也就是说，红五军团是由国民党起义部队改编来的。虽然派有不少红军干部到这支部队里去进行思想教育，但起义部队仍免不了还保留了一些旧军队的习气，要带好这样的部队确实是一项重任。

此时，“左”倾冒险主义在中央逐渐取得领导地位，中央数次强令红军立即停止攻打土围，要求集中兵力攻打赣州等城市。

一九三二年一月十日，中革军委下达了攻取赣州的军事训令，对攻打赣州做了具体部署。

毛泽东不同意攻打赣州，但中共苏区中央局多数人根据中共临时中央的指示，要求进攻赣州。

赣州是赣南中心城市，也是粤赣两省边界的军事重地。驻赣州城之敌有八千余人，赣州以北有蒋介石五个师，赣州以南有广东军阀陈济棠十多个团。赣州一旦被红军攻击，南北之敌随时可以调动，而且水陆交通方便，能迅速增援。

二月四日，红军发起赣州战役，敌人顽强坚守，攻城未克，并被援敌和城内守敌两面夹击。

情况十分危急，朱德亲自率领红军总部警卫营和红五军团第十五军赶来增援。

此前，红十五军四十三师一二七团团长苏进已被任命为四十四师师长，与刚从四十师调任的唐天际政委搭档。苏进是河南郾城人，参加过西北国民革命军，曾任洛阳军官教导团队长，后赴日本陆军士官学校留学，回国后任中校团副，参加宁都起义后受到毛泽东接见。毛泽东赞赏他敢于直言的态度，在考察他的出身、经历和社会关系后，亲自指定红十五军政委左权发展他入党。他于一九五五年被授予少将军衔。政治委员唐天际是湖南安仁人，黄埔四期，参加过南昌起义、湘南起义和井冈山斗争，曾任红四军二十八团党代表、红二十二军第二纵队司令员，后来任过红三十一军参谋长。他于一九五五年被授予中将军衔。

他们率领的红四十四师刚经过两个月的整训，淘汰了一批旧军官，从其他部队抽调补充了一批红军干部，全师面貌有了较大的改善。

为了支援在赣州城下陷入困境的红三军团，红五军团第十五军属下的红四十四师全体官兵，奉命前进到赣州以南的潭口、储谭一带，与其他红军部队指战员一起，举着大刀，奋勇向前，猛冲猛杀，与企图援助赣州守军的国民党军短兵相接，展开肉搏，终于拼杀出一条血路，掩护被困的攻城部队撤出战斗，转到赣县江口一带集结。

赣州战役历时三十三天，虽然广大指战员英勇顽强，给敌人一定的打击，但红军并没有攻入城内，反而遭到很大的伤亡。面对严酷的现实，中共苏区中央局与中革军委无奈，只得同意红五军团撤出赣州。

虽然赣州战役最终失利，但在红十五军包括红四十四师及其他部队的掩护和救援下，红三军团得以完整撤出。红四十四师政委唐天际降为师参谋长，一个月后又重新提拔为红十五军政治部副主任。

此时，中央红军各军团所属部队的序列做了调整。日后与刘英有交集的很多红军领导，都纷纷走上师以上领导岗位：红四军参谋长粟裕，红四十五师师长寻淮洲，红八师师长刘畴西、政委王如痴。

赣州战役刚结束，刘英就接到接替唐天际任红四十四师政委的命令。同时，他们所在的红五军团第十五军，成建制划归红一军团指挥。

从红四十四师的战斗历程中，刘英进一步认识到毛泽东游击战思想符合实际，很接地气；感受到毛泽东不计个人得失，胸怀十分宽广。如果一开始就听从毛泽东的意见，不强攻赣州，就不会有红军的失利和如此大的伤亡。要不是毛泽东从瑞金东华山下来，急赴江口参与前线决策，提出把预备队红五军团第十五军拉上来，红三军团就难以脱出险境。

这也使得刘英更加注意向毛泽东学习，使自己成为一个更加善于学习的革命者。同时，刘英也认识到要带领红四十四师这样的部队，任务艰巨，责任重大。

三月下旬，刘英随部队驻扎在瑞金城南的凰岗村。

部队驻扎期间，红军独立三师有个战士叫刘芳灿，与刘英是同村同族人，与刘英的父亲刘芳针算是堂兄弟，但按辈分刘英还得叫他为叔叔。他经过多方打听，找到了刘英，亲切地直呼刘英原名——声沐，希望刘英把他调过来。

刘英虽然按辈分称呼他为叔叔，但也真诚地劝告他，革命不分地域，在哪儿革命都一样光荣。

刘芳灿执意要跟着刘英，还说："从辈分来说，我们总是叔侄，总有个照应。"刘英想了想，也许跟在自己身边对这个年龄相近的本家亲戚的成长更有利，就答应把他调过来，并语重心长地告诉他，一切工作都是为了革命，不能因为同乡同族关系搞特殊！刘芳灿高兴地给刘英敬了个礼。

刘英起先是把他分配到红四十四师政治部当传令兵。传令兵的工作机械而枯燥，刘芳灿却不怕枯燥，能不厌其烦地做好传令工作，从没有差错。因为他做事勤快、认真，一个月后就被提拔为班长。这样，他就有机会经常跟刘英见面。刘英常以自己的从军经历，以自己身先士卒的行动，教导刘芳灿要做一名合格的革命战士。

几十年后，刘芳灿回忆起来，刘英待人和气、体恤部属，无微不至地关心战士成长，印象还十分深刻。

凰岗村离刘英的故乡竹岗村不到三里地。父亲刘芳针听说儿子回到家乡了，就来找刘英。父子相见，一时竟说不出话来。

刘芳针有些央求着说："声沐，有空回家坐坐。"

刘英却因军务在身离不开，望着父亲已有些佝偻的身子，刘英很是心痛，但只能无奈地叫一声“爸”。他看着眼前的父亲，内心责怪自己以前总是与父亲争执，很不应该。

父亲无言，转身走了。刘英不知道的是，父亲紧赶慢赶跑回家去，杀了一只大母鸡，炖了一大陶罐鸡汤，往刘英部队驻地送。等他赶到凰岗村时，刘英已随部队离开了。

在扬起的尘土中，刘芳针抱着盛满鸡汤的陶罐，久久凝视着亲人离开的方向。

第三章

转战闽赣间

取胜之道在于集中兵力

一九三二年三月中旬，中共苏区中央局在赣州东北江口圩召开会议。会议拒绝了毛泽东提出的集中力量向国民党统治薄弱的闽浙赣发展的主张，做出了沿赣江两岸夹江向北发展，夺取中心城市或较大城市的决定，并将中央红军分为中路军（后称东路军）、西路军。

此时，刘英已归建东路军的红一军团，由毛泽东率领下东征福建，并向东南发展。

东路军进入闽西后，重新调整了序列。刘英得以重回毛泽东麾下，有说不出的喜悦。

在啃漳州这块“肥肉”的时候，毛泽东真的用上了刘英所在的部队。

三月二十七日至二十八日，苏区中央局书记周恩来主持召开会议，讨论毛泽提出来的议题，重新研究东路军行动问题。周恩来同意这个方案，会议决定：确定毛泽东以中央政府主席的身份率领东路军向东南方向发展，指挥攻打闽西的龙岩。

会后，毛泽东赶到福建长汀向指战员传达中央局会议精神，向团以上干部进行东征动员。他指出：我们的任务，是经闽西向闽南方向发展，因为我们中央根据地沿赣江向北没有多少发展余地，国民党的“剿共”大本营就设在南昌；如果向西发展，则必会同广东军阀的主力顶牛；只有向东发展最有利，一来有闽西老根据地为依托，二来闽西尚有广阔的发展余地，是一个最好的发展方向。

刘英参加了会议，听了毛泽东简洁、明确而精辟的讲话，明白中央局同意毛泽东率领东路军的行动，他们要打到外线去、打到闽南去发展根据地，扩大红军政治影响，获取更多的物资补给。

四月三日，东路军由长汀出发，悄悄向龙岩城逼近。十日，刘英参加了占领龙岩的战斗。

这天拂晓，红十五军在龙岩城外的小池与敌遭遇。刘英与师长苏进率红四十四师迅速歼灭了守敌第二补充营和民团，随后马不停蹄地向龙岩方向出击，攻到考塘一线时，遇到张贞部战斗力比较强的第二九一团及第一补充营。

敌人凭借险要的地形和坚固的工程做殊死抵抗。红军强攻几次，都没有拿下考塘据点。跟在红四十四师后面的红四军主力改从侧翼包抄，终于迫使守敌全线崩溃。

如果，担任迂回任务的红十五军四十五师能及时赶到，敌军第一四五旅杨逢年残部就不可能从适中、漳州方向突围逃脱。

尽管有点遗憾，望着龙岩尚未散尽的硝烟，刘英还是深有感触地说："一个月前的晦气，就这么被毛主席挥去了，跟着主席打仗，痛快呀！"

苏进豪迈地说："更痛快的事还等着我们呢！"

第二天，刘英与苏进一起参加了由毛泽东主持召开的红一军团师长、师政委以上干部会议，聆听了毛泽东对龙岩战斗的经验总结。刘英十分赞同毛泽东对龙岩战斗的分析，认为取胜之道在于集中兵力，"攻其不备，出其不意"。

会后，刘英主动请缨，要求让他们红四十四师参加新的一线战斗。毛泽东知道后很高兴，告诉他们不管战斗在哪里，我们东路军都是一线，并要求他们，趁着当前战斗间隙，广泛发动群众，做好支前工作，搞好后勤保障。

刘英理解了毛泽东的用兵之道，充分发挥自己作为一个政治委员的作用，赶忙带领部队开展支前动员。

亲临一线再打胜仗

漳州位于福建省最南部。这里历史悠久，秦统一天下后，就把闽越故地划为闽中郡，今漳州境当时属于闽中郡。工农革命武装曾于一九二八年三月在漳州平和县发动平和暴动，揭开了福建农民“自动夺取政权”的第一幕。

东路军从龙岩出发，向漳州进军。担架队成群结队地聚集，卫生员不断讲解着战场救护知识。老乡们络绎不绝地给红军战士送水、送饭、送慰劳品。特别是来自江西瑞金、会昌、兴国和闽西上杭、龙岩、永定等地的农民运输队，队员人数远超红军。

一路上，军民鱼水交融的景象，充分显示了毛泽东人民战争思想的光辉，也反映了刘英等红军政工干部开展的思想政治工作十分成功。

毛泽东主张在掌握实情的基础上，以局部优势，形成出击的拳头力量，打击弱势的敌人。积小胜为大胜，进而在全局上改变敌强我弱的不利态势。夺取漳州已不是很困难的事，东路军无须全部出动。因此，毛泽东决定以红一军团的第四军、第十五军和红五军团的第三军东进漳州，命令红十二军开赴闽粤边境的上杭、武平，警戒国民党粤军，以保障东进红军的后路和侧翼的安全。红五军团的第十三军留驻龙岩，保障后勤供应。

此时，驻守漳州的是国民党军第四十九师张贞部，其属下有王祖清的第一四六旅，以及从龙岩逃脱的杨逢年第一四五旅。

刘英所在的红四十四师再次出现在进攻的序列里，他与苏进都有同样的想法，作为一名红军干部一定要战斗在最前沿。

一九三二年四月十四日，红军东路军越过重重山峦，于两天后到达漳州城的最后一道屏障天宝山前沿。此时，红十五军进抵坡圩岭，刘英与苏进率红四十四师到达敌杨逢年旅前哨阵地宝林桥附近。

闽南的春天阴雨连绵，山谷里的河水不断上涨。面对恶劣的天气，无法进攻，东路军只得等待有利时机。为了摸清敌人的火力部署情况，刘英部受命对宝林桥守敌进行火力侦察。刘英想，要火力侦察，就来点真的。他与苏进率部拉开阵势，给河对岸的守桥之敌以猛烈的轰击。

守敌见红军大有总攻的架势，也不遗余力地反击。顿时，两岸枪炮声大作，敌各火力点完全暴露在红军的眼底。刘英与苏进发现桥下游敌军守卫火力非常强大，立即报告东路军总部。

十七日，根据苏进、刘英部侦察的情况，毛泽东、林彪、聂荣臻亲临一线，进行周密调查，制定作战方案，决定以守敌王祖清第一四六旅为主攻目标，并由红四军实施，攻打守敌杨逢年第一四五旅的任务则交给红十五军。

为实施作战方案，红十五军军部下令苏进、刘英率红四十四师继续在宝林桥实行佯攻，蒙蔽正面守敌，营造红军执意攻打宝林桥下游阵地的假象，以牵制杨逢年旅，掩护主力红军强渡过河。

两天后的黎明，雨渐停息，总攻的时间到了。

刘英一直坚持在佯攻阵地上，他鼓励战士们说："虽然我们不是主攻部队，但我们也是关键之战的主力，仗要打得猛烈，又要打得巧妙，让敌人摸不着头脑。待敌人清醒的时候，也就是他们末日来临之时。"

在苏进、刘英的指挥下，红四十四师牢牢拖住了杨逢年旅主力，让他们一直稀里糊涂地驻守在宝林桥。

东路军在红四十四师的全力掩护下，发起了一次次猛烈的进攻，敌军死伤惨重，王祖清第一四六旅不断呼援。

然而，刘英与苏进率红四十四师造成的声势，让杨逢年第一四五旅不敢抽身，只能乖乖地呆守原地，等左翼阵地败局已定，才抽调一个营的兵力增援王祖清旅，但为时已晚。王祖清旅在激战中责怪杨逢年旅见死不救，在全线溃退时，故意不通报战场情况，等杨逢年旅明白红军部署时，已被红军主力抄了后路，靖城已被红军占领。

这时，刘英与苏进抓住战机，命令红四十四师指战员全线出击。

守敌见状纷纷从山头上撤下，为了不被红军俘获，不顾春天河水的寒冷，跳河强渡芗水向南逃跑，许多不会游泳的敌兵被暴涨的洪水淹死。杨逢年为了活命赶紧脱掉军装、剃去胡须，化装成老百姓渡河逃命。

刘英跨过宝林桥，隔岸望着南逃的残敌，虽然鞭长莫及，不能完全肃清，但毕竟取得了胜利，心情还是异常愉悦的。

此时，国民党军第四十九师师长张贞见漳州防御主阵地被攻克，侧翼又遭到刘英与苏进的红四十四师威胁，有被切断退路的危险，赶忙自己炸毁弹药仓库，带领残部弃城南逃。此后，张贞部再也没有恢复实力。

四月二十日，红军东路军顺利占领了漳州城，举行了隆重的典礼。随后又相继占领了漳州周围的一些县，取得漳州战役的完全胜利。

这次战役，红军歼灭国民党军第四十九师大部，缴获枪支、大炮、飞机两架及大量的弹药物资，同时筹款百万元，扩军上千人，扩大了红军的政治影响力，为开展闽南游击战争奠定了基础。

这次战役缴获的两架飞机，其中一架还能飞，红军就将飞机开到刚修好的瑞金叶坪简易机场停放。红一军团长林彪、政委聂荣臻在机翼下拍了一张照片留念。红军还曾安排这架飞机飞临厦门上空发传单。

二十一日，刘英参加了东路军师以上干部会议，红三军、红四军、红十五军的师长、政委都来了。

这天，苏进、刘英赶了个大早，与红四十三师师长李青云、政委高志立，红四十五师师长寻淮洲、政委张际春一起，随同红十五军军长黄仲岳、政委左权来到漳州城郊的芝山红楼参加会议。芝山红楼为三层红砖砌成的楼房。攻克漳州后，毛泽东居住在这里，并作为办公场所，多次召开师以上干部及地方党组织的领导人会议，做过一些重要决定。新中国成立后，这里被开辟为纪念馆。

这次会议总结了漳州战役的经验教训，制订分兵发动群众的第二次行动计划。会议决定，红十五军在南靖到天宝一线，红三军、红四军在漳州城附近，扩大红军政治影响。会上重申纪律，要求执行好红军的城市政策。

毛泽东风趣地说："有人说我们红军只会在苏区关门打狗，怀疑我们在白区能不能打胜仗，现在，他们可以看一看，我们打得蛮好嘛！我们从江西跑来几百里，一下子打到这里，消灭了国民党的许多军队，张贞做梦也没想到，红军简直成了'天兵天将'。"

刘英深刻理解毛泽东的这番话，他坚定地认为，跟着毛主席，我们才有奔头！刘英表示："我们四十四师一定要像毛主席说的一样，犹如'天兵天将'，勇敢地冲到敌人中去。"

红军占领漳州后，严格执行纪律，城内秩序井然，受到群众的好评。

于是，刘英向左权建议，让红十五军排以上干部到漳州城参观。左权问刘英："为什么要组织干部到漳州城参观?"

刘英解释说："我军大部分是宁都起义的官兵，进城看看如今的漳州城，是一种激励，也是一种鼓舞，让他们进一步明确红军是纪律严明的正义之师。他们加入红军部队时间不长，对红军政策还不够了解，这次参观，对他们也是一堂教育课。"左权哈哈笑起来，说刘英这个想法与自己不谋而合。

红十五军排以上干部到漳州参观后，也都认识到，红军想在城市里受欢迎就要严格执行城市政策，遵守群众纪律。大家的革命劲头更足了。

后来，红十五军的这一做法得到了毛泽东的肯定。

没有调查就没有发言权

漳州战役后，红军各部开赴各县，刘英所在师的红十五军则在南靖、平和一带，分兵行动。

根据东路军总部的指示，红十五军设军部于靖城。军首长黄仲岳、左权在靖城召开排以上干部会议，对红十五军下一步计划进行了部署，决定红四十三师驻龙山一带，红四十五师驻山城一带，而苏进、刘英率部的红四十四师驻靖城。

红十五军深入南靖各地区，刘英根据军部的命令，率红四十四师开展宣传、发动群众的工作。主要任务就是动员群众打土豪、搜查反革命分子、组织参加红军、向地主豪绅筹款等。

刚开始，不少指战员向刘英反映，由于战前国民党反动派的歪曲宣传，不少群众不敢接触红军，地主豪绅跑了，一些商人和工人、农民也跟着躲进山里。在打土豪筹款过程中，因为大部分基层干部和战士都出身农村，是劳苦大众的子弟，工作缺乏经验，方言土语难交流，所以出现了一些过左的行为。战士们看见穿西服的、戴眼镜的就以为是土豪，看到拿着文明棍的就以为是不法乡绅，不问青红皂白，把这些人统统都抓起来，结果抓错了不少人。

为此，一度出现商店关门、圩日停业、人心浮动的局面。尽管看到红军纪律严明，可群众中的误会、猜疑仍然不少。

毛泽东发现这种情况后，立即召开连党支部书记以上干部会议，教育大家事先要进行调查研究。他指出："你们打错了很多人，为什么会这样呢？就是你们只看现象不看本质，没有调查研究。没有调查就没有发言权，更没有抓人权。"

刘英第一次听毛泽东讲"没有调查就没有发言权"。这句话对他的启发很大，他对红军在城市工作中应注意的问题有了新的更深的认识。

作为政治委员的刘英，充分发挥自身的政治工作才能。他告诫指战员们："不能太急，事物发展总有个过程，只要真心实意地为老百姓，坚决执行毛主席的群众政策，执行红军的城市政策，老百姓是会拥护的，民族资产阶级和中小商人也会理解的。"

刘英立即要求各单位在两天内要查清情况，把错抓的人放了，把错拿的东西送还，要主动向老百姓道歉。并且，他调整了红军大队人马出动的做法，改为组织三人一组、五人一队的红军宣传队，访贫问苦，与群众促膝谈心，揭露国民党反动派对红军的污蔑，揭穿敌人的骗局，使广大群众对共产党的政策和红军的宗旨，逐渐有了更多的了解和正确的认识。

在没收土豪劣绅财物时，红军把一部分粮食、衣服、布匹、猪肉分给劳苦群众。起初，群众不敢要，经过红军的宣传，老百姓就争着要了，有些地方的群众还召开欢迎会，欢迎红军进驻他们的村子。

红军还建立起农会、妇女会、赤卫队等群众组织，教他们开展打土豪、开粮仓、分浮财、救济贫苦民众的斗争。

刘英亲自组织小分队搭戏台演戏，宣传红军是为人民的利益打仗的，教育群众要组织起来，与地主老财做斗争。

此时，在南靖城乡还活跃着一支刷标语、绘漫画、编歌谣的红军小分队。刘英从小喜欢写写画画，这给他从事政治工作带来极大的好处。他指导小分队在靖城等地的墙上书写“红军是工农自己的军队”“扩大革命战争”“农民起来实行土地革命”“南靖劳苦大众团结起来”“反对国民党出卖东三省”等标语。这些标语鲜明地反映了时代的特点，既符合全国人民的共同愿望，又对唤醒南靖劳苦大众起着振聋发聩的作用。

红军对造谣惑众、为害百姓的反动民团和土豪劣绅进行了无情揭露和坚决打击。

有群众向刘英反映，靖城土豪、民团长王活水躲藏在大房村的炮楼内，夜间常恐吓群众，并抢夺群众的财物。刘英听后十分愤怒，在红军活动范围内竟然还有这等恶贼？他坚决地说：“抹掉他！”师部立即派出一个连队，连夜奔袭王活水盘踞的炮楼，消灭了这个民团，群众没有不拍手称赞的。

还有，径口村土豪林晋原兄弟在乡间为非作歹。刘英得知后，派出部队镇压了林氏兄弟的反动民团武装。

刘英组织的这些行动，有力地打击了敌人，鼓舞了人民群众的革命斗志。

在刘英的指挥下，靖城的筹款任务进展得十分顺利。刘英多次召集连以上干部会议，要求在筹款中，一定要严格执行毛泽东“没有调查就没有发言权”的指示，要十分注重调查研究，注意区别对待，认真执行党的政策。

红四十四师仅一个副团长周化民带领一支队伍，在草坂村就筹款近万元，靖城地区筹款八万元，占南靖筹款总数的一半。

除了筹款任务，刘英还认真完成了扩大红军的任务。他十分注重深入群众，发动青年参军，在充分启发觉悟、强调自愿的基础上，他要求报名参军的青年必须有为穷人打天下的明确目标，有坚韧不拔的意志和吃苦耐劳的精神品质。

有一天，一个又黑又瘦的少年来到刘英跟前，要求参加红军。

刘英关切地问："多大年龄了？"少年回答，已经十五岁了。刘英觉得他年纪太小，怕他家人不放心，于是又问："家里还有些什么人？家人同意你参加红军吗？"少年突然哇地哭起来，说自己就一个人，爹娘早被地主老财害死了，靠讨饭过日子。刘英沉默了，亲昵地抚摸着少年脏兮兮的头发，同意少年到红军队伍来。他对少年说："只有把地主老财都消灭光，穷人才有好日子过。"

短短几天，在刘英等红军指战员们的发动下，靖城、龙山一带报名参军的青年就有一百多人。

五月下旬，东路军完成了预定任务，开始撤离漳州，回师中央苏区。在回师的路上，刘英又见到了毛泽东。毛泽东风趣地问刘英："吃了漳州这块大肥肉有何感想？"刘英认真地回答："只有跟着主席您，我们才有肥肉吃。"

要按照政策办事

此前，彭德怀率领的西路军在湘粤赣边陷入险境。蒋介石调集粤军陈济棠部等四十个师的兵力围攻西路军，并乘机进犯赣南苏区。

为了打击陈济棠的粤军，红军东路军奉命回师以瑞金为中心的赣南一带。红十五军首长知道刘英是瑞金人，就让他回家，去看一看家乡的亲人。

刘英动身回家，一路上看到不小的变化，原先毫无生气的家乡，现在轰轰烈烈地在开展土地革命。走进竹岗村，更是呈现一派分田分地的忙碌景象。乡亲们在地里干活，墙上写着"打土豪分田地"的标语，学校里组织儿童团站岗放哨。

走进家门，见到了睽别已久的父母兄嫂，刘英兴致勃勃地和家人、邻居谈起赣州的所见所闻，像自行车、自来水、飞机、胶鞋等，这都是他们闻所未闻的，引起大家极大的好奇。刘英告诉家里人，等到革命胜利了，瑞金也会有这些。

这时，有个叫胡长发的熟人找上门来。胡长发是个做木材生意的小商人，刘英在瑞金城开米店的时候与他认识。胡长发见到刘英就像见到救星，一见面就激动得掉下眼泪。

刘英赶忙问他，这么长时间没见了，怎么一见面就掉眼泪，是不是生意上碰到不顺心的事？胡长发带着哭腔告诉刘英，自己做生意的本钱都给县苏维埃政府没收了。刘英一听就知道胡长发的来意，是想让自己去说情，要回本钱。

作为一名红军的政治工作者，他敏感地意识到这是件关系到党的政策的大事，不能简单处理。

刘英让他详细地说明事情的来龙去脉。原来，胡长发在经营木材生意时积攒了一笔钱，县苏维埃政府认定他属于资本家，就没收了他的资本。从这情况来看，这不光是胡长发一个人的问题，还牵扯到全局的政策问题。

刘英对照党的政策，对政府没收资本一事进行了分析。胡长发只是做点小本生意，算是个小商人，只要遵守苏维埃政府的法令法规，不应当没收他的资本和财产。他立即赶往县城，向过去一起做生意的人打听胡长发的政治表现。经打听，胡长发只顾自己做生意，对苏维埃政府的工作不闻不问，但并没有做对共产党和老百姓有害的事。在全面了解和掌握胡长发的情况后，刘英找到县苏维埃政府主席邓西发。邓西发听说过刘英这个人，知道他在红军队伍里任师政委。

刘英询问了县苏维埃政府执行相关政策的情况，然后说明自己的来意，阐述了我党对待小商人的政策。

邓西发对胡长发的情况并不了解，没收其资本是部属所为。刘英就向他详细介绍了胡长发的出身、政治态度、木材经营情况和财务状况，要求县里按照党的政策处理这件事。邓西发听后，才知道自己的部属在执行政策过程中出现了偏差，表示会尽快处理好这件事情。

第二天，胡长发就拿到了归还的资金。他激动得专程跑到刘英家里道谢。

刘英解释说："胡兄啊，你不要谢我，要谢还得感谢县苏维埃政府。按照我们党和红军的政策，你是应该受到保护的。我们革命是为了打倒土豪劣绅、封建官僚、帝国主义列强，不是要革像你胡长发这样的人的命。上次没收的资本，是做具体工作的人员没有掌握好政策界限，现在纠正过来了，把钱还给你。这不是我刘英的面子，而是你做生意的资金本来就不应该被没收。"

胡长发终于明白了，但他还是说："也得感谢您！"

刘英语重心长地说："胡兄啊，听说你对苏维埃运动不怎么热心，只顾自己挣钱，那可不好！你看看，我们瑞金自从红军来后，建立了苏维埃政府分了田地，和我开米店那时候比，真是两个世界不同天，你不觉得应该支持苏维埃，改变一下自己？"

胡长发不好意思起来，连连说："共产党好！红军好！今后，我一定要为革命做些工作。"刘英听后高兴地笑了，要求胡长发这样想，还一定要这样做！说完，留他在家里吃饭，继续给他讲一些浅显易懂的革命道理。

处理完这件事后，刘英依依不舍地告别家人匆匆返回部队。

统领了一回家乡子弟兵

此时，粤军发现红军行动异常，红军东路军与西路军正在南北对进。他们试图趁两路红军还没有会合的时候，先歼灭红军西路军，然后再歼灭红军东路军。

红一军团、红五军团先后到达广东乌迳地区，紧接着打响了红军战史上有名的恶仗——水口战役。一九三二年七月十日，红军发起总攻，敌人退守。虽击溃敌人，但参战双方伤亡都较大。此前，王洪章接替苏进成为红四十四师师长，王洪章是陕西人，洛阳军官学校毕业，参加过北伐战争和中原大战，在宁都起义中负责带领第二十七师七十九旅起义。此时，他和刘英奉命率红四十四师前去支援。粤军一部渡过浈水在北岸行进，企图包抄红三军、红十三军的右翼，想不到却与红四十四师撞个正着。

刘英对师长王洪章大声说："与他们拼了！"

王洪章回答道："好！我冲锋，你掩护。"他毫不犹豫，一声令下，指挥部队杀向敌人。王洪章师长亲自操作重机枪，粤军集中火力对机枪阵地射击，王洪章左臂负伤。

刘英命令卫生员："赶快给师长包扎！"王洪章说："不用，阻击敌人要紧！"他仍坚持不下火线，最终壮烈牺牲。刘英忍住悲痛，手持大刀，大喊一声："跟我冲啊！为师长报仇雪恨！"他率领部队，与敌人展开了殊死肉搏。

这一仗，红军击溃了粤军，取得了水口战役的惨胜。

但这次战役红军未得到重要缴获，打成了消耗战。并且红四十四师伤亡很大，损失两千人以上。打成这样，刘英分析主要原因是：攻击方向选择不当，部队未能全部按时赶到指定位置，误报敌情，关键战斗未能察明敌情。

之后，刘英率部随红一方面军转移到江西苏区北部，参加乐安宜黄战役、建黎泰战役、金溪资溪战役。

中革军委为争取革命在江西及其邻近省区取得胜利，决定集中优势兵力，打好乐安宜黄战役。首先在敌人兵力比较薄弱的赣江以东地区作战，消灭驻守乐安、宜黄的国民党军第二十七师，以调动赣江以西和抚河下游之敌，造成在赣江下游西渡的有利条件。

刘英率部跟随红一军团突袭乐安城未奏效，改为强攻后突入城中，与敌展开巷战，占领乐安城。随后，红军向宜黄发起进攻，红三军团攻击城南主要据点，守军依托有利地形和工事，固守待援。红军相互配合，攻入城内，守军大部被歼。此役，红一方面军全歼国民党军第二十七师，俘敌五千多人，缴获各类枪四千余支、迫击炮二十余门、电台三部以及大量其他物资。

国民党军开始布置对中央苏区第四次“围剿”之时，红一方面军决心趁敌进攻部署没有完成、尚处守势之际，集中兵力，打好建黎泰战役。红二十二军为右路纵队，刘英所在的红一军团为中央纵队，红三军团为左路纵队，红五军团为预备队。红军左右翼部队协同作战，猛打猛冲，达到预期目标。该战役打开了赣东、闽北局面，有利于此后的第四次反“围剿”作战。

红一方面军主力由江西的黎川、邵武、光泽地区出发推进，接着进行了金溪资溪战役。在近两个月的时间里，以运动战的形式，消灭大量敌人，歼敌一个旅又一个团，击溃六个师之敌，俘敌四千余人，缴枪四千多支。

这三个战役前夕，毛泽东重新担任红一方面军总政委。可以说，这三个战役是在毛泽东、朱德等人的指挥下取得的战绩。虽然红四十四师只是承担次要战场任务，但纵观红军在这三次战役中的得失，刘英还是从中学到了不少经验，吸取了不少教训。

年底，红军编制序列再次调整，红十五军又重新回归到红五军团建制。红四十四师与其他师被缩编为四个团。

一九三三年一月，红三十一师与赣东北第十军合编，成立红十一军，周建屏任军长，方志敏、萧劲光先后任政治委员，粟裕任参谋长，刘英任政治部主任。这是刘英与粟裕首次搭档。中央红军进行第四次反“围剿”斗争，刘英所在的红十一军跟随红五军团主要进行了黄陂战役和草台岗战斗。

二月二十七日，当国民党军第五十二师、第五十九师进至黄陂地区时，红军发起猛攻，经过两天激战，歼敌近两个师，黄陂战役是红军第一次取得大兵团山地伏击战的胜利。

三月二十一日，在江西宜黄县草台岗地区，国民党军多路合击进攻红军。红一方面军定下诱敌深入的作战方针，以刘英所在的红十一军佯装主力，在广昌西北地区迷惑敌人。红一方面军主力则秘密北移，在草台岗吃掉敌方的一个师，取得决定性胜利。草台岗战斗创造了红军战争史上以大兵团伏击歼敌的光辉范例。

刘英所在的红十一军先后参加了黄陂战役和草台岗战斗，为第四次反“围剿”斗争打开胜局做出贡献。这两场战役给刘英留下很深的印象，为他后来在浙西南开展游击战积累了经验。

一九三三年夏，中革军委发布命令，对红一方面军进行了又一次的大整编。这次大整编，撤销了军部。其间，刘英的职务也进行过多次变动。

中央苏区为巩固和捍卫苏维埃政权，大力开展扩红运动，组织动员苏区的青壮年男子参加红军，先后掀起多次运动高潮。中革军委还组建了总动员武装部，专门负责这项工作，确定扩红任务，开展扩红竞赛，奖励扩红中涌现出来的优秀人员，授予奖章，提高扩红的积极性。

在历次的扩红运动中，红色首都瑞金是扩红的模范县，多次出色完成扩红任务，留下许多母送子、妻送郎、兄弟争先当红军的动人故事。其中瑞金下肖区农民杨荣显一家八子参军，满门忠烈的故事流传至今。

刘英被这些事迹感动，暗暗下决心：一定要把部队带好！

瑞金在红五月扩红运动中取得前所未有的好成绩，短时间内就集中了四千五百多人入伍。六月二十五日，组建了瑞金模范师，编入红三师，隶属红一军团。其实，红三师实际没有真正归入红一军团。不久后，根据中革军委的命令，红三师及下辖第七、八、九三个团，正式编入新组建的红九军团，并成为红九军团的主力。红九军团是中革军委十月二十八日正式批准成立的，下辖红三师、红十四师，共一万余人，罗炳辉任军团长，蔡树藩任政治委员。此时，刘英再次接替唐天际担任了红九军团第三师的政治委员。

刘英成为红三师的政委，名副其实地统领了一回家乡子弟兵。不久，刘英又调到红十四师任政治委员。巧合的是，后来就是红九军团专门护送了刘英所在的红七军团组建的北上抗日先遣队到达闽中地区。

红九军团组建的同一天，中革军委终于批准成立红七军团，任命寻淮洲为军团长，萧劲光为政治委员，郭如岳为参谋长，邓乾元为政治部主任。其实，早在四个月之前，中革军委就决定筹建红七军团，作为闽赣省的基础武装。闽赣省委也向中革军委呈送了关于军团编制及装备的报告。军团先由两个师组成，一个是红十一军改编的红十九师，一个是闽北独立师和地方武装合编的红二十师。后来，这两个师与第三十四师组成红七军团。

难以力挽狂澜

红七军团刚组建不久，作为军团长的寻淮洲继续率红五军跟随彭德怀作战，没有就职。统率军团的全部任务就落在政委萧劲光的肩上。

而此前，德国人李德被苏联红军总参谋部派到远东从事情报工作，在哈尔滨逗留了一段时间后又来到上海，联系上共产国际派驻中国的代表，并与中共临时中央有些联系。中共临时中央负责人博古提出让李德以军事顾问的身份到中央苏区工作。

于是，“左”倾教条主义在中央苏区和红军中占据统治地位。

李德在博古支持下，把军事战略、战役战术、军事训练和后勤组织等几项大权都抓在手里。他用阵地战代替游击战和运动战，用所谓“正规”战争代替人民战争，使红军完全陷于被动地位。

此时，国民党军以三个师的兵力向萧劲光驻守的黎川发起了进攻，由此拉开了第五次“围剿”的序幕。敌我力量十分悬殊，守卫黎川的只有一支七十余人的教导队和少数地方武装，萧劲光权衡再三，慎重做出决定：突围！

红军撤出黎川城，黎川失守了！国民党军已在苏区展开全面进攻，战争形势极为严峻。李德接到黎川失守的报告，大为恼火，迅速下令：萧劲光配合红三军团立即收复黎川，以夺回中央苏区的东北大门。

按照中革军委的命令，萧劲光率部向抚州附近活动，以调动金溪及南城、南丰的国民党军。

国民党军虽然被调动并开始北上，但红军试图在运动中消灭敌军的企图并没有实现。李德急令萧劲光率部阻击敌人，待红三军团赶到后，向浒湾的敌人发起总攻。可是，浒湾守敌在十几架飞机和成群的坦克掩护下，向红军的阵地发动轮番进攻。而红三军团却因不切实际的指令经过一天一夜才赶到指定作战区域。

浴血奋战两昼夜，浒湾终究还是没有攻下来。

就这样，萧劲光先是稀里糊涂地被戴上右倾逃跑主义的帽子，再是被撤职查办，最后听候公审法办。关于如何处理萧劲光，中央政治局发生了争执，经过反复商讨，相互做了一些妥协，宣布开除萧劲光的党籍、军籍，判处五年监禁，并剥夺上诉的权利。

后来，在毛泽东等人的保护下，红七军团第一任政治委员萧劲光得以“获释”，任红军大学战术教员。在遵义会议上，周恩来代表党中央郑重宣布，取消萧劲光的处分，恢复了他的党籍和军籍。四渡赤水之后，他被调到红三军团接替叶剑英任军团参谋长。

一九三三年，经过多次接触，红军代表同国民党第十九路军的代表签订了抗日反蒋的初步协定。十一月二十日，国民党第十九路军将领蔡廷锴、陈铭枢、蒋光鼐以及国民党内李济深等反蒋势力，发动了福建事变，成立了抗日反蒋的“中华共和国人民革命政府”。

这一形势，对红军粉碎国民党的第五次“围剿”十分有利。但是，中央“左”倾路线领导没有利用这个机会，把蔡廷锴等人看成是“最危险的敌人”，不去帮助第十九路军，反而把红军主力西调，方便蒋介石派军队打败第十九路军。

对此，毛泽东详尽地分析了敌我态势，并向中央提出了建议。后来，他在《中国革命战争的战略问题》一文中认为：

> 当福建事变出现之时，红军主力无疑地应该突进到以浙江为中心的苏浙皖赣地区去，纵横驰骋于杭州、苏州、南京、芜湖、南昌、福州之间，将战略防御转变为战略进攻，威胁敌之根本重地，向广大无堡垒地带寻找作战。用这种方法，就能迫使进攻江西南部福建西部地区之敌回援其根本重地，粉碎其向江西根据地的进攻，并援助福建人民政

府，——这种方法是必能确定地援助它的。此计不用，第五次“围剿”就不能打破，福建人民政府也只好倒台。

周恩来等人也同样提过相似的建议。但毛泽东、周恩来等提出的这些符合实际情况的正确建议都被博古、李德一一拒绝。博古带着讥讽的口气说：“打到外线去，打到闽浙皖赣边，这不是置中央苏区于不顾吗？瑞金还保不保了？这是脱离中央苏区根据地的冒险主义！”李德更有不同的见解，他认为蔡廷锴的福建政府是“最危险的敌人”，比蒋介石还坏、还危险，对群众有更大的欺骗性，红军决不能支援蔡廷锴。

军事行动最重要的是捕捉时机。无论毛泽东的外线出击，还是周恩来的内线侧击，都可能直接或间接地支援第十九路军。而博古、李德都不愿介入这场“军阀混战”，更不愿替蔡廷锴去打蒋介石。因为在他们看来，蒋介石是大军阀，蔡廷锴是小军阀。结果，把现成的盟友——第十九路军——推向了灭亡的道路，粉碎敌人第五次“围剿”的这一有利时机也就这样丧失了。

打垮第十九路军后，蒋介石掉过头来，继续对中央苏区进行第五次“围剿”。

蒋介石集中几十个师，并配备几十架飞机，从北、东、南三面发起进攻。他们凭借精良的装备和充足的弹药，采取持久战和堡垒主义的新战略，稳扎稳打地寻找红军主力决战。

一九三四年四月二十八日，国民党军蜂拥进入广昌。四月二十一日，国民党军还占领了进入中央苏区的重要门户筠门岭。红军纷纷退往会昌、于都。

任性而固执的李德丝毫不考虑广大将士的正确意见，与博古秘密商议将前线司令部撤回瑞金，计划在广昌地区同国民党军进行一场决战。

国民党军空军轮番轰炸广昌城，每天出动飞机数十架。他们每推进一段距离便停下来修筑工事，然后再行推进。很快，李德自认为构筑得十分坚固的工事，几乎全部被夷为平地。博古、李德面对尸横遍野的战场，被迫同意红军撤出广昌城。

此时，建宁成了中央苏区北面门户。红军在建宁又组织了保卫战，中革军委命令红一军团、红五军团和红九军团向东行动，与国民党八个整编师在建宁一带展开激战。

红军不断发起冲锋，然而面对无休止拼消耗的阵地战，擅长运动战与游击战的红军将领一筹莫展。

随着部队的整编，刘英调任红五军团第三十四师的政治部主任。他跟随红三十四师也参加了建宁保卫战，也目睹了这场战斗在博古、李德指挥下的失败场景。但作为政治部主任的刘英，除了宣传鼓动广大将士顽强战斗和不怕牺牲以外，也没有更多的办法力挽狂澜了。

此后不久，刘英所在的红三十四师归建红七军团，刘英接替邓乾元任政治部主任。同时，红七军团其他领导也做了调整，乐少华接替萧劲光任政治委员，粟裕接替郭如岳任参谋长。刘英与粟裕再次搭档。

卷二

先遣·挺进

（一九三四至一九三七）

第四章

出师入八闽

临危茫然受重任

红七军团正式成立后，红二十师、红三十四师只是名义上的属下，并没有归建。这两个师在建宁保卫战等几场战斗中消耗殆尽，先后合并到其他部队里去了。只有红十九师继续跟随军团长寻淮洲作战。

一九三四年七月初的一天夜晚，天气闷热无比。红十九师的队伍就像一条长龙，在寻淮洲率领下从福建连城至江西瑞金的山间游走。这支队伍刚接到“从前线速回”的命令，就匆匆从闽西战场撤下来，来到被称为“红都”的江西瑞金。

此时，刘英刚任红七军团政治部主任不久。他深知这是组织对他的信任，感到肩上的责任重大。突然接到中革军委要求他到瑞金结集的命令，这让刘英心情特别复杂。一方面瑞金是自己的故乡，在这里出生，在这里长大，如今再次回到这里有一种说不出的亲切感；另一方面又有一种莫名的担忧，难道瑞金出了什么突发事件，需要他们这支新组建不久的部队支援？自从临时中央迁到中央苏区后，博古、李德竭力排斥毛泽东对红军的正确领导，大搞短促突击、分离作战、全线出击，早已葬送了根据地的大好形势。这会儿出现任何险恶局面，都是有可能的。对红军今后命运的担忧，深深压抑着这位党培养多年的军队政治工作者。

回到瑞金后，知道不是瑞金城发生了什么大事。但是，刘英还是忍不住悄悄地问寻淮洲："部队此行有什么重大任务？不会是哪儿有什么情况需要我们增援吧？"

寻淮洲凭借多年的战斗经验，一时也得不出结论，所以只简短答了一句："也许吧！"军团领导乐少华的心情就完全不一样。他是一位在莫斯科喝过洋墨水的"正统"布尔什维克，回国后很受器重，一下子就担任红七军团政治委员的要职，对此行比较乐观。

他们怀着不同的心情来到瑞金。

那么，这支部队紧急调回瑞金到底有什么任务呢？谜底不久就揭晓了。

到了瑞金，军团领导全体被召集到"独立房子"的会议室里。独立房子位于中央局对面的田畈中间，两室一厅。这是博古下令专为李德修建的。博古很崇拜洋顾问李德，许多中央的会议都搬到这里召开。

此时，独立房子里正在召开中革军委扩大会议，出席会议的有博古、李德、张闻天、周恩来、项英等中央领导，还有寻淮洲、乐少华、粟裕、刘英等红七军团的领导。会议由博古主持，李德首先讲话。

刘英虽然见过李德，但从来没有像今天这样近距离地接触。

据说，李德是一个典型的"图上军事指挥家"，喜欢借用地图指指点点。果然，李德指着一幅大地图，就目前的苏区局势及中革军委的战略意图做了详细介绍。他既讲了全国的抗日形势，也讲了苏区周边的形势。国民党军连续攻城略地，以约五十万人的总兵力向中央苏区心脏地区瑞金、兴国一线发起全面进攻，来势十分凶猛。五月十六日，建宁城失守。中央苏区日益缩小，由原来的纵横各近千里，减小到各三百余里，周围国民党军大兵压境，并且不断向中心区域进逼。

博古代表党中央及中革军委就红七军团的作战任务及行动计划等具体事项，做了进一步的强调。博古说，这次连夜召部队回来，主要有两项任务：第一，皖南几个县的群众正在举行武装暴动，需要火速赶往支援；第二，现在的形势是日本肆无忌惮地吞并了东三省，侵占热河、内蒙古，现在又准备进攻整个华北……所以，红七军团立即组建北上抗日先遣队，经闽浙皖北上，沿途宣传党的抗日主张，一个半月之内，必须到达皖南。

走出会场，刘英看着乐少华走远了，问粟裕对这次任务怎么看。粟裕皱了皱眉头，回答了两个字："要命！"

刘英、粟裕都是红七军团的领导层，他们心里都十分明白，红军已经全面被动，战斗力已经很弱，中革军委又指挥失当，而国民党军在军事上占有绝对的优势，红七军团要完成这一战略任务，难度是非常大的。

会议结束后，中共中央和中革军委分别给红七军团发出作战训令和政治训令，把北上抗日先遣队的任务再一次以文件的形式下发。但是，文件只在很小的范围内传阅，很少有人知道先遣队北上的真实意图：

（一）最高度地在福建、浙江发展游击战争，创造游击区域，一直到在福建、浙江、江西、安徽诸地界建立新的苏维埃的根据地。

（二）最高度地开展福建、浙江的反日运动。

（三）消灭敌人后方的单个部队，特别是在福建及浙赣边境上的单个部队。

（四）深入到敌人远后方去，经过闽江流域，一直到杭江铁路及安徽南部，以吸引蒋敌将其兵力从中央苏区调回一部到其后方去。

几天后，红七军团召开师团干部会议，讨论北上事宜。乐少华兴冲冲地先介绍了中革军委刚刚派来的党代表，表示以后都要接受曾洪易代表的领导。刘英和军团几位领导一样，都听说新来了一位中央代表，并与乐少华、寻淮洲组成军政委员会，三个人全权指挥红七军团的行动。

大家顺着乐少华的方向看过去，都着实大吃一惊，中央代表竟是一个侏儒。

粟裕悄悄地问刘英："这个人叫什么？"

刘英轻声地告诉粟裕："这个人叫曾洪易，听说搞'肃反'很有一套。"此前，曾洪易任闽浙赣苏区中央代表和省委书记，推行"左"倾政策很出名，把一支四万人的红军队伍整得只剩下两三千人。官兵们背地里都叫他"曾煞星""曾矮子"。刘英为组织上给这支部队配备这样的领导而纳闷，军团的前途堪忧啊！

寻淮洲提醒粟裕："该你汇报了。"粟裕回过神来，赶紧汇报红七军团的人员装备情况。红二十师、红三十四师因战斗减员严重，已归建其他战斗部队，现以红十九师五十五团、五十六团、五十七团等三个团为基础，补充两千多名新兵，全军团共有六千三百二十一人，其中战斗人员四千人，其余为非战斗人，长短枪一千两百一十一支；辎重方面，后勤物资约二百二十担，中央交付的宣传品约三百六十担。每师配有一个直属重机枪连、一个侦察排、一个通讯[①]排、一个传令排、一个担架队和一个宣传队。目前，部队已编成突击队、运输队、预备队……按部队的战斗力评估，预估出发后的行军速度每天不会超过二十公里，如果遇到敌人一个主力团以上的兵力，就要力求避免交战……

乐少华打断了粟裕的汇报，批评他"预估"的、"如果"的，这都是右倾思想深入骨髓的表现，说他这样评估部队的作战能力是错误的。接着，叫刘英汇报军团干部编成及任务的情况。

刘英与粟裕对视了一下，心情复杂而沉重。军团干部编成及任务是这样的：一是军团参谋处，编参谋三名，见习参谋五名，通讯主任一名，文书两名，负责行军路线、战士教育、作战指挥、情报收集、自身保障；二是军团政治部，组织科、宣传科、地方工作科分别编干事……组织科负责党组织和干部工作，宣传科负责写贴标语、鼓动宣传、召开群众大会，地方工作科负责地方联络，另设保卫局，周群任局长，保卫干事五名，负责肃反及处置民愤极大的反革命恶霸；三是军团供给部，刘达云任部长，下设军需主任一

---

① "通信"的旧称。利用电波、光波等信号传送文字、图像等。为符合当时语境而做保留。

名……另设卫生部，谭志刚任部长，设医务主任一名，另设药材科、管理科，医生十三名，还有护士、担架队……他顿了一下，继续汇报了所辖三个团的干部任职情况：红五十五团，团长胡天桃、政委李仕元；红五十六团，团长王裔三、政委李世清；红五十七团，团长王永瑞、政委钱琪柱……

乐少华果然有些不耐烦了，冲着刘英说："好了，团以下干部由各团召集会议时宣布。"曾洪易刚才看到乐少华训斥粟裕时笑了，此时乐少华再制止刘英宣布干部编成，他满意地点点头。

离开熟悉的瑞金城

按照中革军委的训令，红七军团北上分三步走。

第一步，由瑞金出动，经连城之北、永安东南，到达福州、延平之闽江地域。第二步，渡过闽江后，经由古田、庆元、遂昌向浙西前进。第三步，要在八月下旬，在浙江及皖南地域，创立广大的游击地区及苏维埃根据地。行动得依情况的变化由军委的电令决定，如果联络中断，则应独立机动地行动。

刘英仔细研究了军团这三步走的路线及其规定。其中明确了部队于七日从瑞金出动，到达连城之北具体到七月十二日，在向永安东南前进过程中，应相机消灭国民党军第八十师及第三师一个团在运动中的部队，并与红九军团取得联络，然后经尤溪之东，于七月二十五日到达闽江以西的地域，并即侦察北渡闽江。当经过古田、屏南、寿宁时，应与当地游击队取得联络，并巩固这一地区，尽可能与我闽北的部队特别是建瓯河西之红五十八团设法取得联络。在到达浙境后，应与我红十军保持经常的联络。八月中旬，红七军团应抵杭江铁路之兰溪地域，同时应派出别动队在广大的地段上破坏敌人的铁路，在有利的条件下，红七军团得协同红十军消灭浙赣边境上的国民党军。

训令中明确了哪一天部队应该行进到哪里，与哪个部队协同，与国民党军哪个部队作战，在哪破坏敌人的铁路。刘英觉得这个训令不但不切实际，而且非常可笑，兵无常势，怎么可能将对手的一切都事先设计好呢？

此时，中央局宣传部就拥护红军北上抗日先遣队的宣传鼓动工作，做出了具体的计划和要求。作为政治部主任的刘英认真做好布置和落实工作。

七月七日，红七军团将士在瑞金整装待发。广场上站立着一排排整齐的队伍，虽然衣服破旧，但个个精神饱满。刘英与曾洪易、寻淮洲、乐少华、粟裕等军团领导率领着全军团的官兵，接受博古、李德、朱德、周恩来、王稼祥、刘伯承、张闻天及中华苏维埃共和国中央执行委员会主席毛泽东的检阅。

刘英非常认真地倾听朱德的动员讲话。朱德分析了形势并指出："我们红军……任务就是保卫中华苏维埃政权，保卫人民的利益，保卫全民族的利益。我们用什么来保卫呢？我们有共产党的领导，有全国工农大众和一切进步的爱国人士的拥护，我们手中有枪杆子，可以打击和消灭敌人；我们要宣传共产党的主张与政策，动员民众起来革命，反对国民党压迫工农和屠杀人民，反对国民党打内战，反对蒋介石卖国投降，我们坚决为抗日、保卫民族独立而斗争！"他大声地说："蒋介石不抗日，我们红军去抗日！"

刘英与广大将士热烈鼓掌，喊出响彻云霄的口号："打倒国民党反动派！打倒日本帝国主义！保卫中华民族！"

检阅完部队，领导们坐在提前放置好的板凳上，与红七军团将士合影。

傍晚，瑞金城偶然响起一两声狗吠。苏区百姓提着茶碗请亲人红军再喝一碗茶，虽然他们不知道红军将去向何方，但是他们知道这支部队将要离开苏区。就这样，在依依惜别声中，红七军团的将士们告别红都瑞金，踏上新的征程。

虽然一周前红七军团已秘密离开苏区，但为了使先遣队下一步的公开行动更加师出有名，七月十五日，中华苏维埃共和国中央执行委员会主席毛泽东和副主席项英等，联名发表了《为中国工农红军北上抗日宣言》。

毛泽东在接受《红色中华》报记者采访时，专门就当前时局与红军抗日先遣队问题发表了谈话。他指出："这个部队虽不很大，但我们相信必能得到沿途民众的援助，凡是国民党军队中决心抗日的分子也必会不断参加这个部队，或同我们联合起来携手并进。"

根据中革军委的部署，红七军团行军、打仗与宣传并举。

一路上，刘英带领军团政治部的官兵们见到大石头、空墙壁、路边亭、电线杆就张贴"拥护红军北上抗日运动""团结抗日""把日本帝国主义赶出中国去"等标语，散发中央公开发表的北上抗日宣言和告民众书等，并召开各种群众会议，宣传中共的抗日主张。红军以自己的实际行动，严格遵守毛泽东亲自制定的三大纪律八项注意，严格执行党的各项政策，保护群众利益，用事实揭露国民党的反动欺骗宣传和出卖民族利益的罪行。

这些舆论不仅有力地配合了先遣队的行动，使先遣队得到广大工人、农民和其他劳动者的拥护，实际上也为红军主力准备离开中央苏区，进行战略大转移做了必要的思想准备。

因为，当时中央派出先遣队是为了更加直接的秘而不宣的目的，那就是试图以这一行动威胁国民党统治的腹心地区，吸引和调动一部分"围剿"中央苏区的国民党军的回防，以减轻中央红军主力实行战略转移的阻力。

此时，对先遣队北上的真正战略意图，不要说一般的干部和战士一无所知，就连刘英等这些军团领导也不十分清楚。一九七三年十二月，朱德在回答军事科学院的提问时指出："是准备退却，派先遣队去做个引子，不是要北上，而是要南下。"

朱德所说的"南下"，指中央红军主力从中央苏区西南部转移。

政治动员也有不足

数千人的队伍宛如一条巨龙，逶迤前进在崎岖的山道上。红七军团离开瑞金，在苏区辖区内行动非常顺利。在这支队伍中，共有十三匹战马驮着军需物资，还有大量的物资由战士们肩挑背扛。队伍经过长汀县，这里是原来的苏区县，如今已有大半个县被国民党军占领。

随后，红七军团进入连城，接到中革军委电令，敦促协同红二十四师，进攻国民党福建守备部队李延年纵队。但红七军团未能与红二十四师会师，只得改道折向连城县西北，进入闽中地区，于七月十九日进抵福建永安城下。

军团高层在是否攻占永安一事上，发生了激烈的争执。

永安位于福建中部偏西，地势险要，是沟通闽西北的重镇，也是国民党军掩护主力“围剿”中央根据地的一个重要据点。三个月前，寻淮洲率领红十九师攻占了永安城。此时，敌人增强了防守力量，派了一个旅的兵力扼守此地。他们见红军浩浩荡荡开进永安深感不妙，在城里胡乱放枪开炮以壮胆。

寻淮洲从力量上、士气上进行了对比，主张攻取永安。

乐少华坚决反对攻占永安，原因是中革军委没有下达攻打永安的任务，军团的任务是北上抗日和支援皖南暴动。他的观点得到曾洪易的支持，曾洪易警告寻淮洲不要乱来。寻淮洲据理力争，认为攻克永安，消灭守敌，不仅对闽西地区的武装斗争是一个很大的支持，而且可以造成声势，调动敌人，还可以改善我军的武器装备，增强我军的士气。他说：“攻克永安与北上抗日并不矛盾，可以灵活处置。”乐少华打断寻淮洲，说：“什么灵活处置，全是鬼话，这些大道理谁不懂，真是笑话。”

刘英虽然参加会议，但没有更大的发言权，更没有表决权。他与粟裕一样只能干着急，看着双方争执。

最后的结果是会议不欢而散。寻淮洲作为军团长无权指挥作战，眼看着瓮中之鳖归入大海，但为了革命大局，他只好忍气吞声，率领部队继续向闽中挺进。

这是出征以来军团高层的第一次争执。但刘英意识到，如果中革军委不断发来脱离实际的遥控指挥的电报，再加之曾洪易、乐少华的专权，发生更多这样的争执将不可避免。

随后，红七军团进抵大田县，占领县城，在高才坂村一带宿营。第二天进入尤溪县境内，先占领县城，再攻占樟湖坂镇。在战斗中，军团政治部保卫局局长周群不幸左腿受重伤。刘英十分心疼这位得力助手，评价他是一位对革命十分坚定的红军指挥员，肩负着“肃反”和处置反革命恶霸的重任。国民党军对樟湖坂镇的猛烈夹攻，使他的腿伤未能及时医治，就跟随部队抢占闽江渡口。身受重伤的周群不肯就地休养，令刘英深受感动，他亲自安排人员护送周群随部队北上。

七月三十日，红七军团将士全部渡过闽江，胜利完成出征后的第一步行动计划。

为了配合红七军团的北上行动，中央还电令红九军团专程由江西东进到闽中地区护送，并要求红七军团与红九军团保持不断的无线电联络，两个军团先后交错前进。为保密起见，对外称“东线行动”。

红九军团正是刘英的老部队，两支部队配合起来也像刘英希望的那样非常默契。在二十多天的时间里，两个军团像两条蛟龙，相互支持配合，在闽中大地上腾飞起舞，让国民党军和土豪劣绅们不得安宁。现在红七军团全部渡过闽江，红九军团也完成了预定的护送保障任务，奉命返回中央苏区。

渡过闽江，红七军团就遭遇了国民党的地方保安部队。

打退保安部队后，部队进抵古田县境内，轻松占领黄田镇。按预定计划，红七军团应该经古田、庆元、遂昌，从浙西北上皖南。七月三十一日，部队到了谷口村时，中革军委突然改变计划，发来一道紧急电报，命令红七军团东进，占领水口镇，威胁并相机攻打福州。

水口镇是福建的一个重要集镇，国民党福建闽江警备司令部的驻地。八月一日，军团先头部队发起进攻，并很快突破敌人防线。同一天，为了振奋中央苏区军民的斗志，远在赣南的瑞金城盛况空前，“八一”阅兵典礼在大埔桥红场隆重举行。整个典礼，更加突出了“红军北上抗日”这一主题。朱德亲自率领受阅红军举行了抗日宣誓，毛泽东宣称“苏维埃政府与革命军事委员会已下令全国红军准备随时随着先遣队出发”，并正式对外宣布：北上抗日先遣队已向日本帝国主义在福建的据点——福州方向迈进。

当夜，红七军团不费一枪一弹，静悄悄地进驻水口镇。部队为了不扰民，只在镇边的庙宇、宗祠、街道旁等地方休息。

第二天清晨，刘英按照军团部的要求，组织部队清扫街道和一些公共场所，使破旧的水口镇焕然一新。睡醒的百姓听到街面有动静，打开门一看，街道非常干净，一切都井然有序。他们发现这一切都是一支军队做的，他们想象不出这是一支什么样的军队，他们从来没有见过。

上午，军团部在水口镇组织召开“八一”纪念大会。曾洪易宣读中革军委关于纪念“八一”节的指示电，正式打出中国工农红军北上抗日先遣队的旗号。他还宣布，原红七军团的五十五团、五十六团和五十七团升格为红一师、红二师、红三师，原团长、政委分别相应升任师长、政委。

刘英宣读了中革军委的嘉奖电，决定授予寻淮洲、乐少华、王永瑞、夏忠兴二等红星奖章，授予张志坚、徐正生三等红星奖章，因为他们在中央苏区的几次战役中立了战功。寻淮洲军团长、乐少华政委因在战斗中率领部队直插敌后，截断国民党军归路，为全歼该敌创造条件而获得奖章。王永瑞团长、夏忠兴参谋长、张志坚主任因在湖源战斗中，冲到一线鼓动战士并组织进攻夺取阵地而获得奖章。班长徐正生因在建宁的一次战斗中，沉着掩护部队安全撤回而获得奖章。

几位军团领导对北上行动和攻打福州进行了动员，部队情绪高涨，斗志昂扬。

会后，刘英带领军团政治部的官兵们到群众家中，了解困难群众的疾苦；安排官兵散发宣传品，张贴大红标语，把整个水口镇布置得五彩缤纷；还派出小分队将土豪劣绅家的板壁拆下来。他亲自用毛笔在一块门板上书写了“打到福州去，没收帝国主义的财产”的巨幅标语，放入闽江中，任其漂流而下。

部队开赴福州前，军团领导连夜研究攻打福州的具体部署。

福州城墙高大，工事坚固，城内敌人强大，有海陆空协同作战，力量远远超过红七军团。

八月七日，红七军团抵达闽侯县城西北郊岭头、笔架山、赤桥、浮村一带。红军对福州城内国民党军的兵力部署、工事构造等情况一无所知。

然而，国民党军早就做好了准备，早在八月二日他们就派出战斗机、轰炸机八架，对红军阵地实施轰炸。红军缺乏防空经验，还没有弄明白是怎么回事，就倒下去七八十人。正在屋里的曾洪易吓得脸色发青、身体颤抖，赶紧蒙着被子带着哭腔叫道："我不能在此送死啊！"粟裕暗中觉得滑稽可笑，背起他往外跑。

刘英奋不顾身地冲出门外，指挥部队隐蔽。

夜里，红军开始向敌人发起猛攻，欲钳制守敌。敌人依靠工事，利用重机枪居高临下扫射，红军几次强攻未能奏效，只得撤出战斗。第二天，由于敌人警戒严密，红军袭击未成，决定停止攻城战斗并稍事休整。

九日，红七军团调整部署，主力绕到福州北门进攻。此时，追敌已至，双方形成相持局面。红军注意到敌人防守兵力相当雄厚，处境十分不妙，决定停止攻城，部队开始转移。国民党军第八十七师乘机追击，在降虎一带，与红军展开了激烈的战斗。红七军团二师利用复杂的地形，正面向降虎阵地猛攻。三师、一师也向敌两翼迂回包抄。国民党军占有地利，且有空军助战，进行了多次轰炸、扫射，随后又有敌人增援部队。将士们不畏牺牲，多次展开肉搏战，突击小分队全体战士与敌人同归于尽。红军伤亡巨大，达五六百人之多。

红七军团按照中革军委的战略部署攻打福州，对于红军宣传抗日主张，对于打击骄横的国民党军，都产生积极而深远的影响。但是，攻打福州打乱了红七军团第二步北上计划，部队损失惨重，不但没能够吸引和调动"围剿"中央苏区的国民党军，反而完全暴露了红七军团仅是一支数千人的牵制力量。

此后，红七军团一直受到国民党军疯狂的围追堵截。

后来，刘英在回忆总结福州战斗失利的原因时，认为该战缺乏周边党组织的帮助和配合，我军攻打城市经验不足，且领导干部不够团结。他也检讨了自己政治动员不够深入和普遍，政治动员与军事行动的配合做得不好等问题，并且从战斗布置、侦察工作、兵力部署等军事角度深入地进行了分析和解剖。

> 当时福州周围党的组织是异常薄弱的，特别是福州市的工运薄弱，致未能取得当地党组织与福州市工人更多的帮助和适当的配合，以致先遣队围攻福州三昼夜之久，始终得不到各方面的消息，而影响到七军团的军事行动与围攻福州整个战斗任务的完成。由此可见党与群众力量的伟大及其配合军事行动的重要性。
>
> 几个主要干部不够团结，影响到意见的不一致，另方面，对军委给七军团围攻福州命令的了解亦是很不深刻……同时叛徒曾洪易当时身为中央代表，不仅毫无意见提出，且处处表示没有决心战斗。此外，×××与×××两同志之间，亦缺乏同志态度，以致不断地闹私人意见，是极不利和不该的。
>
> 攻打城市的经验还是很差，政治上动员也做得不够。虽然红七军团有攻打沙县、尤溪等城市的经验，然而攻打尤沙城市与进攻福州的过程中，有着许多不同的情景（如时间不允许久战，准备工作不充分，友军的配合以及环境等等），另方面战斗的政治动员亦缺乏深入和普遍，特别是政治工作的动员与军事行动的配合上做得很差。

安置伤员的事一并解决

闽东天气十分炎热。红七军团长途行军，伤病员激增。可是远离根据地作战，得不到补给、休养和治疗。战士要抬伤员、背枪、带战利品，部队甚至出现了雇用民工挑枪的现象。有人描述此时的部队：远远看去与其说是一支军队，倒不如说是一支逃荒的农民队伍。

军团部把运送伤员的重任交付给刘英完成。

刘英始终珍视每一个生命，在人员十分紧缺的情况下，把军团各部门机关和直属队的工作人员都组织动员起来，提出了“发扬阶级友爱，不丢弃一个伤员”的战斗口号。经过繁忙而紧张的准备工作，一支庞大的伤员运送队伍组织起来了，与医疗队密切配合，抢救、护送伤员，一切都有条不紊地进行着。

别说是抬着担架跋山涉水，就是徒手行军也很劳累。刘英组织宣传队在担架队经过的山坳、河岸、村边、埠头，设立鼓动站，鼓励战士们：坚决不叫苦，坚决不掉队！

担架队战士爬山、过河，宣传员们就高呼：“用打仗的精神爬过山去！用打仗的精神渡过河去！”

刘英总是身体力行，灵活机动地指挥调度整个运送伤员的队伍，使这支队伍一次又一次躲开了敌人飞机的轰炸和扫射。他不停地为抢救、护送伤员忙碌着，有时他出现在担架队的行列中，替担架队的战士背枪、背包，有时他出现在地方医疗点，鼓励伤员们用革命乐观主义克服伤痛。别说刘英了，就连他的警卫员程美兴忽前忽后地跑，也累得汗流浃背、气喘吁吁。程美兴后来回忆说，他非常担忧刘英能不能坚持住，首长跑的路比谁都多，累倒了怎么办?

但是，刘英仿佛是一个不知疲倦的人。他还认真了解伤员的思想状况，做细致的思想工作，有时为打破伤痛带来的沉闷，活跃气氛，还领着大家唱起中央苏区的红歌。

刘英和指战员们唱着唱着，大家仿佛回到中央苏区，回到毛主席指挥作战的时候，振奋了士气，提高了担架队员和伤病员的信心。

但是，刘英知道不可能抬着这么多的伤员长途行军、北上抗日，如何才

能找到一处能休整补给的地方呢？他忽然想起在中央苏区的时候，有人提起过闽东有党组织活动，可能有一块苏区，只是暂时还没联系上。

如果能跟这块苏区联系上，对军团将是一个重大的支持。

此时，侦察员报告部队已接近连罗红色游击区。刘英立即派出地方工作部宗孟平部长带人前去联络。

事实上，连罗地区早在四年前就建立了党组织——福安县委和连江特委，并发展到建立起一个中心县委和五个县的党组织。后来，福州党组织派叶飞以特派员的身份到闽东巡视工作，重新建立党组织，发动武装暴动，在福安县赛岐打响了第一枪，并成立各级苏维埃政府和游击队。很快，闽东迅速发展成为一块方圆五百里的红色根据地。只是因为叛徒的出卖，中共福建省委被破坏，与上级失去了联系。从此，闽东成了一个“革命孤岛”，在与上级党组织失去联系的情况下坚持独立斗争。

让刘英想不到的是，后来他与粟裕率领的挺进师又与这个“革命孤岛”有了密切的联系。

红七军团到来之前，闽东党组织和广大群众还没有见过中央红军。当红七军团渡过闽江、攻打福州的消息传到闽东后，当地党组织和游击队立即派中共连罗县委宣传部部长陈元，寻找盼望已久的中央红军。

八月十一日这一天，刘英派出的宗孟平终于在陀市联络到闽东党组织和游击队。

第二天，陈元带着闽东特委军事部部长任铁峰及连罗县委负责人，来到红七军团驻地。寻淮洲、粟裕和刘英接见了他们。双方介绍有关情况后，寻淮洲开门见山地承认福州一战没有打好，被迫撤退到闽东，作为中央红军本应给予闽东支持，现在反倒要麻烦当地党组织了。任铁峰急忙说：“一家人不说两家话，中央红军的到来，我们盼望已久，军团长有什么用得上我们的，高兴都来不及，有什么困难请尽管提。”

刘英见寻淮洲示意他说话，他也就不客套，直接说明目前的困难，前有堵截，后有追兵，行军作战带着几百号伤员，很不方便。为此，有两个请求：第一，请他们尽力帮助解决救治伤员的问题；第二个，还想请他们帮助解决部分粮食供给的问题……刘英话音刚落，任铁峰等人就表态："这个没有问题！"

寻淮洲轻松地笑着，刚才都不大好意思开口，这下好了，可解决大问题了，寻淮洲又问："你们有什么困难也提一提，我们互相帮助。"任铁峰嗫嚅着说："困难是有一些，一是我们缺乏军事干部，二是缺少枪支弹药，三是我们闽东苏区比较分散，尤其是罗源县城还被国民党军占领，把我们几块游击区隔开，使我们很难连成一片。"

粟裕表示，只要军团首长下定决心，攻占罗源没有问题！

寻淮洲思考了一下："这些问题应该都能解决，我们回去商量一下，如果把罗源县城攻打下来，既能把游击区连成一片，又能把枪支弹药的问题给解决了，一举两得，对吧？"他看着刘英又说："至于第一个问题，缺乏军事干部的问题，就要问我们管干部的政治部主任了。"

刘英认为，需要军事干部这个事也很好解决，也很现成，只要军团领导同意把那批伤员留下来，等他们治疗好，休养好，加入当地红军队伍不就解决问题了？

这是个好办法。闽东四位领导听了军团领导的想法，非常满意地走了。

寻淮洲、粟裕和刘英立即回到驻地，找曾洪易和乐少华商量。一听说闽东党组织和游击队能帮助解决救治伤员这么麻烦的问题，曾洪易和乐少华觉得攻打罗源算不上什么，也爽快地同意了。

乐少华心情比较好，就关切地对寻淮洲说："攻打罗源的事就让粟裕去干，明天给中革军委打个电报，汇报一下情况就行了；伤病员的护送、交接让刘英去干，军团长可以好好休息休息。"

此时，刘英顾不得休息，还要忙碌。他还得与地方干部协商伤员的安置，将伤员往各安置地送去。闽东方面非常支持刘英的工作，连夜赶制了三百多副担架。不到一天时间，三百多名重伤员由各区相继接运走。刘英对每件事都考虑得非常细致周到。他挨村挨户去安顿伤员，了解房东家的情况，尽量让伤员住在政治上可靠的人家里，并亲自过问药品发放、食物分配的情况。

全部伤员都安顿妥当后，刘英还叮咛他们安心养伤，有地方党组织的关心，大家很快就可以继续上战场。他还与医护人员一一握手，感谢他们的倾力营救和精心护理。他又拉着地方党政领导的手，鼓励他们说："眼前确实有不少困难，但是，治好伤员，为革命保存火种，就是你们对革命事业的贡献。"

红七军团走后，留在闽东苏区的伤员，经过一个多月的治疗、护理，大都伤愈后加入闽东独立师，使闽东红军队伍的战斗力加强了。其中冯品泰还担任了闽东独立师的师长。

一个值得佩服的人

为了攻打罗源城，红七军团召开了作战会议。

此前，军团参谋处选派四名侦察人员与当地游击队员一道，化装成农民混入罗源城。作战会上，侦察员汇报了罗源城守敌布防情况，主要有闽保一个营和一个特务连机枪排，另外有县警备队和民团。

粟裕当即部署兵力：两个连的兵力佯攻东门，两个营的兵力佯攻西门，南门则派出一个主力团进攻，以确保万无一失。部署完毕，寻淮洲信心十足地对连江独立十三团负责人说："你们的任务是明天一早到罗源城接管。"接着，又幽默地补了一句："可别迟到哟！"

当天夜里，寻淮洲、粟裕亲自率队分三路向罗源开进，仅两个小时就结束战斗。罗源战斗俘敌三百多人，缴获重机枪两挺、轻机枪一挺，其他长短枪两百多支和一批军用物资，还筹集到三万多元经费，补充了部队的给养。这次战斗打通了连江、宁德等几块小游击区，为地方留下三百多支长短枪和一批弹药，促进了闽东苏区的发展。

天亮后，刘英率领军团组建的搜索队，在当地红军游击队的配合下，搜查残敌，设立检查站，防止敌人的破坏活动。同时，打开监狱，营救了被关押的革命同志和无辜群众四十多人，抓到了躲在居民家中的县长和保安队队长。

红七军团后续部队也先后进入罗源城。军团部为扩大战果，派人向北侦察，准备乘胜攻打宁德，等待连江独立十三团按约前来接防。一直等到下午三点，仍不见独立十三团到来。

乐少华有些不耐烦："这些游击队是怎么回事，现在还不来？"

刘英插了一句："迟到应该有什么原因，我们了解一下。"

乐少华却说："不需要了解了！这些人也叫游击队，太散漫、太无组织纪律观念了，有机会得好好整治一下他们……"

寻淮洲心平气和地说："我们再等等吧，天黑前再不来，我们就出发。"

乐少华不断地指责独立十三团，刘英心里很想为他们做点辩解，毕竟只是地方游击队，组建时间不长，没有经过正规的教育训练，而且，说不定还有其他原因。但是，军团主官之间本来就不团结，动不动就争吵，自己再辩解，可能场面更乱，所以，他压住自己的性子，默不作声。军团给中革军委发报，汇报了战况。电报拟好后，除报告宁德守敌情况，并确定下一步目标之外，乐少华在电报里专门加了"独立十三团游击主义浓厚，约其今日来罗源现未到"这句话。

后来了解到，国民党军的追兵跟随红七军团进入了闽东游击区，独立十三团为了转移军团的伤员，一时摆脱不了国民党军的追兵，所以延误了罗源城交接的时间。

根据敌情的变化，红七军团放弃了对宁德县城的进攻。他们只是以一部兵力佯攻离宁德县城不远的霍童，红军主力则根据中革军委的指示，在一个叫扶摇村的地方进行两天的休整，然后进抵赤溪的阳谷一带。

休整期间，刘英带领政治部官兵到各基层部队检查军容风纪，教育部队做到秋毫无犯；发动部队宣传北上抗日的重大政治意义；组织医务人员为群众治伤医病。他还联合乡苏维埃政府召开军民联欢会，赠送《今日瑞金》《卖国贼蒋介石》等书三十余册，给当地党组织和人民群众带来极大的鼓舞。

在阳谷村，红七军团领导与前来迎接的闽东特委领导叶飞、詹如柏、范式人等会面。

寻淮洲对闽东特委在失去上级党组织联系的情况下，仍坚持革命斗争表示钦佩和肯定，并传达了中共中央关于目前的形势和党的任务的指示。

叶飞则向军团汇报了闽东特委和武装组织的状况。起初，闽东各地都是组织一些小游击队，后来根据形势的发展，先后合并编成闽东独立二团、独立十三团及一些独立营、警卫连，到目前仅这两个独立团就发展到一千五百多人。

寻淮洲肯定了闽东党组织对红色政权、武装斗争工作领导有力，所以在与上级失去联系后，仍然取得巨大的成绩。他也给闽东方面提了个建议：在军事上，战斗力主要体现在主力部队，闽东有两个团一千五百多人，可以整合成一个主力部队，搞一个独立师，并加强教育训练，打造成一支很有战斗力的部队。

刘英觉得，军团长这个建议就非常切合闽东的实际。

通过一个月来的接触，刘英对这个比自己年轻七岁的军团长由衷地感到佩服。

刘英在中央苏区的时候，就听说过寻淮洲的一些传奇故事。比如，一个人出去能带十多支枪回来，还被称为“小诸葛”“飞毛腿”。在中央苏区，寻淮洲与林彪被人们称为“双雄”。一路上，他不但敢于与曾洪易的“左”倾错误思想做斗争，还不断有一些新的想法。

刘英觉得寻淮洲是个子小、人格魅力大的人，大家也乐意为寻淮洲分担忧愁。

会见结束后，叶飞坦诚地对寻淮洲、刘英他们表达了自己的好客之情。他说：“红七军团大老远从中央苏区一路跋涉到闽东，要当这里是自己的家，有什么需要尽管提出来，闽东方面一定义不容辞，尽地主之谊。”

寻淮洲坦诚地说出了红七军团一路转战，减员厉害，士兵得不到补充的问题。叶飞马上意识到，红七军团需要补充人员。寻淮洲眼睛一亮，知道叶飞可能有办法帮这个忙。果然，叶飞笑着说自己别的没有办法，发动群众还是能办到的，还问军团长具体需要补充多少新兵，他马上安排。

寻淮洲一开始还试探地伸出三个手指，只敢要三百个。叶飞自信地承诺当然可以，红七军团是有枪没有人，不像闽东是有人没有枪。寻淮洲一听，问叶飞能不能帮助补充一千兵员，而且能不能在几天内就动员起来。

叶飞满口答应：“数量没有问题，不用说一千，三千都行，就是时间可能要略长一点，一个礼拜吧！”寻淮洲激动地拍着手说：“那太好了！哦，这样，你们可否派一支部队配合我们去攻打穆阳，去搞一些枪支弹药给你们?”

刘英在想，军团长就是不一样，觉得中央红军也不能欠地方党组织太多的情，马上想到的是回报。

红七军团在闽东独立二团的配合下，如虎添翼，一举攻占了福安县的穆阳，缴获了不少枪支弹药，全部用来武装闽东游击队。

八月二十四日，刘英以政治部的名义代表北上抗日先遣队全体指战员，给闽东广大劳苦大众发了一封公开信。信中写道：“我们担负着党中央及中革军委交给我们的北上抗日的光荣任务，路经闽东，沿途被国民党摧残的实属不少。观之痛心，思之难忍……现在是处在死亡或胜利的关头，要使房子不被国民党军阀烧掉，东西不被抢去，妻子不被奸淫，生命财产得到保全，只有在共产党、苏维埃正确领导之下，一致起来参加民族革命战争，粉碎帝国主义、国民党的全部阴谋计划……时机是非常紧迫，生死存亡的关头，摆在我们的面前，团结我们的力量，抛开我们的动摇，一切服从于战争，为土地、为自由、为苏维埃而奋斗到底啊!”

同时，乐少华、刘英代表先遣队给闽东特委写了一封信，对闽东共产党组织建设、苏维埃政府建设和根据地建设，提出了指导意见。信中特别强调要加强红色武装建设，认为“力量要集中，要有红军主力”。

红七军团依照中革军委北上浙江的原定计划，由穆阳整装出发，进入寿宁县境。

此时，另有闽东党组织动员的一千多名农民集中起来，却追赶不上红七军团。农民动员起来了，解散回家岂不是很泄气，该怎么办？留下部分充实到独立二团，其余动员回乡了。叶飞想起寻淮洲、乐少华和刘英的提议，不久后就在宁德桃花溪支提寺宣布成立闽东独立师。

闽东进一步掀起了新的革命高潮。后来，叶飞率领的闽东独立师与刘英、粟裕率领的挺进师还有了新的交集。

第五章

北上惜兵败

一群难缠的小鬼

一九三四年八月二十六日，红七军团在闽东寿宁县下党村一带筹集了部分物资，下党村群众还纷纷拿出豆汤、凉茶、熟地瓜接待红军。红军在村边的鸾峰桥上稍事休息，就往浙江省境内行进。

红军部队行至庆元县龙溪乡岙里村时，遭遇大刀会的阻拦。

刘英在闽东就听说了大刀会这个组织。大刀会是清末产生的农民秘密团体，参加过义和团反帝反封建的斗争，但也被统治阶级利用，成了给土豪劣绅们保家护院的武装。此后，闽浙边区一带都有大刀会存在。国民党乡保长和土豪劣绅利用大刀会保护自己的利益，笼络人心，扩张势力，与法师串通一气，招募村中游手好闲、会点拳术的流氓地痞做头领，诈骗老百姓。

在闽东的时候，大刀会并没有引起红七军团的重视。刘英及先遣队领导也没有指示地方工作团深入了解，只听说，闽东党组织对大刀会的一个分支——红带会，进行了成功的改造。在组织攻打浙闽边区的寿宁县西坑底村时，红带会发挥了重要的作用。后来，各地红带会均先后改造成为闽东红军和游击队。

此时，乡绅地保听说一支共产党部队经过这里，就唆使大刀会阻拦。

在岙里村，一群身着怪服、手舞大刀、口中噗噗吹气的人，向红军扑来。面对大刀会的骚扰，刘英带领地方工作团靠前劝阻，向他们宣传共产党的政策，劝他们不要替国民党卖命，要团结起来，共同抗击日本侵略者。大刀会会徒们根本不听劝阻。

大刀会头领把丹丸一一发给各个会徒。丹丸是大刀会头领们装神弄鬼制作的，先在一张黄纸上画符诵咒，然后烧成灰泡进温水，放进一些草药、朱砂，捏成丹丸。头领们蒙骗会徒说，吞下丹丸后犹如天神附身、刀枪不入，会徒们信以为真。当他们吞服丹丸后，只觉得耳鸣目眩，神志不清，疯疯癫癫，冲冲杀杀，见人就砍，非常凶猛。此时，一大群会徒正举着黄旗，舞起大刀，气势汹汹地向红军扑来。

刘英知道这些人也是被压迫、被剥削的穷人，不忍伤害他们，正在指挥战士们往后退。一名红军战士急了，不小心开了机枪，一名大刀会会徒应声倒地。会徒们见同伙倒下了，才知子弹是能打死人的，又见红军人多势众，开始蜂拥而逃。

刘英一面派人对大刀会进行警戒，一面带着地方工作团的官兵，跟随军团部队向庆元县月山村进发。

月山村因村后山峦形状像半个月亮、村前溪水弯弯好似一轮银钩而得名。这是一个文化名村，历史悠久，人口众多，商店林立，一片繁荣。这个村还有“二里十桥”的说法，从村头到村尾只有两里地，却有十座桥梁。

其中最著名的有两座廊桥，一座叫如龙桥，一座叫步蟾桥。

如龙桥位于月山村边，建于明代，是全国有确切纪年、最早的木拱廊桥，造型美观独特，工艺精湛。据传，桥上悬挂的“如龙桥”三个字是本村一名七岁神童所写。步蟾桥位于村尾，是一座石拱廊桥。从福建方向过来，只能通过步蟾桥才能进村。桥名也有些来历，因为村名叫月山，形状像月亮，人们走过这桥，就像进入了仙境，有步入蟾宫的意思。而且村里中举出仕的人不少，所以取了蟾宫折桂的说法，给过往行人留下美好的念想。

然而，国民党在月山村驻守的保安分队听说红军已过浙闽边境，立即向国民党庆元县政府报告军情，说“红军约有千人，枪半数”，来到本县境内。保安队还组织了数十名大刀会会徒，结集到月山村，拦阻红军前进。

红七军团先头部队正打算走上步蟾桥的时候，却见保安队从桥对岸打出冷枪。

红军只得从步蟾桥头下水，以溪坎为掩护，蹚着溪水从上游一公里的地方进村。后边的红军听到枪声，立即派一支小分队沿山包抄前进。保安队队员胡打一阵乱枪，见红军勇猛地冲过来，急忙缩回碉堡里。这个碉堡是一个六角形三层大碉堡，由县保安团一个分队两个班长期驻守。数十名大刀会会徒也举着大刀冲杀过来。红军朝天鸣枪进行了警告，会徒们一时被震天的响声镇住，停止了脚步。这样，双方形成了对峙。

红军先头部队的一名参谋建议，强攻打开碉堡。

此时，刘英命令宗孟平等地方工作团成员追赶上去，立即制止了强攻。按照刘英的意见，地方工作团立即起草了一封简单明了阐明红军宗旨和政策的信，通过村里的士兵家属，用晒衣服的长竹竿，递给二楼碉堡内的保安队班长。

保安队的班长立即回信，说明他们只是奉命驻守碉堡，主要是对付土匪抢劫，不知是红军北上抗日先遣队经过此地，冒犯了。红军要求保安队解散大刀会，让会徒们回家，不要再冒犯红军。保安队立即照办，出面打发大刀会会徒散开。而保安队对红军没有什么威胁，红军只把碉堡警戒起来。

军团部决定在月山村宿营。红军军务部门派出侦察员，向县城方向侦察敌情。后勤部门生火煮饭，并在吴氏祠堂、廊桥安排住宿。

每到一个村庄，部队休息或宿营后，最为忙碌的还要数政工干部。此时，刘英又部署政治部发动群众，分掉土豪劣绅的粮食和衣物，组织红军战士打扫卫生，书写、张贴标语。刘英专门写了一幅“欢迎大刀会弟兄们与红军共同北上抗日”的标语，并张贴到月山村里最为显眼的地方，后面还署上“红军北上抗日先遣队”的名称。

刘英对充满传统文化气息的月山村发出惊叹。在村里休整的时候，他走过几座廊桥，发现桥的结构非常有特色，村里的宗祠也很古老。然而，从月山村到庆元县城只有几十公里路程，大刀会一再骚扰、纠缠，让他这个军团政治部主任也发出更大的惊叹：这是一群难缠的小鬼。

第二天，红军先头部队来到离月山村五公里一个叫小际头的村庄。在村口，遭到大刀会的偷袭，红军猝不及防，两名战士受伤，还有一名向导不幸身亡。红军开枪，他们就散开；红军欲前进，他们则拦阻。最终，红军先头部队只得撤回月山村。

八月二十八日凌晨，红七军团离开月山村，再次向县城进发。

红军行至曾被大刀会拦阻的小际头村，遭到国民党保安队的伏击。红军当即予以猛烈的回击，打得保安队队员抬不起头，不到一个小时就结束了战斗。保安队队员大部分溃逃，丢下一名连长及几名士兵的尸体，有三十余人被包围缴械投降。大刀会会徒见红军如此勇猛，纷纷后退不敢靠近。

当红军清理好战场，经过一个叫温岙背的地方时，大刀会又出现了。这次，刘英没有阻止先头部队，他们用猛烈的气势突破大刀会会徒的拦阻，当场击毙三名挡道的大刀会会徒。因为，刘英清楚如果不这样做，红军将会受到更大的损失。

午后，红军后续部队行至濛淤村。丽水保安分处军士队第二队接到报告，抄小路赶到这里，与红军的后勤炊事班相遇，误认为红军是国民党的部队。此时，双方行至濛淤桥的桥头，红军趁敌人没有防备，发起突然袭击，击毙保安队一名军官，保安队队员丢下刀枪、军帽，慌乱逃走。红军炊事班还缴获枪弹若干，抓到几名俘虏，一时传为美谈。

红军一路凯歌，很快靠近庆元县城。

但是，几天来与大刀会的较量，让刘英陷入了思考。这一带难缠的大刀会给刘英留下了极深的印象。后来，先遣队兵败怀玉山，其先头部队突围出来后组建成挺进师，在刘英和粟裕率领下又来到浙闽边区。一九三六年三月十四日，时任中共闽浙边临时省委书记的刘英给闽东特委和独立师负责人叶飞写了一封指示信：

> 庆景寿泰间的工作非常重要，而且是我们不久的将来之作战基地，因此特委应调选最得力最耐烦而且具有最艰苦的而又忠实于苏维埃事业的同志，到这些地区工作，特别是应以大力将这些地区之大刀会加以努力的争取与瓦解，使这些地区的工作能够在短期内收到极大的效果。

在刘英、叶飞等中共闽浙边临时省委和闽东特委的重视下，对庆景边大刀会组织的争取改造工作也卓有成效。

闽东独立师二纵队政委龚恒余奉命来到庆元县东部，到大刀会首领、八炉民团团总胡英山的家里，与之接触、面谈，商定了胡英山起义的地点、时间和办法。不久后胡英山带领十二人起义，编入闽东独立师二纵队二分队，胡英山任分队长。

闽浙边游击队领导人叶藩以同是叶姓本家为由，与大刀会首领叶冠永结为拜把兄弟。叶冠永与另一名大刀会首领胡来茂率领上万名大刀会会徒宣布起义。后来，叶冠永、胡来茂部上万人包围庆元县城三天三夜，攻城未果，撤退到庆元县东部山区。他们收缴各村自卫队枪四十多支，向富户筹款，开展与国民党当局的斗争。

真乃仁义之师

红军继续前进，来到庆元县城边的周敦村。这里驻有国民党保安团独立分队，一见红军人多势众，又听到红军政工干部向他们喊话，放了一阵枪后，他们立即撤出碉堡，经县城边的一片树林往龙泉县（今属龙泉市）方向逃去。

县长张致远在县城得不到具体真实的情况报告，只听见枪声越来越近，看到后田街头碉堡冒出浓烟，才知红军已迫近城下，就带着几名侍卫亲信弃城而去。红军各师分头直逼庆元城下。城内空虚，国民党军几乎没有什么防守。

庆元是浙西南一座偏僻的小县城，有着八百多年的历史。此时，庆元一带久旱无雨，城里正组织老百姓敬神求雨。八月二十八日下午，红七军团浩浩荡荡开进县城。第二天，红军在县城休整一天，天上下起了雨，老百姓纷纷传言：红军雨神，带来甘霖。

刘英率政治部的干事出面做解释，久旱逢甘霖是自然现象，但群众还是说：将来坐天下的一定是神一样的红军。

进城之后，作为政治部主任的刘英开始忙碌起来。

处理遣散被教育过的俘虏很重要，刘英认为把这些俘虏的思想工作做通了，让他们赞同我们的抗日主张，再把他们放回去，就能一传百、百传千，起到很好的宣传鼓动作用。他组织政工干部开展群众工作，组织会写字的干部、战士书写标语，在城墙、路边、街道张贴标语；还与指战员们一起走街串巷，散发宣传品，进行街头演讲、演“文明戏”，宣传共产党的性质、宗旨和抗日主张。虽然在每个地方这些工作都大同小异，但刘英认为这都是必须认真做好的。

红军纪律严明，秋毫无犯。听说红军来了，县邮局局长随国民党保安队逃离县城，跑到丽水去了。树倒猢狲散，邮局其他员工也都纷纷逃走了。刘英带着政工干部路过这里，指示官兵拿来纸和笔，写上“保护邮局”四个大字，挂在大门口。红军撤走后，邮局局长返回庆元县城，查看邮局内情况后，向上级报告“此次庆局铁箱虽经匪徒撬动，依然无恙”。虽然报告上称红军为“匪”，但他私下却非常佩服这样的部队。

尽管有几千名红军涌进小县城，但是所到之处秩序井然。老乡家有一头猪跑到土豪家旁，被红军误杀了。刘英得知情况后，要求战士把猪肉全部送回去，还给这位老乡，并派红军干部上门道歉，赔偿四块银圆。

红军离开县城，临走前归还向群众借的所有用品，并整理打扫住所周围的卫生。红军无论是在路上，还是进村驻扎，都做到不扰民、不伤民，对群众态度和蔼可亲，给当地百姓留下了非常深的好印象。有一白须长者捋着胡子，感慨道："真乃仁义之师也！"

在短短的两天时间里，红军就得到庆元老百姓的认可和支持。许多群众主动为红军安排吃住，只要红军有所求，他们都能有所应。

县城边的周敦村有三家草鞋店，听说红军缺鞋，就日夜赶做草鞋。他们将赶制的八十双草鞋，赠送给红军，不肯收工钱。红军收下了草鞋，但还是按市场价格付给店主草鞋钱。这里虽然不是苏区，也能得到广大群众的支持和帮助，这让刘英等红军指战员十分感动。

八月三十日早上，红七军团离开庆元县城向竹口方向挺进。

在竹口后坑桥附近，击溃了浙江保安纵队两个团的阻截，击毙了庆元县保卫团副团长丁南，浙江保安二支队司令官杜志成落荒而逃，浙江保安第三团团长何世澄自杀。在老乡的帮助下，活捉了往龙泉方向逃跑的国民党庆元县县长张致远，把他绑起来像牵牛一样带走。

竹口战斗歼敌三百余人，俘敌二百余人，缴获迫击炮两门、轻重机枪十多挺、长短枪四百余支。《红色中华》于九月四日报道：竹口战斗是先遣队自瑞金出发以来，最为成功的一役。后来，当地百姓为了纪念这场战斗，将后坑桥称为红军桥。

短短十几天时间，连续几场大捷，军威大振，鼓舞了红军指战员北上抗日的斗志。

随后，红七军团进入龙泉的八都、宝溪一带。红军看见各家店铺都关了门，群众家门也紧闭。刘英要求地方工作团分头做群众工作，将店铺贴上封条，张贴公告，禁止有非分之想的人趁机盗窃。在红军的感召下，群众陆续回到家里，店家开了店门，卖米卖菜接待红军。

红军每到一个地方宿营，都要开设随军银行，使用俗称"红军票"的苏维埃纸币。到了宝溪就将红军银行设在一家杂货店里，群众出卖产品收到"红军票"后，可以随时到红军银行里兑换银圆、铜钱。或者红军派人挑着银圆、铜钱，从群众手中换回“红军票”。

宝溪是著名的青瓷故乡，遍地是青瓷窑，多达上百家，几乎每家每户都有烧瓷技艺。红军进驻宝溪后，为了不扰民，就分散在青瓷窑前、瓷土碾坊或制瓷作坊里休息。第二天，红军离开时，窑前、碾坊、作坊都清理打扫过了，主人们前去察看、清点，发现瓷器物品一件也没有少。

万分无奈与坚强决心

虽然在苏区时生活也是很艰苦的，但这次北上，刘英感到困难更多。

此时，红七军团到了闽北浦城的古楼一带。在这里，连南瓜都买不到，不少战士饿着肚子，直到广丰附近的廿八都，在中共浦城县委的帮助下，动员群众买到上万斤南瓜和其他杂粮，才解了燃眉之急。

如果说，物资的困难还可以解决，军团高层的矛盾则更让刘英万分无奈。

对红七军团下一步的行动目标，几个领导成员的意见不统一，形不成决议。会上争吵一通，会后曾洪易、乐少华、寻淮洲分别向中革军委发电报，陈述自己的意见。

曾洪易要求中革军委同意红七军团进入闽浙赣苏区休整，接着又发电报给闽浙赣苏区负责人，要他们立即派部队前往古楼游击区迎接红七军团。因为曾洪易是一个很怕死的人，他希望到苏区去过安逸的日子，不想艰辛北上，更不想漫无目的地牵制敌人、消耗自己。

乐少华则反对红七军团休整补充，主张立即北上。他是一个教条主义者，想不折不扣地执行中革军委的指示，以完成一个布尔什维克者的诺言。

寻淮洲与刘英、粟裕进行充分的沟通，尊重广大指战员的心愿和意见，如实向中革军委做了汇报：利用闽北苏区的有利条件做短暂的休整，适当补充兵力，以利于下一步行动。这是一个既落实上级指示，又结合部队现实，切实可行的行动方案。虽然刘英的组织观念很强，服从中革军委的领导，但他认为在行军打仗的具体问题上，应该根据具体情况，既要有原则性，也要有一定的灵活性，所以，他支持军团长寻淮洲的这个方案。

但是，中革军委当即回电，对乐少华的意见予以支持和表扬，对曾洪易的主张予以严厉的批驳，对寻淮洲的主张也予以批评教育，并指出：红七军团拟于闽北边区休息，这恰合敌人的企图，因敌人企图阻止红军北进，红七军团应集结兵力转移到新的隐蔽地域，以便袭击渔梁之敌。

传达电报的那一刻，刘英就意识到这个不切实际的遥控指挥，是继攻打福州后中革军委在战略指导上的又一次失误。

既然红七军团是打着北上抗日的旗号，也没必要以皖南为目的地，更没必要限定严格的时间。事实也是如此，这支部队出动不久中央就知道皖南暴动已经失败，红七军团的主要任务就是配合中央红军主力的战略转移，起战略牵制作用，其目的地早已不必机械地限定在皖南。

此前，为了减轻行军途中的负担，军团部派第一师五十五团二营，在广浦独立营的引导和帮助下，将竹口等几次战斗中缴获的枪弹和其他物资共六十多担送给闽北苏区。这一百五十余人在营政委洪家云率领下，将物资和伤员护送到闽北崇安县（今武夷山市）的坑口村后，即返回追赶主力部队，到江山县清湖镇时，得知主力已过去两天。天上正下着大雨，河水猛涨，队伍不能通过。

其间，红七军团接到党中央和中革军委的指示，要求派遣得力游击队在闽浙边广泛地开展游击战争。于是，红七军团向闽北分区通报了上级的意图和洪家云部的情况，决定将第五十五团二营留在闽北。闽北党组织决定，将洪家云部编为闽北红军独立师第三团。

后来组建的红军挺进师第三纵队队长刘汉南、第四任浙西南特委书记张麒麟，分别是洪家云部第四连连长和指导员。

此时，刘英跟随主力在闽北苏区边缘地区的浦城与广丰之间休整，做好过杭江铁路（后该铁路改为浙赣铁路）的准备。红军主力休整了三天，从古楼地区出发，沿闽浙赣边境北上，向浙西挺进。九月九日、十日，又连续接到中革军委急电。电报对行军路线、时间节点、目标任务、战斗决心，都给了细致入微的意见。

刘英虽然是一名政工干部，但他也是从基层一步步走过来的，也带过兵、冲过锋，打过肉搏战。他从来没有见过如此机械且保守的电报。

电报开头就明确“北上路线不可经浙赣边境”，而是改由“廿八都至江山大道以东山地，于清湖镇附近渡河，然后转经江山、常山以西向开阔地域行动”。在兵力分配上，渡河后“须以一小部游击江山，用主力解决或监视清湖之敌”。而且，中革军委仿佛能遥测到这边部队的动向，“在常山附近我十军经常派部队游击，可为策应”。在时间安排上，“在将到清湖镇之先一天，可派先头团以急行军半天行程赶到清湖镇附近，搜集船只并占领对河阵地，以便主力一下子渡河”。还要求红七军团尽量破坏公路、铁路、电话线，“不应视为畏途”。对部队的动向，早就打了预防针，“防止与坚定反对想缩回赣东北的情绪与企图”。

同时，中革军委主席朱德和副主席周恩来、王稼祥以及总政副主任贺昌联合署名，给红七军团寻淮洲、乐少华和刘英来电报。电报要求红七军团应大力发动群众和加强部队政治教育工作，对部队的宣传、兵运、群众、教育等政治工作提出具体的要求。

中革军委直接给军团政治部主任刘英挂名发电报，这在整个北上行动中是极为罕见的。

这不但需要催促部队，不顾一切地朝着既定的目标前进，还给刘英的政治工作带来极大的挑战。

这样，部队经浦城与江山交界的安民关再次进入浙江。国民党江山县县长惊恐万状，向浙江省政府发电告急。浙江省保安处处长兼浙江保安第一纵队总指挥俞济时，立即电令副总指挥蒋志英，计划以“口袋战术”将刚刚进入浙江的红军消灭在江山一带。

红军占领了清湖镇，烧毁镇上的两个碉堡，消灭镇上的二十多名保安队队员。然后，造成佯攻江山县城之势。

蒋志英得到消息，急忙调兵遣将，命令浙保三团向清湖进发，据守要点，阻击红军北进；浙保四团驻峡口，以防红军袭击；浙保六团到贺村，与浙保三团前后夹击红军。

九月十四日天亮前，蒋志英发现红七军团有跨过杭江铁路继续北上的意图，又连忙抽调兵力，加强清湖镇一带制高点的防卫，准备天亮后阻击红军前进。

红军主力部队跨越杭江铁路，先后到达鳌头、上王、占村一带宿营。在宿营地微弱的油灯下，在条件十分简陋的住所里，刘英回想起红七军团两个多月来的历程，也回顾了入党五年来自己的进步，感慨万千，写下了一份“备忘录”，表明自己坚定的革命意志和不屈的战斗精神。

> 我十分憎恨地主，憎恨资本家，憎恨一切卖国军阀，我真诚地爱我阶级兄弟，爱我们的党，爱我中华民族，为着阶级和民族的解放，为着党的事业的成功，我毫不稀罕那华丽的大厦，却宁愿居住在卑陋潮湿的茅棚，不稀罕美味的西餐大菜，宁愿吞嚼刺口的苞粟和菜根，不稀罕舒服柔软的钢丝床，宁愿睡在猪栏狗巢似的住所，不稀罕闲逸，宁愿一天做十六点钟的苦劳，不稀罕富裕，宁愿困穷，不怕饥饿，不怕寒冷，不怕危险，不怕困难、屈辱、痛苦，一切难于忍受的生活，我都能忍受下去，这些都不能丝毫动摇我的决心，相反地，更加磨炼我的意志。

第二天，红七军团到达大陈村休息，国民党军正从四面向大陈村包围过来。

根据中革军委的指示，红军先派出一支小分队去炸两百多米的航头铁路桥。为掩护炸桥部队完成任务，红军主动出击，由于受地形限制，形成了一次敌我对峙的消耗战。因为炸药量不够，小分队只炸坏了桥头，炸歪了铁轨。虽然敌人很快就修复了大桥，但也迟滞了国民党的兵力和物资的运送。

炸桥小分队按原路返回大陈村后，大陈战斗早已打响。

这场战斗双方均有较大的损失，红军伤亡更严重一些，红三师师长王永瑞负伤。刘英等军团领导在总结时认识到：这次战斗在双方都不知对方意图的情况下进行，红军发扬英勇顽强、猛打猛冲的作风，造成有利的形势。可是，红军在敌人三面包围时，北面进攻部队因王永瑞师长负伤，没有及时与友邻部队联络；红一师在炸桥部队回来时，不知战斗意图，没有趁机发起强攻，没有达到预定的战斗目的。

此时，红七军团暂时甩掉敌人，向常山方向挺进，结束了江山的五天战斗历程。

然而，这段时间里，红七军团按照中革军委规定的时间、地点、路线、里程，机械地行进，差不多每天都要打掩护战和遭遇战，虽然也取得了一些战术战役的胜利，但整体处境却越来越被动了。

争执中北上

一队身着国民党保安部队制服的人马，从大陈村出发，来到常山县城附近的程村口。这是红七军团的侦察队。根据侦察情况，军团首长决定兵分两路袭取常山城。一路从东门攻入城内，沿大街直扑县署。另一路从城门边的排水沟进城。

常山县境内河流分属钱塘江流域和长江流域。有意思的是，常山港其实并不是港口，而是钱塘江水系最长的支流，是常山县的主要水系，其主河道流程一百六十多公里，两岸有迷人的景色。

红七军团在常山全歼了国民党地方基干队，截获了从常山县城出逃的一批土豪及其家属们乘坐的二十几艘船。红军把船搭成浮桥过河，部队全部通过后将浮桥拆除。红军经过常山港后继续向北行动，侦察队等先头部队抵达遂安县白马乡。军团部就设在距离白马乡政府约一点五公里的石柱村俞氏祠堂里。

此时，正值“九一八”事变三周年，刘英带领政治部官兵在这里开展抗日救国宣传活动，散发了从中央苏区带来的传单，在祠堂边上召开群众宣传大会，刘英亲自演讲。

书写标语依然是红军开展抗日宣传的重要方式之一。

军团部驻地的俞氏祠堂，北墙是一面空旷的白粉墙。刘英建议在这里书写标语，军团领导表示同意。于是，刘英组织官兵着手书写标语，有的想内容，有的搬扶梯，有的端墨汁，有的写毛笔字，在这面墙上从右到左、从上到下，写了二十四条竖幅标语。

当地群众亲切地称之为“红军标语墙”。红军走后，他们用智慧和生命保护着红军标语墙。

直到现在，红军书写的标语还清晰地留在宗祠的墙壁上。这些标语宣传了当时中国共产党和红军的政治纲领和主张，为后来的人们研究红七军团在浙江的革命活动提供了重要的史料。

红七军团进入浙西的遂安县白马山区后，国民党军就以三万兵力在飞机的掩护下，从四面包围过来。红军面临十分严峻的考验。

然而，与国民党军的仗没有打起来，军团高层的“内战”先打起来了。

俞氏祠堂内正在召开军政委员会会议。研究中革军委攻打遂安县城的几次电令。会议中的争执已到了非常激烈的程度，拍桌、摔碗、嘲讽声此起彼伏。

通讯员告诉刘英、粟裕，军团领导吵起来了。刘英、粟裕赶紧来到俞氏祠堂外，只听得屋里面吵得很凶。寻淮洲认为，通往铁路沿线的要道，都被敌人封锁了，不要说进攻遂安城，连通过都成问题，岂能拿五千多个战士的性命去冒险？乐少华则说自己是坚决要执行中革军委的命令，不顾一切必须攻打遂安城，明天必须率部出发。曾洪易拖着腔调威胁道，如果采取逃跑主义路线，违抗中革军委命令，就代表中央撤销寻淮洲的一切职务……砰的一声，好像是碗摔到地上的破裂声。

门砰的一声被推开了，刘英、粟裕一同走进了会场。

曾洪易严肃地告诉他们俩："这是在召开军政委员会会议，你们俩没有资格参加会议，不报告就闯进来，这是什么行为？"

粟裕赶忙解释，附近的要道出现了敌军的前卫部队，兵力尚不清楚，问军团领导怎么办。

刘英不安地插嘴说："如果等敌人合围就绪，我军就无法突围了。"

寻淮洲知道，这一带交通还是比较发达的，只要半天时间，敌人就可以赶到遂安，若我军被包围，势必全军覆灭。刘英、粟裕两人表示赞同寻淮洲的意见。虽然他俩也知道军政委员会上自己没有发言权，但到了生死存亡的关头，也没有办法了，只能一起顶撞曾洪易。乐少华看着曾洪易这个"钦差大臣"阴沉的脸，大声地叫："打，一定要打下遂安县城，要不，我还算什么军团政治委员？"

此时，中革军委又来指示电，要求红七军团立即攻打遂安城，并且要在浙皖赣边建立新苏区。

刘英十分困惑，因为攻打遂安城完全脱离红七军团当前的实际。

派出去的五百人先头部队进行了深入的侦察，全面了解了遂安县城及周边的布防情况：五省"剿匪"预备军总司令陈调元率部进驻婺源县城；第四十九师师长伍诚仁部从常山、开化逼近；补充第一旅旅长王耀武部从衢州、寿昌开近；安徽歙县保安团已向遂安、淳安方向运动；第二十一师师长梁立柱将司令部迁到横峰县城；第七师二十一旅旅长李文彬辖三个团即将赶到遂安县城；浙江保安两个纵队由六个保安团编成，装备与正规军相似，正虎视眈眈。

蒋介石下了死命令：获战绩者赏，行动迟缓、畏缩不前者以贻误军机者治罪。

刘英也充分意识到红七军团处境十分危险，如果继续按照中革军委的指示迎战来敌的话，那么等待红军的就很可能是全军覆没。

寻淮洲挺身而出，慷慨陈词："现在我们已到生死存亡的关头，浙西绝对不宜久留，现在红七军团长决定，部队立刻向皖赣边转移!”

刘英、粟裕表示赞同，走出会场后，他们组织部队准备出发。

曾洪易连日来见敌机在天上侦察轰炸，吓得魂不守舍，听到军团长的决定并没有发表意见，默认表示同意。乐少华仍然坚持道：“要去皖赣边，休想!”他坚持军团政治委员有权决定军团的一切。他再一次警告寻淮洲，这是逃跑行为，如果一定要转移，他会立即报告中革军委，一切后果由寻淮洲负责!

寻淮洲大声说：“政治委员同志，我寻淮洲身为军团长、共产党员，为党的事业，为全军团官兵的生死存亡，肝脑涂地，在所不惜，何况军事指挥是我的职责。要向中革军委汇报是你的权利，不过，我也要警告你，不顾客观实际情况指挥，将导致全军团的覆没，是对党、对人民的极大犯罪，是拿全军团几千人的生命开玩笑，这是绝对不能容许的！我命令，部队立即突围!”

乐少华、曾洪易围了上来。曾洪易恨恨地说：“你这个寻矮子，竟敢一而再地违抗中央军令，我撤你的职!”乐少华大声道：“命令部队立即攻打遂安县城!”

此时，寻淮洲老虎发威，拔出手枪，大吼一声：“谁敢拿五千条生命去冒险，我就打死谁。”刘英、粟裕的警卫排迅速拔枪，在俞氏祠堂门口排列一队，紧紧护卫着寻淮洲。曾洪易、乐少华都没有想到，寻淮洲竟敢用兵谏的办法来对付他们，竟一时失去了往日的威风与决断，都惊立在那里。

突然传来一阵沉闷的嗡嗡声。敌机！全军迅速隐蔽。曾洪易最怕飞机，红军在攻打水口镇时遭到敌机空袭，曾洪易吓得六神无主。此时，两架飞机轰炸一番飞走了，曾洪易赶紧说：“突围！突围!”寻淮洲说：“既然党代表不赞成攻城，那我们组织突围。”曾洪易马上强调，这是军事指挥，由军团长决定！乐少华在一边也无话可说了。就这样，部队终于决定突围。

刘英长期从事政治工作，他知道，红七军团与中革军委命令背道而驰的责任，到时自然又要落到寻淮洲的头上。

红七军团连夜急行军，顺利冲出敌人的包围圈。

从浙西通往皖赣边，必须从连岭脚村爬山，翻过三十公里荒无人烟的大连岭。明朝的开国皇帝朱元璋就从这里登上大连岭，于是这里得名“送驾岭”。送驾岭山虽不高，但是很险要，处处是天然工事。

寻淮洲打算在这里打一仗，粟裕也认为这里是个好战场。

刘英也认为，再不阻击，天黑前，敌人就可能追上我军。

乐少华沉着脸说：“军团长不打个胜仗，就无法向中央交代。”寻淮洲连连点头，好似如果失败了一切都是自己的过错。

一场阻击战终于在送驾岭打响。

国民党军直接参加作战的有第四十九师、补充第一旅，共约一万六千人，都是蒋介石的嫡系部队，武器装备良好。他们连续发起七八次冲锋，都被红军击溃。整个下午，送驾岭上炮火轰鸣。

九月二十四日这一夜，红七军团在送驾岭与国民党军第四十九师和补充第一旅巧妙周旋，造成敌军两部进行了一场戏剧性的“狗咬狗”式的混战，红军则打了一个漂亮的阻击战。但是，战斗中粟裕被一颗子弹击中右臂，这是他第五次受伤，弹头一直留在臂内。

刘英在总结送驾岭战斗的经验时，认为起初红军准备依托有利地形，歼灭国民党军一部分，但由于追敌集中，数量又多，红军主动转移，避免了一场不利的消耗战，这是很正确的。他还认为掩护撤退的红军部队英勇顽强，机智灵活，使国民党军不敢进逼，才能造成敌军相互混战，大量毙伤和消耗敌人。

从此，这里方圆几十里流传着红军在送驾岭打了个大胜仗的故事。

南归再合兵

皖南是中央指定红七军团最终到达的目的地。可是，皖南的农民暴动早在八月份就失败了。九月三十日，部队到达皖南后，既无根据地，又面临三万多追兵，只好钻进茫茫的山区。

此时，全军已断粮断药数天，伤病员不断增加，部队在减员。

刘英带一个营去征购粮食，当他回到驻地时，军团领导正在召开会议。

会上，乐少华通报了曾洪易给中央发电要求回苏区，结果遭到中央的严肃批评的情况，讨论了部队何去何从的问题。刘英结合自己收购粮食的情况，谈了对当前局势的看法，认为这一带群众也很困难，这里不是久留之地。曾洪易认为，这里没吃没住，应立即回到闽浙赣苏区去，保存部队实力。寻淮洲认为，不能给方志敏和闽浙赣苏区增加压力，应该在皖南一带开展游击战争，建立新的根据地。

乐少华、粟裕、刘英都表示同意寻淮洲的意见，并作为军政委员会决议上报中央，请求批准。

然而，中革军委却和曾洪易不谋而合，要求红七军团回到闽浙赣苏区去。

十月十日傍晚，红七军团经过祁门，进驻浮梁县的储田桥一带。军团将士们不知道的是：正是这一天，中革军委发布第五号命令，明确了军委纵队、中央纵队的组成和出发时间、地点。当晚中华苏维埃共和国党中央机关从瑞金云石山出发，开始了举世闻名的战略大转移——长征。

在储田桥一带，刘英组织政工干部向村民宣传抗日，散发传单，书写标语，受到群众的欢迎。但是，这一带给养非常困难，在保障方面只能各自为政，有些部队已经两三天找不到粮食了。红七军团决定部队立即转移，经过徽州地区的几十个村庄，行程数百里，翻越重重山峦，涉足无数深涧峡谷，前有堵截，后有追兵，空中还有敌机盘旋轰炸。更要命的是，军团高层还在争论不休。

刘英无法对军团主要领导的争论做出评判。他除了尽量建言之外，就是做好自己的事。面对部队弹药缺乏，且严重减员的情况，他动员官兵克服重重艰难险阻，不怕牺牲，英勇奋战；组织群众揭露国民党卖国、发动内战的罪行，宣传党的抗日主张，推动抗日救亡运动的发展。红军虽然缺吃少穿，生活十分窘迫，但是部队纪律仍然十分严明，尊老扶幼、买卖公平，受到了群众的称赞。他们食用的粮食、蔬菜或使用的柴草，一律支付足够的钱款。有的红军走得匆忙，就写个条子贴到群众门上，把钱放到门槛上。他们临走前还帮助群众劈柴修路，挑满水缸，扫净地面。

几十年后，这一带的百姓对红军的言行举动，仍然津津乐道。尽管国民党反动派做了许多欺骗性的宣传，但红军以实际行动表明了他们是一支为人民谋利益的队伍，一支可以依赖的队伍。广大群众不仅支援红军粮草，为红军找草药治病，传递消息，隐蔽伤员，还把自己的子弟送去当红军。

一路上，红七军团与国民党军打了多次遭遇战，十四日夜撤退至皖南东至县的黎痕苏区。红军在这一带休整了三天，安置了伤员，这时部队兵员已不足三千人。此时，中革军委电示军团连夜从国民党军的空隙通过，向闽浙赣苏区行动。

乐少华无条件服从中央命令，曾洪易站在乐少华一边。寻淮洲始终认为不能白白损失兵力，坚持部队向皖南方向前进。粟裕同意寻淮洲的意见，建议应立即去电请示中央。

刘英预感到气氛又紧张起来了，从出发以来，军团领导层内部经常争吵，给本来就困难的行军增加了不稳定的因素。他旗帜鲜明地支持军团长和参谋长，认为连续行军作战，战士们都已疲惫不堪，且军心不稳，此时若再不采取正确的措施，部队将很难继续前进。刘英很清楚皖南是红七军团北上的目的地，这里具有发展苏区的有利条件：有较长时间的党的工作基础，四周大山丘陵环绕，农业经济较发达，而且地理位置重要，可以相机威胁南京、杭州。

红七军团向中央做了汇报，建议今后就在皖南一带活动，开展游击战争，发展苏区和游击区。根据连队人员装备不足的情况，建议部队改编为四个营，精简机关，充实连队。在寻淮洲、粟裕和刘英等人的争取和努力下，电报中要求在敌情变化的情况下，允许部队机动自主地处理问题。军团的这些建议，是符合当时的实际情况的，也反映了包括刘英在内的广大将士的心声。但是，中革军委没有采纳其中的大部分建议，只是电令红七军团立即摆脱敌人，自行决定向皖南或是闽浙赣苏区转移。

在刘英、粟裕等人的支持下，军团军政委员会认为进出闽浙赣苏区要通过几道封锁线，选择皖赣边或皖南行动更有利。起先，中革军委复电同意红七军团的意见。可是，曾洪易在背地里拼命告寻淮洲的状，反对寻淮洲等人的主张。正当部队准备向皖南行进时，中革军委来电，军团仍要向南转移到闽浙赣苏区。

刘英是军团领导中最后一个看到电文的，他只能跟寻淮洲一样叹惜道："胳膊扭不过大腿啊！"

军团只得遵照中革军委的命令开始向闽浙赣苏区转移。

就在刘英看到电文的这个晚上，已开始战略转移的红一军团离开中央苏区，并在赣县王母渡、信丰县新田之间突破了国民党军第一道封锁线。因为，国民党兵力部署并不强，到了十月二十五日，中央红军全部通过了第一道封锁线。毛泽东颇为感慨地说："从现在起，我们就要走出中央苏区啦！"

中央红军向西冲出中央苏区，而红七军团却向南进入了闽浙赣苏区。这一进一出，中央红军与红七军团各自走上了不同的命运。

红七军团结束了历时近四个月的第一阶段行动。十月底，近三千人的红军部队从皖赣边穿过敌人两道封锁线，进入闽浙赣苏区的重溪地区。

闽浙赣苏区即过去的赣东北苏区，是第二次国内革命战争时期中国共产党建立起来的一块比较著名的革命根据地。全盛时期有五十多个县（包括游击区），苏区军民百折不挠，红旗一直在这里高高飘扬。

回到闽浙赣苏区，红七军团可谓是回到"娘家"。

红七军团是以赣东北根据地的老红十军为基础建立起来的。从方志敏、邵式平等人在赣东北"两条半枪闹革命"开始，老红十军实际是一支纯粹的地方红军部队，随着根据地的不断扩大而渐渐发展成为一支重要的武装力量。后来，老红十军就调往中央苏区改编为红十一军，划归红一方面军建制，在周恩来、朱德的直接指挥下参加了中央苏区第四次反“围剿”斗争。

部队一到重溪，立即和先期到达重溪村休整的赣东北红十军会师。

这支后来组建的赣东北红十军俗称为新红十军。新老两支红十军会师，老战友重逢，大家都格外兴奋。各地群众纷纷来看望自己的亲人，并亲切地称红七军团为“老十军”。

红七军团进入重溪村的前一天，红十军军长刘畴西、政委聂洪钧向中革军委报告闽浙赣苏区敌情，敌人三面合围闽浙赣省委、省苏维埃政府驻地葛源的严峻局面。同时，在电文中也没有忽视由于红七军团的到来而引发的两个更为不利的因素：一是尾随红七军团而来的国民党军必然给闽浙赣苏区带来新的巨大的威胁；二是红七军团的到来使苏区本来就极为恶劣的给养问题雪上加霜。

方志敏早已得到红七军团不久就要到达闽浙赣苏区的消息，不但派出部队前往接应，而且中止了正在召开的省委会议，当天下午就赶赴重溪村。方志敏是闽浙赣苏区妇孺皆知的领袖，在全国红军中也有相当高的威望。红七军团的领导人中，除了中央代表曾洪易曾经同他共事过几年外，刘英等大多数军团领导都还只是闻其名，而未曾谋过面。

方志敏微笑着与军团领导一一握手，与大家打招呼：“同志们一路辛苦了！”他坐下来详细地询问了军团领导一路上的情况，同时也介绍了闽浙赣苏区的斗争形势，还询问军团有什么困难需要苏区帮助解决。

红七军团一路长途跋涉，艰苦作战，减员不少，人员急需补充，装备也需要添置。现在即将入冬，棉衣问题还没有着落。需要解决的问题太多，军团领导迟疑着不好开口。方志敏爽快地说：“不要紧，我们还可以撑下去，军团的困难就是我们的困难，我们尽全力帮助解决！”

苏区还发动群众慰问红七军团。慰问品堆放在大祠堂内，有大量的猪、鸡、鸭和蛋，有上万双草鞋和一大批粮食、菜干、食盐，有慰问伤病员的两万块现洋，后来苏区还为军团补充了五百名新兵。指战员们受到了莫大的鼓舞，在重溪村休整的十余天，天天训练，拼命提高自己的作战本领。

刘英感觉到部队进入苏区后往日压抑的心情缓和不少，军团领导之间的关系也舒缓了一些。

但是，闽浙赣苏区和红七军团的高层领导，却面临着如何摆脱外部强敌层层围困的问题。同时，还必须立即解决三个内部问题：一是处理红七军团与闽浙赣军区的隶属关系问题，二是协调寻、乐之间矛盾的问题，三是中央代表曾洪易去向的问题。

在到达苏区后，红七军团召开了一次军政委员会会议。这次会议对前期行动从思想政治上做了“一次比较原则的检阅”，寻淮洲主动承担了“队伍损失过半，以至于不得不来重溪休整”的责任。刘英坦诚地认为，自己作为军团政治部主任，没有做好工作，没有很好地开展部队思想政治工作，因而造成整个队伍极为混乱。可以说，这支部队一路上争争吵吵，几乎没有开过一次圆满的会议。方志敏应邀参加了会议，他肯定了红七军团是一支英勇善战的队伍，为牵制敌人发挥了作用，下一步要把加强思想政治工作作为当前的首要任务来抓。乐少华总结了会议，点名批评了中央代表曾洪易。

红七军团把会议情况和曾洪易的表现向中央做汇报。中央连续复电：指责红七军团中形成了严重的曾洪易退却逃跑路线，免去了曾洪易的中央代表资格；就苏区红军和红七军团的整编工作做指示，任命曾洪易为闽浙赣省委书记兼省军区政委。

十一月四日中革军委又来急电，命令红七军团与新红十军整编为红十军团。

整编时明确，闽浙赣军区及新组成的红十军团统受中央军区项英司令员兼政委指挥。刘畴西任军团长，乐少华任政委，刘英任政治部主任，下辖红十九师、二十师。红七军团改编为红十九师，寻淮洲任师长，聂洪钧任政委，王如痴任参谋长。新红十军改编为红二十师，刘畴西、乐少华分别兼任师长、政委。粟裕调闽浙赣省军区任参谋长。

刘英等将士都明白，寻淮洲是因为几次“违抗”中央军令而受到降职处理，粟裕的调任也是有人想排除异己，他们很为寻淮洲、粟裕感到愤愤不平。但让刘英纳闷的是，逃跑路线的执行者曾洪易却仍被重用为省委书记兼省军区政委。

不单刘英感到不解，失败的情绪也开始笼罩着部队上下。

此时，一向持逃跑退却主义的曾洪易更借势在部队大肆散播消极言论，影响官兵们的心理，还借口苏区粮食不够，遣散干部、战士和游击后备队。粟裕心疼被曾洪易解散的部队，一向沉默忍让、不善言谈的他，与曾洪易红了脸，却遭到曾洪易的嘲讽打击。毕竟曾洪易还是省委书记，职位高权力大。眼看正义的粟裕落了下风，刘英果断地站在粟裕一边，坚决地与曾洪易做斗争，令粟裕十分感动。其实刘英在红七军团出征前就对粟裕有一定的了解，粟裕也知道刘英党性极强，一路过来见识了他的正直明理，两人成了可以交心的朋友，他们在一起与曾洪易做斗争，也一起分析对敌作战的经验教训，越来越有惺惺相惜之感。

刘英充分认识到曾洪易对部队的危害，努力说服闽红十军团主要负责人向中央分局致电，将曾洪易散播消极言论，在军中造成不良影响的情况做了汇报。不久，中央分局回电，命令闽浙赣苏区立刻罢免曾洪易省委书记的职务，并改组省委，重新配备干部。粟裕又被调回军团任参谋长。事实证明，刘英、粟裕的政治眼光和推测没有错，曾洪易调任苏区不久就去了上海，后来跑到南京自首叛变。

刘英与粟裕携手与错误路线做斗争，两人的革命友谊更深厚了。

一路横扫浙赣边

红十军团对外仍称中国工农红军北上抗日先遣队，由军政委员会主席方志敏全盘负责。整编后，红十军团共有指战员八千余人。中革军委要求红十军团下辖的红十九师仍出动于浙皖赣边，担任打击“追剿”敌人与发展新苏区的任务。

为加强宣传，刘英率领军团政治部与红十九师一起先行。

入闽浙赣苏区不易，出闽浙赣苏区更难。当初，刘英与寻淮洲等军团领导向中革军委建议，到皖赣边或皖南开展游击战争，可是，中革军委坚持己见，非要军团进入闽浙赣苏区不可。如今，好不容易进入了苏区，却又下令红七军团改编的红十九师杀出苏区，到浙皖赣边行动，这一进一出要付出多大的代价啊？

刘英非常感慨，如此指挥，简直不负责任，实在让人无所适从。

十一月十八日，通过短暂的休息和整编，刘英率领的军团政治部和寻淮洲、聂洪钧、王如痴率领的红十九师，继续高举北上抗日的旗帜，连夜翻越怀玉山，突破上饶、怀玉山之间的国民党军封锁线，向浙皖赣边进发。

在闽浙赣边，国民党军布下了几道封锁线。刘英看着一路上碉堡林立，心想红军要突出重围，会付出巨大的代价，这代价不是简单的金钱、物资，而是红军指战员的生命。他知道，从红七军团改编的红十九师广大指战员都经受过战火考验，他们是党和革命事业的宝贵财富，如此不珍惜指战员的生命，实在让人痛心疾首。但是，又有什么办法呢？好在曾洪易、乐少华不在身边了，没有更多的争吵、谩骂和干扰，从苏区出发，虽然冲冲杀杀，心理上仍然显得比之前轻松得多。

几天来，部队已离开苏区，继续向北行动，并准备袭击常山县城。浙保纵队副总指挥蒋志英慌忙调兵遣将，前堵后追。进入浙江后，红军就获得蒋志英率两个团孤军跟踪"追剿"的重要情报，这给红军袭击常山县城的战斗带来了困难。而且赣东北"剿匪"司令赵观涛担忧常山县城有闪失，急忙命令在怀玉山协防的浙江保安三团速回常山。

刘英、寻淮洲决定抓住有利时机给蒋志英部有力的打击，再次向原先来过且比较熟悉的遂安县白马地区进发，并命令后卫部队装成不堪一击的样子。蒋志英率部自常山尾追而来，大摇大摆进入红军在白马设下的埋伏圈。突然，四下枪声骤起，喊杀声、枪弹声惊天动地。战斗从上午一直打到深夜，消灭国民党军一百余人，缴获机枪两挺、步枪百余支、子弹无数。

军团政治部和红十九师采取跳跃式前进的方式，经淳安县南乡边界，再到离县城近十公里的港口镇宿营。三千多人的部队给这个山区小镇增添了生气，刘英指挥地方工作团的指战员打开粮仓，接济贫民，没收了四大商行的财物，并将四筐银圆、铜板抬到街上，分给穷苦百姓，还枪毙了两名恶霸。

二十七日，部队顺利横渡新安江。江中波涛汹涌，红军从江畔一路乘胜前进，又涉水过河到进贤渡，再到桥西镇宿营。第二天，国民党军飞机在桥西镇上空侦察，狂轰滥炸了一番，一无所获，好像是给红军部队送行。刘英、寻淮洲等率部迎着冬日的朝阳，向浙江西北的淳安县城逼近，摆出急着攻打县城的架势。国民党淳安县县长十分恐慌，只得紧急求援。国民党军补充第一旅旅长王耀武赶到县界的茶园一线。

然而，刘英、寻淮洲认真权衡利弊，决定还是放弃进攻县城，避免被即将赶到的王耀武部牵制，以致陷入这片陌生的土地。于是部队返回桥西镇住了一夜，第二天下午抵达淳安县境东北的临岐镇。

在临岐镇一片宽阔的河滩上，军团政治部组织召开了军民大会。刘英用形象的比喻给广大群众做宣传：蒋介石好比一棵树，地主土豪好比树根，砍断树根，才能把蒋介石推倒。

会后，军团政治部地方工作团将从港口、桥西、临岐等地抓来的二十一个为非作歹的土豪劣绅处决了。

浙江两个保安团的兵力尾追，在白马被击败后，行动迟缓，离红军较远。浙西北国民党军兵力相对空虚，而分水县城（今属桐庐）离浙江省城杭州也不超过一百公里。

根据这种情况，刘英、寻淮洲确定作战计划：伺机攻克分水县城，然后佯攻杭州，以声东击西的战术牵制国民党军兵力。

二十九日，红十九师以战斗力最强的五十五团为前卫，经过跋涉，中午时先头部队到达离分水县城约二十公里的合村一带。在合村小学操场上，刘英进行了攻打分水县城的战斗动员：浙江是国民党统治的腹心地区，分水一带长期是白区，没有共产党的工作基础，但是，我军有坚定的信念，决心攻下分水县城，越过杭徽公路，进军徽州，威逼芜湖，震慑国民党统治中心南京，为北上皖南建立游击根据地开辟捷径、打开通道。

刘英的动员讲话鼓舞人心，士气高涨。

寻淮洲做了具体部署，并率领主力来到离分水县城只有三里路的地方。而此时，王耀武部用车辆运送兵力，机动迅速，战斗力强，正向分水县城强行推进。刘英、寻淮洲遇到了强悍的对手，并且很快就与来势异常凶猛的王耀武部打起了遭遇战。根据变化的战况，他们决定主动撤出战斗，放弃攻打分水县城的计划，准备向北转移。王耀武得势不饶人，对红军紧追不放。

寻淮洲与刘英商量，要给王耀武一点颜色看看，利用其骄横来个将计就计，杀个回马枪，以改变红军的被动局面。

刘英却幽默地说："也要让对方知道，你这个'飞毛腿'还长着几只眼呢!"

战斗打响后，红军有序地按计划行动，战斗持续一昼两夜，肉搏四次，补充第一旅死伤一百三十余人，打掉了敌人的威风。根据双方战斗态势，刘英、寻淮洲决定撤出战斗，率领主力趁着夜色转移，只留下后卫部队用断断续续的枪声牵制和迷惑国民党军。

部队进入浙皖交界的昌化县湍口镇一带。

刘英既抓军团政治部的思想政治工作，又认真抓红十九师的作风纪律。部队所到之处，纪律严明，秋毫无犯。红军吃了村民家一小锅饭，就在灶台上放了十三枚铜板；在另一家伙房烧了饭，就放了一段白绒布；在一个村民家杀了猪，又请房东带路，就给他十二块银圆，还送给他一条棉被；有个妇女不了解红军，带着孩子跑上山去，红军战士向她解释，并帮助其背孩子，陪伴他们回家。

此时，国民党军认定红军必将袭击昌化县城，就请求安徽省保安部队派兵"协剿"。在县城郊外打响了侯头村之战，红军机智英勇，毙伤敌人五十余名，击毁敌军军车一辆，给国民党军沉重的打击。

王耀武部从侧翼跟踪追击红军，还配有飞机低空侦察，但慑于红军威力，一路步步为营，行动缓慢。由于国民党军不断进逼，红军部队主动撤离阵地，继续北上，向皖南方向前进。蒋介石生怕红军进入安徽后，与中共皖南地方组织会合。于是，他一面命令各“追剿”部队日夜兼程向皖南集结，一面电令安徽省政府主席兼保安司令刘镇华在皖南堵截。

刘英、寻淮洲率部越过杭徽公路，进入安徽绩溪地区。部队来到兵家必争的徽杭古道关隘——江南第一关。守隘的国民党保安部队不战自退，望风而逃。红军取道扬溪镇继续北上，进入旌德县境，很快兵临城下，以猛烈火力对准城防保安队和警察扫射，并攻入城内。

红军几千人马浩浩荡荡地开进旌德县城。

在旌德县城里，刘英下令打开监狱释放了六十八名政治犯和无辜群众，将富商的大米、棉布等大量物资发放给贫苦的百姓，集中召开群众大会宣传抗日救国的道理。城内外很多青年纷纷要求加入红军。

在旌德县城，红军只驻守了一天。十二月七日，刘英、寻淮洲率领部队继续征战，打下泾县与宣城间的数座大小城镇，共歼敌两千余名，而红军损失微小。

这段时间里，刘英、寻淮洲率领军团政治部和红十九师，摆脱了曾洪易和乐少华的干扰，从实际情况出发，在广大地区机动灵活、进退自如，表现突出，活动富有成效。

大雪纷飞赣东北

此时，接到军团部的电令，要求刘英、寻淮洲执行中央军区的命令，立即率部至黄山汤口与军团部及红二十师会师。

原来留在闽浙赣苏区的红十军团部及红二十师，在红十九师出征不久得到命令也起程北上。方志敏试图说服中央军区，深入敌人腹地不宜采用大兵团作战的方式，但是没有成功。他只得率部在深山野岭中寻找便捷的通道，以期快速到达早已与红十九师联系好的会师地点——歙县汤口地区。

红二十师在北上皖南的过程中，除了与国民党零星的地方部队发生了一些接触外，基本上是顺利的，因为敌人被先行出发的红十九师吸引过去了。与红十九师北上皖南的行动有很大的不同，红二十师出征以来一直没有开展轰轰烈烈的政治宣传活动，因为经过的村庄较少，大都在人烟稀少的崇山峻岭中，而且刘英率领的军团政治部已经先行，红二十师政治工作实力薄弱。

十二月八日，红二十师在休宁县的兰渡，伏击一支百余人的国民党部队。战斗不到一小时，即以红军获胜而结束。这是方志敏率部出师北上以来最精彩的一次战斗，也是红二十师北上行动中唯一一次全胜的战斗。红军缴获甚丰，国民党官兵除去当场被击毙的以外，其余全部生俘。

三天后，也就是十一日这一天，远在湖南省通道县，中央政治局召开会议，讨论行进方向，争论非常激烈。毛泽东主张放弃北上与红二、红六军团会师，改向国民党军力量薄弱的贵州前进，该建议最后得到了多数与会者的赞同。

也是同一天，从闽浙赣苏区北上的红十军团部及红二十师在歙县汤口与先期到达的红十九师胜利会师。

刘英对红十九师离开闽浙赣苏区转战二十多天，却又要在皖南这么个小山村与红十军团部及红二十师会师，一直感到十分疑惑。此时，他才解开汤口会师的谜团：以项英为首的中央军区估计到了闽浙赣苏区日趋严重的形势，要求红十军团争取以运动战消灭敌人，创建浙皖赣边新苏区，以求缓解主力红军转移后中央军区被“围剿”的压力。

可以说，无论是红七军团抑或红十军团执行先遣任务，都注定是使命光荣、任务艰巨的“诱饵”部队。

坐镇南昌“剿匪”的蒋介石得到红十军团集结汤口的消息，感到十分震惊。十二月十二日晚，他发出急电，令北路“剿匪”总指挥顾祝同、赣闽粤湘鄂五省“剿匪”预备军总司令陈调元、赣东北“剿匪”总指挥赵观涛、浙江保安处处长俞济时、安徽省政府主席兼保安司令刘镇华等通力合作，迅速剿灭方志敏、寻淮洲等“悍匪”。

各路得力“剿匪”干将接到电令后，急忙调集了二十余万兵力对付闽浙赣苏区和红十军团，并展开全面“追剿”。

红十军团越过黄山抵达北麓，准备在谭家桥宿营的时候，得到一个重要情报：国民党军“追剿”部队分左、中、右三路向红军逼近。

俞济时指挥的中路是第四十九师和王耀武的补充第一旅加一个保安团，并以王耀武部和一个保安团的加强营为前卫。红十军团的兵力还不如敌人一个师的兵力，而且武器装备差，弹药缺乏，又远离根据地，可以说没有任何优势，要迎战强大的国民党军是非常困难的，连军团长刘畴西也不敢提出分路抵御的硬拼战术。

军团部进行认真研究后，决定寻找机会全力攻击敌人最突出的中路前卫部队，以摆脱目前被穷追的局面。这一仗是红十军团会师后的第一仗，是军团在皖南立足的关键之战。

作为军团政治部主任的刘英也十分明白：这一仗只许胜，不能败。

为此，寻淮洲向军团部建议：在乌泥关至谭家桥一带伏击孤立的王耀武旅，打击国民党军的嚣张气焰，并请求由他率领的红十九师担任主攻任务。

然而，十二月十四日凌晨，刘畴西不顾寻淮洲等人的建议，指挥部队设下埋伏，正面攻击任务由刘畴西自己兼任师长的红二十师担任，寻淮洲率领的红十九师部署在乌泥关以南的山峡里。对这个部署，不要说寻淮洲、粟裕非常有意见，作为政治部主任的刘英也持有异议，红二十师组建时间不长，都在苏区内作战，缺乏野战经验，而红十九师擅长运动战，野战经验丰富，战斗作风顽强，适合主攻。刘畴西固执己见，仍然按照自己的意图部署实施。

眼看王耀武部已经进入伏击圈。这时因为红二十师的一名战士过于紧张，意外发生了：砰的一声，枪突然走火。

在前沿的刘畴西只得提前下达战斗命令，伏击战瞬间变成了遭遇战。

红二十师的阵地很快给敌人冲垮，乌泥关及其制高点被一个团的敌人死守。寻淮洲想不惜一切代价夺回这个制高点，调集全师所有的轻重机枪和几十名特等射手，组成密集火网压制敌人火力，自己一手拿盒子枪一手紧握大刀，喊道："跟我冲啊！"战士们随着寻淮洲那熟悉的呐喊声如同猛虎一般勇猛地向前冲。

此时，刘英为了配合寻淮洲尽快夺回乌泥关制高点，也亲率一个团的兵力配合攻击敌人。他身先士卒，不幸负伤，但还不下火线，坚持指挥战斗。离刘英不远处的军团卫生部代理部长张德华得知后，立即冲上去为刘英检查伤势。只见刘英右前臂被开花弹打穿，腕骨粉碎性骨折，桡动脉破裂，出血不止。由于大量失血，刘英脸色灰白，四肢冰冷，经过简单的止血处理后，在众多官兵掩护下撤下火线。

乐少华眼看着主要干部纷纷冲上去且不少都负伤，激愤不已，就亲自带着保卫队一排人向敌人发起反攻，胸部受伤，此后一直躺在担架上行军。

而寻淮洲以"神猴子""飞毛腿"的功夫，率领红十九师时而匍匐前进，时而跳跃冲锋，几经反复，终于夺下乌泥关制高点。但已无实际意义——红军伤亡过重，失去了攻坚的锐气，也根本起不到挫败敌人气焰的目的，反而处境变得十分艰难和被动。更为不幸的是，寻淮洲腹部被一枚流弹击中，导致失血过多。这是寻淮洲第六次受伤，因伤势过重，在第二天往茂林撤退的途中牺牲，年仅二十二岁。

在败局已定的情况下，刘畴西只得下达撤出战斗的命令。

谭家桥及之后一些战斗的失利，刘英后来在皖南时撰写了北上抗日先遣队总结，认为主要有五个方面的原因：

（一）轻敌的观念：当时在部队中是普遍的现象，认为补充王旅是不经一击的部队，不是我们的敌手，以至骄傲自满和轻敌，这是兵法上说的"骄兵必败"的教训。

（二）动作不一致，尤其是不服从军团号令致遭敌各个击破，这证明服从命令听指挥是革命军队战胜敌人的主要条件之一，否则不但不能战胜敌人，而且会吃亏以至于自我灭亡。

（三）当敌人业已占领主要阵地，且我主力已退出战斗时，凭着几个干部一时的热情反突击，这不但不能解决战斗，而且容易遭致失败。当时先遣队几个主要干部的负伤与阵亡，大部分是在这样的情况下所遭受的损失。

（四）政治工作是革命军队的生命线，这在红军政治工作条例里业已指出了它的重要性……然而当时部队中的政治文化教育几乎处于停顿的状态，特别是没有抓紧总结谭家桥战斗的经验与教训，在部队中进行充分的解释说服工作和动员工作，致使先遣队自谭家桥战斗后，士气一天天地低落，这将成为历史上的教训。

（五）当时对于廿师及廿一师战斗力的估计是有不够的地方，特别是红十军野战经验差，经不起敌人的反冲锋和持久的战斗。在谭家桥战斗中，军团首长认为廿师廿一师比十九师战斗力强的估计是不合乎事实的。十九师不仅在中央苏区有长期野战的经验，而且它经过了北上抗日的长期锻炼，它那种英勇斗争的牺牲精神与刻苦耐劳的作风，不但值得学习而且应该发扬。

险遭歼灭的王耀武部在谭家桥战斗中反败为胜，并且领到了蒋介石五千块大洋的犒赏。

在红军部队撤退的过程中，随同转移的还有大量的伤病员，方志敏、刘畴西等军团领导一一看望和慰问。当来到刘英身边时，发现刘英右手两处弹片都没有取出来，方志敏问怎么回事，医疗队长告诉他，因为没有麻醉药，暂时没有给刘主任做手术取弹片。方志敏、刘畴西为了让刘英得到及时治疗，通知卫生部选择适当地点进行手术，时间不能超过两个小时。

在极度紧张和困难的情况下，由张德华代理部长亲自主刀，尹、郭、赖三名医生配合，为刘英的桡动脉进行清理缝合手术。手术时，连局部麻醉药品都没有，仅有几支止痛用的吗啡针剂，但刘英以坚强的毅力，忍受剧烈疼痛，配合医生完成手术任务。

刘英由担架抬着继续行军，指战员们都悄悄议论：刘主任的精神与忍耐力，真可与三国时刮骨疗毒的关公相媲美。粟裕也很佩服刘英的忍耐力，一路全力照顾他，两个战斗中的好战友成了生活中的好兄弟。

在茂林休整期间，红军遭到敌人的追击。

国民党军只有一个团的兵力，这时红十军团兵力加一块，仍相当于三个整团，如果刘畴西能狠心全军扑上去，是有望取得胜利的。可是，刘畴西却只派一个营去应战，失利后又追加一个营上阵，直把歼灭战搞成了“添油式”的消耗战。

刘畴西是一个比较固执的人。他先是命令部队撤退，后来又消极避战，致使部队的处境越来越糟。于是，红十军团接连被敌人追赶，为了避免挨打，只得不断地跑，翻山越岭，马不停蹄，战士们累得精疲力竭。此时，部队进行重新整编，军团下辖红十九、二十、二十一师共三个师。红二十师师长仍由刘畴西兼任，红十九师参谋长王如痴接替寻淮洲任师长，新编成的红二十一师师长由胡天桃担任。

十二月十八日，红十军团抵达皖南苏区中心的柯村。休整三天后，皖南苏区领导人准备晚餐，为即将离开的红十军团饯行。谁也没有料到，这次晚餐竟成为方志敏生前自由欢畅地和战友们共进的最后一次晚餐。

红军从黟县县城南面八公里处的西递绕行而过，于二十五日到达歙县的许村。为加强地方党组织建设，军团军政委员会决定留下红二十师政委聂洪钧担任中共皖南特委书记。不久后，他又在交通员陪同下秘密离开皖南，组织上安排他到白区做统战工作。

红十军团继续在皖南和皖浙赣边的十几个县往返转战，大大小小战斗十余次，打的都是消耗战，虽然给敌人一定的打击，但红十军团处境更为危险和困难了。

一九三五年一月九日，红十军团转移到浙江西部遂安县茶山村。巧的是这个村大部分人姓方，这让方志敏感到特别的亲切。在方氏宗祠里，方志敏主持军团领导召开了一次紧急会议，中心议题是部队何去何从。刘英也挂着绷带与军团师以上干部一同参加会议。会上出现两种截然不同的意见，争论异常激烈。后来，刘英在回忆中是这样说的：

> 当时接到中央与军委指示后，讨论时有两个争论：甲、大部分同志主张立即根据中央军委指示分头出动，粟、刘到浙行动，方志敏同志等回浙闽赣基本地区；乐少华、刘畴西等两同志率一师留皖南行动，其余部队随方同志回基本地区。乙、少数同志主张暂不分开，统回闽浙赣基本地区，将部队整理、训练与重新配备干部后，再行分开。由于军团首长坚持后一意见，结果抛弃了第一方案，同意了第二意见，这是不该的。

军团长刘畴西主张不分兵，坚持全军团回到闽浙赣基本地区。刘英还是坚持自己的主张，认为后一种意见“这是不该的”。会上，刘英认为，战士往返折腾，疲于奔命，掉队也较多，部队给养也成问题；部队要摆脱困境，必须立即分兵，改变大兵团集结的部署。但是他没有决策决定的权力。刘畴西等军团主要领导一心想着部队急需休整，坚持全军返回苏区。

刘英、粟裕等领导的分兵主张没有被采纳。茶山会议最后做出决策：全军团南下，返回闽浙赣苏区。

历史已经证明，这是造成这支部队最终失败的一个重要原因。

红十军团从茶山南下的当天，刚到达开化县大龙山，就与尾追而来的国民党军第二十一旅遭遇，双方激战数小时，红军以三倍于国民党军伤亡的代价撤出战斗。

一月十二日，红十军团到达开化县的杨林，刘畴西军团长忘记“兵贵神速”的格言，只考虑部队疲劳而宿营。浙江保安纵队第三团连夜追击，越过红十军团主力部队，抢先占领徐家村一线。第二天上午，红军与浙保安第五团在徐家村发生激战，在红十九师掩护下，军团主力连夜转移。

十五日，由方志敏、粟裕率领的军团机关人员、后勤人员、伤病员以及没有弹药的迫击炮连、重机枪连组成的先头部队，一鼓作气，冲出敌人还没有来得及合拢的浙赣边境封锁线，前进到靠近闽浙赣苏区边界一带的港头，才停下来休息，等候主力的到来。

刘英身体还很虚弱，依靠担架随军行动。他看着战士们又冷又饿又累，十分心痛，对方志敏、粟裕说：“天太冷了，这样等下去，要冻死更多的人。”

方志敏、粟裕与刘英同感，一致认为情况严重，部队应该立即行动，不能再在这里延误；同时，再次通知刘畴西，限令今夜迅速跟进，通过封锁线。十六日，刘畴西却送来消息：人员疲惫不堪，晚上不能继续前进！方志敏一看情况不对，决定自己留下来，率主力部队尽快脱离险境；命令粟裕率领先头部队立即突围。乐少华、刘英两人躺在担架上，继续随先头部队行动。

此时，敌人像蝗虫一样扑向怀玉山，组织了一次次的搜山，包围圈越来越小。在这个白雪飘零、异常寒冷的冬日里，红十军团主力来回折腾，延误了戎机。指战员们衣单衫破，忍饥挨饿，部队不断被分割、冲散、打击，除少数突围外，大部分牺牲，一部分被捕。

红十军团主力几乎全军覆没，军团长刘畴西被捕的两天后，即一月二十九日，方志敏也被捕。

方志敏的被捕标志着中国工农红军北上抗日先遣队惨遭彻底的失败。方志敏被俘后在狱中沉痛总结了这一教训：一来，进苏区通过敌人封锁线很难；二来，进了苏区，在被封锁线圈得很小的地方内易被敌人包围；三来，再出苏区，又要通过封锁线，更加困难。

同年的八月六日凌晨，方志敏、刘畴西和军团参谋长王如痴一同在南昌下沙窝被秘密杀害。方志敏牺牲时年仅三十六岁，他在牢房的墙壁上留下的遗言是："敌人只能砍下我们的头颅，决不能动摇我们的信仰！"

刘英在回忆北上抗日先遣队时，深情地总结和称赞道：

> 吾人认为先遣队虽不幸地遭到惨痛损失，致使北上抗日的神圣任务，未能全部如愿实现。然而它不仅在行动上、组织上、工作上、战斗中表明了自己的先进及其模范的领导作用，同时，它在中华民族的解放史上，业已写下了最光荣的一页。
>
> 我们应以无限的热情与诚恳的态度来痛悼北上抗日先遣队死难的烈士！我们应以不屈不挠与英勇奋斗的精神，在民族解放的斗争中，踏着先烈的血路，勇往直前地奋斗不息。我们要坚持抗战，坚持团结，坚持进步，向着投降妥协、分裂、倒退的现象搏斗。我们要在民族解放战争中，驱逐日寇于国土之东。我们相信只要全国上下一致地坚持抗战建国的国策，中华民族解放战争的最后胜利定是属于中国的。

第六章

挺进浙西南

当了政委更要总结教训

一九三五年一月十六日午夜，八百多人的红十军团先头部队冲过封锁线。在德兴县大茅山梧风洞安置三百多名伤员后，平安到达闽浙赣苏区德兴县的广财山地区。

不幸的是：清明节前夕，这三百多名伤员遭到了国民党军袭击，全部伤员和医务人员惨遭杀害。

江西德兴的广财山曾是热火朝天的模范苏区，现在却遭到敌人的洗劫和封锁，群众生活非常困难。刘英、粟裕打算在这里边休整，边等军团主力的到来。他们多次派便衣前去接应，都是无功而返。刘英认为，不能再等下去了，不然部队给养很困难，会很被动的。粟裕也有同感，两人商量决定去寻找当地党组织和红军游击队。

经过多方联系和打探，刘英、粟裕终于在横峰县篁村槎源坞找到了中共闽浙赣省委和省军区。省军区给他们补充了一些给养和弹药。

部队继续在广财山地区休整。

大约经过一个星期的等待，中共闽浙赣省委领导告诉刘英、粟裕，从截获的几份敌人的无线电报中得知：先是搜山敌军报告“追剿”基本结束，要求撤出休整；后是蒋介石传来命令，方志敏、刘畴西仍在山上，在搜到之前，谁敢撤出休整“杀勿赦”！

不久，传来了方志敏、刘畴西被捕的消息，部队上下沉浸在一片悲痛之中。

此时，刘英、粟裕两人受的伤还没有痊愈。粟裕是在遂安县境内的送驾岭战斗中受伤的。刘英的右手仍然扎着绷带，他眺望着远山，想起与方志敏相处的日子，想起近段时间来的失败和创痛，不禁悲从中来。但他清楚，必须选择坚忍地生存下去，并且要像方志敏一样勇敢地面对一切艰难和困苦。

突然，传来从封锁线突围出来的红二十一师五连连长刘亨云的声音，这时刘英脸上露出一点笑意。刘亨云的五连是先遣队主力唯一回到闽浙赣苏区的建制连。

同时，从中共闽浙赣省委又传来了消息，苏区中央分局转来了中共中央一月十五日指示电。按照指示电的要求，红十军团的突围部队将组建成中国工农红军挺进师，由粟裕任师长，刘英任政治委员。挺进师的任务是立即进入浙江境内，在那里建立苏维埃根据地。其目的是：以积极的作战行动，打击、吸引和牵制敌人，保卫闽浙赣根据地及邻近游击区，从战略上配合中央红军行动。

此时，红一方面军已经离开中央苏区三个月，并且召开了党的遵义会议，重新确立了毛泽东在党和红军中的领导地位。之后，毛泽东将指挥红军“四渡赤水”，摆脱一路上被敌人围追堵截被动挨打的局面。但有关遵义会议的情况，刘英、粟裕一点都不知道，苏区中央分局、闽浙赣省委都没有提到有关会议精神。

闽浙赣省委领导询问刘英、粟裕：“中央分局要求你们挺进浙江，有什么困难？”

粟裕告诉闽浙赣省委领导，浙江对他们来说都不陌生，还可以说有一定程度的了解。去年下半年，先遣队曾长时间转战浙江。浙江是国民党统治的腹心地带，是蒋家王朝的发迹地，国民党对这一区域控制得非常严，建立了庞大的特务机构，而且这里是国民党军进攻中央苏区的基地，反革命社会基础很深厚。

刘英表示，虽然深感即将担负的任务十分艰巨，环境十分险恶，但有信心挺进浙江，开辟出新的革命根据地。并请闽浙赣省委电告中央分局和党中央，他们一定会克服重重困难，坚决完成被交付的光荣使命！

傍黑，刘英、粟裕回到广财山驻地。原先遣队的地方工作部部长宗孟平，供给部部长刘达云，没收委员会主任谢文清，政治部机要秘书许信焜，师领导王永瑞、王裔三等领导都聚过来，商议部队下一步的行动。大家都认为，挺进师进入浙江，就像一把钢刀插入蒋介石集团的胸口，蒋介石肯定不会容忍的。

刘达云坐在草寮的角落里，冷不丁地冒出几句话："困难这么大，能否立足都是个问题，我们能不能在苏区休整时间长一点，补充更多的实力再挺进浙江……"

粟裕打断了刘达云的话，有些激动地说："这是不可能的！挺进师要完成先遣队没有完成的任务，就是要打击、吸引和牵制敌人。我们不仅要看到困难，更要看到有利的条件，浙江地区有着光荣的和长期的革命斗争历史。这里比较早就建立了共产党组织，并坚持武装斗争，还诞生了红十三军，是直属中央军委正式序列的红军队伍。虽然红十三军早就失败了，但革命烽火燃遍了温州、台州、丽水和金华的广大地区。我们完全有信心完成党中央交给的任务！"

刘英接过粟裕的话："说得对，挺进师进入浙江，还可以同坚持在南部斗争的周围一些老苏区互相配合和支持。同时，浙江南部山岭连绵，森林茂密，地理条件十分有利于红军出没和行动。"

戴着眼镜的宗孟平对地方工作情况比较熟悉，他认为，两位首长分析得非常有道理，得抓紧做好准备，早日挺进浙江！

大家都散去了，而刘英的草寮还闪着微弱的灯光。

近段时间里，他一直在思考着。一方面，刘英思考如何当好这个政委。

因为挺进师的政委与以前的师政委完全不一样，以前刘英一直在毛泽东等首长的领导下担任政委，而今这个师政委却是孤悬在外，要独立做决策、自主搞保障，没有地方请示和请教，因此，他感到肩上的担子特别重。另一方面，他思考着怀玉山失败的原因。

在中共闽浙赣省委和省军区的帮助支持下，刘英、粟裕很快完成了挺进师的组建任务。挺进师宣布成立的那天，天气很冷，广大指战员衣衫单薄，却列队整齐、精神抖擞。

中共闽浙赣省委领导首先宣布了中央电令，然后代表中央向挺进师授予军旗。

粟裕走到队伍前立正、敬礼，接过军旗。刘英带着赣南口音宣读挺进师编制及各级领导干部名单："王永瑞任参谋长，黄富武任政治部主任，姚阿宝任政治特派员，刘达云任供给部部长，张友昆任卫生部部长，谢文清任没收委员会主任。"

新任命的挺进师几位领导中，政治部主任黄富武大家比较陌生，他是刚从赣北独立师政委调任的。

闽浙赣省委将其独立师第一团的一个连，由团长李重才率领编入挺进师。这样挺进师共计五百三十八人。

为了适应游击战争的需要，师以下不设团、营、连，而是编成三个支队、一个师直属队。支队领导由团级干部担任，但只有连的规模。战士中许多人都是有实战经验的红军基层干部，一般战士也都有好几年革命经历，政治觉悟高，作战经验丰富。这支队伍从师领导到战士年纪都很轻，身强力壮，战斗力强，革命意志坚定。

刘英宣读干部任命后说："我们这支队伍虽然人数不多，但全体干部、战士都是从枪林弹雨中过来的，人人都有一颗对党和人民的赤胆忠心，都有一身对敌斗争的好功夫。在挺进师后面，我们还有千千万万苏区人民的支持，我们一定能完成好中央赋予我们的使命任务！一定要让革命的烈火燃遍浙江！"

粟裕作为师长向全师发布训令，鼓舞士气，使指战员们从失败的情绪中振奋起来。但是，红十军团政治部副主任涂振农等突围部队的少数干部，对挺进师的前景不太乐观，所以借送红十军团政治委员乐少华去上海治病为由，离开了挺进师。而乐少华伤愈后，辗转前往陕北。

充满革命乐观主义的刘英认为部队更为纯净了，但冷静的粟裕认为，这潜伏着许多危机，比如曾洪易这些政治立场不坚定的人，对部队影响也会很大，部队要按中央的指示，迅速整顿，尽早向浙江挺进。

刘英认为粟裕分析得很对。

冲出一个苏区，进入另一个苏区

蒋介石的堡垒政策就是以纵横交错的碉堡来分割苏区。刘英风趣地说："我们当前的任务，就是从一个被敌人围困的苏区冲出来，再进入另一个被敌人层层包围的陌生的地方。"

此时，闽浙赣苏区正处在被国民党军重重包围和分割"清剿"的状态下。挺进浙江，具体到浙江什么地方落脚？这是摆在刘英、粟裕面前十分紧迫的问题，两人经过反复分析和商量，最后选择以仙霞岭为中心的浙西南地区，作为挺进师进入浙江创建根据地的第一个目标。

浙西南地处闽浙赣三省交界，与闽东、闽北几块游击根据地比较近，可以相互依靠。刘英担任先遣队政治部主任时，路过浙西南，对那一带有一定的了解：那里的群众基础比较好，有一个劫富济贫的叫"青帮"的群众组织，同共产党有联系，可以作为进入浙江的初步依托。那里大部分地区山高、路险、林密，便于隐蔽，适合进行游击作战。

如何进入浙西南，哪条路线最便捷、最安全？刘英、粟裕与大家商量后确定：经闽浙赣根据地的上饶地区，先到闽北，然后进入浙西南。

一九三五年二月四日是这一年的春节。部队无暇过节，正在紧张地做出征前的准备。

春节刚过不久，刘英与粟裕商量部队挺进浙江事宜。粟裕研究地图后，建议经过弋阳、贵溪县境，从上清宫渡过信江，再往闽北进入浙江。此时，国民党军第五十七师驻防在江西贵溪县一带，布置了几道封锁线。挺进师成功地经过弋阳，日夜兼程，穿越险峻的三县岭，向驻在裴源的敌五十七师一部发起袭击，歼敌两百余人，打击了围攻苏区敌人的气焰。

敌五十七师发现红军的目标是从上清宫渡信江，立即调兵遣将进行围堵。挺进师只得向北行进，返回闽浙赣苏区广财山一带隐蔽休整。

第一次出征行动虽然没有成功，但也打探到敌人的虚实。于是，刘英、粟裕又率部进行了第二次出征，准备经弋阳，进入横峰境内，从杨家门渡过信江。部队出征不久，杨家门已有敌人重兵把守，又一次出征没有成功。但刘英却乐观地安慰粟裕说："这就算是声东击西的军事行动吧！"

这两次出征期间，刚刚编入挺进师的闽浙赣独立师第一团不少战士，经受不住一再的挫败，陆续故意掉队跑回去了。

粟裕大为光火，认为这是严重的无组织无纪律，应该按纪律处罚。

刘英冷静地说："按红军的传统，俘虏不愿意留下的，都要发放大洋让他们回家，何况现在是革命的低潮时期，挺进师的组成也较复杂，有红七军团的一部分，红十军团的一部分，还有闽浙赣独立师的一部分，这些战士逃回他们原来的部队或回家乡去也不算是大过。"于是，刘英组织政工干部继续做战士的思想工作，如果他们还是要离开，那应该允许自由选择，挺进师队伍应该有这个肚量。

粟裕同意刘英的处理办法。不过，爱枪如命的粟裕有一点要求，执意要走的人必须把枪支留给挺进师。刘英觉得有理，在做了思想工作后，果然大部分战士连人带枪都愿意留下。

因为这件事，刘英与粟裕之间有了新的认识。

经过短时间的休整，挺进师准备再一次向浙西南出征。刘英认为，事不过三，这次一定要挺进到浙江。他与粟裕商量，搞一个出征仪式。

二月二十七日，全师在广财山村的戏台广场列队完毕。

刘英迎着寒风，来到队伍前，挥舞着左手，大声地说：“同志们，我们马上要踏上新的征程，前面的道路艰险坎坷，但我们是共产党领导的军队，是为穷苦人打天下的红军，即使前面是铜墙铁壁，我们也要想办法砸烂它、突破它。我相信，只要我们不怕困难，机动灵活，一定能够冲出重围！”

铿锵有力的话语，给全体指战员极大的鼓舞。

粟裕布置了任务。随后，挺进师从德兴南下，经横峰，到了上饶，发现几条前往闽北的要道都有敌人把守。正当大家焦急之时，上饶中心县委书记徐旺生告诉刘英、粟裕，翻越灵山就可进入闽北。

灵山崎岖险峻无比，几乎无路可走。有的官兵有些畏难情绪，刘英却蛮有把握地说：“只要依靠我们的老百姓，就没有过不去的高山！”

徐旺生书记很快帮挺进师找来了一位向导。刘英见是一位年过花甲、满头白发的老人，亲切地问老人家：“你家住在附近？灵山经常上去吗？”

老人家就是灵山脚下长大的，灵山又高又大又深，要是迷了路，九九八十一天都走不出来。老人是采药人，常年在灵山里钻，这些小路随便走也不会迷路。他吸了一口旱烟，回忆起那年土地革命闹暴动，山村里成立了苏维埃政府，工农药店缺少一种叫杜仲的药材，他就背起药篓进了山。杜仲这味药这里不多见，那次进山竟采到一大堆。他爽朗地说：“真是托苏维埃政府的洪福，工农革命一定会成功的。”

刘英和其他指战员看着老人家结实的身板，又听着老人充满自信的话语，佩服地频频点头，并放心地笑了起来。

采药老人在前面带路，攀悬崖，过险隘，部队艰难地通过乌鸦弄，登上了山腰。战士们爬山时出了一身汗，等上了山顶被寒风一吹，冷得发抖。刘英下令，不得休息，立刻下山。下了山，天已黑，依稀能看到路边一个个碉堡，战士们的脚步声惊动了碉堡里的敌人，响起了敌人的喊话声。战士们放轻脚步，不予理睬绕了过去。敌人不问方向胡乱地扫射一通，战士们不予还击。敌人问话，刘亨云化装成敌军上前应付。敌人一看威武的刘亨云带着一队人马，不敢再细问，赶紧说“都是自己人”。

部队一昼夜急行军一百多里，连续突破敌人的数道封锁线。

二月二十八日清早，部队来到焦石渡，汹涌的信江挡住了去路。

信江江面开阔，两岸峭壁高耸、险峰林立。敌人以为闽浙赣苏区的红军基本被消灭了，压根儿没有想到红军这个时候会出现在信江边上。江边没有驻军防守，碉堡是空的，战士们戏称它为“乌龟壳”。

刘英心里明白，如果挺进师不能在天亮前渡过信江，不能顺利进入闽北苏区，等追敌尾随而来，部队将暴露，到时进退不得，很有可能全军覆灭。官兵们焦急无比。刘英却十分沉着地对大家说：“困难越大，越需要冷静。只有冷静下来，才能想出战胜困难的办法。我不信这么重要的水路交通干线，就找不到一条船；即使没有船，我们也要想办法游过去。”

粟裕迅速派出两支小分队，分别往上游和下游寻找船只。不一会儿，刘英指着朦胧的远处，说：“那不是船来了！”

大家循着刘英指的方向看过去，只见上游有六七条大船正迎面扬帆而来。战士们高兴得手舞足蹈。侦察员向船上喊话，并想方设法截住船只。原来这是从上饶开出来的运货船，起先他们以为是国民党军队抓差，不肯靠岸。后来弄清是红军，就把船驶向岸边，分批把挺进师指战员渡过信江去。

过江后，刘英伸出大拇指，夸奖苏区的老乡，觉悟就是高。他还吩咐供给部部长刘达云，给这些老乡支付渡江的报酬。

部队渡江后，到达白沙村休息。炊事员忙着生火做饭。这时哨兵跑来报告，公路上开来了两辆大汽车。战士们搬来很多石头，拦在公路中间，迫使汽车停下来。从车上抓获了一个敌人的传令兵，还搜到了几张军用地图。

刘英拍拍汽车，问大家：“谁会开汽车？”战士们都摇摇头，全师没有一个人会开汽车。战士们只得从汽车上卸下发动机，作为发报时的电源。刘英仍然高兴地说：“敌人都成为我们的运输队了，这些东西我们都需要，都会派上用场。”粟裕说：“我们正担心发报没有电源，这真是雪中送炭。”

部队又出发了，一路上放火烧毁了敌人的好些“乌龟壳”，破坏了一些电线杆，以及沿途敌人必经的公路、桥梁。

挺进师日行百里，连打数仗。刘英知道战士们都很累，想让战士们睡一个好觉。可是，为了早日挺进浙江还得催促战士们抓紧赶路。部队来到铅山县石溪镇，这里原是闽浙赣苏区上饶县河南区委领导的“灰白区”。

这一天是一九三五年三月一日，红军突然遭到敌人一个营兵力的袭击。仅有的一部电台被敌人炸坏了，这给挺进师造成极大的损失。从此，挺进师与中共中央及上级党组织失去联系达一年半之久，他们在没有上级组织领导的情况下独立地开展游击战争。

根据侦察员搜集到的情况和枪声判断，敌人的战斗力并不强，很可能是地方保安部队。

挺进师立即组织一个支队向敌人发起反攻，其他人员立即转移。两个枪手瞄准当面之敌，嗒嗒两声，两个敌人应声倒下，其他敌人乱成一团。红军小号手张金发吹起军号，战士们在山间跳跃前进，奋力追赶四面逃散之敌。整个战斗不到一个小时，打死打伤敌人数十人，俘虏十余人。据了解，这是铅山县石塘镇的保安队，隶属江西省保安团。

群众听说从赣东北苏区来的红军把保安团打垮了，都非常高兴，躲进山里的村民纷纷回来，向战士们嘘寒问暖。刘英看到这种情况，指示部队分散举行群众大会，开展抗日宣传，扩大红军影响。

下午，挺进师召开全师干部大会，总结石溪战斗经验教训。刘英心痛唯一的电台被打坏了，这个损失太大了。这次战斗的教训是部队翻越灵山，一夜突破多道敌人的封锁线后，产生轻敌的思想，没有及时发现敌人埋伏，险些遭受更大的损失。

为了压一压敌人在苏区边界嚣张的气焰，挺进师决定夜袭上饶县的甘溪镇，同时为进入闽北打开通道。

按照刘英和粟裕的部署，战士们手持竹篾制的火把，向甘溪镇方向进发。到了镇边，侦察员抓了个哨兵，敌人发现后开枪。镇里的保安队刚吃完晚饭，听到枪声，扔下饭碗四处逃命，枪也顾不得拿。

挺进师轻轻松松拿下甘溪镇。这是挺进师自组建出征以来，主动打下的第一个集镇。刘英下令政治部做好宣传工作，供给部全体出动，筹集粮食、布匹、食盐和中药材。部队在甘溪镇住了一夜，第二天继续前进，第三天打垮了江西省保安团八百余人的追击部队，俘虏敌人四五十人，缴获了一批武器。

挺进师的长驱直入，使国民党当局大为震惊。

就这样，挺进师穿过“灰白区”，经寮竹关，来到闽北苏区。

一切都是最好的安排

国民党军对闽北苏区也发动了“清剿”。一路上，刘英看到的是一片衰败，破壁残垣，土地荒芜，炊烟不起。从闽浙赣苏区出发前，刘英曾向闽北党组织通报了进军浙江的路线，请他们接应。可是，部队进入闽北根据地时，四处派人找了好几天，不但没有与闽北的党组织接上头，还到处碰到敌人。

敌人似乎早已知道挺进师在闽北一带活动，指战员们都感到很蹊跷。刘英仔细翻阅战士们捡来的一堆宣传品，发现里面有一些是署名李德胜的《劝降书》，这才真相大白。这个李德胜原是闽北军分区司令员，叛变投敌后把挺进师到浙江的行动计划作为见面礼，提供给国民党当局，带着敌人伏击和“清剿”挺进师。

刘英和粟裕都倒抽了一口气：“好险啊!”

形势来了个突变，变得复杂而严峻了。刘英与粟裕原计划先到闽北与苏区领导人黄道联系，然后再图北进，现在只得放弃原计划，独立灵活地开展机动作战，伺机打开进入浙西南的通道。

此时，挺进师已来到闽北崇安县（今武夷山市）境内。他们想往北离开闽北，直接进入浙西南。部队在崇安县北部的大山里行进，在很偏僻的坑口乡车盆坑村，终于找到了闽北党组织和红军。

又回到苏区了，战士们异常高兴。中共崇安中心县委书记曾昭铭会见了刘英和粟裕，双方商议了坚持游击战争和彼此配合的问题，同时也谈到先遣队洪家云部在闽北一带失联的事。当时，洪家云部撤到闽北苏区便留下来，被命名为“红三团”，归闽北独立师统一指挥。曾昭铭派人与红三团联络，并同意将其编入挺进师。

这个间隙，粟裕组织部队进行军事训练，刘英对部队组织了一次整顿，安置伤员，清理无用的笨重装备，对官兵进行思想政治教育。

这时，从敌人宣传品中，发现了一条重要消息：中央红军到达四川、贵州边境。刘英在全师官兵大会上宣布了这个消息，群情激奋，欢欣鼓舞，大家看到了共产党的希望和红军的力量，一扫往日的低沉情绪，又跳又唱，歌声响彻了车盆坑的山谷。刘英坚定乐观，从没有被困难吓倒。他的乐观也感染着广大官兵，大家都沉浸在欢乐之中。

此时，刘英又与师部宣传员一起编写歌曲，并亲自执笔填歌词。他还拉开嗓子，用江西老家的山歌调子唱起来。歌声响起，粟裕掏出随身带的口琴，情不自禁地吹了起来。

洪亮的歌声，悠扬的琴声，吸引着其他官兵也跟唱起来，也引得苏区的乡亲们围拢过来。

当部队结集在崇安县岚谷地区的时候，传来了喜讯：洪家云率领队伍赶过来同挺进师会合。分别八个月的战友又相逢了。战士们非常兴奋，热烈欢呼，深情拥抱。在岚谷的野外点起一堆堆篝火，火光映红了战士们的脸庞。

大家畅谈着分别后的情况，提起怀玉山的失败以及牺牲的战友，心情都十分沉重。正在大家感慨不已的时候，传来刘英亲切、乐观的声音：“同志们辛苦了！”刘英来到大家身边，洪家云和战士们围了上去，争先恐后地与首长握手。火光下，大家发现刘英比以前瘦多了，右手还扎着绷带。

有人轻声问刘英："首长，伤怎么样了？"

刘英幽默地笑着回答："不打紧，就是被狗咬了一口而已，没有什么了不起的。"他的回答把大家逗笑了，也一扫刚才沉重的心情。

洪家云率部归队，刘英非常高兴，部队一下子增加了一百五十多人。这样，挺进师人员又恢复到组建时的五百余人，并增加长枪八十二支，轻机枪两挺，实力得到了加强。

刘英与粟裕商量，对部队进行一次整训，以增强部队的战斗力。

此时，还成立了挺进师政治委员会，简称政委会，由刘英、粟裕、黄富武、宗孟平、王维信、姚阿宝、刘达云、洪家云、方志富九人组成，刘英任书记。政委会作为部队最高领导机关，统一领导挺进师及其活动区域的工作。后来，刘英总结了成立挺进师政委会的意义。

> 在当时极端艰苦与困难的斗争环境中，自动的（地）成立了政治委员会，不仅对挺进师的领导加强了，而且对整个工作的进行和布置以及策略路线的运用等均得到不少的成绩和转变，正因为浙闽边的党（组织）有了这样地总的领导机关，所以不仅保证了挺进师和闽浙边长期的行动，而且基本上完成了中央分局所给予挺进师的任务。

整训期间，刘英向全体指战员做了政治形势报告。

之后，他宣布了政委会的决定，对部队的编制进行调整，由原来三个支队扩编为三个纵队。第一纵队，分别由朱宝芬、杨金山任纵队长、政治委员，下辖第一、第三支队；第二纵队，分别由李重才、洪家云任纵队长、政治委员，下辖第四、第六支队；第三纵队，分别由刘汉南、方志富任纵队长、政治委员，下辖第七、第九支队。各纵队另外设立行动委员会。为适应游击战的需要，实行政治人员战斗化，增强机关人员自卫力量，将政治部、保卫局、供给部、卫生部等部门的人员在保持原有领导关系和独立性的基础上，编为一个政治连，王维信兼任连长，宗孟平兼任政治委员。

粟裕给部队讲解今后的任务，就是跳出闽北苏区，插到浙江敌人后方去。

三月二十三日这天夜里，天黑沉沉，春雨下个不停，战士们在泥泞崎岖的小路上前进。国民党“追剿”部队根本想不到，挺进师会在这样又湿又冷的天气里悄悄离开闽北苏区。

刘英对身边的指战员说：“这一切都是最好的安排！”

“飞”过披云山

挺进师准备连夜越过仙霞岭。

仙霞岭是横卧在闽浙赣三省交界地带的一座山脉。这里是阻隔三省交通的天然屏障，也是敌人阻挡挺进师从闽浙赣苏区进入浙西南的最后一道封锁线。

侦察员早已把仙霞岭的隘口、要道、碉堡和敌人活动情况了解得清清楚楚。每天到了深夜，守碉堡的敌人就哼着小曲，到附近村庄花天酒地，现在又下着大雨，敌人怎么也想不到红军会从天而降。

刘英吩咐部队，切不可轻敌。

部队冒着大雨继续行进。快到敌人的封锁线时，部队就地隐蔽，侦察员按照预定作战计划，迅速迂回到碉堡跟前，严密监视敌人的动静。部队动作轻、行动快，从半山腰敌人碉堡前通过了封锁线，凌晨时分来到仙霞岭大山中的小镇——浦城县仙阳镇。

小镇还在安静中沉睡。挺进师悄无声息地进村，战士们露宿在街道边、屋檐下，没有打扰老百姓。

刘英命令政治连的宣传员连夜分头穿行在大街小巷里，轻手轻脚地张贴标语。小镇的老百姓都有早起的习惯，天刚亮，一打开大门，就看到街道两旁贴满标语。当老百姓看到睡在屋檐下的队伍时，又惊又喜，惊的是红军来得突然，喜的是自己的队伍又回来了。这一带的老百姓对红军并不陌生，听说挺进师是共产党领导的红军，就格外地热情。

除放哨警戒外，刘英还要求官兵们分头到贫苦百姓家里去，为他们挑水扫地。仙阳镇的店铺照常营业，早市比平日更加热闹，到处呈现出节日的氛围。

挺进师离开仙阳，当地百姓依依不舍地惜别，往东向浙西南进发。

春天的天气变化很快，傍晚气温就开始下降，还纷纷扬扬下起了春雪。战士们捡些干柴，生起火堆，一面烤火取暖，一面烘衣服。天亮后还要继续行军，大家只能坐在火堆旁打个盹。

天还没亮，前卫部队就出发了，路上突然遭遇国民党地方保安部队的袭击。红军一个反击，就把没什么本事的保安部队打垮了，还抓了两个俘虏。经审问，得知国民党军正准备联合阻击挺进师，浙闽边很多乡镇都驻有保安队或武装警察。

刘英分析说："浙西南是一个重要的战略地区，国民党在那里驻有较强的保安团，如何以最小的代价顺利地打进去，需要大家开动脑筋。"粟裕提出，要先在浙西南的外围活动，迷惑敌人，调动敌人，把保安团吸引出来，给予各个打击和歼灭。刘英非常赞同师长的想法，于是全师分两路在浙闽边界活动。一路由李重才率领第二纵队在江山、衢州一带活动，另一路由粟裕、刘英率师部及第一、三纵队从披云山进入浙西南。

披云山是仙霞岭山脉中心区域的山峰，从福建浦城绵延到浙江龙泉的宝溪、住龙一带。这里山高林密，终年云雾缭绕，是钱塘江、闽江和瓯江的主要发源地之一，优越的地理条件，非常适合红军开展革命斗争。

指战员们沿着一条羊肠小道向上攀登，大家手拉手，前呼后应，艰难地向上爬。前面一丈多高的山坎挡住了红军的去路，刘英的机要秘书龙跃使劲攀着岩石往上爬，手却抓空了，眼看就要掉下来，这时有人托了他一把。他第二次向上爬时，不知怎的竟一跃而上。他回头一看，原来是刘英政委不顾自己的伤痛和安危，用没有受伤的左手两次托起了他。

龙跃十分感动。这一细节，后来经常被他提及。

披云山上连日下起春雪，山间的小路都被雪覆盖了。一个人不小心滑倒了，就会绊倒一大串人。大家都没有袜子，有的穿一双草鞋，有的光着脚板。不少战士的脚底被荆棘、岩石刺破了，鲜血像一朵朵红花开放在雪地里。刘英脚上穿着一双破布鞋，有时走在队伍的后面，有时又走在队伍的前面。

攀缘时，刘英就用左手抓住被雪压弯的小树，借力登上去，然后转身对后面的指战员说："拉住它，它是我们的好帮手。"后面的指战员依次拉着"好帮手"，一个接着一个登上去。最难爬的石壁，战士们就将绑腿连接起来，由先上去的战士又拉又拖地把大家扯上去。

饥饿、寒冷、劳累袭击着广大指战员。刘英就命令宣传科王维信科长，组织宣传员给大家鼓劲加油。王维信大声答道："是！"宣传员立即在前面展开宣传，还在更高的山坡上插上小红旗，大声叫道："同志们，加油，看谁先得到红旗！"战士们的激情都被鼓动起来了，啊啊地叫着，使劲往红旗的方向冲。

山上住户不多，部队要宿营，吃住给养都成问题。只能向农民买一些玉米、番薯，一天只能吃两餐。战士们有的从雪底下挖出一些干燥的枯枝烧起篝火取暖，有的干脆钻到稻草窝里睡觉，有的借用老百姓的蓑衣当被子，有的四五个人合盖一条军毯。

指战员们刚下山，就碰到一位老大伯，说是要见红军首长。他去年与红军先遣队打过交道，看到部队的装束就知道是红军。他打量刘英好半天，轻轻地问道："江西、福建那边打了很多白军，是你们打的吗？"

刘英问老大伯："您老看像不像是我们打的？"老大伯眯起眼睛，又仔细打量起刘英和他身边的战士。战士们觉得奇怪，就问老大伯在看什么。

老大伯神秘地问道："你们会飞吧？"战士们都笑起来。

刘英把双手展开，叫老大伯看："我们每人都有一对翅膀，我们能健步如飞！"

老大伯将信将疑，捋着胡子，若有所悟地点了点头。从此，“红军会飞”的传说就在这一带传开了。

被动转战浙闽边

三月二十五日，挺进师进入浙西南的龙泉县宝溪乡境内。

红军侦察员抓到了敌人的侦探，审问出宝溪乡乡公所设在溪头村，村里驻扎着一个保安中队的三个分队。敌人获知红军有可能从这一带进入浙江，已在溪头村周围的七峰山、士后岙、葫芦门、大堂庙等处修筑碉堡等工事。

刘英、粟裕听了侦察员的汇报，商量决定：以政治连为后卫，其他三个纵队分三路，以绝对优势的兵力直取溪头村。红军来势凶猛，几处敌人立即乱作一团，慌忙逃命。红军进攻大堂庙，架起机枪，正欲追击敌人时，看到敌军混在不明真相的老百姓中一起逃跑。刘英怕误伤群众，命令部队停止追击和射击。

这一仗，毙敌一人、俘敌二十多人，缴获了一批枪支弹药。

刘英组织政工干部在溪头村张贴安民告示和宣传标语，躲避在附近的群众陆续回到村里。他组织召开群众大会，控诉国民党反动派的罪行，把抓到的两名反动分子当即处决。他组织对俘虏进行教育，有的俘虏表示愿意加入红军，被当场编入部队。有的俘虏要求回家，供给部发给每人四块银圆，作为路费让他们回家。

溪头战斗打响了挺进师进入浙江的第一枪，拉开了挺进浙西南开展游击战争的帷幕。

第二天，挺进师进入龙泉县查田镇。

查田区公所在龙泉河对面，侦察员化装成国民党兵，大摇大摆地过了河。区公所内，保安队队员以为国民党正规军来了，急忙吹哨子集合队伍。刚集合好队伍，红军就把整个保安队包围起来。“举起手来，缴枪不杀！”红军喊道，保安队队员稀里糊涂地成了红军的俘虏。保安队的枪都还全部挂在墙上，红军战士一一摘下来，共有二十多支。

红军扣押并审问了区长，要求他交出两百五十块银圆和十担稻谷。区长的家产红军了解得清清楚楚，没有办法抵赖，他只得如数交出了银圆和稻谷。红军把从其他富户那里没收的银圆、稻谷和各种财物集中在一起，除留下一小部分供部队使用外，大部分都分给了贫苦农民。

红军又来到小梅镇，歼灭了敌保安队一个分队。

浙西南的春天来得晚些，山风吹过来，还有几分寒意。战士们往返作战，非常辛苦，他们愈加想念在苏区的日子。一天，司号员张金发与战友来到驻地的后山包，躺在草地上闲聊。看着远山起伏，山下村庄炊烟又起，张金发仿佛听到了苏区群众的欢声笑语，似乎看到了翻身姐妹们在跳舞。他想起苏区的日子，对身边的战友说："苏区的男女老少就是我们的父母兄弟姐妹，他们给部队送来了多少军粮，做了多少草鞋，又为我们洗刷过多少军装啊！"他的战友也感叹道："是啊，如今离开了，真舍不得他们，做梦都常想起他们！"

刘英边思考边散步，路过这里，听到他们的对话，表扬他们说得好，但是为了保卫根据地，必须插到敌后去，现在离开苏区，正是为了更好地保卫苏区，扩大苏区。

张金发和战友见首长来了，赶紧起立，敬礼问好。

刘英拍拍张金发的肩膀，告诉他们："过去，你们用手上的小马号，吹开一个个黎明。今后，你们还要用这个解放的军号，吹遍全中国！"

回到连队后，张金发把刘英政委的话讲给战士们听，大家都备受鼓舞，忘掉了辛苦和劳累。

国民党保安队追得很紧，挺进师一路转战。部队休息时，刘英回想了一下，挺进师进入浙西南十几天来，被闽浙两省保安部队咬住，频繁行军，转战了龙泉县东部和庆元县西部等多个地区，战士们十分辛苦劳累，得不到休整。部分指战员思想较混乱，对挺进浙江信心不足，对未来的意见也不统一，有的主张分散游击保存实力，有的主张回闽北苏区一带坚持斗争。

刘英认为有必要召开一次政委会会议。一九三五年三月三十日下午，在庆元县半岭村召开了入浙后的首次政委会会议。

这次政委会会议的主题是统一思想，加强官兵的思想政治工作，克服少数人怕在浙江打游击的思想，总结群众工作经验，坚持进入浙江开展游击战争，建立革命根据地。会议决定，不采纳先到福建的建瓯、建阳、宁德、古城一带建立根据地的意见，部队在闽浙边活动一个时期，打通与闽东的联系，寻找机会立足浙西南，形成浙西南、闽北、闽东三地相互配合、互为犄角的斗争形势。

会后，挺进师在庆元、景宁边的十几个村庄活动。

刘英与粟裕商量拔除几个敌人据点，以鼓舞士气。刘英认为，打通几个交通要道，以加强闽浙边的联系和沟通，使我军更有立足之地。景宁县的沙湾镇是连接龙泉、庆元、泰顺、寿宁等几个县的交通枢纽，这里地势险要，敌人残害百姓，十分嚣张，应该作为第一个拔除的敌人据点。粟裕同意刘英的意见，对攻打沙湾镇做出具体部署。

部队很快就出发，穿深山密林，走陡峭山岭，过溪滩沙砾。到中午时分，行军速度慢了下来，刘英就命令宣传员把小竹板嗒嗒嗒地敲打起来，山岗上响起了清脆的声音：英川港，渡过去，前面就是沙湾镇……

欢快的快板鼓动词，给战士们带来了轻松、快乐和笑声。战士们的困倦被赶走了，队伍的速度又快起来了。傍晚时分，红军轻松地抢占了镇子东西边两个碉堡，然后一齐行动冲进镇里，敌人惊慌失措，胡乱放了几枪，顾不得抵抗，纷纷四散逃走。战士们举枪打死了几个敌人，抓获了几个敌人，战斗很快结束。

红军没收了镇里土豪劣绅的布匹、食盐和粮食，分给贫苦群众；张贴布告，处决沿途抓获的土豪劣绅；用木排将躲避在河对面的小学师生接回学校，向师生宣传共产党和红军的主张，在学校墙上写下“苏维埃保护学校”

七个大字。

挺进师在沙湾休整了两天。红军离开时，天下大雨，不少群众卸下门板，帮助红军架桥。群众欢送战士们踏上浮桥，依依不舍地挥手道别。

挺进师渡过沙湾镇南面的瓯江支流，向驮垟进发。

浙保一团李秀部接到情报后，立即抄小路追赶挺进师，并在驮垟西南面抢占制高点，布置火力，居高临下阻截红军。红军先头部队迅速就近利用地形、地物还击，掩护后续部队撤离危险区，并迂回向敌人阵地猛攻。敌团长李秀傲气十足，仗着两个营一千多人的兵力优势，配备了数挺三人抬的德国造马克沁重机枪，以为可以一举消灭挺进师。没料到战斗异常激烈，敌人遭到红军强有力的还击，战线不断拉长，纵横数公里，重机枪火力点被摧毁，一个连长被打死。

战斗一直进行到天黑，刘英与粟裕商量决定不与敌人硬扛，主动撤出战斗，向景宁大地与庆元官塘方向转移。驮垟遭遇战是挺进师进入浙西南后的第一次较大规模的遭遇战，与看似强大的国民党浙保一团李秀部进行了首次较量。李秀收拾部队继续尾随跟踪，但没有到闽浙交界处就被甩掉了。

红军在龙泉河以南的浙闽边境不断转战，并且取得不少小胜利。

挺进师在景宁的上标周边十多个村庄开展群众工作，消灭了一个十余人的民团。四月十九日，闽保二团一部和景宁县地方武装共数百人，气势汹汹前来“追剿”红军。红军在当地农民的帮助下，转移到庆元官塘。红军离开后，这批农民被国民党景宁县政府以私通“赤匪”罪，关押了一批，杀害了一批。

第二天，挺进师进入泰顺县境内的司前镇台边村，红军侦察分队与国民党保安部队遭遇而交火。挺进师主力立即发起进攻，前后夹击，保安队损兵折将大半，其余仓皇逃走。过了一天，红军与这个保安队再次遭遇，将之全部俘获。

挺进师到了司前镇兵分两路，一路向泰顺县城进逼，迫使敌人龟缩在县城里不敢出动；另一路攻打泰顺县第二重镇百丈镇，守军闻风而逃。挺进师缴获一些物资，破坏了路边的电话线和交通线。这里已是浙江泰顺、景宁、庆元和福建的寿宁四个县交界一带。

刘英等挺进师领导十分关注闽东的革命形势。

挺进师的到来，也引起闽东党组织和红军的反响，他们得知消息后，立即派寿宁、庆元、景宁三县游击队长叶藩前往庆元县的官塘一带联络，可惜没能与匆匆而过的挺进师碰面。

红军接连打了一些胜仗，也震惊了敌人，同时使敌人产生错觉。

国民党浙江当局判定，挺进师要在龙泉河以南的闽浙边立足，于是，立即把龙泉河以北的浙江保安团调到龙泉河以南，命令国民党新十军和第五十六师北进，企图南北夹击消灭挺进师。国民党驻闽部队以为闽东红军已基本“清剿”殆尽，正规部队开始陆续撤离闽东，只留下闽保二团等地方武装驻防闽东，继续进行“清剿”。

刘英判断认为，敌我力量对比发生了新变化，形势朝着有利于共产党和红军的方面发展，闽东特别是寿宁的革命形势将出现新的转机。

然而，一场出乎刘英和挺进师其他领导意料的被袭事件，改变了这一切。

四月中旬，国民党闽东当局下令新十军各部和闽保二团向寿宁推进，在寿宁、庆元一线设防，阻止挺进师与闽东独立师会合。二十一日，挺进师途经景宁县枫水垟，与闽保二团遭遇，就绕道向福建寿宁方向前进，当晚在西坑底乡的上东、林山一带宿营。供给部和通信连在上村宿营后，突遭闽保二团袭击，十几担白银被劫，电话机、电线等通信器材全部丢失。

这对于还没有立足的挺进师来说是一个十分黑暗的夜晚。

闽保二团明显有备而来，抢了通信器材后就撤走了。挺进师政治特派员姚阿宝带领一个班突围失踪，包括一名参谋和一名医生。原来，敌人对挺进师这支部队的番号和领导人的姓名都不知道，只知道是从江西过来的，有的说是罗炳辉部，有的说是方志敏部，但均不知具体是谁领导的。

此后，敌人才知道这支部队是粟裕、刘英领导的挺进师，而且知道他们俩都有一只手受了伤。于是，敌人就把粟、刘说成是只有“一双手”。

刘英为姚阿宝的安危担忧，组织部队多方寻找，还及时分析总结上村遭袭的教训：一方面是进入浙江后打了几场小胜仗，有点骄傲，放松了警惕；另一方面是有少数人还产生了畏难情绪，认为浙江敌人统治力量过于强大，害怕在这里打游击，希望回到闽北一带行动。党交给挺进师的任务就是在浙江长期活动，发动群众开展游击战争，建立新的革命根据地。回闽北，这不是对执行党的指示产生动摇之心吗?

部队被打散，一天多后才在闽浙边的庆元县官塘、白柘洋一带集中起来，并以通信连为基础组建第四支队，王裔三任支队长，李凡林任政委。挺进师决定把缺少子弹的重机枪和有碍于开展游击战的辎重统统埋掉，战士们一律轻装。

让刘英感到遗憾的是，部队因此推迟了挺进师与闽东独立师的会师。

把他们抹下去

挺进师进入浙江后的一个月来，迂回转战浙闽边境的龙泉、庆元、景宁、泰顺、寿宁等县，大小战斗十余次，取得多数战斗的胜利。但是始终处于国民党武装的围追堵截中，尤其上村遭袭后，挺进师战士们唉声叹气，士气受到严重影响。

刘英感到当务之急就是鼓舞士气。他与粟裕商量对策，决定立足龙泉河一带，集中一切力量，突破敌人弱点，打一场有准备的胜利之战，以扭转当前被动的局面。

第四支队组建后，挺进师立即向北转移，二十四日来到庆元县东南部的斋郎村一带。斋郎村位于龙泉、庆元、景宁三县交界处，背靠江浙第二高峰的百山祖，南西北三面环山，中间是一块小盆地，就像一只簸箕。朝东的簸箕口上建有一座会龙桥，桥上设有社庙，世世代代守护着斋郎人。

挺进师进驻斋郎村休整。

看到大队人马朝着村里开来，许多胆小的群众就逃到山里躲藏起来，同时也悄悄地观察红军的举动。红军进村后，刘英要求全体指战员对群众的财物要秋毫无犯，并派政治部官兵挨家挨户去做思想宣传工作。听说这是一支穷人的队伍，村里群众也不再惧怕了，上山的人也回到村里。乡亲们和红军很快就打成一片。

此时，斋郎村表面上看起来风平浪静，可这平静的背后却是粟裕、刘英精心筹划的一场大戏。

师部机关设在村子北面的吴家祠堂里，一是这儿比较独立，不扰民；二是这里视野开阔，从祠堂门口的石级眺望，村里的房屋道路以及周边的山形地貌尽收眼底。祠堂大门里面，是一座木梁木柱木板壁的大房子，粟裕、刘英就住在东厢房里。一楼大厅堂就是挺进师召开会议的场所，他们在这里分析敌情，排兵布阵，运筹帷幄，研究对敌作战的具体方案。

红军总共只有五百余人，而国民党保安部队加地主武装超过三千人。力量对比悬殊，挺进师召开纵队以上干部列席的政委会会议，对敌我双方的情况进行分析、研究对策。有的纵队领导认为，敌我兵力对比悬殊，敌人五六倍于我军，且我军弹药不足，应该避其锋芒，继续在退却中与敌周旋；也有人认为，大刀会会徒人数众多，来势凶猛，对我军危害极大；刘达云更是认为，挺进师后有追兵，前无接应，已进入了极其危险的境地，部队应尽快往闽北苏区运动……

刘英打断刘达云的发言，他认为，我军孤军深入是事实，这并不等于我军必须撤离这里。一来虽然敌众我寡，但敌人并不强大，浙保一团在景宁驮垟已交手过，是红军手下败将；二来大刀会会徒大多是受蒙蔽的山民，也是一群乌合之众，我军已有对付他们的经验，不足为虑；三来立足浙西南是党中央和中央分局赋予的使命，挺进师必须完成。因此，应该发扬勇敢的献身精神，发挥指战员丰富的战斗经验，给敌人迎头痛击。

粟裕接着说："完全同意政委的意见，我们商量过，进入浙西南一个月了，在闽浙边进进出出，东奔西跑，很有必要精心组织一场战斗，打一个胜仗，以鼓舞士气，激励斗志!”

一九三五年四月二十八日早上，枪声划破了山村的宁静。斋郎战斗就这样打响了。

敌人以地主武装大刀会打头阵。刘英已有与大刀会打交道的经验，采取武力教训与政治争取相结合的策略。但是，大刀会会徒们在反动头领软硬兼施的逼迫和督促下，还是从水口山脚下，试图向红军阵地仰冲上来，见红军已严阵以待，防守十分严密，于是改道从岙头淤偷袭红军。

红军指战员继续劝阻大刀会，不要听信反动宣传，不要为反动派卖命。大刀会会徒执迷不悟，挥舞着大刀冲向红军。正在做大刀会思想工作的宣传科科长、政治连连长王维信，遭到大刀会会徒的偷袭受了重伤，两名红军战士当场牺牲。

“把他们抹下去!”刘英大声叫道。他对这些大刀会会徒的执迷不悟十分气愤，必须杀杀这些顽固死硬分子的反动气焰!

红军被迫还击，毙伤大刀会会徒五六十人。几十个战士举着毛竹叉向会徒们冲去。其他会徒见“刀枪不入”的神话不再灵验，又有可怕的毛竹叉随后袭来，顿时乱了阵脚，纷纷转身跑回各自的村庄，再也不敢出来迎战。不到一个时辰，这群乌合之众就被瓦解了。

此时，浙保一团一营从三堆村方向进入蛤蟆岭，红军侦察小分队击毙一个敌连长后，边打边退将敌人诱入预设的伏击区，浙保一团另两个营也进入伏击区。早已埋伏在四周的红军主力立即猛烈开火。公开叫嚣“挺进师只有‘一双手’，怕什么”的敌团长李秀，此时知道中了红军的埋伏，但仍然自恃兵多弹足，命令各营向红军阵地发起强攻。

红军利用有利地形，从大砻岭、牧牛场、猪头岩给敌人以狠狠的回击。仗越打越激烈，战士们越打越勇猛。敌人连续发起十多次的冲锋，都被红军顽强地打退下去。一直打到夕阳西下，攻势才逐渐减弱。

反攻的时机到了，师首长下令吹起冲锋号。

冲锋号嗒嗒嘀嘀地吹响了，红军指战员跃出战壕，一个个如猛虎下山般地向敌人冲去。敌人纷纷向山下逃窜。红军的火力将敌人拦腰截成两段。前有机枪封锁，后有红军追击，敌人只好乖乖举手投降。其余的残敌仓皇向景宁方向逃命。

有趣的是叫嚣挺进师只有“一双手”的李秀被打断了一只手。

闽保二团的马洪琛早已领教过红军的厉害，当得知战斗打得非常激烈之时，就预感战事不妙，他想着反正不是在自己福建的地盘上，就连忙溜之大吉了。浙保王逢欣独立营三百多人，生怕遭遇浙保一团同样的命运，便不战而逃。

挺进师取得了斋郎战斗的辉煌胜利，消灭敌人三百余人，俘虏两百余人，缴获了一大批武器弹药，司号员张金发还缴获了一支崭新的小马号。

刘英组织政治部工作人员看望受了重伤的第三纵队政委方志富，把他安排到附近群众家里养伤；指导没收委员会清点和发放战利品，对俘虏进行教育和遣散工作；组织群众打扫战场、协助掩埋二十六名牺牲的指战员。他十分痛惜，能文能武的得力干将王维信因手臂受伤流血过多而牺牲。

斋郎战斗是挺进师以少胜多、以弱胜强的一个典型战例。

刘英认为，这次战斗既为挺进师的发展壮大补充了装备和给养，为开辟浙西南革命根据地开了一个好局，又展现了红军指战员英勇善战、不怕牺牲的大无畏革命精神。这次战斗还迫使龙泉河以南的国民党军转攻为守，粟裕称之为挺进师进入浙西南后的“关键性一战”。

第七章

建设苏维埃

青红一家亲

斋郎战斗的胜利，使挺进师的名声大振，国民党浙江各级地方当局十分惊慌。

一九三五年五月一日，挺进师在龙泉的麻连岱休整了三天，刘英要求新任政治连连长柯勤发组织官兵在村里刷写纪念“五一”国际劳动节的标语，开展各项群众工作。

此时，刘英与粟裕商量后决定，将政治连又改为师直属队，调他们部分人员去李重才、洪家云率领的第二纵队，到原先遣队经过的老基地开展地方工作，其余各部向北进发。五月八日，挺进师主力进抵云和县西南的王荫山，在尖坳村宿营。几位师领导一夜未眠，讨论下一步行动方案。刘英认为，虽然斋郎战斗打出了军威，士气也高涨起来了，但要在浙西南立足，必须找到主要的依靠力量。

五月九日，挺进师主力渡过龙泉河，完全进入龙泉县境。而挺进师将士所不知道的是，这一天中央红军各军团全部顺利渡过金沙江。

挺进师来到道太乡源口村，与驻守的保安部队发生战斗，俘敌三十余人，缴获枪支三十多支，弹药数箱，筹款一批，控制了丽水至龙泉的公路。

红军指战员带着胜利的喜悦，一路乘胜进击。

洪家云率部归队后，曾向刘英等师领导汇报过松阳、遂昌、龙泉边境群众组织“青帮”的情况。他与其首领有接触，知道加入青帮程序复杂，要遵守许多帮规，一旦入了帮会，青帮群众很讲江湖义气。刘英认为，他们的帮规也有积极的一面，要尽量尊重他们。想立足浙西南，一定要团结一切可以团结的力量。

在青帮群众的引导下，挺进师进入了松阳县境。刘英站在山腰上，眺望着大雾蒙蒙的山峦，对身边的指战员说：“我们终于完成了原定的挺进师第一阶段的作战任务——打开进入浙西南建立游击根据地的通道，现在是开辟浙西南游击根据地的好时机。不久的将来，一个新的世界将在我们手里诞生！”

仙霞岭支脉从龙泉、云和向松阳绵延而来。

刘英放眼四望，箬寮岘耸立在松阳县的西南部，其间点缀着许多大大小小的村庄。他了解到，这一带的青帮群众组织势力很强，特别是安岱后的陈凤生、陈丹山和斗潭的卢子敬都是很有名的青帮首领。在通往安岱后村的一条岔路口，红军受到了陈凤生、陈丹山率领的青帮群众的热烈欢迎。

红军即将到来的消息，安岱后村里的地主、保长、反动会道门等也有风闻，他们惊慌失措，准备逃跑。陈凤生为稳住他们，设计了“欲擒故纵”的计策，准备将村里为非作歹的反动势力一网打尽。

陈凤生要求红军把他自己绑起来。刘英特别注重群众纪律，认为这样会影响到红军与群众的关系。

陈凤生急了，认为不这样做，就抓不住村里这些歹徒了！粟裕拍着陈凤生的臂膀，劝刘英：“就依了他吧！”

刘英也明白，此时反动势力早就知道陈凤生是革命之人，与国民党势不两立，如果陈凤生被绑，大家肯定认为抓他的是国民党部队。村里的地主老财、反动保长、会道门首领一定会出来欢迎抓陈凤生的部队。

当天，红军积极配合，借这个“圈套”成功地镇压了反动势力，枪毙了几个为非作歹的反动分子。

五月十一日上午，挺进师指战员在安岱后村整装出发，在陈凤生、陈丹山等青帮群众引领下，向斗潭进发。卢子敬身穿西装、头戴太阳帽，牵着一匹为红军伤员准备的大白马，带着三十八名青帮弟兄、学生，手执连夜赶制出来的红绿三角纸旗，敲锣打鼓，赶往五里外的水店村，等候红军的到来。

卢子敬迎来了盼望已久的红军，热情地喊着欢迎红军的口号，场面温暖而热烈，令红军指战员深受感动。

刘英伸出双手与卢子敬亲切握手，说："虽是第一次谋面，好像是早就认识了一样。"他们热烈地交谈起来。刘英等挺进师几个领导听卢子敬讲了自己在日本留学时的一些情况，他还对日本帝国主义奴役我台湾同胞，侵略东北三省表示愤慨。

青帮弟兄在斗潭村永福寺召开欢迎红军大会，刘英、粟裕在会上发表演说，宣传红军的性质和任务，表示欢迎青帮弟兄和广大群众投身革命、参加红军。

卢子敬引领群众和他的学生高呼："青红一句话，永世不分家。"

会场内广大群众和青帮弟兄情绪高涨，红军指战员就像回到苏区一样开心欢乐。"青红一句话，永世不分家"这句口号，就成为红军与当地群众互敬问候的话语，长时间流传在箬寮岘一带村庄里。

卢子敬还热情地请挺进师领导一起共进晚餐，陈凤生、陈丹山热情地招呼红军首长多吃菜。卢子敬曾在日本留学两年，见多识广，他介绍了中国的几大菜系，什么鲁菜、川菜、粤菜、淮扬菜老四大菜系，还有浙菜、闽菜、徽菜、湘菜新四大菜系，各地的菜都各有特色。

刘英插话说："有我们青帮弟兄这里的浙菜，有师长老家的湘菜，怎么就没有我老家江西的赣菜？不过，我今天从这一桌丰盛的晚餐里，也吃出了一点赣的味道，将来说不定也有赣菜系呢？"大家听后都笑起来，都说那是肯定的，中央苏区的味道一定会更受欢迎，传遍各地。

卢子敬还讲到"吃"这个字各地有不同的说法，有说"吃"的，说"咥"的，说"食"的，他问各位知不知道日本的"吃"是怎么说的。大家都答不出来，他这才告诉大家日语中“吃”的发音是“米西”。

大家边吃边聊边笑，非常融洽，没有丝毫拘束和生分。

陈凤生、卢子敬、陈丹山虽然有过一段革命经历，但是，像今天这样和红军首长这么近距离的接触还是第一次。卢子敬特别善言，向刘英等挺进师领导详细介绍了当地青帮组织和斗争的情况，介绍了去年农民遭受严重自然灾害、粮食歉收和工人失业的情况。最后，他们三人同时站起来庄重地表示：“我们愿意在共产党领导下，跟随红军一起闹革命，请首长收下我们，肝脑涂地，在所不辞！”

刘英、粟裕热情地伸出手，与三位青帮首领的手紧紧握在一起。

刘英与几个青帮首领大有一见如故之感。可是，光有几个青帮首领加入共产党、参加红军还不够，他的目标是把青帮绝大多数会众都争取到红军队伍里来，共同建设根据地和苏维埃政府。陈凤生表示，他们几个都有这个意思，想组织青帮弟兄参加红军，之前还担心红军不喜欢呢！刘英说：“红军初来乍到，人生地不熟，语言不通，还需要大家做更多的工作，不仅要做青帮弟兄的工作，还要做更多群众的工作。”

陈凤生、陈丹山表示一定积极支持红军开展根据地各项建设工作。

刘英思考如何团结和改造青帮这个农民组织，虽然做了一些思想政治工作，特别是几个青帮首领的觉悟还是很高的，跟红军有着共同的阶级感情和强烈的政治愿望，但他们毕竟长期处于分散状态，缺乏强有力的政治领导和组织领导，受教育机会少，大部分会众视野狭窄，目光短浅，不时会流露出小农意识，只注重自身利益，解决短期温饱的问题，对土地革命认识还比较肤浅。

进一步做好青帮弟兄的政治宣传教育工作是当务之急。刘英对政工干部提出要求，要抓紧拟制和发布《告青帮弟兄书》，明确红军对青帮会众的态度，还要继续抓思想政治工作这个重要环节，加强宣传，进一步研究团结、改造、争取他们的办法，鼓励他们参加红军和地方武装组织。

为此，师政委会研究了一些具体的措施和办法。刘英带领政工干部慰问了一九三〇年被国民党残害的青帮户，分头找青帮弟兄促膝谈心，引导他们走上革命道路。通过广泛的思想政治工作，除了几个首领之外，还有大批原青帮弟兄从各地汇入革命斗争的行列，走上革命道路。

离斗潭不远的玉岩区，有个青帮首领叫叶义。他悄悄来到安岱后村，听了刘英的演讲后，心情十分激动，对家里人说："穷人翻身的日子到了，我们一定要向红军靠拢！"他立即出门组织了十一名曾经参加过农军的青帮弟兄，迎接红军进驻玉岩区。红军在叶义等青帮弟兄的配合下，直奔玉岩区警察分局，缴获步枪六支、子弹数千发和一些物资。

青帮弟兄纷纷加入红军和游击队。

挺进师对青帮会众以诚相待，这里还引发了一个感人的故事。

松阳县潘山头村的青帮会徒洪贞，充满着对革命的向往。一天上午，他来到挺进师师部驻地安岱后村。在村口，一个年轻、威武的红军哨兵手持步枪正在巡逻，看到洪贞正伸长脖子往村里张望，以为他是刺探情报的，就进行盘问。洪贞结结巴巴地辩解，引发了冲突。红军哨兵误伤了洪贞后，将他押回驻地，经一名红军干部审问，才得知洪贞被哨兵当狗腿子误打了。红军干部知道问题非同一般，必须向师首长汇报。

刘英听了汇报后，仔细察看洪贞的伤情，和蔼地称洪贞为兄弟，真诚地向洪贞道歉："我们的哨兵年轻不懂事，误打了你啦！他已被我们关了禁闭，请你不要生气，不要往心里去！"

刚才审问他的红军干部态度很好，洪贞气已消了大半。现在红军首长又如此诚恳，他感动万分，他拉着刘英的手说："没事，不生气，不生气。"

刘英笑着说："这我就放心了，洪兄弟啊，青帮弟兄好样的，闹革命坚决、勇敢。潘山头村的青帮会众有什么想法？是跟我们合作，还是另搞武装？"洪贞也放松多了，大胆地说："另搞武装，我们没有能力，我们要和红军联合起来闹革命，联合起来力量大，才能消灭白军！"

“洪兄弟说得对。”刘英一边夸奖，一边立即写了一封短信，让洪贞把它带到潘山头村、大树后村一带，亲手交给在那里活动的黄富武主任。另外，刘英掏出五块大洋说是代表红军的一份心意，请洪贞收下，回去好好养伤，以后多杀欺压百姓的白匪军！

此时，潘山头村、大树后村一带的红军已经撤离。在以后的几个月里，国民党对挺进师进行了“清剿”，村里的两面派保长一面主动帮助洪贞四处打听黄富武的消息，一面向敌人告发了洪贞私藏红军密信的事。敌人以“通匪”的罪名将洪贞抓起来，当地反动民团、省保安团、国民党中央军轮番对他用刑，乱棒敲打，灌辣椒水，坐老虎凳，威逼利诱，无所不用其极，都想拿到洪贞的这封信，以了解红军的动向和黄富武的消息。洪贞坚贞不屈，始终没有交出这封信。

在敌人来到之前，洪贞就将这封信用油纸包好，珍藏在供奉柜里的香炉内，上面盖上了一层厚厚的香灰。直到一九七二年七月上旬的一天，南京军区政治部派人到松阳县玉岩革命老区采访时，洪贞才讲述了这段故事。

打开这封保存完好的信，才发现刘英在信中仅仅写了：青帮弟兄洪贞被红军哨兵误打，请黄富武主任做好解释工作，消除误会……

牵着敌人的鼻子转

挺进师转战浙闽边，完成第一阶段的任务后，开始在浙江进行开拓广阔游击区域、发动群众创建革命根据地的第二阶段任务。

政委会决定，第二纵队到老基地开展群众工作，政治部主任黄富武率领第一纵队及政治部工作人员，散布于松阳、龙泉、遂昌一带开展地方工作，刘英、粟裕率领挺进师主力转战到外线，开展游击战争，吸引国民党武装，掩护第一、第二纵队开展根据地建设。

这是挺进师分纵队独立行动的开始，是为实现师领导提出来的正规军向游击队、正规战向游击战转变迈出的第一步。

五月十二日，陈凤生、叶义为向导，刘英、粟裕率领挺进师主力从松阳县枫坪村进入遂昌县境，然后又开进到大柘镇，烧毁镇公所的文卷，打土豪开仓济贫。

遂昌县县长兼保安团总团长蒋孝安接到红军已进入县境的消息，立即命令副总团长杜克良率部“进剿”。

挺进师主力前往遂昌县石练乡荒茶村驻扎，随后经葛程，返回松阳县玉岩一带活动。

此时，红军遭遇蒋孝安部一个营三百余人，发生激烈战斗。红军居高临下，占据有利地形，击溃敌保安部队，抓获玉岩巡官。红军三人负伤，由青帮群众负责转移和治疗。红军进驻玉岩村。

红军在玉岩村写标语，贴布告。村边的普济桥是一条古老的廊桥，红军在桥的南端墙上画了一幅宣传画：一名战士，左手执大旗，右手振臂握拳，张口高呼“工农武装起来”。画面通俗易懂，形象生动。红军指战员用这种壁画的形式宣传革命，在浙西南红军斗争史上还是很少见的。

许多村民都围着看画，指指点点，笑声不断，宣传效果很好。

五月十七日，挺进师第三纵队和师直属队在刘英、粟裕率领下，在青帮和其他群众密切配合下，向松阳县第二大集镇古市镇进军。古市镇离县城五公里，处在松古平原西部，交通发达，经济繁荣，反动势力也比较强大。部队到古市镇对面的达筏铺村时，听到噼噼啪啪的鞭炮声。

陈凤生提醒刘英：“我们要注意，看看他们这葫芦里卖什么药。”

“嗯！”刘英点点头。

红军走过松阴溪上一条长长的杉木桥进入古市镇。镇里的国民党要员、土豪劣绅一听到消息，就溜走了；警察分局局长带着十几个警察赶忙丢了帽子，脱了警服，换上便衣逃走了。镇里有一座永宁观，观里有两个人，头戴礼帽，身穿白长衫，胸前挂着“招待员”字样的红布条。他们备着茶水、饭菜，前后招呼着，殷勤客气地迎接红军的到来。

这些异常情况的出现，引起了刘英、粟裕等挺进师领导的重视。

刘英要求师直属队组织起来，进行社会调查，查清异常情况的真相。派出去的指战员很快查清了真相：这是国民党松阳县政府主任秘书专程赶到古市镇，与几个土豪劣绅精心策划的缓兵之计。他们一面安排亲信在达筏铺村以放鞭炮为信号，镇长、巡官亲自做招待与红军周旋，一面组织援兵来打红军。

事实真相查明后，红军立即逮捕了那两名“招待员”，并决定在镇里的三清殿坛召开群众大会。

师政治部动员了两三百名群众参加大会。刘英、粟裕分别做演讲，卢子敬当起了翻译。刘英登上戏台，讲了共产党的宗旨和红军的性质，他要求广大群众站在共产党和红军一边，团结起来参加革命，打土豪分田地。随后，红军打开了土豪劣绅经营的三家商店，一家是张仁记西药店，一家是裘元茂布店，还有一家面粉店。除将没收来的部分西药供部队使用外，其余的面粉、衣物及铜板全部分给群众，并处决了古市镇镇长和玉岩抓来的两名巡官。

挺进师为防止敌人的合力“围剿”，紧急撤退到卯山观，连夜离开松阳。

五月下旬，刘英、粟裕率领挺进师主力，攻占龙游县重镇溪口镇后，返回遂昌县湖山镇。随后，进抵遂昌县九龙山深处的姚岭村，与先期到达的黄富武部会合，准备做短暂休整，开展地方工作。

红军的活动引起了地方当局的恐慌，国民党省政府主席黄绍竑急忙命令省保安纵队前来“进剿”。浙江保安处接到命令后，调动了全省七个保安团中的四个团、十五个保安队中的十一个保安队，加上驻扎在龙游县城里的国民党南京税警团，以及遂昌县保卫团和青田、丽水、松阳、乐清、瑞安等县的基干队，合计八九个团的兵力，在浙江省保安纵队副总指挥蒋志英、第四分处处长陈式正指挥下，分四路包围姚岭村。

敌人向挺进师发起进攻，二十四日夜，挺进师由当地交通员带路，分南、北两路在夜幕中跳出敌人的包围圈。留下一个十几人的小分队，诱使敌人自相展开火并。

在姚岭战斗中，敌人各个部队相互缺少协调，各自为战。红军小分队朝各路保安部队进行一番骚扰后全部撤退。黑天墨地的，各路敌人都以为对方是挺进师突围部队，连续鏖战，换来的竟是内部的一场厮杀，损失惨重。

南路红军在黄富武率领下撤出，到遂昌县西南部的焦楼、淤头、王村口等乡镇活动。

北路红军在刘英、粟裕率领下，进抵湖山，击溃地方保卫团的两个分队，占领湖山镇，没收土豪劣绅浮财，将谷物分发给贫苦农民。

这么跑来跑去的，战士们嘴上不说，心里感到有些疑惑。

刘英非常理解战士们的情绪，他认为打仗既要懂战术，更要懂得战士们的心理需求。为了鼓起大家的战斗激情，他故意事先透露晚上的行动："根据师部的命令，今晚打龙游，大家要好好休息，养足力气好打仗。"接着，他又风趣地说："到龙游就能看到火车了，那火车很长，像百脚虫，可神奇了！"

战士们听说要打龙游，都很高兴，从没见过铁路火车的战士更是乐坏了。

其实，挺进师没有攻城器材，也无意攻城，只是为了吓吓敌人，给他们造成红军要攻城的错觉。为了进一步迷惑敌人，刘英让师直属队在龙游城的四周贴了许多标语，标语上写着红军打了龙游还要打衢州、金华、杭州等地的口号。把抓到的俘虏放回去之前，又故意在他们面前说红军要攻打交通要道，好让他们回去传话。然后撤出战斗转而向南，一路上散发传单，张贴标语。

当接到挺进师从姚岭突围，奔袭汤溪，并转赴龙井乡逮捕了乡长的报告后，蒋志英百思不得其解。

围魏救赵之计还真灵，敌人又一次被挺进师牵着鼻子走。

敌人不但调回了遂昌县城的部队，还急电调回源口、湖山等地的部队，给第一、第二纵队根据地建设赢得了时间。刘英说，我们采取灵活机动的游击战，既不攻打城市，也不占领集镇，避免与敌人正面交锋，在快速的运动中宣传发动群众，牵制、吸引和调动敌人，使敌人疲于奔命，从而达到消灭敌人的目的。

六月一日，刘英、粟裕率领部队回到遂昌县门阵村一带，与当地党组织等取得联系后，留下二十余人与朱金宝等地方党员一起发展党组织，开展群众工作。四日，部队进入松阳县小吉村。

群众还不知道刘英率领的部队就是打龙游的队伍，纷纷赶来告诉返回的队伍，前些天江西红军打了龙游，这里附近的黄狗子都逃走了！

刘英听了这些话，忍不住笑了起来，敌人真听话！被红军牵着鼻子疲于奔命。特别是南京税警团武器虽然好，但是在城里住惯了，调到山区来，不擅长跑山路，跟着挺进师打圈圈，被拖得疲惫不堪，他们不失败才怪呢。

对这一段历史，后来刘英回忆道：

> 由于我们行动的秘密和迅速，当我们袭击汤溪县城时，敌人还在步步为营，稳扎稳打地围攻九龙山，并且打得异常激烈。据云，双方死伤百余名（敌人自己鬼打鬼），我北路军则在北线积极行动约十天光景，由于北线威胁太大，敌人则将全部力量调来北线，西南各县只留一个连。此时我一二支队及工作团，在一个月工作中，正将浙西南十几县的群众发动起来了，并建立了许多革命的组织，在某些地区建立了党团的组织。

打开新的局面

挺进师经过一个月行动，粉碎了国民党保安团、南京税警团等的“进剿”和一些地方反动武装。

同时，为加强地方群众工作，挺进师政委会决定建立地方工作团，供给部副部长杨干凡任团长，柯勤发任副团长，成员既有红军干部，又吸收了陈凤生、卢子敬、陈丹山等青帮首领和骨干，共有三十多人。他们深入山村，宣传和发动群众，发展党员，建立党组织，建立工会、农会、妇女会、共青团、儿童团、游击队等革命群众组织。刘英还关注经过实际锻炼和考验的地方工作团成员陈凤生、卢子敬、陈丹山、叶义等青帮骨干，亲自找他们谈话，安排干部党员作为他们的介绍人，使他们成为挺进师进入浙西南后发展的第一批地方党员。

挺进师在卢子敬等青帮弟兄的配合下，工作卓有成效。卢子敬怕群众听不懂红军的话，经常用方言为刘英等红军首长当翻译。红军不熟悉周边的地形，卢子敬与陈凤生、陈丹山一起，画出了以安岱后村为中心的地图，大大方便了红军活动的开展。

挺进师还从中央苏区带来了做好群众工作的优良传统，他们能在极短的时间内把革命的声势造得十分浩大。

红军指战员们对书写和张贴标语的积极性很高，上至刘英政委下到刚刚入伍的战士都有书写标语的热情。他们无论处境如何艰险，都要在经过的村庄的墙上、树上、岩石上留下表达革命决心的口号。刘英还给师直属队的指战员提了每人每天写五幅标语的要求，许多指战员往往都超额完成任务。他们还到邻近各村，沿着小巷小弄散发数以千计的革命传单。

刘英带头写标语，右手受伤了，就用左手写，笔力遒劲。官兵们私下议论：刘政委的标语是全师写得最好的。

卢子敬的字也写得很不错，他还发明笋壳当笔、锅底灰当墨的办法。叶义被吸收为中共党员后，工作热情很高，积极配合红军做宣传工作，带红军在自己房子的外墙写上“青帮弟兄们不替卖国贼国民党流一点汗、一点血”的标语。

挺进师来到松阳与龙泉交界的地方，刘英带领指战员们登上峰顶远眺，松阳、遂昌、龙泉三县群峰尽收眼底，大有心旷神怡之感。挺进师进入浙西南两个多月了，他与粟裕商量召开政委会会议，研究下一步如何建设根据地的问题。

此时是六月上旬，会议在松阳县西南部的小吉村召开。

小吉村位于海拔一千二百多米的小双岘峰下。村子四周重峦叠嶂，林木葱郁，地势十分险要。

参加会议的除政委会成员外，还有师机关各部、师直属队、各纵队和地方武装领导。刘英主持了挺进师政委会会议。会议肯定了挺进师近一个月来的工作，在兵员少、武器装备简陋和条件极其艰苦的情况下，粉碎了敌人企图将红军包围消灭在仙霞岭山区的计划，突出重围，给敌人以沉重的打击，迫使“清剿”的敌人龟缩在城里，让敌人变进攻为防守，从而大大振奋了红军的军威。会议总结了各纵队开展游击斗争，以及进入浙西南后在各地宣传党和红军的政策、发动群众、建立革命组织等活动中的经验教训。

刘英是这样回忆的：

会议的主要内容，结束一个月的行动和计划今后的工作；另方面，因部队扩大了，重新编制部队和配备干部，兹将详情分陈于下：

（一）四支队扩充为四纵队，率十支队及十一支队渡龙泉河南下，到达庆元、龙泉以南，云和、寿宁、政和、泰顺之东北行动，开展广泛的游击战争，发动广大的工农群众，建立各种革命组织及党团组织；另方面，与闽东的党取得密切的联系，必要时可举行联席会议，商讨今后工作的配合和部队的行动，以及工作地区之划分等。此外坚决的（地）根据政治委员会所给予四纵队的任务，持久而又在艰苦的（地）根据各该地的实际情形布置具体工作，并与友军（闽东闽北之部队）取得密切的联系和配合。这样一来，使工作上、行动上形成了三角形的、有依靠的猛烈发展和一致，为了加强四纵队的领导起见，政委会派黄富武同志为随军代表兼政委会书记。

（二）二纵队仍在江山、常山、衢州、浦城、龙泉、遂昌之线行动，

仍以孟宗平同志为随军代表兼行动委员会书记。

（三）一纵队则随浙东之交通到达永康、缙云、青田、处州、仙居、东阳及永嘉北部一带行动，配合浙东游击队，并取得行动上、工作上绝对的一致，在可能条件下则与浙东的党召开联席会议，讨论整个工作的布置，并以许信焜、王永瑞、范连辉、王屏、刘达云五人组织行动委员会，以刘为书记，许副之，若条件成熟，一纵队则在该地长期行动，但须保持与政委会及军分区之密切联系。

（四）为了领导便利和迅速布置各地区工作，政治委员会及军分区留云和、龙泉以北，处州、宣平、松阳、遂昌、衢州以南地区行动。

（五）为了加强地方居民工作及党的工作与统一指挥起见，决即成立浙西南特委，以宗孟平、欧阳道、杨干凡、方志富、李金良、连明永、李宗州、王屏、陈庚棠等组织之，并孟平同志为书记。

刘英非常重视地方党组织建设，建议成立中共浙西南特委。这是浙西南地区第一个全区性的党组织，政委会成员一致同意了这个建议。同时，筹划与闽东的联系，这是一个非常有前瞻意识的行动，为后来反“清剿”斗争、主力南撤奠定了思想和组织基础。

可惜的是，没多久，年仅二十八岁的中共浙西南特委第一任书记宗孟平在龙（泉）浦（城）边参与行动，当晚他在浦城县际洋村横源坑一户农家借宿，户主连夜告密，国民党遂昌县基干队二十余人在际下村“剿共义勇队”一百余人的配合下，袭击红军。宗孟平负伤被捕，之后被残忍地杀害。随后，黄富武任中共浙西南特委第二任书记。

为加强对浙西南地方武装的领导，保卫根据地建设，政委会决定：建立浙西南军分区，粟裕任司令员（后为王永瑞），刘英任政委（后为黄富武），欧阳道任特派员，李树正任参谋长，陈丹山任征募委员会主任；建立松（阳）遂（昌）龙（泉）游击大队，陈凤生任大队长，卢子敬任副大队长。同时，组建一支以师直属队为基础，有较多松阳、遂昌、龙泉籍战士参加的挺进师独立第十五支队，由刘文生任支队长，柯勤发任政委。后来，本地成长起来的干部李金成任副支队长。

小吉会议是浙西南革命根据地创建历史上的一次重要会议。会议全面部署了根据地建设，为挺进师和中共浙西南特委的革命斗争打开新的局面。

小吉会议后，挺进师主力在汤溪、龙游、金华、宣平、遂昌等县之间来回游击，仅半个月时间就将革命火焰引到浙赣铁路线上，威胁敌人的交通动脉。而开赴游击区“进剿”的敌保安团主力处处扑空，保安团之间缺少协同，多次造成自相交火，死伤百余人。

这一下把敌人搅得惊恐万分，各地告急文电雪片似的飞到杭州。

国民党浙江省政府主席黄绍竑对挺进师发展之快感到震惊，眼看“进剿”计划就要破产，他坐卧不安。无奈之下，黄绍竑决定“御驾亲征”。六月十二日，他打着推行蒋介石发起的“新生活运动”抚慰灾黎的旗号，带着士官教导团到金华及浙赣铁路沿线视察助战。

国民党浙江士官教导团，是培训浙江保安团队骨干的武装集团，成员反动愚勇，装备精良，全团人员着国民党军官服装，每人都配有长短枪。特别是新近一期的学员，全是浙江各县基干队长和常备队长，是一批反共的亡命之徒。因此，黄绍竑也将其视为“怀中利剑”。

黄绍竑率部一路趾高气扬，朝金华方向开来。

红军战士年轻精干，与国民党肥笨的士官形成鲜明的对比。红军来去神速，健步如飞，眼明手快，枪法精准，被当地群众称为“神兵”。

挺进师第一纵队七十余人翻山越岭，把士官教导团打了个措手不及，全歼其第二大队第四中队，缴获全部武器弹药，其中有两挺“花机枪”。黄绍竑带着一个排跟在后面，差一点被红军活捉。他一路“视察”担惊受怕，急急忙忙逃回宣平县城去了，并于六月二十日匆匆由江山返回杭州。

至此，五月中旬以来，敌人以浙江省保安团为主的“进剿”宣告失败。

红色根据地建设发展很快，各基本区在发动群众开展斗争的基础上，相继建立了游击队，积极发展群众武装，并以地方游击队作为红军的后备兵员，源源不断地补充给挺进师。七月间，挺进师以独立第十五支队为基础，吸收松阳、遂昌、龙泉农民游击队中的骨干扩编为第五纵队，刘文生为纵队长，柯勤发为政委。纵队下辖第十三、第十五两个支队。全纵队百余人，长短枪百余支，轻机枪三挺，重机枪一挺。

为了协调和推动群众游击战争，刘英主持召开政委会会议，决定在松遂龙游击大队的基础上成立总指挥部，总指挥和副总指挥仍由陈凤生、卢子敬分别担任，下辖大小游击队八十八支，队员一千余人。为拓宽游击区域，政委会要求各纵队按照小吉会议的部署，继续行动。

第一纵队第一次挺进浙东，一边寻找当地党组织，一边在永康、青田、丽水、仙居、东阳及永嘉一带辗转不停地活动。

第二纵队一百五十余人，进入江山、遂昌、浦城、龙泉一带活动。这一带方圆数百里，山高林茂，溪涧纵横，关隘险要。他们以海拔一千五百米的大龙岗为中心，开展游击战争。他们还在龙泉以竹垟一带为基地，或分头出击，或集中围歼，使“进剿”的敌人屡次受挫。

第三纵队至遂昌东部、汤溪及浙赣线中段一带行动。

第四纵队仍在闽浙边一带活动，牵制敌人，曾打到了龙泉城下，有部分人攻进了城里。

第五纵队转战龙泉、云和、松阳、遂昌一带打击敌人，发动群众开仓分粮，破坏了云和到龙泉的电线杆，使敌人的通信陷入瘫痪状态。

此时，松遂龙边成为挺进师在浙西南开展革命斗争的中心。刘英既重视武装斗争，也十分重视党组织和红色政权建设。

七月初，挺进师地方工作团副团长杨林等在松阳安民的高坛背村召开党员干部、游击队长和革命群众代表大会，宣布成立中共竹溪区委和竹溪区苏维埃政府，杨林任区委书记，潘昌利任苏维埃政府主席。区委隶属浙西南特委，区委、区苏维埃政府后移驻燕田村吴氏宗祠。

竹溪区苏维埃政府是挺进师政委会在浙西南建立的第一个红色政权，也是挺进师夺取政权的新尝试。

此后，竹溪区相继成立了游击队、五个乡苏维埃政府和数十个村苏维埃政府或分田委员会。

挺进师为各村苏维埃政府、农会和游击队设计了旗帜。它们的办公场所一般悬挂三面旗帜：一面绣镰刀和斧头，代表苏维埃政府；一面绣犁头和斧头，代表农会；一面绣菜刀和斧头，代表农民游击队。

与此同时，刘英派挺进师政委会委员、第二纵队政委洪家云深入王村口做地方工作。王村口先后有三十余名先进分子加入党组织。七月中旬，成立了中共王村口区委，洪家云兼任区委书记，第二纵队文书宣恩金任副书记。区委以王村口蔡相庙为驻地。蔡相庙位于王村口镇桥西村，建于清乾隆年间，雕龙绘凤，建筑精美。传说中庙里祀奉着二十四位为民造福的山农。

中共王村口区委的建立，标志着浙西南游击根据地建设进入一个新阶段。

葛程是一个偏远山村。由于国民党当局的反动宣传，红军初次到村里时，群众大多逃进深山老林，只有李金成等少数人听说红军只打土豪，不欺压百姓，他与苦难兄弟说："如果红军到这里来，我们就有出头之日了。"此时，经过红军的宣传、教育，群众被发动起来了，成立了葛程乡苏维埃政府，翁马年任主席，这是遂昌县境内第一个红色政权。

七月二十二日，黄富武在松阳县外南坑村的"宜兴社"主持召开党员会议，宣布成立中共玉岩区委和区苏维埃政府，刘亨云任区委书记，卢子敬任区委副书记兼组织部部长，陈凤生任区苏维埃政府主席，叶义任区委土地生产部部长兼区苏维埃政府副主席。区委下属八个乡支部以及九个村支部，区苏维埃政府下属五个乡苏维埃政府和三十二个村苏维埃政府。

"八一"大示威

一九三五年七月中下旬，挺进师师部进驻遂昌县王村口镇。

一进王村口，刘英就有豁然开朗的感觉，只见乌溪江上游的两条支流在村里汇合，溪水澄明透亮，从村中穿过。村里的房屋与其家乡竹岗村的房屋也有几分像，都是典型的南方民居。村中保存着清代的古建筑，恢宏的马头墙、斑驳的街屋，极富层次感，都显示着小镇深厚的历史文化底蕴。

刘英及师部机关人员驻扎在桥西村一户人家里，办公地点跟区委和后来成立的苏维埃政府一样在蔡相庙里。其余部队驻扎在天后宫等地。

这里成了红军指战员们的家。红军指战员来来往往，从这里走向家家户户，向劳苦大众宣讲革命道理，发动群众参加革命，打击国民党反动势力，解救乡亲，开展根据地建设。

挺进师及其政委会在王村口设立建设根据地的领导中心，组织土地革命运动，开展武装斗争，将浙西南游击根据地建设推向高潮。

此时，国民党浙江省政府又开始筹划“进剿”红军的对策。

七月二十六日，国民党浙江当局调集兵力第二次“进剿”挺进师。在遂昌设立浙南“剿匪”指挥部，浙江省保安处处长宣铁吾任总指挥，专门负责指挥全省各保安团“剿匪”事宜。

参加“剿匪”的浙保四个团大部分部署在松阳、遂昌、云和、龙泉地区。

为切断遂昌县王村口与松阳县玉岩两地红军的联系，浙保二团一部驻守在王村口的坑里村和坛头背村。挺进师抽调五十余人兵分两路，赶跑驻守在坑里、坛头背两个村的保安部队，恢复了王村口与玉岩之间的交通。

此时，刘英主持召开政委会会议，决定“八一”前后在浙西南开展一次以“缴枪扩红”为内容的大示威。他说：“我们举行大示威的目的是打破敌人的‘围剿’，各纵队要全面出击，向敌人显示红军力量，进一步扩大共产党和红军的政治、军事影响。”

二十九日，挺进师大示威誓师大会在王村口的天后宫举行。

天后宫始建于清乾隆五十九年（一七九四），咸丰、光绪年间几次重修。宫体构造精细，气势宏伟，用块石垒砌，红漆宫墙，配青石栏杆，宫门上方青砖浮雕栩栩如生。主殿正中塑有天妃娘娘神像，高处悬挂着皇帝的敕封匾。挺进师奇袭王村口后，宽敞的天后宫成为挺进师组织发动群众的场所。

誓师大会由刘英做动员报告，粟裕部署军事行动。大会开得很热烈，挺进师五个纵队的代表争先恐后上台表决心，互相挑战，要在大示威中比一比谁缴的枪多，谁消灭的敌人多。

各纵队层层召开会议，传达大示威行动计划，为大示威做再动员。刘英从军事、政治方面有一段回忆：

> 军事方面的计划：一纵队袭击处州，并根据浙东的实际情形，相继袭击其他城市；二纵队袭击衢州，迫近浙赣铁路及江浦公路，破坏各该要道及其电话和交通工具；三纵队则袭击遂昌、汤溪，并接近铁道附近，形成与四纵队东西相呼应（态势）；四纵队袭击云和、景宁县城；五纵队袭击龙泉、松阳，并破坏龙云公路及电话线。
>
> 政治方面：除进行党内外及群众中广泛而又深入的宣传鼓动和解释工作外，各级党（组织）必须根据各该地区的实际情形与政治部“八一”动员计划做出详细周密的计划，并责成政治部印发五万份标语、传单散发到各地区去。此外，派遣政治部之工作人员协同特委工作人员分别到各个地区去进行突击工作与扩红运动。

七月底，第二纵队在夜色中向衢州出击。这一次，挺进师果真攻打衢州火车站了。

第二纵队在李重才、洪家云率领下，歼灭了国民党驻江山县塘源口的一个保安基干队，缴获马步枪五十余支。然后，进抵国民党的军事要地衢州，在城南的龙潭山脚隐蔽下来。第二天天不亮，战士们直奔城南铁路边。乌亮的铁轨像两条巨蟒在晨曦中向远方伸展，路边矗立着高高的电话线柱。战士们手脚麻利，锯电线杆，撬铁轨。敌人的探照灯扫过来了，战士们卧倒不动，光柱一移开，又敏捷地干起来。一根根电线杆挂着蜘蛛网似的缆线倒在地上，一节节铁轨横七竖八地歪倒在铁路旁。红军同时还袭击了位于礼贤街的衢江汽车站。第二纵队袭击示威的目的已达到，而且缴获了不少战利品，战士们肩挑背扛地凯旋了。

八月一日，挺进师第一纵队进入仙居县境活动，在仁庄消灭永嘉、仙居两县联合驻防的反动民团。然后进入缙云县境，占据有利地形，击溃“追剿”而至的浙保一团的两个连，毙敌五人、俘敌八人，缴获枪支若干。

八月二日，黄富武率第五纵队从松阳玉岩出发，准备攻打龙泉城，发现国民党军做了严密布防，放弃攻打县城，撤回部队。

八月四日，忽报遂昌葛程的敌情：国民党浙南“剿匪”指挥部成立后，派了保安团的一个连驻守在遂昌县垵口乡的坝头村，以切断葛程红军与王村口根据地中心的联系；附近一些逃亡在外的土豪劣绅，听说保安团来了，都连夜返回老家，妄想重振家业；国民党保安团在“剿共”义勇队配合下，对葛程一带的红军重点“清剿”。为此，粟裕亲自率领第五纵队十三支队和十五支队以及部分游击队员共三百余人，精心布置了葛程伏击战。战斗中，国民党保安团士兵被打死打伤十数人。葛程战斗影响很大，一个小小的葛程村，就有十三名青壮年参加红军。

此时，刘英率领师直属队从龙泉、庆元，辗转松溪、政和等县，来到庆元县荷地镇。

据当地群众反映，闽浙边的遂应场村是一个有两千多人的大村，土豪就有三十多户，他们构筑坚固碉堡，组织反动武装一百多人，不断骚扰在这一带活动的第四纵队。刘英决定攻打这个反动民团，在龙井面村畲族群众的支持下，连续攻打四个晚上，打散了反动民团，烧毁了四个碉堡，没收、分发土豪的财物。刘英听说群众手头有头年先遣队购买物品时使用的“红军票”，就用银圆一一换回这些苏维埃纸币，红军的诚信受到群众的高度称赞。

离开庆元时，刘英任命赵春和为第四纵队参谋长，与纵队长王裔三、政委李凡林一起率领队伍，继续在闽浙边牵制打击敌人。

刘英率部再到闽浙边的政和县赤溪村一带活动。在这里，会晤了闽东独立师政治部主任范式人，双方交流了工作情况，分析斗争形势，商讨今后如何相互配合开展斗争的问题。他返回浙西南的时候，带回了先遣队留在闽东养伤的部分指战员。

对“八一”行动情况，刘英在回忆录中做了这样的描述：

> 一纵队袭击了仙居之秦章；二纵队……袭击了遂昌、汤溪，迫近了浙赣铁路；四纵队袭击了龙泉八都镇，占领住溪及王村口；五纵队占领了龙泉，并破坏了龙泉公路。总结起来，在“八一”示威的前后，缴获长短枪百余支，轻机枪二挺，地方工作发展到纵横将近二百里，扩大新战士四百余名；龙、浦、松、遂、龙、宣等公路及电话线均已破坏，筹现款数万元；在基本地区建立了赤色游击队，同时群众自动的（地）组织了不少自己的武装，公开地进行了分粮分青苗的斗争。各种革命的组织业已普遍的（地）建立，住溪、王村口、关塘、枫坪、谷陈一带已建立了临时的革命委员会和进行了查田运动，以便分配青苗。
>
> 正因为“八一”前后的行动积极与工作获得了不少成绩，特别（是）群众斗争业已发动了数百里之宽，每天群众结队的分粮斗争像潮水般蓬勃起来，使进攻挺进师之敌异常动摇，因而由攻势转到守势。

“八一”大示威前后，挺进师袭击了十几个县城和中心镇，有力地打击了国民党反动派，大长了挺进师的志气，振奋了民心，扩大了红军影响，推动了游击根据地建设。但也有一些党史军史研究者认为，由于当时“左”的思想影响，这次“缴枪扩红”大示威是一次严重失误的活动。粟裕也在回忆这一段战斗历程时说：“‘八一’大示威，虽然给了敌人保安团队和反动地主武装相当的打击，但却过早暴露和消耗了我们的力量。”

其实正是这一“暴露”，从战略上才真正达到中央派先遣队北上、挺进师挺进浙江的目的。这样才能更好地牵制敌人，更有力地配合中央红军转移，也减轻了闽东、闽北、赣东北乃至南方其他几块根据地的压力。

一切工农做主宰

“八一”大示威行动后，浙西南游击根据地完全被热火朝天的土地革命运动所席卷。在龙泉、遂昌、松阳、浦城、江山、云和等县纵横两三百里范围内，基本形成了挺进师进入浙江后的第一块根据地。

刘英决定在遂昌县后塘村建立后方基地。

后塘村坐落在王村口西面十五里的高山上。这里山高林密，地势险要，有好几条山道通向龙泉、浦城边境，是一处进可出、退可守的好地方。全村只有十三四户人家，六十来个人，除两户地主，其他都是贫苦农民。

刘英派没收委员会主任谢文清于八月十三日到后塘村察看，在这里建立军需物资供应站、军械修理所和伤病员疗养所等后方基地。随后，师供给部、没收委员会、卫生部所属的三十多人，进驻已逃离的地主邱武贤家的大屋。红军还挑来七担银圆和其他物资，同时抬来了三名伤病员，跟来了一名红军医生。

刘英鼓励当地群众，红军为老百姓打土豪、分田地，为穷人闹翻身，是穷人自己的队伍，大家要组织起来，建立苏维埃政府和游击队。

八月十九日，召开后塘乡苏维埃政府成立大会。附近的群众都来参加，大会非常热闹。

谢文清请示刘英，如何设置苏维埃政府成员？

刘英明确指示：要设实不设虚，必须要设的设，不需要设的不设，以免苏维埃政府成员过多影响效率。

谢文清按照刘英的要求，经过大会推选，他宣布了后塘乡苏维埃政府组成人员。邱育有从小学过武功，力气过人，为人诚实，威信也高，担任了乡苏维埃政府主席；邱石成熟悉附近各村的土地情况，担任了分田委员会委员；邱育斌识文断字，又会打算盘，担任财政委员会委员兼文书。同时，还成立了后塘游击队，邱荣华担任队长。

苏维埃政府办公地点就设在邱武贤的大房子里。有几名战士拿着铁锤和钢钎，在大房子门前的石级上凿了一个洞，插上红旗。

后塘村附近几个村的年轻人纷纷要求加入游击队，其中有十七人成为队员，用猎枪、梭镖、长矛和大刀武装起来。挺进师也为游击队配发了少量步枪。这些年轻的游击队员在村后山上挖了一条三米多长、一米多深的战壕，设立两道岗哨，日夜轮流站岗。

在后塘村建立的军需物资供应站有四人，两台缝纫机，王长贵专门负责缝制军服。军械修理所三人，由罗连生负责。另有勤杂班八人，班长为刘正法，有两人分别负责内勤和外勤的警卫班。财务、出纳则由谢文清亲自负责。各纵队除规定的开支外，多余款项全部上缴供给部。当时供给部有现金近二十万元。此外，在浦城毛阳、栏下坑建立了红军安置处和物资储存库，还建起了缝纫小组，专为红军制作冬棉衣。

看到后塘保障基地的变化，刘英为部队有了坚实的后勤保障而高兴。从此，挺进师前方作战就有了保障，各地开展土地革命就有了物质基础。

刘英还十分重视党组织的建设和新党员的培养，主张分批培养和吸收农民积极分子入党。此时已有比较正规的入党手续，入党必须自我表态，同时有介绍人做鉴定介绍，并且要对党宣誓。

誓词是：永不叛党，遵守纪律，对党忠诚，服从分配，严守秘密。

在后塘村，谢文清介绍邱兆钧加入中国共产党。后来邱兆钧参加红军，还担任了挺进师第十三支队的政委。

为扩大宣传，红军在后塘等村的泥墙上写了许多标语，教儿童唱革命歌曲，其中就有刘英执笔所写的《工农苦生活歌》：

天光早起做到晚，衣食都不得暖饱。
苦生活何时了。嗳啊，嗳呼，苦生活何时得了。

六月割禾真辛苦，点点汗流出下土。
地主快活收租。嗳啊，嗳呼，地主们收租。

地主收租真厉害，把我谷种抢去了。
到明年不知怎样。嗳啊，嗳呼，到明年不知怎样。

……

工农暴动呼一声，劣绅土豪杀干净。
全中国就会太平。嗳啊，嗳呼，全中国就会太平。

工农政府苏维埃，一切工农做主宰。
这世界何等自在。嗳啊，嗳呼，这世界何等自在。

为了统一领导乡、村开展土地革命运动，刘英主持的挺进师政委会会议在王村口蔡相庙召开，决定成立王村口苏维埃政府。

八月二十六日，是王村口苏维埃政府正式成立的日子。

庆祝大会在宏济桥上召开。桥上站满群众，桥中间大梁上悬挂着“王村口苏维埃政府成立大会”的粉红布横幅，洪家云站到横幅下的一条长凳上，主持群众大会。当洪家云宣布苏王村口维埃政府成立时，群众掌声雷动，一片欢呼：穷人自己的政府成立啦！穷人掌握政权啦！穷人翻身做主人啦！

王村口苏维埃政府成员在群众簇拥下，进驻蔡相庙。

在此期间，王村口地区纷纷建立了乡村苏维埃政府和游击队。继葛程、后塘两个村之后，山枣坪、山前、对山、关塘、独口、凉岭下等村先后成立苏维埃政府和游击队，许多先进分子担任了政府主席和游击队长。此外，王村口还成立了工会、商会等群众组织，部分乡村还建立了互救会、妇女会、儿童团等群众组织。

竹溪、玉岩、葛程等地苏维埃政府成立的喜讯，似春风吹遍了根据地的各个乡村。在短短一两个月时间里，松阳、遂昌、龙泉境内建立了上百个乡村苏维埃政府。

挺进师到松阳、遂昌、龙泉后，得到了受苦群众的积极配合和支持。刘英跟地方工作团的干部说："蒋介石派来了大批保安团，准备消灭我们，我们不能等着挨打，要积极发动群众，做好对付敌人的准备。"

要如何做好准备？刘英向杨干凡等地方工作团的干部道出创办"地下兵工厂"的意图。而且除后塘村的保障基地外，挺进师要在松阳的玉岩、枫坪间建立一个新的军工基地。大家听后都觉得有些突然。

杨干凡他们立即到村里发动群众，把墙角、阴沟等各处的硝土刮扫集中起来，然后过水淋，把淋下来的水煮成土硝，利用土硝配制炸药。同时，把大松树锯成松树段，装上炸药制成土炮，当地群众称为"大攻"，打出去威力很大。这些土枪土炮为游击队补充了弹药武器。

刘英认为，虽然敌人用的是机枪、手榴弹等新式武器，挺进师和游击队用的大都是鸟枪、梭镖、铁尺、土炮等，武器远不及敌人，但战争决定因素还是人。果然，被打得头破血流的是掌握新式武器的敌人。

土地是农民的命根子

挺进师利用敌人农村兵力空虚的良机，继续辗转游击于浙西南广大乡村。他们每到一个地方总是先消灭国民党地方反动武装，摧毁国民党区、乡政权，镇压一批罪大恶极的反动分子，然后建立红色政权，没收地主财产特别是土地，分配给广大贫苦农民。

刘英认为，对广大贫苦民众来说，土地是赖以生存的命根子，只有采取革命行动和措施，才能极大地激发群众的革命热情。

挺进师政委会和浙西南特委领导开展土地革命的主要内容是：查田、插标、分青苗、没收地主的土地，分配给穷苦农民，使千百年来从未有过土地的人民群众拥有属于自己的土地，成为土地的主人。

新生红色政权按照管辖范围在各村召开群众大会，推选出熟悉土地情况、大公无私的农民积极分子担任分田委员，负责土地分配工作。有的村一时条件未成熟，就先成立分田委员会，再逐步开展查田、插标、分田运动。按照刘英的指示，师政委会和浙西南特委选择群众基础较好、骨干力量较强的玉岩、安岱后、斗潭和小吉等七八个村先行试点，取得经验后全面铺开推广。

这些村开始深入发动群众开展“打土豪、分田地、分青苗”的斗争。

小吉试点在村党支部和苏维埃政府领导下，由分田委员会全面负责土地分配工作，先是丈量土地、登记造册，再核查田亩，动员妇女、青年参加土地分配，做好土地分配的保卫工作。

这天，小吉村苏维埃政府成员和群众代表一百多人，集中一起，来到一片宽阔的田畴，参加分田现场会。分田委员会主任翁廷泽激动地宣布：“我们小吉马上就要开始分田啦!”顿时，响起了一片欢呼声。这可是世代都盼望的事情啊，大家从心眼里感到高兴。

可是，田如何分呢？有两种不同的意见：一种意见主张按劳动力分田，认为这样才能种好田地，发展生产；另一种意见主张按人口分田，理由是老人、小孩同样有权利享受一份革命果实，分得一份田地。

两种意见相持不下，田畴上一片嘈杂声。

刘英站在人群外，大家都没有注意到。他认真听着大家的谈论，看大家争论得差不多了，才走进人群。这时大家才发现刘英政委来了，都纷纷向他打招呼。他挥了挥手，提高声音对大家说：“现在看来，大家讲的都各有道理。”他对刚才大部分群众的观点表示同意：“要使大多数贫苦农民真正得以翻身，就要按人口分田……”刘英话还没有讲完，下面又叽叽喳喳议论起来了。他又挥了挥手，让大家安静下来：“别急！如果按劳动力分田，那些上有年迈老父母、下有年幼子女的贫苦农民，就不能很好地赡养老人、抚养小孩了，他们的日子就很难好起来。”

看着大家安静下来陷入思考，刘英转而对翁廷泽等干部说：“由苏维埃政府按人口分田地给农民，这是农民第一次做土地的主人，生产的积极性比租种土豪田地要高得多，生产力一定会大大解放，加上苏维埃政府领导，扶助农民搞好生产，就不用担心生产搞不好啦！也不用担心大家吃不饱饭了！”

听了刘英的一番话，大家的认识提高了，分歧的意见渐渐统一起来。

最后，分田委员会决定，按人口进行分田。翁廷泽根据全村耕地面积和总人口计算，决定每人分土地六分。紧接着，按每户分配的田地核实亩数，派人插立竹签，由各户认领。

此后，卢子敬、叶义在玉岩一带几十个村，都按人口分田。这种做法也在浙西南广大地区流行开来。

在分配过程中，把没收的土地分配给无地或少地的农民；地主和在国民党党、政、军部门任职的家属酌情分配土地，反动的逃亡地主、劣绅不分配土地；富裕农户按抽肥补瘦、抽多补少处理，贫苦农户以原耕地为基础补足土地，一贫如洗的贫雇农按人口分足土地；家里有人当红军的农户给予照顾分给好田，当农民武装游击队的农户也适当照顾分配好田。有些村根据土地好差评估出产量，按人口、产量、面积平均分配土地。土地分配好后，登记造册，给村民颁发标明户主、田亩数量、土地名称的红色《土地证》，在田头插上有相关内容的竹标作为插标，以便辨认耕作。

群众分到的土地里禾苗正青，这项工作就称为“插标分青苗”。

刘英来到乡村的田头地角，看到到处都是分田分地的繁忙热烈场面。

王村口附近的关塘、后塘、弓桥头、上洋、钟根、安潭、葛程等村已把土地分配到各家各户。村庄内，田野上，无处不充满欢呼声。千百年来，穷苦农民面朝黄土背朝天，没日没夜辛勤劳作，为着生计奔波，年年盼望有个好收成，待有了好收成，却依然是忍饥挨饿一场空。这般苦难的日子没有尽头，祖祖辈辈都是土地的奴隶，但做梦也想不到，现在竟然有了属于自己的土地，成了土地的主人。

群众抑制不住内心的喜悦，都纷纷称颂：共产党和挺进师是真正的穷人救星!

在土改过程中，挺进师始终按照刘英政委的要求，坚持进行打倒土豪劣绅、收缴地主富农田契的斗争。对不肯把田契上缴到农会的顽固派，先耐心地做思想工作，要求主动交出田契，抗拒不交或外出逃避的，由苏维埃政府发布田契作废的布告。

卢子敬为推进土地革命运动的深入开展，带头在斗潭村分田大会上，主动上交自家的田契，请与会村民确认后当众销毁。他还编写了一首打油诗，配上曲子，在各村农会活动中传唱。这首诗后来被松遂龙游击总队文书王圣淦抄写在一户农家的板壁上。

> 田里豆子开红花，红军来到笑哈哈。
> 土豪劣绅都打倒，山林田地回老家。

龙泉县各地也纷纷进行土地革命。

住龙村位于披云山下，地处大山沟，农田少，产量低，加上土豪劣绅剥削和压迫，农民缺吃少穿，生活非常困难，心底蕴藏着强烈的斗争愿望。

龙浦县委驻地在住溪，活动范围包括住龙、宝溪等五十多个乡村，以及浦城、松溪、政和、遂昌等县的广阔地域。

根据刘英主持的挺进师政委会的统一部署，八月，浙西南特委派第三纵队政委方志富接替高信全任龙浦县委书记，着手筹建各级苏维埃政府。他深入乡村做群众思想工作，发动群众开展打土豪、分田地斗争。二十日，在住溪村廖家祠堂召开群众大会。经推选，方志富兼任苏维埃政府主席，另外还推选出了副主席和分田、没收、军事、财政等委员会委员。方志富很激动，站在板凳上大声地叫着：“等革命成功了，人民当家做主了，吃穿不用愁，那才叫人高兴呢!”

大会还要求代表们回到自己的驻地，迅速把乡、村苏维埃政府建立起来。在不到一个月的时间里，龙泉范围内就建立了三十多个乡、村苏维埃政府。

各地还开展了分田分地斗争。其间，红军和村游击队在路口站岗放哨，行人只进不出，以免影响分田的公正性。

除分田外，各个乡、村苏维埃政府还打开地主粮仓，把粮食分给贫苦农民。红军在住溪村一个地主家的床底下挖出一万块银圆，补充了给养。岭根村的白马殿上演木偶戏时，红军和地方干部趁群众聚集看戏，向他们宣传革命道理。

第八章

被迫做转移

一座见证历史的小社殿

挺进师及其政委会经过努力，在浙西南广大范围里建立了苏维埃政府，发展群众武装，开展土地革命。挺进师已发展到一千两百余人，下辖五个纵队和浙西南军分区，连同地方武装和工作人员总数三千余人。

刘英欣慰地说：“挺进师终于在浙江站稳了脚跟，初步完成了党交给的挺进浙江、建立根据地的任务。”

此时，中央红军主力尚未到达陕北，党和红军仍处在生死存亡的关键时刻。各地的革命力量大多处于隐蔽、保存力量的状态，国民党甚至声称“红军被消灭了”。而挺进师进入浙西南后，如鱼得水，军民一心，经过短短四个多月，就在全国革命斗争处于低潮、革命形势最为严峻之际，迅速掀起了浙西南革命的高潮。

挺进师及其政委会在浙西南建立革命根据地，给广大人民群众极大的鼓舞。

但是，蒋介石对浙江老家仍然十分“眷顾”。一九三五年八月十日，他以国民党军事委员会的名义任命卫立煌、罗卓英分别为闽赣浙皖四省边区“清剿”总指挥部的正副总指挥，并将总指挥部不断往浙西南方向移驻。他还动用了自己的嫡系王牌部队第十八军，这既是陈诚的起家老本，也是罗卓英赖以发迹的部队，部队骨干都是黄埔毕业生。这支部队装备精良，武器大都从德、法等国进口，官兵训练有素，是国民党最精锐的、战斗力最强的部队之一，后来在抗战时期，也是国民党军的五大主力之一。

罗卓英命令第十八军所属之第十一、第十四、第六十七、第九十四师四个师分别从江西的樟树、清江、新余一带往浙江进军，重点对付挺进师。

国民党浙江省政府方面更是积极调兵遣将。浙江省保安处处长、“浙南剿匪指挥部”总指挥宣铁吾率浙保四个团进驻遂昌，对浙西南革命根据地中心区域开展“进剿”。

此时，挺进师和浙西南特委一边开展土地革命，一边对保安团和各县地方反动武装开展斗争。

八月中旬，挺进师第三纵队在刘汉南纵队长率领下，从王村口出发奔袭龙游县城，因缺乏攻城重武器而撤回。

与此同时，国民党军也从东、西、南、北四个方向向浙西南逼近，并且于八月二十三日，四省边区“剿匪”总指挥部颁发《第一期清剿计划》，确定主力配置于浙西南地区及赣闽边境，并在“进剿方针”中明确规定：以各边区大部对粟、刘。同时，卫立煌宣布其闽浙边“清剿”计划布置就绪，限令于十月十五日前将挺进师“肃清”。

二十八日，黄富武率第五纵队在松阳县燕田村击溃浙保三团一部，毙伤敌十余人，缴获机枪一挺、步枪四支、子弹五担。这是第五纵队新战士的一次实战体验。九月二日，该部在松阳县庄后村遭到浙保三团一部的“追剿”，为攻占麻士尖制高点，该部战斗十多个小时，虽然毙伤敌多名，但红军伤亡三十余人。

敌人按计划稳步推进，特别是浙江保安部队不断向浙西南根据地中心区域进犯。保安部队开始封锁根据地的进出路口，捉拿“土匪”农民游击队员。遂昌、松阳、龙泉交界一带处在风声鹤唳之中。

此时，挺进师虽然还不知道国民党中央军的具体“清剿”计划，但从报纸等各种渠道的消息证实：国民党已调集大批正规部队进攻浙西南。

刘英与粟裕商量，决定主持召开挺进师政委会会议。

离龙泉县上田村约一公里处有个小村。村里有座破旧的小社殿，社殿左右两面很开阔，殿后面是一条潺潺的小溪，殿的正面是大门，四面有高墙，内部可容纳两百多人活动。殿后面有小门，遇有紧急情况可守可撤。

小社殿里供奉着五显神，但它怎么也想不到，一群彻底的无神论者将在这里召开攸关自身存亡的重要会议。

上田村历史悠久，远近闻名。后来，中共党史研究者称这次挺进师政委会会议为“上田会议”。

出席会议的除挺进师政委会成员之外，各纵队长、政委、师直各部门领导列席会议。会议总结了几个月来的党政军工作。刘英分析认为，挺进师入浙数月来，无论在军事上、政治上、群众工作上，都取得了很大的成绩，敌人生怕红军立地生根，所以调集庞大中央军向根据地大规模进攻。为保卫根据地建设成果，必须依靠党与群众的力量，灵活运用策略，坚决粉碎敌人的进攻计划。

根据当前的形势，这次政委会确定了对敌策略。

刘英从掌握的情报分析了这次敌人进攻的特点和我军应采取的应对策略：这次进攻的主力是蒋介石的王牌军罗卓英任军长的第十八军，战斗力强，作战经验丰富，欺骗群众的手段多样。此次反“清剿”斗争关系到浙西南革命根据地的生死存亡，关系到挺进师今后能不能在浙江站稳脚跟，能不能把游击战争继续进行下去。所以，必须在战略上争取主动，绝不能同敌人硬拼，或让敌人包围起来挨打。在对敌策略上，应绝对避免正面战斗和对峙局面。

他回顾了中央苏区第一至第四次反“围剿”斗争，认为那时候都以运动战与游击战相结合歼敌，集中优势兵力各个击破，指挥员亲临一线指挥，才能知彼知己、夺取胜利。

根据大家的意见，粟裕第一次提出“敌进我进”的游击战术。这就要求各武装单位采取各种方法和手段，打破敌人的“围剿”计划：声东击西，袭击敌人后方；发动群众，破坏敌人进攻路线、交通要道；实行坚壁清野，防敌奇袭夜袭、埋伏与侧击等。敌人整团整师压过来怎么办？只有用游击战的战略战术来与敌人周旋，粉碎敌人的“围剿”。游击战不只是防御，有时也有主动进攻。不能大量消灭敌人，只能你打你的，我打我的。敌人压过来，我们留下一部分力量就地坚守，主力迅速跳出包围圈，以积极的作战行动，进入敌人后方，瞅准机会打击敌人，这就叫“敌进我进”。

刘英的分析讲话和粟裕的深刻阐述，极大地鼓舞了红军官兵以游击战粉碎蒋介石“围剿”的必胜信心。

会议做出了决定，刘英后来是这样记录的：

> 根据当前的形势与敌我力量的对比，把全力固守浙西南基本地区，企图把敌人整个进攻计划粉碎，不但不可能，而且必然要遭到极大的不应有的损失；因此除将二纵队、五纵队及广浦独立营留浙西南配合地方武装，在浙西南特委和军分区领导之下进行顽强的自卫战争外，在敌人压力过于强大、基地万一不能支持时，广浦独立营应挺到浦城、松溪、政和东北及庆元西北地区，并与四纵队及闽北部队取得密切联系，二纵队则应挺到衢州、江山、常山及汤溪、龙游西南行动，尽可能的（地）与化婺德友军取得联系；一、三、四纵队及师直属部队统随师部南下，直至浙闽边庆元、景宁、泰顺、寿宁一线。到达该地的除将四纵队留下外主力则向东北前进，掩护一纵队渡过瓯江北进。辗转于永康、缙云、义乌、仙居、新昌大盘山一带，依靠原来基地作广泛的游击战争，进行党与群众的组织，配合主力向东南调动，借以保卫浙西南游击基地与粉碎敌人的进攻计划。

刘英还要求，浙西南特委应加紧党内外战争的动员，进行广泛而深入的反抗敌人“清剿”计划的宣传、解释与鼓动工作，使全党同志及广大群众团结一致地捍卫浙西南根据地。他对伤病员的转移、安置、给养、保护等进行详细的布置，对那些坏分子采取多方面的监视与必要的处置，要求各级党组织和各部队必须与挺进师政委会、浙西南特委保持密切的联系，并迅速建立交通网，求得交通工作的顺畅。他明确提出了应与闽北、闽东党组织和部队取得联系，并尽早召开联席会议，建立党内外总的领导机关，便于在行动上取得更有力的配合。

这是一次十分紧急而重要的会议，会上没有太多的争论，意见高度统一。后来刘英对这段时间的斗争进行了总结，并对这次政委会做出客观的评价：

> 敌人用七个师以上的兵力来对付幼年的浙西南游击基地，敌人用意的残酷，与更加艰苦的斗争环境之到来，当时政委会及浙西南几个主要负责同志是深深了解与估计到的，但对十八军进攻浙西南长久性的估计是有不够的地方，如认为挺进师主力南下与各纵队分别出动后，必然会调动主力；另方面则认为在主力红军胜利的影响与威胁之下，十八军和五十六师有可能调往北方对付主力红军，或他调对付友军，可是事实证明：挺进师主力南下后，仅仅调动了敌人一个师以上兵力，而敌人主力仍用以对付原来的游击基地。这证明当时对敌人进攻长期性的分析是有不够和个别错误的地方。

极大损失的保卫战

上田会议后，地方党组织和苏维埃政府领导奔赴各地，按照刘英的布置和要求召开会议做紧急战斗动员，发动群众设路障、筑工事，封锁水陆要道，布置坚壁清野工作。

此时，国民党中央军和地方保安部队已向浙西南根据地蜂拥而来。

九月五日，国民党第十八军所属各师团先后到达龙游、金华，并分途进发：黄维任师长的第十一师向龙泉，霍揆彰任师长的第十四师向遂昌，罗卓英兼任师长的第六十七师向云和，李树森任师长的第九十四师向松阳。十日，国民党军第十八军各师已分别到达龙泉、遂昌、松阳、云和的指定地域。

十一日，敌第十四师、第六十七师、部子举部第二纵队、浙保三团，分头在遂昌、龙泉、云和修建碉堡，构筑封锁线。浙保第二、第四团集结龙泉以西地区待命。与此同时，敌第十一师由龙泉向北移动，第五十六师和闽保的两个旅六个团从遂昌际下向东南经花桥、举水、荷地直至泰顺构筑第二道封锁线，以切断挺进师向闽北、闽东的退路。

国民党第十八军军部及宋瑞珂的特务团进驻丽水。闽赣浙皖四省边区“剿匪”总指挥部由福建浦城移驻浙江江山。浙南“剿匪”指挥部由遂昌移至龙泉。

国民党军把整个浙西南根据地切割成东西两半，妄图一举全歼挺进师，彻底摧毁浙西南根据地。

闽赣浙皖四省边区“剿匪”总指挥部命令：第三、第十一、第十四师及部子举部各组织一个团或两三个营兵力的“追剿”队三至四个，浙保组织两个“追剿”队，开始向浙西南地区“进剿”。

罗卓英亲临龙泉视察后，不得不承认红军在浙西南发展之迅速。他明令各部队：遵照委座历颁各项“剿匪”要旨，动作敏捷，勿处被动地位，致失机宜。

国民党地方保安部队将浙西南五户以上的村子，都派兵力驻守，不足五户的村子，则强迫居民搬迁，房屋茅棚付之一炬。

国民党军步步为营，缩小包围圈，开始向革命根据地发起全面进攻。

这是以国民党中央军为主力对浙西南的一次“围剿”，共动用闽赣浙皖四省边区六十三个团中的三十二个团，其第一线为二十六个团，加上地方保安团，号称四十个团，兵力共达七万余。

挺进师加上地方游击队共三千余人，人数只有敌人的二十三分之一，寡众极其悬殊。

此时，令人难以置信的是：挺进师主力面对国民党中央军的大兵压境仍然迟迟没有撤退。

正当中央红军拼死夺取四川进入甘肃唯一一条通道——腊子口隘口的第二天，也就是一九三五年九月十八日，远在浙西南的挺进师也开始迎来国民党中央军发起的大举进攻。

刘英心里明白，浙西南将进入十分艰难的反“清剿”斗争。

但是，这次敌人“清剿”的血腥和残酷，浙西南军民付出的鲜血和代价，远远超出刘英等挺进师领导的预想。

在以黄富武为首的浙西南特委和军分区的领导下，挺进师第二、第五纵队在地方游击队和广大根据地群众的配合下，英勇机智地与敌人进行了一次又一次的浴血奋战，以生命和鲜血誓死保卫红色根据地，写下了悲壮无比的篇章。

国民党军凭借碉堡封锁线，步步为营，向浙西南革命根据地中心区域全线推进，重点进攻松阳玉岩、龙泉住溪、遂昌王村口三个地区。

在松阳玉岩地区，黄富武、王永瑞、杨干凡率领第五纵队一部和地方游击队，抗击国民党军李树森第九十四师的进攻，终因力量悬殊而失守。挺进师参谋长、浙西南军分区司令员王永瑞在突围中受伤，返回河北老家。后来，他重新拉起队伍，投身到伟大的抗日洪流中。

在龙泉住溪地区，龙浦县委书记方志富和第二纵队第六支队支队长崇安佬、政委王春华率领第六支队一部及地方游击队，阻击国民党军黄维第十一师以及郜子举部、浙保二团的进攻。但因寡不敌众，红军防线被突破，在转移过程中，方志富和崇安佬等许多红军指战员、游击队员和地方工作干部牺牲。

在王村口地区，挺进师第二纵队政委洪家云、王村口地区游击队负责人宣恩金等率领红军游击队，为保卫王村口展开了殊死的战斗。馒头岭失守，国民党军霍揆彰第十四师阙汉骞团三天三夜的进攻后，完全占领王村口，洪家云率部撤出战斗。第二年春天，洪家云在浦城县党溪身陷重围，负伤后被捕，在敌人的刑讯中牺牲；第二纵队纵队长李重才率领第四支队外线出击，一度建立以江山周村和遂昌胡岱口为中心的百余里游击根据地，不料，在龙（泉）浦（城）边遭袭，在与敌人的拼搏中牺牲。

在浙西南根据地保卫战中，第五纵队是一支浙西南人民的子弟兵，虽然他们组建比较迟，训练少，但指战员们觉悟高，心甘情愿为保卫家乡、保卫红色政权英勇献身。他们人缘好，地方情况熟，给敌人的打击也特别大，但付出的牺牲也非常大。刘文生纵队长、柯勤发政委、欧阳道特派员在松遂龙一带迎战，壮烈牺牲。第五纵队十五支队特派员王金根、浙西南军分区参谋长李树正被捕牺牲。

许多青帮弟兄坚持斗争到最后一息。十月三十一日，陈凤生为保护乡亲们挺身而出，被捕后押到龙泉。敌人软硬兼施，刑讯逼供，他坚贞不屈，敌人残忍地将之枪杀“示众”。卢子敬、陈丹山、叶义等都为浙西南革命流尽最后一滴血。

特别是挺进师政治部主任、浙西南特委书记黄富武，在松阳县玉岩对敌作战中负伤，突围到遂昌县淤头乡大茂坑村的观音岩寺养伤，后来在外方岭被捕，在敌人层层刑讯和诱骗中不为所动。这年十二月十二日，蒋介石亲自电示“准予在丽就地正法”，黄富武在丽水大水门外壮烈牺牲，年仅二十八岁。

黄富武的被捕牺牲标志着浙西南革命游击根据地的基本丧失。

据不完全统计，在挺进师第一次反“围剿”斗争中，红军干部战士、地方游击队长、苏维埃政府干部和革命群众先后被捕八百二十余人，牺牲三百七十余人，其中大小游击队长先后牺牲一百零五人。

刘英对浙西南特委领导的坚持浙西南斗争做了客观评价，认为红军游击队和广大群众的英勇奋斗是“非常光荣的”，但也有硬拼的情况，黄富武的牺牲是“一个极大损失”。他后来这样写道：

当挺进师主力南下后，浙西南特委曾经领导广大工农群众配合自己的武装部队与敌人绝对的优势兵力作长期的英勇奋斗，这是非常光荣的。可是浙西南特委和军分区对于避免正面战斗与不利战斗方面，有时是在硬拼。正因为如此，特委负责人黄富武同志竟在这样的战斗中，冲锋负伤以致被捕，这是坚持浙西南斗争中一个极大损失。由于黄同志的被捕，不仅使浙西南的斗争失去了中心的领导，而且在部队中在群众中亦有很大的影响和损失。

迅速建立总的领导机关

追堵挺进师主力的国民党部队仍有正规军五个团，足足十倍于挺进师主力，还有地方保安团和地主武装配合。

挺进师主力第一、第三纵队及直属队四五百人在刘英、粟裕率领下，于九月二十五日从龙泉郑庄大横坑出发，终于开始突围。挺进师主力突破国民党军封锁线，向东插至龙泉县道太乡。然后，经蛤湖村暗渡龙泉溪，进抵龙泉县大源村宿营。二十六日，挺进师主力突破了敌人云和至龙泉的封锁线，到达龙泉县安仁镇。

安仁是一个有悠久历史的老镇，是瓯江和安仁溪汇合处。驻安仁的国民党中央军已调往北乡，这里只驻守着浙保三团六连一百多人。敌人在村头、村尾、桥头、街上都筑有木城或碉堡。红军先头部队立即歼灭了刘坊庙里的敌人，打垮了驻守在安仁大桥两端的敌人。这时，镇里的敌人凭着屋顶、土墙的有利地形负隅顽抗。战斗大约相持了两个小时，最后全部被红军击溃。

挺进师继续向安仁镇支坪村方向前进。

即将翻过一个山坳的时候，刘英回头向北眺望，只见瓯江被太阳最后的余晖染成一条赤色的带子。

天将黑下来，驻安仁镇的浙保三团六连重新纠合起来，配合尾追挺进师

的国民党军第六十七师，向安仁镇东南方向包抄过来。挺进师第三纵队纵队长刘汉南迅速赶到前沿观察敌情。当登上尿筒岭山腰时，两边山头上的敌人用机枪往下扫射，刘汉南和一名战士中弹牺牲。指战员们不顾一切地冲上去，抢出刘汉南的遗体，掩埋在尿筒岭山脚。

刘汉南是挺进师失去的第一位纵队长，预示着挺进师进入最为艰难的时期。

南撤的道路被封锁，地形也不利，红军于天黑时分撤出支坪村。敌人虽然占据了有利地形，但也不敢久留，立即退往金蝉湖。

二十七日，挺进师主力继续往景宁方向前进。

三十日，挺进师主力经景宁县鸬鹚、大际至大仰村，夜里遭敌人袭击，部队被打散。收拢部队后，师部决定兵分两路：一路由刘达云率第一纵队经景宁、青田，越过丽（水）青（田）公路，挺进浙东，进入缙云、东阳交界处的大盘山一带活动，以牵制敌人；另一路由刘英、粟裕率领师直属队及第三纵队，由庆元、景宁进入泰顺和寿宁等地活动。

第四纵队反复游击于庆元县东部及闽浙边一带，然后突围进入闽北，与红四团合编为闽北独立师第二纵队。

挺进师主力终于撤出浙西南游击根据地的中心区域。

挺进师主力突破龙泉河南撤不到十天，刘英、粟裕率领一百二十多人在福建寿宁县含溪村，与叶飞领导的闽东独立师会师。一年多前，北上抗日先遣队渡过闽江向闽浙边挺进经过闽东时，叶飞闻讯立即率部赶到宁德县赤溪乡阳谷村会师，那是刘英、粟裕和叶飞第一次见面。

一晃就是一年多，两地战友重逢格外高兴。

十月五日，双方移驻到郑家坑村，举行有刘英、粟裕和叶飞三人参加的联席会议。刘英认为，敌人组建了一个闽赣浙皖四省边区“剿共”总指挥部，统一指挥国民党部队对付红军，而革命游击区互不联系、各自为政，这对斗争很不利；浙江与闽东、闽北这三个地区的红军和根据地应该密切联系起来，即使一时难以做到统一行动，也可以在战略上互相协调、互相策应、互相配合，才能更加有力地打击敌人和粉碎敌人的“围剿”。

商议中大家提出恢复闽浙赣边临时省委，并请黄道担任书记的方案。刘英希望把挺进师和闽东两方面的意见，带给闽北党组织和红军的领导人黄道，并请叶飞负责与黄道联系。叶飞担忧黄道行踪不定，对于近期取得联系没有大的把握。

刘英有点失望，感到要恢复闽浙赣边临时省委还是有些困难，产生了先成立闽浙边临时省委的想法。粟裕、叶飞都表示同意刘英的意见，经过协商，提出了中共闽浙边临时省委组成人员名单方案，待时机成熟后正式成立。会后，刘英还是极力为成立中共闽浙赣临时省委而努力，他给闽北的黄道写了信进行沟通，通报了这次联席会议的情况和建议：

> 关于闽北、闽东、浙西南的斗争，我们深深地感觉缺乏中心，即主要的总领导机关，以致领导上、工作上、行动上往往不能求得更有利的配合，如果长此下去，对闽浙边的整个工作实属不利，尤其在目前这样艰苦复杂的斗争环境中，加之各地党业已与中央分局及闽浙赣省委失去联系，若不迅速建立总的领导机关，则对今后整个斗争实属不利。

刘英托叶飞将这封信转交给黄道。

随后，刘英、粟裕告别叶飞，率领挺进师二百多人转道闽北政和、松溪，然后进入浙江泰顺县境，在泰顺县东北部兜了一个圈子。

十月十七日，红军再次攻克泰顺县百丈镇，全歼国民党警察一个分队，缴获步枪七支，子弹一百七十多发。第二天，挺进师三个支队到达泰顺县洋溪乡可溪村。程美兴带领一个班，化装成国民党兵进入敌营地，顺利地解决敌哨兵，迅速包围了正在赌博行乐的敌兵。约一个连的敌兵，措手不及，全部当了俘虏。红军缴获了敌人的全部武器。

挺进师后续部队乘机跟进，在瑞安县玉壶镇歼灭国民党浙保第十大队一个分队。

挺进师经过多次战斗，在泰顺县东部山区的九峰乡（今属泗溪镇）白柯湾一带扎根立足。

白柯湾一带山险谷深，森林茂密，地处偏僻，只有一条羊肠小道与外界相通。全村只有两幢木头房子，五户人家，都是贫苦百姓。刘英看中了这里，敌人力量相对薄弱，有利于开展游击战争，比较安全。他就在村里卢老哥家长住。

刘英住下来后，就在村里组织写标语，有两块门板上的字是刘英亲自写的，一块写着“反对国民党卖国政策，中国工农红军万岁”，另一块写着“抗租抗捐”，至今还能看清楚字迹。

这天恰逢俄国十月革命胜利纪念日，即一九三五年十一月七日。挺进师在白柯湾搭起了讲台，准备召开纪念大会。

为了配合挺进师开辟闽浙边根据地，叶飞指派特委常委阮英平、郑宗毓率领闽东红军第五团进入福鼎、泰顺、平阳三县（福鼎今为市）交界地区活动，并于十一月成立了鼎泰区委，郑丹甫任书记，归属鼎平县委领导。叶飞还带着刘英的信，立即前往闽北找到了黄道。黄道对于闽北、闽东、浙南三块游击区相互联系、相互配合的建议表示赞同，但认为马上成立中共闽浙赣边临时省委，条件尚不成熟，决定暂不加入。叶飞按照刘英的约定，带领十多名闽东干部着便装进入泰顺，也恰好在十一月七日这一天到达白柯湾村，准备参加第二次联席会议。

这是一个寒冷的夜晚，在破旧的小宫庙里，刘英、粟裕和叶飞举行了第二次联席会议。

叶飞首先汇报了黄道不同意与浙南一起恢复闽浙赣边临时省委的情况。于是，刘英建议按照原来准备的方案，由挺进师与闽东两方先行成立中共闽浙边临时省委。双方领导人一致同意：把两支红军队伍指战员的愿望和要求变为共同的行动，决定建立省委一级的中共组织，统一领导即将进行的浙南根据地建设。

谈到临时省委成员分配问题，原方案中闽东方面只有三人，而挺进师方面有十人，比例不协调，粟裕、叶飞建议做适当调整。

刘英表示同意叶飞、粟裕的意见。经研究决定，挺进师方面的龙跃、谢文清、李凡林三人退让，闽东方面再增加许旺一人。这样，刘英、粟裕、叶飞、黄富武、阮英平、刘达云、许信焜、洪家云、范式人、方志富、许旺十一人组成中共闽浙边临时省委，刘英任书记，粟裕任组织部部长，叶飞任宣传部部长兼少共省委书记。此时，刘英等挺进师领导并不知道方志富已经牺牲、黄富武已被捕，更不知道不久之后黄富武将被杀害，所以把他们两人也放在名单中。

同时成立闽浙边临时省军区，粟裕任司令员，刘英任政治委员，统一领导闽浙边的武装斗争。

中共闽浙边临时省委的成立，是令人振奋的大事。

会上，刘英与粟裕、叶飞反复商量，认真分析比较，认为浙南地区有利条件很多，新成立的闽浙边临时省委应该把斗争重点放在开辟浙南游击根据地上。刘英认为，浙南有两个更为有利的条件：一是这里早就有共产党的活动，领导了武装暴动，建立了红十三军，活动范围遍及瓯江两岸，在群众中造成很深的影响；二是这里远离浙赣铁路，国民党统治相对比较薄弱，便于挺进师活动。他说："我们要把红旗插遍飞云江两岸，插遍整个浙南。"

飞云江从泰顺、景宁两县交界的白云尖发源，流经景宁、泰顺、文成、瑞安。这里成为闽浙边临时省委和红军生存立足、伺机发展的首选地。

刘英非常肯定地认为，这里与浙西南山水相连，山高涧深，正是适合革命游击战争的地方；闽东党组织的工作也在这里有很好的基础，可以作为挺进师的依靠。

其实，早在一个月前的第一次联席会议上，叶飞就主动提出把闽东鼎平办事处管辖的地区划给浙南，作为挺进师的根据地。同时，挺进师调一个班的战士带重机枪一挺、轻机枪两挺给闽东独立师。从此，挺进师在闽东独立师的配合下，开展游击战争，开始创建浙南革命根据地。

随后，刘英、粟裕、叶飞一起来到纪念俄国十月革命的活动现场。

战士们相互拉歌，你方唱罢我登场，会场气氛很热烈。刘英亲自教刚组织起来的游击队员和群众唱歌，其中有一支叫《工农兵四季歌》：

春季里，桃花满树红，工农兵起义在广东。
三天夺得广州市，血染羊城旗帜红。

夏季里，莲花扑鼻香，我红军起义在南昌。
阶级斗争初开始，红旗招展处处扬。

秋季里，菊花正萌芽，打倒地主资本家。
劳苦人民紧团结，天下工农是一家。

冬季里，梅花雪里开，革命运动大开展。
抗租抗税打土豪，人民成立苏维埃。

刘英、粟裕和叶飞三位领导先后上台讲话，从俄国十月革命的胜利讲到中国革命的前景，从全国的形势讲到浙江和闽东、闽北的形势。当然，大家此时并不知道，中央红军与陕北红军已于半个多月前，在十月十九日胜利会师于吴起镇。

尽管如此，听了三位首长的讲话，战士们很受鼓舞，全场不时发出一阵阵的掌声。

必须加强沟通联系

挺进师进驻白柯湾不久，国民党泰顺县县长何芸生就亲自带保安部队两个连，急匆匆赶过来。

敌人离村还有十五里的时候，红军得到情报，立即组织部队准备阻击。刘英进行风趣幽默的动员讲话："同志们，泰顺县的何县长非常客气，知道我们成立了闽浙边临时省委，要亲自上山来给我们送礼。我们怎么办？来而不往非礼也。"他掏出腰间的手枪，要求大家，夜里准备好家伙，还他一个见面礼。

红军一个尖刀连很快就到了岭头上。

何芸生县长本来是想半夜时分搞袭击，但做梦也料不到红军的尖刀连会在半路上"迎接"他们。当他们快要登上岭头时，只听"轰"的一声响，手榴弹已经在敌人中间开花。接着是一阵激烈的枪声，打得敌人晕头转向。亲自来督战的何芸生县长一看这势头，知道大事不妙，叫上身边的连长，拔腿就逃了回去。

这一仗，红军收缴的"礼品"有一挺机枪、五十六支步枪和大量的子弹。

"我们胜利了！"这是刘英高兴时的口头禅，他一边发出胜利的呼声，一边对身边的粟裕师长说："这个何县长怎么留下礼物，跑得这么快！"

从此，挺进师在白柯湾期间，这个何芸生县长再也没有来过。

随后，挺进师又占领了瑞安县珊溪镇。

刘英意识到，初来乍到必须加强与浙南各地原有党组织的沟通联系。挺进师在闽浙边立足后，为创建浙南游击根据地，在闽浙边的泰顺、福鼎、平阳、庆元、寿宁、松溪间行动，宣传发动群众。

由于闽浙边地区方言难懂，挺进师进入该地区后遇到很大困难，向群众借东西要打手势，向群众宣传调查要有人翻译。为此，临时省委和挺进师着重开展当地知识分子、工农干部和群众领袖的教育和培养。通过他们，党组织的领导机关与群众的联系更加密切，从而推动各项工作的开展。

十二月，中共闽东特委正式将鼎平中心县委所属的鼎泰区划出作为临时省委直属区，并在临时省委和挺进师驻地峰文乡一带成立泰平区。同时，中共瑞平泰县委成立，周建生任县委书记，下辖鼎泰区和泰平区。在直属区里，临时省委机关和挺进师干部深入发动群众，积极进行党的建设和武装斗争；建立游击队、贫农团、妇女会、少先队等革命组织；翻印组织工作大纲的小册子，对各种群众组织的组织办法、任务要求、侦察网络等都做了明确的规定。

此时，挺进师与各地中共组织的联系是用一种奇特的方式进行的。到达浙南后，刘英派人给泰平区党组织送了一枚特别的印章，并附了一封使用说明的信。

信中的内容是：本日我交本队伍送来六面内章一颗，付尔区要急应用，内有空面真名字一个，不是太急不要用空面。用别面，即有苏干队到区；有空面印到，即有大队伍来。此印不可失落。如有白匪进攻，加盖空面印……专此顺达，祝尔平安。

这种印章被称为“六面内章”，中国人民军事博物馆藏有一枚。这枚印章为木质，有五面刻满了花纹，剩余一面四周刻有花纹，中间留有空白。这种章的使用加强了浙南游击区的内部通信联络，及时传递不同的军情，在浙南游击战争中发挥了重要作用。

六面内章，是挺进师在浙江战斗的珍贵物证之一。

由于共产党和红军在浙南这块土地上有着广泛的影响和基础，挺进师进入浙南后，得到了浙南人民的大力支持。广大贫苦百姓为红军站岗放哨，送信带路，安置伤员。红军与国民党军作战，群众烧水做饭送到火线，组织担架队运送伤员。良好的群众基础，为挺进师在浙南的发展创造了有利的条件。

挺进师主力在浙南广大地区主动出击，攻克了许多集镇和敌人据点。

泰顺县地处闽浙两省交界处，山高岭峻，国民党势力相对薄弱，是以游击战手段扩大根据地的有利地域。一九三五年十二月前后，临时省委和挺进师在浙闽边往返游击，取得了几次战斗的胜利。

正当此时，北平开展了声势浩大的“一二·九”学生运动。

一九三六年一月六日，刘英、粟裕得到消息后，立即以临时省委名义发出《快邮代电》，声援支持北平青年学生的爱国行动，提出：团结起来，下我们最大的决心，准备着我们沸腾的热血与头颅，和日本倭寇决一死战。

临时省委和挺进师的反“围剿”斗争与青年学生的爱国行动互为呼应。

农历乙亥年的春节，也就是一月二十四日，大雪纷飞。刘英率部在泰顺一带活动。二月初，挺进师一部在泰顺县彭溪乡的火把岭全歼浙江省保安团一个连。

二月二日，中共闽浙边临时省委在泰顺县峰文乡召开会议，确定进一步采取武装工作与群众工作紧密结合的斗争方针，并决定临时省委与挺进师主力分开活动。刘英率领临时省委机关和特务班作为“突击队”，在浙南开展游击根据地建设。以粟裕为临时省委代表兼师长、谢文清为政委、张友昆为政治部主任的挺进师主力组成浙西南独立师，作为“牵制队”，返回浙西南牵制和打击敌人，四面出击，扩大战果，以掩护和保卫临时省委在浙南开展工作。

临时省委成立后，加强了对闽东、浙南两个地区游击战争的联系和领导。两地紧密配合，相互策应，协同作战，共同反击国民党的“清剿”，取得了显著的成绩。

挺进师在战斗中有不少减员，于是，挺进师与闽东独立师商定，挺进师加上闽东一个纵队，编为“闽浙独立第一师”，闽东独立师改称“闽浙独立第二师”。新成立的两个独立师领导人之间交往密切，不时在一起交流对游击战的看法，都感到获益匪浅。

但是，闽浙独立第一师、第二师的番号，实际中并没有真正使用，不久也被人们所淡忘。

找到可靠依托

二月七日，刘英率领二百多人，再次进驻九峰乡白柯湾村休整。十日中午，交通员得到情报，国民党浙保第十大队三中队向白柯湾村进犯，已到前坪仔村。

刘英果断决定集合部队，不到五分钟队伍集合完毕，他做了简短的战前动员后，然后下达战斗命令：警卫班留守白柯湾村，一个支队埋伏在敌人来路左侧的山岗上；一个支队埋伏在水田对面的山岗上，居高临下形成左右夹击之势。以重机枪为战斗信号。

战士们行动迅速，抢占有利地形，很快埋伏起来。

敌军慢腾腾地步入红军的伏击圈。

“抹下去!”刘英一声令下，唯一的一挺重机枪嗒嗒地吼叫起来。

敌人前卫班很快被歼灭了。后面的敌人乱作一团，只是无目标地乱放枪。经过近一个小时的紧张战斗，敌人纷纷放下武器，举手投降。

这一仗，挺进师共毙敌二十七人，包括一名敌中队长倪侠男，俘敌八十多人，缴获机枪一挺、长枪八十多支。敌第十大队的另外两个中队获悉第三中队被红军全歼后，慌忙向平阳县的莒溪方向逃窜。

挺进师及临时省委直属队向西行动，前往福建边界。二十四日，路过泰顺县柳峰乡国岭村的冥斋岩，与国民党闽保四团的一个连遭遇，红军由山下向山上猛打猛冲，班长程美兴带领警卫班抢占了山头，控制了制高点，后续部队紧紧跟上。经过半小时的激战，全歼敌人一个连，缴获马克沁重机枪一挺、步枪五十支，取得冥斋岩战斗的胜利。

临时省委决定将闽东特委在闽浙边的党组织及所辖地区，与挺进师政委会在浙南所发展的党组织及所开辟的根据地，统一划为浙南特别区。

三月中旬，在闽东特委常委阮英平带领的一支小部队的陪同下，郑宗毓从闽东到达泰顺。龙跃代表临时省委带着几个短枪队员，把他们接到峰文乡小南山村。第二天，临时省委在小南山村宣布成立中共浙南特委，郑宗毓任书记，领导福鼎、鼎平、瑞平泰三个县委，发展党的基层组织，发动游击队和群众，支持配合挺进师作战。

在浙南对敌作战中，红五团威震一方。

在这里，刘英了解到，鼎平独立团的前身——闽东红军第五团的英勇事迹。一九三四年九月，红军北上抗日先遣队进入闽东地区，因国民党军尾追而来，匆匆往闽浙边界行动，留下了一百多名伤病员，其中团、营、连、排各级干部都有，还有近二百支枪。有枪有兵有干部，闽东特委就根据寻淮洲军团长和刘英主任的建议，成立闽东工农红军独立师，部分留下来的伤员恢复健康后，充实组建成第五团，作为闽东地区党的重要武装队伍。红五团经过一段时间的训练，便投入轰轰烈烈的革命斗争中。先后在福安占领了赛岐的盐仓，攻克了仙蒲的敌人碉堡，打垮了国民党反动军队对闽东苏区的“围剿”，取得了多次战斗的胜利。

红五团的威名在闽东地区迅速传扬开来。中共闽东特委委员郑宗毓来到浙南特委任书记，红五团也随之进入到鼎平泰地区，并与该地区游击队合编为鼎平独立团，陈义成任团长，罗烈生任政治委员。

后来，刘英决定将鼎平独立团编入挺进师，更名为红军独立团。该团英勇善战、不怕牺牲，在闽浙边临时省委和挺进师的领导下，走过将近一年的光辉历程，为浙南革命事业做出突出的贡献。

刘英和挺进师以闽东特委开辟的位于福鼎与泰顺交界的鼎泰区为基地，全力整顿地方党的组织和地方武装队伍。

在挺进师进入浙江之前，共产党领导的闽东地区革命运动逐渐向福鼎、平阳、泰顺边区发展。一九三三年冬，中共福鼎县委成立。一九三四年三月，泰顺建立了第一个红色政权——岭上弯乡苏维埃政府。四月，福鼎县委在苍南成立了中共平阳支部。五月，霞鼎泰县苏维埃政府成立，并在泰顺县境内建立了泰南区苏维埃政府。第二年三月，福鼎县委决定以平阳支部为基础，成立中共平阳中心区委。随后，中共闽东特委在泰顺成立了中共寿泰县委，在福鼎、平阳接壤地区成立中共鼎平县委，在闽浙交界地区建立中共霞鼎泰、福寿、寿泰景庆三个县委，驻地虽在福建省境内，但其活动范围却延伸到浙南、浙西南广大地区。

此前，原中共浙南委员会书记叶廷鹏，在浙南革命斗争遭受严重挫折及与党组织失去联系的情况下，仍在平阳农村坚持革命斗争，在江南、南港等地建立农会组织四十多个，开展“二五”减租斗争。一九三五年春，叶廷鹏等人的活动中心逐渐转移至平阳北港，在北港的凤卧重新建立中共平阳县委。他会同并肩战斗过并先后从北平、南京、上海回到平阳的吴毓、何畏、陈铁君、杨进等人开展革命活动，组建了一支数十人的浙南红军游击队，队长陈铁君。浙南红军游击队先后消灭了惯匪王世雍，袭击了平阳国民党北港区署和宜山国民党团防局，击毙国民党区长楼钟声，缴获长短枪数十支。

一九三六年五月，成立了中共浙南临时革命委员会，九月改称为中共浙南委员会，书记叶廷鹏，组织委员吴毓，农运委员何畏，军事委员陈铁君，宣传委员杨进，下辖以郑海啸为书记的中共平阳县委、以施震南为书记的瑞安县委和永嘉县永强区委。

中共鼎平县委改为鼎平中心县委后，以肃反队为基础，组建一百余人的鼎平独立四团，于八月编入挺进师。

就这样，在瑞安、平阳交界一带开辟了纵横三十余里的秘密工作地区。

这年夏秋，何畏和施震南等前往闽浙边与粟裕、刘英会面，并随挺进师行动。

此时，中共浙南临时革命委员会派出交通员到上海，与中共中央驻上海办事处取得联系。上海办事处交给交通员中共中央《关于目前形势与党的任务的决议》和《红军要求南京政府停战议和一致抗日的通电》等多份文件，并嘱咐交通员设法找到粟裕、刘英率领的挺进师部队，把文件交给他们。

八月，交通员回到浙南后，通过平阳南宋垟秘密交通站，把带回的文件送到刘英手里。

刘英接到文件后，连夜向党中央写了挺进师进入浙江的情况报告。

拿着誊抄好的报告，他想：整个国民党统治区正笼罩在白色恐怖中，让谁把报告送出去更安全、更可靠呢？这是关系到整个浙南革命生死存亡的大事，含糊不得。

何畏很快就推荐了一个人选，名叫林秋侠。她原名叫林心平，是一名年仅十八岁的如花少女，一心想成为像秋瑾一样的女侠客，自己改名为林秋侠。

刘英担忧，林秋侠年纪这么小，有没有经受过考验？能不能完成这一任务？

何畏详细介绍了林秋侠的情况。她年龄小，但机灵、意志坚定。她是在哥哥的影响下参加革命工作的，曾经在平阳县水头镇等地发传单、贴标语，遭到国民党军警的逮捕，被严刑拷打。但她坚强不屈，在关押一个多月以后，终于“查无实据”而被释放出来。

刘英听了介绍后，点了点头。

事实也证明，刘英、何畏没有看错林秋侠。她接受任务后表示，宁可丢头颅，决不失密件！在何畏的安排下，她日夜兼程，只身一人绕开敌人的岗哨，乘船到达上海，终于将密件转交给中共中央驻上海办事处。挺进师与党中央中断联系一年半后，重新恢复了联系。

林秋侠在上海受到党组织的器重，光荣地加入中国共产党，被保送到延安“抗大”学习，投身到抗日洪流中去。后来因为叛徒的出卖被捕，虽受尽毒打折磨，但她威武不屈，最后被敌人用刺刀捅杀而英勇牺牲，年仅二十三岁。

九月上旬，何畏派交通员送信给叶廷鹏，粟裕率领的挺进师一部与陈铁君率领的浙南游击队在瑞安、平阳交界的葛藤湖顺利会师。当日，挺进师和浙南游击队移师平阳境内的包垟村，公开驻扎了三天三夜。叶廷鹏、郑海啸到达包垟村与粟裕、刘英会晤。刘英传达了闽浙边临时省委决定在浙南建立游击根据地的指示；叶廷鹏汇报了浙南党组织和游击队活动地区及斗争情况，并主动提出接受临时省委和挺进师的领导。

此后，叶廷鹏、郑海啸领导的浙南游击队成为挺进师的重要依托，浙南人民的武装斗争也就与挺进师紧密结合在一起。

刘英亲切地称叶廷鹏、郑海啸为浙南“农民领袖”，相互建立起很深的友谊。被群众称为“老海”的郑海啸，先前跟随叶廷鹏叱咤风云，出生入死，战功显赫。迎来了挺进师之后，郑海啸一直在刘英的领导下坚持战斗。他身强力壮，打起仗来英勇顽强，智勇双全，在群众中享有很高的威望。

郑海啸对刘英十分敬重和信赖。他既是刘英领导下的一位县委书记，又是刘英身边的“保镖”和“卫士”。他和刘英相处时，为刘英守夜、放哨，处处关心刘英的安危。

刘英对郑海啸也是关怀备至，视郑海啸为战友兼兄长。有一天，郑海啸抵达平阳坑，见到刘英十分高兴。然而，刘英一见郑海啸，心里却不是滋味。只见郑海啸头发蓬乱，满头大汗，大热天身上还穿着一件破烂的粗布夹衣，一条白布短裤已经发黑，像是深山老林里的野人。刘英紧紧握住郑海啸的手，轻轻地把他按坐在一条长凳上，当即喊来警卫员为他理发，又拿来一套换洗衣服和一双新鞋给他换上。郑海啸一下子变了样，刘英高兴地招呼身边的官兵：“大家看，老海年轻了！”

郑海啸是个有泪不轻弹的硬汉子，此时竟掉下激动的泪水。

工作上的分歧

临时省委与闽东方面交往频繁，联系密切。

一九三六年二月，刘英以可夫的化名给叶飞写了一封长信，临时省委打算调叶飞任省委组织部部长。但为了领导闽东，叶飞暂时不能离开，建议把已到闽东独立师任政委的许信焜或师参谋长阮英平调给浙西南方面。刘英在信中还用很长的篇幅，专门探讨了宣传鼓动工作，特别是革命口号，认为目前“不仅政治口号传单等要力求统一与正确地提出，而且要善于运用革命的政治口号与不失时机地去进行”。

同时，刘英在信中对组织工作、斗争方式等提了具体意见：

> 我们的组织工作，最近在实际的表现中，似乎爱旧厌新，直言之，

就是我们的组织工作只知一些老办法，而不知运用环境去进行合乎当时当地的需要。如最近某部队所进行之组织，大都是贫农团、工会交通网和党团等组织。当然，上面这些组织并不是不要进行，而且必然要进行，但是，在目前抗敌联合的紧迫战线中，我们更需要善于运用环境与策略，以及转变工作的方式，明白的（地）说，目前我们关于联合战线的政治口号和工作方式以及斗争方式等，还没有引起我们大的注意布置与实施。

仅隔一个月，三月十四日，刘英再次给叶飞写信：

省委自成立以来将近数月，不仅整个的领导与布置尚未（很）好的（地）建立，就是本身组织亦不健全，如果让它继续这样下去，则对于整个领导与工作，实有不少的损失，尤值此时更不容缓我们继续地忽略下去。

信中还传达了一九三六年二月二日临时省委峰文会议精神。

此时，临时省委内部以及挺进师负责人之间，已有一些不同意见。临时省委对革命已转入低潮之时，留在南方坚持斗争的红军和游击队应采取什么样的方针，认识并不十分明确。临时省委领导人并没有完全认识到，在当前民族矛盾日益加深的形势下，应从实际情况出发，适当地转变策略，调整政策，团结中间阶层，对上层分子根据其不同表现区别对待，以孤立敌人，并注意公开工作和秘密工作的结合，以增强对敌斗争的力量。

罗卓英经过几个月的“围剿”，一九三六年春正将主力集结于城市和交通干线。

此时，挺进师领导人之间对恢复浙西南游击根据地的看法有了分歧。有的认为，敌人的“清剿”基本结束，应率挺进师主力回到浙西南地区去恢复根据地工作，不能失去时机，抓紧进军浙西南！有的认为，敌人主力虽已集结，但仍在附近城市和交通干线，仅凭这个情况还不能判断敌人对浙西南根据地的“清剿”已结束，挺进师主力仍应坚持在广泛区域内打游击。至于何时进入浙西南中心区域，应在进一步了解情况后，相机行事。

尽管如此，按照临时省委二月二日峰文会议的部署，粟裕率领以挺进师主力组成的浙西南独立师两百余人，第一次重返浙西南。

三月下旬，粟裕率部从（福）鼎平（阳）边出发，辗转浙江青田、缙云、丽水、云和、景宁、龙泉，福建浦城等广大地区。独立师先与二纵队余龙贵等十多人会合，来往于浙赣铁路以南地区，与敌人兜圈子。四月六日，回缙云老家探亲的国民党驻赣预备军司令部秘书长兼参谋长陈素子，在越陈村明堂岙组织反动民团阻击粟裕部，陈素子却反被红军活捉，公布其罪行后予以处决。之后，粟裕率部在黄弄坑村与第一纵队政治特派员张文碧等十二人会合。四月十五日，红军在云和县岚头岭遭到国民党地方部队的袭击，粟裕脚踝受伤。这是粟裕第六次受伤，当地群众用捣碎的八角莲为他疗伤。在敌人的前堵后追下，带伤的粟裕仍率部往返游击，五月下旬才跳出包围圈，经闽浙边回到浙南鼎泰区，与临时省委会合。

此时，临时省委几次严厉批评闽东独立师不到白区开展游击战争，要求叶飞率部离开闽东到浙西南开展游击战争，恢复和开辟根据地。叶飞和闽东特委大多数领导认为，当前敌人大兵压境，如果独立师离开闽东，根据地很快就会垮台。丢失了根据地，不仅开辟不了新区，部队无法开展游击战，很可能连立足之地都没有。

此后，闽浙边临时省委举行会议，临时省委和闽东特委双方认识还是不能统一，会议无果而散。

四月，叶飞来到闽北政和县洞宫山仰头村，与闽北分区委书记黄道会面，参加已约定的闽北闽东双方联席会议。会期三天，会议决定成立中共闽赣省委和省军区，黄道为省委书记，叶飞为省军区司令员，下设四个分区委和军分区。其中第四分区为闽东北地区，包括浙西南境内的龙泉、庆元两个县。会后，叶飞没有到职担任闽赣省军区司令员，同时宣布退出闽浙边临时省委。

闽浙边临时省委和闽东方面的矛盾加深。受肃反扩大化的影响，双方误杀了持不同意见的人，包括浙南特委书记、原闽东特委委员郑宗毓。

《粟裕回忆录》中分析了当时的情况：

> 闽浙临时省委是在失去党中央和上级党组织领导的情况下，由浙南和闽东两个游击区的党的负责人，根据实际斗争的共同需要协商一致成立的。临时省委成立后，由于浙南游击区和闽东游击区双方都有些本位主义、山头主义，从浙南方面来说，还有以主力自居的思想；同时我们都不知道遵义会议的精神，受“左”倾冒险主义肃反扩大化的影响，互相错抓了人，错杀了人，发生了误会，双方都有气，以致产生了矛盾。

六月初，“两广事变”爆发后，蒋介石急忙把罗卓英的第十八军调往湖南。国民党对浙西南革命根据地历时八个多月的“围剿”结束，浙江境内敌情趋缓。

临时省委在鼎泰区排头村召开会议，根据新的形势，决定进一步巩固和扩大根据地，恢复浙西南的工作，重建浙西南特委，任命省委委员许信焜为书记，并重建第二纵队，任命第四纵队参谋长赵春和为纵队长、第一纵队政治特派员张文碧为政治委员。粟裕率浙西南特委机关、浙西南独立师和重建后的第二纵队共三百余人，经福清、浦城、江山，进入浙西南。

这是粟裕第二次重返浙西南。

粟裕率部先后转战宣平、武义、永康、缙云、丽水等地，拔除龙泉住溪和遂昌王村口等地方反动武装据点，重新建立龙浦、龙遂、江浦三个县委及下属的区委，重建游击根据地。七月下旬，粟裕率部从丽水大港头渡过瓯江大溪，经景宁返回浙南。

八月下旬，在李家山召开临时省委扩大会议后，粟裕率领一百五十余人，第三次重返浙西南。

为进一步开展游击战争，争取浙西南革命形势继续好转，粟裕率部一路不停地转战，并抓住敌人兵力薄弱的时机，于九月二十八日夜突袭宣平县城。在浙西南转战至十一月，粟裕率部与赵春和的第二纵队相会合，两百多人的队伍顺着景宁县西南部，沿沙湾河进入庆元县东部地区活动。

正当浙西南游击根据地逐步得到恢复之时，庆元县东部的南阳村却差一点发生重大的内部流血事件，中共党史上称之为“南阳事件”。一九三六年十一月底，仍在浙西南活动的粟裕接到临时省委的命令，要求其扣押叶飞。粟裕只好通知在闽浙边寿宁一带活动的叶飞前来会面。叶飞立即与闽东独立师第二纵队纵队长陈挺带了一个连，急行军赶到庆元县南阳村，想不到在当晚的接风宴会上遭到扣押。幸亏叶飞与陈挺在押解途中意外逃脱，才没有造成更大的不良后果。

“南阳事件”在闽浙边产生很大的影响，《粟裕战争回忆录》中分析了这一事件发生的根本原因：“当时我们都还年轻，又失去中央和中央分局的领导，这就不能不使我们在思想上行动上和对问题的处理上，留下不成熟的痕迹。”

第九章

红艳合抱枫

小代价换取大胜利

在浙南乃至闽浙边广大地域，临时省委及其新成立的特务班日益频繁和激烈地开展武装斗争。

一九三六年四月初，从闽东回来的挺进师战士七十余人，在一位王姓连长的带领下，进驻泰顺县松垟乡古洞坑村。十二日中午，转移到峰文乡小南山村。这儿群众基础好，战士们放松了警惕，吃过午饭后即在一座大房子里休息。国民党泰顺县保安团接到情报后，立即派出一个连的兵力悄悄包围了小南山村，并占领了高处有利地形。

战斗很快就打响，红军立即处于劣势。

经过一个多小时的激烈交火，红军战士被逼向鸡公山悬崖，没有退路。战士们或英勇作战而牺牲，或跳下悬崖而牺牲，或在丛林中被乱枪击中而牺牲，鲜血染红悬崖下的弯溪。突围出来幸存的只有李少金一人。红军战士牺牲和失散了二十余人，江西籍的王连长也壮烈牺牲。一小部分战士隐蔽在峭壁下，敌人望而生畏不敢下来搜查。队伍回到古洞坑村集合时仅剩二十来人。

小南山战斗是挺进师进入浙南以来，人员损失最惨重的一次战斗。

四月下旬，刘英听说小南山战斗后，非常悲伤。但他没有想到的是：唯一突围出来并成功渡过弯溪的李少金，九死一生才活下来，到最后竟然会成为投敌叛变、出卖自己的人。

刘英带领临时省委机关及特务班驻扎在福鼎县王家山村。国民党军闻讯后，立即派闽保四团一个连前来袭击。鼎泰区群众心向红军，敌人刚从福鼎城关出动，就火速来向刘英报信。本来在上半年这段时间里，因挺进师主力回浙西南，临时省委机关及特务班对敌人的进攻多采取回避的方式，但这次刘英决定借机狠杀敌人的威风。二十多名红军指战员埋伏在王家山村排头岭两侧的密林中。

敌人用一挺轻机枪开路，从岭下爬上来。

“把敌人抹下去！”刘英一声令下，红军枪弹齐发，痛击敌人的前卫排。特务班周兆坤带领几名战士一起猛冲，他从慌乱的敌人手中夺过轻机枪，对敌人猛烈扫射，打垮了敌前卫排。后续敌军见红军有机枪，惊呼“是大部队”，纷纷掉头逃命。

在追击敌人时，周兆坤不幸中弹牺牲。

红军穷追猛打，不到半个小时便击溃了这股敌军，缴获机枪一挺和步枪几支，取得以少胜多的胜利。这次胜利的消息很快在福鼎、鼎平、泰顺等地的群众中传开了，说是红军专打敌人埋伏，尽是天兵天将。对这次战斗及其影响，刘英是这样写的：

> 省委工作人员并特务班只不过二十几人，大部都是赤手空拳，然而广大群众在敌人不断压迫下，真是忍无可忍了，于是不断地要求我们配合他们打击敌人，消灭敌人（群众有梭标、土枪之类，斗争精神很好）。以我们多方的考虑，认为配合群众力量，采取埋伏侧击的战术，选择有利的条件，是可以给进攻之敌以打击，并决定首先就要打击第九师（因为第九师的牛皮最大，说他一连人可以消灭全福建的游击队及共产党），因此第一仗就击溃了第九师两个排，缴获了轻机关枪一挺，步枪数条，解决最多不过三十分钟，我方只一特务班政治委员周兆坤同志牺牲。此时，群众的斗争情绪较前更加高涨，并到处传播，说七军团到了很多的便衣

队；此时部队中得到一支轻机关枪，真是如鱼得水般的高兴和快活。

刘英肯定了特务班的成绩，决定将特务班改名为特务队。

五月二十二日，国民党闽保四团一个中队从泰顺县彭溪镇五里牌村出发进犯峰文乡。刘英率特务队埋伏在峰文乡伙爬岭村，居高临下，歼灭了敌人一个分队。

经过多次的打击，敌人也改变了策略。

刘英率领临时省委机关及特务队进入福鼎县上岙、青山岭村。当地群众喜出望外，纷纷拿出粮食和菜肴招待亲人，向亲人们诉说反动派的罪行。六月二十五日，交通员送来情报，闽保四团一个连从桐山城出发，要对岭头、何坑、库口等地进行“清剿”。上午，敌人佯装要进攻桐北区的样子，然后突然折向东，直扑临时省委驻地的南峰山。敌人以为得计。

其实，敌人每一步行动都逃不过群众的监视。根据群众的准确情报，刘英认真研究了作战方案，认为上岙、青山岭一带地势险要，竹木繁茂，且岭峻路窄，既便于埋伏，又便于出击杀敌，决定就在这一带打一个伏击战。

上岙等村群众听说刘英率领红军要在这里打仗，便在党支部的领导下，组织起担架队和后勤队。

刘英带着几个参谋仔细察看了地形，决定以一部分兵力埋伏在青山岭高地，把临时省委的特务队埋伏在青山岭两侧，让游击队埋伏在鲤鱼山及其右侧山头。进入阵地的红军游击队用草和树枝伪装起来，在上岙岭的岭口设了暗哨，严密注视敌人的行踪。

下午，敌人果然从上岙村向青山岭爬上来。特务队十几名身手不凡的战士静静地埋伏在青山岭后。

敌人的先头班顺着山岭懒洋洋地爬上来。突然，红军战士从草丛中一跃而出，把敌人一个个用毛巾捂住嘴，缴了枪，绑了起来。敌人万万没有想到先头班悄无声息地全部被红军活捉了。当敌人主力全部进入伏击圈时，埋伏在鲤鱼山的游击队将鲤鱼山与青山岭相接的竹桥拆掉，切断了敌人的退路。

“抹下去!”刘英发出攻击命令，埋伏在青山岭两侧的红军同时开火。

敌人遭到这突如其来的袭击，措手不及，被打得晕头转向，死伤过半。敌人见后无退路，便拼命往青山岭上冲。早已埋伏在青山岭上的红军游击队，立即猛烈地阻击。敌人见腹背挨打，便四处乱窜。这时，附近村庄前来助战的群众齐声大喊：“冲啊！杀呀！缴枪不杀!”声音此起彼伏，吓得敌连长带着二十多个残兵，涉水过溪，拼命逃窜。

红军游击队拿着土枪、长矛，穷追猛打，随着喊杀声冲向残敌，与敌人展开白刃战。

敌人火力占据了优势，二十多个残兵终于突出重围，逃回了桐山城。经过近一个小时的激战，被困在山沟里一个连的敌人，除二十多人逃脱外，被打死打伤三十多人，其余全部当了俘虏。红军游击队缴获机枪一挺、步枪三十多支、短枪一支。红军轻伤八人、游击队员牺牲一人。

这次战斗以较小的代价换取了胜利。

捷报传开后，青山岭周围数村的群众欢呼雀跃，纷纷杀猪宰羊慰劳红军。敌人连战皆败，一听到挺进师和刘英、粟裕的名字，便闻风丧胆。

临时省委及特务队在当地游击队的配合下，神出鬼没地打击敌人，屡战屡胜，根据地人民深受鼓舞，革命激情日益高涨，许多革命群众纷纷要求参加红军。临时省委直属部队人多了，枪也多了。部队番号从原来的特务班改为特务队后，又改为临时省委教导团，人数也由二十多人发展到一百多人。

挺进师从浙西南转战到浙南，在闽东与浙南地方党组织和红军游击队的大力支持下，开辟和建设浙南游击根据地。在刘英为书记的临时省委的领导下，闽浙边党组织广泛发动群众，发展党组织，建立武装队伍，开展游击战争。各县相继建立独立团、独立营和游击队，各区委也都先后组建游击队、肃反队等武装组织。

浙南游击根据地在游击战争中不断扩大、发展与巩固。这一时期所取得的成绩，刘英这样回忆道：

在游击战争方面，不但战术的运用有很大的转变，而且游击区域的开展更加宽广了，差不多温、台、处、衢各属及杭州以南以至蒋介石老家的奉化附近也有了红军的足迹，这不仅震动了整个浙江的敌人，而且震动了整个的统治阶级，尤其是在政治上取得了很大胜利。

由于红军的活跃和实际行动中表现着他们英勇奋斗、艰苦卓绝的先进行动，不但揭破了国民党军阀说红军已经完全消灭了等武断欺骗宣传，同时在龙泉、丽水、青田、温州以南，宣平、武义、永康、缙云、金华、义乌、东阳、仙居及浙东数县，共计不下三十县的广大群众，除了一小部分以外，无不对红军友好。特别是浙南、浙西南及闽浙边数十县的民众，对红军的热望与拥护，确实表现得非常明显，在某些地区甚至表现得同老苏区一样，群众自动的（地）替红军担任运输、向导及治疗伤病员等，并自动的（地）组织游击队，进行分粮和策反等工作。

此时，浙南游击根据地的范围包括瑞安、平阳、泰顺、福鼎全部以及青田、景宁、丽水、霞浦、寿宁、庆元、永嘉等县的大部或部分地区。在临时省委和刘英书记领导下，中共浙南特委属下的县委由三个发展到六个，即瑞平泰中心县委和鼎平、福鼎、泰顺、桐霞、平阳县委，下属组织共有区委二十一个、党支部三百零四个、党员两千多人，根据地内普遍建立党、团基层组织和贫农团、工会、妇女会、少先队等群众组织。

共产党在浙南有了一块比较巩固的游击根据地。浙南游击根据地基本连成一片，出现了前所未有的大好形势。可以说，这是挺进师进入浙江开展游击战争以来发展最顺利的时期。

李家山的红枫

红军频繁活动在闽浙边界线上，积极开展群众工作，与国民党地方部队的冲突和交战一直没有停止。

福鼎县前岐镇的李家山村地处浙闽边界，群山环抱，有两条陡峭的山岭向山脚蜿蜒而去。李家山山岭上挺立着两棵古老高大的枫树，这便是著名的合抱枫。

传说迁居到这里的祖辈种下这两棵枫树，憧憬着子孙后代日子过得像红枫般红火。可是这里的人们世世代代做牛做马，过着苦难的日子。在青黄不接的时候，许多劳苦百姓吃青草、啃树皮，挣扎在死亡线上。

哪里有剥削压迫，哪里就有反抗斗争。二十世纪三十年代初，福鼎沿海地区的革命烽火蔓延到这一带山区。一九三四年，鼎平地区早期革命者周建生、王宏文、林老阙等人先后到李家山开展地下革命活动，建立革命根据地。在挺进师和地方党组织、群众共同推动下，浙南革命根据地蓬勃发展起来。

八月中旬，中共闽浙边临时省委确定在福鼎县李家山村召开扩大会议，落实和推动土地革命深入开展。

为了开好这次会议，李家山几十户人家忙开了，有的修房子、搞卫生，为红军提供较好的居住环境；有的腾出桌椅，拿出家里的碗筷，为红军安排餐食；有的到村头修路，把泥路铺平拓宽。

刘英率领的临时省委机关及教导团进村后，村里一下子增加了好几百人。

红军官兵与村里的游击队员及群众一道忙碌起来，有的提供后勤保障，有的站岗放哨。

为了解决饮水问题，红军战士在两棵枫树边挖了一口井。村妇女协会主席李春香，与庄其掌妻子阿掌嫂等八姐妹，一边给红军送茶水，一边参加挖井。军民一起劳动，在井底铺上鹅卵石，井旁砌起方块石，井口嵌上长石板。井水冬暖夏凉，长年不干涸，后来人们叫这口井为“红军井”。

刘英主持的中共闽浙边临时省委扩大会议在这里隆重召开。

会议检查和总结了二月份以来临时省委和挺进师的工作，并对今后游击战争的开展、游击根据地的巩固和扩大、共产党和共青团的建设，以及群众运动的开展等都做了新的部署。会议增补了龙跃、谢文清为临时省委委员。不久，又任命谢文清为浙南特委书记。

根据六月份临时省委在排头村召开的会议精神，经过两个多月的筹备，刘英决定建立革命政权，宣布根据地中心区苏维埃政权——浙南人民革命委员会正式成立。浙南人民革命委员会以工农为主体，吸收各界人士参加，选举了郑丹甫为主席，陈辉、蔡爱凤等为委员。下设瑞平泰、鼎平、福鼎、桐霞、泰顺、平阳等六个县人民革命委员会，共辖十六个区人民革命委员会。同时部署县、区、乡建立人民革命委员会，基层建立村民委员会。

根据中央苏区土地革命的路线、政策和方法，刘英在会上公布了浙南土地革命的政策，这就是：依靠雇农和贫农，联合中农，限制富农，保护工商业者，消灭地主阶级，将集中在封建地主手中的土地分给农民，变封建的土地所有制为农民的土地所有制。

刘英参照浙西南革命根据地的经验，讲解了分田的方法：各县以村为单位，在原耕地的基础上，实行抽多补少，抽肥补瘦，按人口平均分配。充分发动群众，开展对土豪劣绅和恶霸地主的斗争，废除债务，烧毁田契，然后给贫雇农分配土地；不使中农受任何损失；把打击的目标集中指向封建地主，同时给地主以生活出路。

在临时省委扩大会议即将结束之际，敌人又出动了。

八月十七日，浙保第二大队一个中队从南宋镇出动，向李家山进犯。一路上，敌人得悉李家山的红军主力已撤离，只留下临时省委机关和教导团少数部队，以为凭借优势兵力和精良武器，这次“清剿”一定是十拿九稳了。

敌中队长带领队伍到了半山坳，绕过一座庙宇，已看得见李家山上两棵高大的合抱枫了。敌人试探着向空中开了几枪，见没有什么动静，便毫无顾忌地爬上了山岭。

合抱枫上的红军瞭望哨一直监视着敌人，此时他们已完全进入红军伏击区。

"抹下去！"刘英一声令下，埋伏在树林里的红军、游击队同时开火，敌人死的死、伤的伤。

敌中队长慌忙指挥一部分士兵集中火力向山上射击，企图掩护被打散的士兵继续顺着山势，分左右两路夺取半岭高地。半岭高地响起了激烈的枪声。这是鼎平县游击队为了配合红军战斗赶了过来。敌人被红军和游击队前后夹攻，敌中队长挥舞着驳壳枪，大喊："撤退！撤退！"

刘英下令，红军和游击队留下一部分兵力切断敌人退路，阻截增援之敌；其余各路把逃跑的敌人团团包围起来。走投无路的敌人纷纷放下武器，举手投降。经过一个小时的紧张战斗，毙敌五人，活捉一百零五人，缴获长短枪一百多支、手榴弹一百多枚、子弹三千余发。红军和游击队无一伤亡。

临时省委及教导团取得李家山战斗的重大胜利，极大地鼓舞了士气。当晚，召开庆功大会，军民载歌载舞，尽情欢庆。

在李家山的红枫树下，刘英挥毫写下了"打破旧世界，建立苏维埃"十个大字。为了留下永恒的纪念，红军战士用钢刀将这十个大字镌刻在树上。"我们胜利了！"刘英手抚枫树，意味深长地告诉大家，"等这树皮重新长合的时候，全国革命就成功了！"

敌人对浙闽边革命的发展十分恐慌，不间断地对革命根据地进行疯狂的摧残和破坏。他们先后十余次到李家山，全村七十多间房子被烧光，连枝繁叶茂的合抱枫也被烧成光秃秃的枝条，不少群众在合抱枫下献出了宝贵的生命。

李家山人民并没有低头和屈服，他们坚定地说："烧了房子，将来盖大楼；烧了合抱枫，烧不了怀念、拥护和支持红军的心！"李家山人民以鲜血捍卫合抱枫，捍卫根据地。浙闽边人民做出了巨大的牺牲，终于赢来了革命的胜利。深深扎根在这血染的土地上的合抱枫，每年逢春而发。

后来，根据地军民合编的《合抱枫之歌》，传遍了浙南各个角落：山重重，叠叠峰，山上挺立合抱枫……合抱枫，年年红，火烧山头遍地红！

开花结果与保卫成果

广大群众以极大的热情迎接革命的成功，人民政权迅速在浙南大地上开花结果。浙南人民革命委员会让老百姓行使民主权利，参加土地革命活动。广大群众喜滋滋地领来了“公民证”。

“四抗”斗争和分青苗成为土地革命的主要内容。在平阳、泰顺两个县进行抗租、抗债、抗捐、抗税的“四抗”斗争；在鼎平、福鼎、瑞平泰、桐霞四个县开展以分青苗为主的土地革命。共产党和红军带领贫苦农民开仓分粮，把饥饿的群众从死亡线上解救出来。而分配到土地的农民更是笑逐颜开，他们从内心深处发出热烈的欢呼。

刘英也非常高兴，广大农民群众得到了实惠，也加深了对革命意义的认识，极大地激发了革命热情。

八月下旬，浙南人民革命委员会在瑞平泰县召开土地革命会议。各县土地革命的骨干六十多人参加会议，接受培训。培训会上，宣布了临时省委制定、刘英书记亲自审定的关于分青苗、分土地的六条政策规定：

> 一、没收地主的全部土地和富农多余的土地，分配给无地或少地的雇农和贫农；
>
> 二、对中农的土地，原则上不动，但也可在自愿的基础上进行个别调整；
>
> 三、手工业工人、小学教师和兼做小买卖的半工及半商半农的家庭，根据其收入多少，由群众公议，适当分配给土地；
>
> 四、将部分坏地分配给地主；
>
> 五、地主自耕地和富农多余土地的青苗，分配给雇农和贫农收割；
>
> 六、佃农耕种土地上的青苗，一般归佃农自己所有，按平均分配

数，过多部分的青苗分给别的群众收割时，则应付给原来所付出的劳力和肥料的代价，以做适当补偿。

郑丹甫讲着闽东方言，组织革命骨干学习土地革命的政策规定。

接着，各县人民革命委员会组织调查研究，开展宣传动员，进行青苗估产，然后登记应分青苗户；计算粮食，按应分粮食数划分相应的青苗地，让农户在秋收时收割。

在分青苗、分土地的斗争中，各县结合具体情况，有不同的规定。鼎平县规定，凡是反动地主，青苗、粮食和财产均予以没收；一般地主处以没收粮食，不没收财产。没收来的粮食，百分之二十作为军粮，百分之八十按人口平均分配给雇农和贫农。广大农民在分土地、分青苗斗争中，镇压土豪劣绅，烧毁地主的田契，收缴地主的武器来武装自己。鼎平县收缴了梭镖、鸟枪等武器一千多件，土炮一百多门。

各地按照临时省委和刘英书记的要求，扩大了贫农团和雇农工会，同时成立了手工业工会、妇女会、青年团、儿童团、抗租团等群众组织。

根据地的广大青壮年踊跃参加游击队，一部分青壮年参加了红军，积极投身武装斗争。儿童团帮助游击队站岗放哨，监视敌人的破坏活动。根据地妇女纷纷参加革命活动，她们参加战地服务队抢运伤员，护理伤员，还站岗放哨，帮助红军买米买柴，为红军缝洗衣服，做干粮。

在临时省委和挺进师的领导下，闽浙边几块游击根据地基本连成一片。刘英率领省委机关和教导团在福鼎、泰顺地区活动，寻找机会歼灭敌人。

一九三六年十月，刘英决定攻打泰顺县一处炮台，拔除这个敌人据点。据交通员侦察报告，守敌是国民党浙江省保安四团第一大队。刘英采取“引蛇出洞”的办法，把敌人引到十里外的福鼎仓边村来“吃掉”。十二日傍晚，一支当地游击队身背梭镖、大刀、土枪，故意暴露目标，之后即向仓边村撤退，引诱敌人上钩。

同时，刘英派出交通员分赴各村，通知游击队连夜赶到仓边村集合，准备参战。

二百多名红军指战员连夜抵达仓边村，埋伏于龟仔山北段和中段。鼎泰区游击队八十多名队员防守南段阵地，阻击南逃的敌人。仓边村周围各个山头，隐蔽着数百名游击队员和群众，等待抓俘虏，收缴敌人武器。

刘英看到边区军民斗志昂扬，严阵以待。

第二天清早，敌人果然上钩，分两路出动，形成对仓边村左右包抄的态势，其先头部队到了兰木桥，全部落入红军的伏击圈。

“抹下去!”刘英大声发出攻击命令。

红军阵地上机枪、步枪和游击队的土炮一齐开火，红军战士个个猛扑敌群。防守在南面的鼎泰区游击队用土炮击伤敌人，队员们手持梭镖、大刀奋力冲锋，堵住敌人的退路。隐蔽在各个山头的游击队员和群众助威呐喊：“冲啊！缴枪不杀!”

红军游击队迅速合围，敌人一个个束手就擒。

另一路敌人闻讯赶来救援，可是已经迟了。红军已乘胜再次发起攻击，敌人见势不妙，仓皇逃跑了。

经过半个多小时激战，我方即结束战斗，取得胜利。仓边战斗共击毙敌人二十多人，俘虏敌人数十人，缴获轻机枪三挺、步枪八十多支、驳壳枪十支、子弹十五箱，还有许多手榴弹。

后来，国民党浙江省政府追究责任，对这次作战失败进行检讨：皆缘平素训练不重实用，小部队无独立作战能力，以及指挥官无戒敌心理，不多多派侦探，及至危难之境，又不能以大无畏之精神争取最后胜利所致。

仓边战斗胜利后，浩浩荡荡的军民大军开到淡竹阳村，举行庆功大会。刘英在会上做了总结报告，指出闽浙边区革命斗争发展的大好形势和面临的任务，军民深受鼓舞，群情高涨。

但充满喜庆的广大官兵没有想到失利的滋味正等着大家。

正当广大军民在淡竹阳村欢庆胜利的时候，不甘心失败的国民党反动派，纠集反动分子，探听红军情报，伺机反扑。十月十五日，驻守福鼎的国民党保安团，获悉红军在淡竹阳村的活动情况后，兵分三路向淡竹阳村进攻。敌人从桐山城出发时，便有群众赶到临时省委驻地向刘英报告。

随即，两个班的红军在谢文清的带领下，占领了马尾岭山头高地。

红军哨兵站在马尾岭上已能清楚看见国民党保安团的队伍。交通员再次向刘英报告：“可夫同志，敌人来了，看得见了！”可夫是当时刘英的化名。

刘英没有下达攻击的命令，而是要求大家再稳一稳、看一看。

三路敌人正向淡竹阳村步步逼近，从正面进攻马尾岭。马尾岭山高且陡，只有一条狭窄的石阶通往山顶，是“一夫当关，万夫莫开”的险要之地。

有的指战员充满信心地说：“敌人想夺取马尾岭，显然是来送死。”

其实，中路敌人是佯攻部队，红军一出击就退了下去。红军回守阵地，敌人又发起了进攻，双方展开了拉锯战。

就在这时，左右两路敌人同时向淡竹阳村发起进攻。左路敌人袭击淡竹阳村东北面山头阵地。这里虽然有游击队防守，但火力配备差，与敌人装备相比，差距很大。但游击队员们拼死坚守阵地，英勇阻击，用土炮攻击敌人。意想不到的是土炮炸裂，自己队员受伤，最终在敌人的猛烈攻击下，阵地失守。右路敌人用马尾松伪装，抄小路偷袭淡竹阳村西南面山头高地。这里没有布置防守，被敌人轻而易举占领了。

敌人占领了两处山头高地，居高临下，向淡竹阳村临时省委机关驻地扫射，情况十分危急。

刘英命令龙跃带领部队，赶快出击！

此时，红军处于不利境地，未能夺回山头阵地。情急之下，龙跃带领一个分队阻击敌人，掩护刘英率领的临时省委机关和教导团向西北突围。

红军守在马尾岭上的两个班，退路也被敌人堵死了，只得向马尾岭的敌人发起正面冲锋。敌人受到突然而猛烈的冲击，向后败退，占领对面山头。

红军乘机迅速向西插进，顺利地突破敌人的包围，到达泰顺东瓜坪，与刘英率领的临时省委机关会合。

包括谢文清的警卫员在内的数名战士在突围中牺牲。

红军撤出后，敌人在淡竹阳村疯狂地烧杀抢掠，民房被焚百余间，财物被洗劫一空，群众受到严重摧残。

刘英从拮据的工作经费中拿出两千元，救济受灾受难的群众。

番号无形中消失了

此时，蒋介石策划好了对付红军南方游击区新的"围剿"方案。一九三六年十月，国民党军委会命令张发奎接替卫立煌为闽浙赣皖边区主任公署主任，总部由江山迁往衢州。

仅仅过去两个月，也就是西安事变后第三天的十二月十五日，国民党军委会从湖南调来第四路"剿匪"总指挥刘建绪接替张发奎，担任主任，当天就抵达兰溪，之后转赴江山策划"剿共"。同日，刘建绪调集主力部队六个师、两个独立旅及地方保安部队共四十三个团约十万兵力，开始向浙南游击区"围剿"过来。

蒋介石任命国民党CC系骨干分子朱家骅接替黄绍竑担任浙江省政府主席，调浙江省保安处副处长蒋志英到温州地区主持"剿共"。

从一九三七年元旦开始，刘建绪不断电令各部队长官，加紧"清剿""进剿""驻剿""堵剿""围剿""搜剿""合剿"挺进师。一月六日，他在衢州召开了"驻剿"部队指挥官和四省边区六十多个县长参加的"绥靖"会议，部署对红军游击队的"清剿"。

国民党军队的将领们鱼贯进入会议厅。刘建绪为会议准备了稿子，念完稿子后，刘建绪扫视了一遍笔挺端坐在会议桌前的众将领，拿着指挥棒，做出兵力部署：第六十三师一部在浙赣铁路一线压红军挺进师南撤；新编第五十二师及赣闽保安团于江（山）浦（城）公路及松溪、庆元、政和一线，由西面逼迫挺进师东移；第五十六师由闽北伸向庆元等地，阻止挺进师转移闽北；浙江两个保安团置于泰顺、寿宁，封锁闽浙边界；独立第九旅控制飞云江，第十九师置于温州、瑞安、平阳一线，构成东西沿海封锁线；第八十师一团置于福鼎，以阻止挺进师向福建方向机动；第十六师、新编第三十四师、第六十三师的第一八八旅和暂编第十一旅为机动“搜剿”队，轮番往各“清剿”区进行“搜剿”。在平阳县设立闽浙边“清剿”指挥部。

刘建绪命令各部于一月十五日开始，向挺进师和浙南游击根据地发起进攻，限六个月内完成。最后他说：“至若如何实施，端赖与会诸君多发抒意见，望各位同心同德，全力以赴！”

国民党这次“清剿”的方针是政治、军事双管齐下。

刘建绪与共产党交战多年，在湖南时同自己的老乡贺龙领导的红军打过仗，从中摸到红军打仗的许多特点。这次，他采用的是“大拉网”战术，由北而南、由西而东、由外围到中心，步步进逼，企图将挺进师向东南一隅压迫，然后在飞云江以南、沙埕港以北的浙南沿海地区聚而歼之。在政治上，强迫群众组织“联甲”和“剿共”义勇队、壮丁队，协助国民党军“清剿”；采取移民并村的方法，焚毁边缘地区及零散民宅，强迫山民迁移，并按人头定量逐日配给食盐，以杜绝群众对红军游击队的接济；在群众中歪曲西安事变和平解决的真相；威胁利诱，声称“将匪击破，则予以重赏”，凡“通匪者杀，窝匪者杀，见匪不报者杀，替匪宣传、煽动者杀，当匪者杀全家人”。

敌人企图以此把群众和红军隔开，实现其“竭泽而渔”，消灭挺进师的目的。一时间白色恐怖笼罩了整个浙南地区。

刘英率临时省委机关及教导团在浙南坚持斗争。

一九三七年一月底，刘英率部在泰顺县峰文乡大力训练干部，深入广泛地发动群众。为了扩大政治影响，粉碎敌人的“围剿”计划，临时省委决定重建红军第十九师。

红十九师曾令敌人闻风丧胆。

中国工农红军第十九师这个番号有其不同凡响的历史意义。师长是担任红军北上先遣任务的原红七军团军团长寻淮洲，曾出击浙皖赣边，担任打击“追剿”先遣队的敌人与创建新苏区的任务。怀玉山战斗失利后，先遣队余部改编为挺进师进入浙江，但官兵们对红十九师的番号及其光荣历史一直念念不忘。

重建红十九师是在临时省委会议上正式确定的，这是临时省委和挺进师的紧急任务。

刘英在会上提出组建红十九师的建议，理由是红军主力人数增加，武器改善，而且地方游击队和肃反队发展迅速，可从中选一批优秀分子加入红军主力。他强调，重建红十九师目的有二：一是发扬原红十九师英勇善战的作风；二是借此契机，将闽浙边区的革命工作向更大的范围拓展。

一月三十日，扩编部队的工作在泰顺县峰文乡的林氏宗祠中进行。

刘英代表临时省委任命：浙南军分区司令员罗连生为红十九师师长，中共浙南特委书记谢文清为红十九师政委。下设三个团和一个师直属教导队。名义是团，实际只有营的兵力。每团三个连，每个连有七十至一百多人。

正当刘英和已经返回浙南的粟裕在峰文乡的林氏宗祠进行部队整编时，国民党军第五十五旅旅长唐伯寅率部进驻平阳，围攻福鼎县南宋镇。

红十九师组建后的第六天，也就是二月五日，国民党军第八十师一个团和浙保第二、第三团共三千多人进攻峰文乡。

刘英率临时省委机关和教导团、警卫班扼守峰文乡东边，粟裕率领新组建的红十九师控制峰文乡南山制高点，谢文清、余龙贵率部从峰文乡北边反击。打了一天一夜，歼敌一个加强营。

敌人从四面包围过来，红军主力部队主动撤离。

此时，红军第四支队在余龙贵支队长带领下，正埋伏在寿桃尖高峰。由于通讯员迷路，没有把撤退命令及时送达，部队拼死抵抗着国民党军第八十师一个团的兵力。敌人在炮火的掩护下发起猛攻。余龙贵命令部队，等敌人靠近时集中火力再打，连续打退了敌人的数次进攻。

四面的敌人都向寿桃尖包围过来，继续坚持战斗将是全支队覆没，撤退又没有上级的命令。正在进退犹豫之际，山上突然起了一阵大雾，余龙贵果断下令悄悄撤离。部队沿着东南面的峭壁攀着葛藤滑下来，然后顺着山脚一条旱水溪向南冲去。

听到红军撤退的脚步声，距离约一百米远的敌人吼叫着："是哪个部队的?"

隔着大雾，红军操着闽东口音，回答说"是自己人"。敌人信以为真，没有开枪，余龙贵率队冲出了包围圈。

浙保第二、第三团循枪声摸到寿桃尖。国民党军第八十师的一个团也正向寿桃尖狂攻。在浓雾中，两股敌军从相对方向发起冲锋，形成"狗咬狗"的局面。此时红军已转移到附近的山上，只听见两股敌军相持打了半天才停火。

峰文战斗是挺进师在浙南与敌作战中规模最大的一次战斗。苏联《红星报》报道了峰文大战的消息。

这次战斗挺进师也有伤亡，余龙贵在撤退中就受了伤。

为了避免与占兵力优势的国民党军正面较量，刘英、粟裕决定将部队分几路撤离。粟裕率领挺进师一部暂时到泰顺县中部山区打游击，刘英率省委机关人员及教导团、红十九师转移到平阳县南部的玉苍山一带活动。

一九三七年二月，出现了异乎寻常的历史巧合。巧就巧在"十九"这个数字上。

这个月的十九日，临时省委教导团及新组建的红十九师一百多名战士在福鼎、平阳两县交界地区活动几天后，转移到平阳县南部的玉苍山休整。第二天上午，国民党第十九师分几路包围了过来。

刘英立即命令部队阻击，顶住从背后扑来的敌人。

连续两次打退敌人的进攻。刘英正要下令撤退之时，又发现一股敌人开始了第三次反扑，同时还得知驻扎泰顺县的敌人已过来增援。红军一百多人腹背受敌。刘英亲自指挥部队还击，一下子把敌人压下山沟，随即乘机向南突围。不料又一股敌人从对面半山腰的树林里猛烈扫射。临时省委教导团团长、红十九师师长、浙南军分区司令员罗连生中弹负伤，被敌人俘获。

刘英带领警卫班的战士从东面突围，战斗坚持到天黑。战士们打得灵活勇敢，终于甩掉了追击的敌人，保卫了临时省委领导机关的安全。

此时已是保卫队队长的程美兴，在突围中，右脚受了伤。走在前面的刘英发现后，随即转过身来，要搀扶程美兴。程美兴怕影响战事，急忙对刘英说“自己没事”。

刘英看到程美兴的伤，说：“还没事？一拐一跛的，扶你走吧！”

走着走着，突然，程美兴被一块石头绊倒，两人从路边朝山下滚去，幸好被一个树桩挡住。程美兴失去知觉，刘英顾不得自己的伤痛，爬起来，和几个战士一起把他抬上来。程美兴醒过来时，发现自己已躺在担架上。

刘英率部冲出敌人的包围圈，辗转几天后重返泰顺县董家坪村。

此后红十九师的番号无形中消失了。

完成殷殷嘱托

在峰文战斗中，鼎平游击队在板山打阻击，战斗相当激烈。

刘英事后了解到，由于敌我力量悬殊，加上游击队武器装备差，在这次战斗中，游击队减员比较多。队长潘世雅危急之际，采取声东击西的战术，跳出敌人的包围圈，连夜转移。他们到达福鼎县南宋镇曹坑村时只剩下十七人。这时又遭到南宋镇保安队的突然袭击，潘世雅和妻子王玉英等七人先后被捕。

潘世雅和妻子王玉英被关押在平阳县桥墩镇（今属苍南县）曾氏祠堂。王玉英在月光下发现了一把剪刀，她为了保守秘密，毅然用剪刀剪掉了自己的舌头，这样的义举，惊世骇俗，震撼人心。在桥下，刽子手用煤油浇湿了潘世雅的全身，然后点火。无情的火焰烧烤着他的肉体。敌中队长还指使走卒往潘世雅身上不断地添加煤油，火越烧越猛……

此时，刘建绪令第十九师和浙江保安第二、三、四团，与驻守福建福鼎的第八十师相配合，再次企图将挺进师围歼于浙南一带。

红十九师师长罗连生被俘后叛变，使敌人进一步查明临时省委及挺进师的主要负责人都在泰顺、平阳一带山区。红军的实力也完全暴露。因此，国民党军第十九师、第八十师和浙保第二、三、四团及闽保第四、六团，从东、西、南三个方向压过来，企图一举将挺进师合围聚歼在泰顺、福鼎、平阳三县交界地区。

为了跳出敌人的包围圈，一九三七年二月刘英在泰顺县牛童往自然村的一户茅草屋里，主持召开了二十多人参加的临时省委紧急扩大会议。针对敌人的“大拉网”战术，会议确定了“隐蔽精干，保存力量，机动灵活，积极作战”的反“清剿”方针；部队“化整为零，分散游击”，采取与敌人相向对进、易地而战的打法，或转移到敌人的侧翼和后方打游击，或到敌人不大注意的地方隐蔽起来。

牛童往会议及时改变了红军的斗争策略，对保护挺进师自身实力和取得第二次反“清剿”斗争的胜利具有决定性的作用。

刘英率领临时省委机关和教导团，准备从泰顺县东北部越过飞云江。想不到，受到敌人猛烈的阻击，随后转战福鼎、平阳两县交界地区。

粟裕率领挺进师一部突出重围，经泰顺东南部，过瑞安时留下部分人员在梅山、李山地区坚持打游击，其余取道青田、景宁边境。部队分成两路，一路由刘达云、张友昆率领，前往永康、缙云、仙居、东阳边界地区活动，一段时间后，张友昆擅自脱离部队返回江西老家，刘达云被国民党军捕获后叛变投敌；一路由粟裕亲自率领，直抵浙赣铁路南侧，向浙西南转移。

这是粟裕第四次重返浙西南。

粟裕率部回到龙泉河以北的松阳、遂昌地区与谢文清会合，立足门阵一带开展游击战争，建立宣（平）遂（昌）汤（溪）游击根据地。

浙南中共组织、游击队和人民群众顶着巨大的压力，与敌展开殊死斗争，付出了巨大的牺牲。

敌人占领了泰顺县各大村庄，纠合地方上的反动势力筑起二百八十四个碉堡把关守口，实行“移民并村”，同时进行搜山、烧山，反复“清乡”。国民党公布了所谓“十杀无赦”的条令，烧、杀、抢无所不用其极。

挺进师撤离泰顺前，按照刘英的指示，将三十多名峰文战斗中受重伤的伤员交托给泰顺县峰文乡双溪口村党支部。二月下旬的一天，刘英亲自找来了双溪口村党支部书记黄明星，深情地把这三十多名重伤员托付给了他。

黄明星向刘英保证：“我们一定会完成好任务的，请刘书记放心。”

双溪口一带山高谷深，地势险要，两侧的深山密林中隐藏着许多天然石洞，如老虎洞、猴洞、内鹿洞、石厝洞、内洞等。挺进师刚到峰文乡的时候，双溪口村党支部书记黄明星曾为刘英送过一次信。当时，黄明星准备把信缝在裤裆里，刘英指指他手上的破伞，认为放进伞柄的肚子里比较保险。果然，路上敌人两个哨兵把黄明星从头顶到脚底都搜查一遍，连裤裆、胳肢窝都捏过，却放过了那把破伞。郑丹甫收到信后，既表扬黄明星机灵勇敢，也说多亏了刘英书记的计谋好，想得周到。

刘英提起送信的事，就想着黄明星能把信送好，也一定能把这些伤员安顿好。他相信黄明星和双溪口村党支部的原因有两个：一来双溪口一带有险要的地形，有独特隐蔽的环境；二来更主要的是双溪口人民群众革命意志坚强，真心拥护共产党和红军，特别是黄明星这个党支部书记对敌斗争经验丰富，经受得起考验。

龙跃却认为双溪口村距离国民党的据点彭溪镇和峰文乡分别只有十二里和七里地，一定要注意保密，注意安全！

刘英感叹道，这真是老虎嘴边安家啊！随后，把一百块银圆、三把剪刀、一把钳子，外加一只旧药箱递给黄明星。他再一次叮嘱黄明星：“这就是红军医院的全部家当，你们党支部一定要克服天大的困难，把这批伤病员治疗好、保护好，拜托了！”

说完，刘英紧紧地握住了黄明星的手，随后带领部队匆匆离开了。

为了给战士们治伤，黄明星拜访了泰顺和福鼎的许多有经验的医生，了解医学知识，并和当地的党员干部一道按照郎中的指示上山采草药，捕捉清血化瘀的小青蛙。许多妇女和儿童也借上山拔草为名，替伤员采中草药。杨梅潭村的赤卫队员阮旺因携带草药，被敌人严刑拷打，最后牺牲在监狱中。

红军战士朱中成，因双手遭受严重创伤，流血过多，奄奄一息。青皮坳村的妇救会会员吴细媚与其丈夫冒着生命危险，将他接到家中隐蔽起来，并细心照顾了一个多月，而自己未满周岁的小女儿却靠吃粗粮度日。畲族群众雷孔拿，为一名伤员采药、送饭、放哨达半年之久。两位老婆婆轮流护理一个双唇受伤的伤员长达数月。

龙跃在他的回忆录里这样评价双溪口村一带的群众：“他们出于高度的阶级觉悟和友爱精神，与这些伤病员真正做到了患难相济、生死与共，经过千辛万苦，才治好这些红军伤员的病。”敌人对当地群众威胁利诱，重刑施压，但广大群众临危不惧，视死如归。敌人始终无法从群众口中挖出红军伤员隐藏的地点。

在八个月的反“清剿”斗争中，泰顺县境内共有四百五十六名干部和群众为保卫根据地而英勇献身，有四千四百二十四间民房被国民党反动派无情地烧毁。但是，红军伤员在当地党组织和革命群众的掩护下，顽强地同敌人、同饥饿、同伤痛做斗争。在三十多名重伤员中，除两名被捕牺牲外，其余大多恢复了健康，重新走上了新的战斗征程。

双溪口村山洞医院在敌人的重重围困中，奇迹般地坚持了八个多月。当地党组织和群众胜利完成了刘英的殷殷嘱托！

卷三

斗争·牺牲

（一九三七至一九四二）

第十章

浙南再和谈

不知情况怎样

在浙南丛林鏖战的刘英，怎么也想不到近三年不见的周恩来副主席也来到浙江，而且还关注着远在浙南的自己。

一九三七年三月下旬，人们仿佛嗅不到春暖花开的气息，而是感受到号称人间天堂的杭州城里笼罩着凝重的气氛。而西湖像一个美丽的少女，花照样开放，柳依然吐绿，湖面上还有小舢板零零落落在游弋。这里的人们也像浙南的刘英一样，并不知道一个重要的历史事件即将发生，并与美丽的杭州扯上了关系。

西安事变后，中共代表和国民党代表进行了将近一个月的谈判，但在红军改编、陕甘宁边区地位及民主选举等问题上分歧很大。中共方面要求与蒋介石直接面谈。

此时，蒋介石在杭州养病，他就邀请中共代表前来直接会谈。在这样的情况下，当年曾经为刘英等人北上壮行的周恩来，在中共联络代表潘汉年的陪同下，来到杭州与蒋介石面对面地谈判。

谈判一开始，周恩来首先表明中共对国共合作的诚意，并明确提出六项具体要求：陕甘宁边区不能分割，红军改编后人数须达四万余人，三个师以上必须设总部，国民党不能派副佐及政训人员，红军防地必须增加，共产党绝不能接收“投降收编”的污蔑。经过多轮谈判，蒋介石终于承认共产党有民族意识、革命精神，是新生力量，可以合作，几个月来的和平运动影响很好，并同意由中共负责起草共同纲领。

烟霞洞就是周恩来在杭州与蒋介石举行谈判的地点之一。

谈判中，蒋介石强调的是他个人的地位问题。他很明确，不必谈与国民党合作，只要与他合作，拥护他的领导就可以了，其他问题都好办。他统领的这帮新军阀貌合神离。所以周恩来反复强调，国民党应承认共产党的合法地位和独立性，并且在独立性这一点上，有太多的血的教训，绝不会让步。

烟霞洞窟造像可以说是江南石窟雕刻艺术的典型代表，造型优美，技艺精湛，在石窟众多的杭州也是不多见的。周恩来是一个知识渊博、兴趣十分广泛的人，走过烟霞洞，路旁遍布前人的题刻，周恩来也没有多看一眼，而是在潘汉年陪同下默默来到呼嵩阁前。

周恩来从呼嵩阁往南眺望，西湖美景尽收眼底。但，他无心看风景，而是想到了留在南方各地的红军游击队，心情非常沉重。他清楚，党中央与南方各地红军游击队，由于交通问题，大都没有密切联系。就在浙江南部，还有一支中央红军长征前就来过这里的部队，当时是以北上抗日先遣队的名义派出去的。半年后，兵败赣东北的怀玉山，那时中央正在召开遵义会议，就通过项英指示其几百人的突围部队，组成红军挺进师，挺进浙西南，创建新的根据地……

潘汉年看着周恩来陷入沉思，默默地站在一边。

北上抗日先遣队出征时非常秘密，这支部队名义上是宣传抗日、北上策应皖南革命斗争，实际上却是不惜任何代价和牺牲，吸引、牵制和打击国民党的主力，策应中央红军突围。这支部队的使命和结局是十分悲壮的，这些当时只有少数人知情。

周恩来最清楚这支部队的来龙去脉。

最早，这个想法是毛泽东提出来的，直到几个月后，中央苏区岌岌可危之时，才引起当时的中央主要负责人博古以及顾问李德的重视，后来周恩来也参加了中革军委的决策和部队北上时的誓师大会，一晃快三年了，一九三六年九月间挺进师才与中央上海办事处取得联系……毛主席曾问起这支部队，还问起在赣东北突围后，挺进师师长粟裕、政委刘英情况怎么样。因为他们两人，在中央苏区时都跟随过毛主席。特别是刘英很长一段时间都在红四军工作，毛主席还点名让他到军部当文书，所以对他还是很有印象的。

潘汉年不知道周恩来在想什么，只随着周恩来的目光，向南方远眺……许久，他轻声提醒周恩来："春天还有些冷，赶紧下山吧。"

他们走下山、坐上车，行驶在烟霞岭弯弯的路上。回到住处，周恩来坐在桌前拿起笔，准备起草关于谈判情况的报告，向党中央和毛泽东主席汇报。

这时国民党谈判代表张冲手中捧着一大束花求见周恩来。张冲说这束花是蒋夫人安排送过来的，周恩来有点意外。张冲解释，蒋夫人送这束花是为了感谢中共和苏联方面帮助找到蒋经国，并及时把消息传递过来，解除了蒋委员长的一块心病。

周恩来哈哈笑了起来，说："蒋夫人太客气了，我们国共兄弟党之间，应该相互帮助。"张冲同意周恩来的说法，还表示周恩来最近累了要安心休息，到时再为周先生饯行。

张冲走出门外，周恩来盯着这束蒋夫人送来的花，感到疑惑，蒋夫人派人送花仅仅是感谢共产党从苏联找到了蒋经国？恐怕意义不止于此吧。他赶紧让潘汉年追出去叫住张冲。

周恩来走出房间，向张冲表达了自己对国共两党合作的新期待，并请他把自己的想法和感谢之情转达给蒋夫人。同时，他感觉到这次应蒋介石之约来到杭州，收获不少，真是不虚此行。他们一起走到门口，在两根硕大的罗马柱前，两人并肩站在一起，让潘汉年给他们合影留念。

潘汉年拿起相机对准周恩来与张冲，咔嚓一声按下了快门。

周恩来与蒋介石在西湖边的秘密会晤，史称"杭州谈判"。他们开启了第二次国共合作面对面直接谈判的先声，几经交锋，促成了全面停止内战，为实现共同抗日迈出了重要的一步。

这张周恩来与张冲的合影，是迄今为止存世的杭州谈判唯一影像实证。

孕育着危机

此时，正像周恩来担忧的那样，浙南红军紧张地投入反“清剿”斗争。

刘英多次召集大家开“诸葛亮会”，寻找对付敌人“清剿”的办法。

峰文大战之后，敌人六个师、两个旅，还有浙闽两省的保安团，共数万之众，一直死死咬着浙南红军，没有消停。红军游击队为此付出了极大的牺牲。敌人强迫组织“联甲”和“剿共”义勇队、壮丁队，协助顽固派“清剿”，还移民并村，焚毁零散民宅，定量分配食盐，以断绝群众对红军游击队的接济，企图以此把群众和红军隔开。

刘英认识到，目前形势十分严峻！

国民党不但几个月前将闽浙赣皖边区主任公署迁到衢州，而且还成立闽浙边“剿共”指挥部，第十九师师长李觉任总指挥。这个李觉是何键的女婿，又是蒋介石的干儿子。在湘鄂川黔边，何键被蒋介石任命为“剿匪”总司令，只得拿出血本，任命女婿李觉为纵队司令。李觉曾在被红军歼灭千人的情况下，一直紧追红军第二、六军团不放，使红军付出沉重的代价。

如今，李觉亲自坐镇温州，试图完全消灭浙南红军。

国民党浙江省政府也派出保安二团、三团、四团，还让宣铁吾司令亲自督战。这个宣铁吾司令不能小觑。他是浙江诸暨人，黄埔一期毕业，既是蒋介石的浙江老乡，又是其学生，参加过两次东征和北伐，任过南京国民警卫团团长。此时，他是复兴社特务骨干、三青团浙江省分团主任，可以说是老蒋在浙江的代理人，目中无人，很是骄横。另外，闽保两个团也虎视眈眈，想到浙江的地盘来分羹争功。

刘英率领的红军游击队的处境是：敌人采取“大拉网”战术，步步进逼，从东、西、南三面蜂拥而来，企图一举将之聚歼在泰顺、福鼎、平阳一带。

从宣传媒体上看，国民党也说是要联合抗战，但从西安事变发生到现在，已经三四个月过去了，和谈也没啥实质性的进展。其实，蒋介石采取的是“北抚南剿”的政策，想先剿灭南方红军游击队。刘英虽然派人与党中央接头，但交通不顺畅，派出去的交通员也许到了上海，也许还在路上。远水解不了近渴，所以现在只能一边开展反“清剿”斗争，另外一边揭露国民党反动派的真面目。

于是，刘英起草了一份通电，敦促国民党闽浙赣皖边区主任公署及浙闽两省政府，在国难当头之际，无条件停止内战，一致抗日。

大家议论纷纷，敌人在我军周边构筑碉堡，修建工事，必须破坏他们的碉堡、工事，呼吁共同抗日，红军应该分散游击……得赶快发出通电。

刘英考虑到原中共浙南委员会早已停止活动，可以说名存实亡，因此予以撤销。新成立的中共浙南特委建立一年多了，已有大半年没有书记，这样下去不利于浙南工作。

为便于应对当前的形势，刘英建议恢复中共浙南特委。

为此，闽浙边临时省委召开扩大会议。有人提议，由叶廷鹏担任书记，理由是他资格老，一九二六年就加入中国共产党。当时红十三军失败后，浙南党组织被破坏殆尽，负责人被杀。在这种情况下，叶廷鹏坚持发展党组织和党员。他还组织成立红军游击队，坚持武装斗争，这是十分不容易的，也是叶廷鹏对浙南革命斗争最突出的贡献。所以，叶廷鹏是浙南农民运动的创始人之一，对革命贡献大，何畏、郑海啸、周饮冰等人都是他介绍入党的，人缘也好，熟悉根据地情况。

但也有人提出不同意见，认为叶廷鹏贡献比较大，资格比较老，但年龄偏大，书记还是由龙跃担任为好。

刘英也同意由龙跃担任中共浙南特委的书记。他认为，龙跃不但经历丰富，办事老练、公平，还是省委委员，与省委沟通起来会更顺畅，于是让他兼任中共浙南特委书记，但目前的形势下还是与临时省委一起活动。

中共浙南特委原下属游击队，新组建成浙南武装工作团。

临时省委考虑到叶廷鹏对浙南乡村比较熟悉，决定由他负责特委的农运工作。叶廷鹏的确是一个能经受住考验的老同志，服从组织，听从分配，毫无怨言。

国民党地方政府利用保甲制度，推行联保、连坐，一村一族人，一损俱损；制定“剿匪”奖惩条例，勒令各级人员要“恪尽职守”，竭忠效力，违背条例者，严惩不贷。敌人到处构筑碉堡，采取了分进合击的办法，国民党正规军、地方保安部队和“剿匪”壮丁队，对根据地进行反复扫荡。

红军游击队展开了殊死抵抗。不久，刘英带领省委机关和教导团来到泰顺县东北部，试图越过飞云江，往外突围。

不料，红军受到敌人猛烈的阻击。

刘英率部折到福鼎、平阳两县交界地区。此时，据侦察人员报告，福鼎县三个镇的保安部队一齐包围过来。刘英采取“打其一路”的办法，寻找突围的机会。他甩掉后面的追敌，又发现对面山上的敌人正把守着谷口。他果断带领部队蹚过河，从左侧敌人视线盲区绕过去。部队穿丛林，钻草窝，终于冲出敌人的包围圈，爬上鹤顶山。

刘英快步跑到鹤顶山主峰，山顶上有座清光绪年间建造的寺庙。庙门两边写着一副“控鹤曾衔葱岭雪，化龙喜对飞云潮”的对联。喜欢诗词的刘英望着对联，连声叫好。远处传来了枪声，刘英回头看看队伍跟上了，对大家说：“估计明天拂晓，敌人可能上山‘进剿’，我们连夜转移吧！”

国民党大肆宣传挺进师被包围的消息，扬言用重金悬赏缉拿刘英。同时，还派部队尾随而来。为了摆脱敌人，刘英采纳了大家的建议，在蔡垟山突出重围，连夜往瑞安县沙门山游击区方向转移。

飞云江水流湍急，挡住了红军的前进。

侦察员报告，国民党军沿江两岸警备森严，从文成县大峃镇到瑞安县城一线，驻守着国民党军第五十五旅唐伯寅部，各个主要渡口都派驻部队把守。敌人虽有一个连的兵力把守，但没有固定驻扎，只是流动巡逻。

刘英选择了离瑞安县城最近的仙降渡口作为过江地点，欲出其不意地从敌人眼皮底下过江。他率部隐蔽在渡口南岸的一座山岗上静候时机，时间过去很久，事先安排的船只一直没有来接应。后来才知道，那个船主贪财忘义，拿着一百块大洋溜走了。好在队伍中有熟悉情况的战士，就近找到了一艘渡船，乘敌人巡逻队未到之机，很快就把队伍送过了飞云江。

队伍终于跳出了敌人的重重包围，刘英率部转移到沙门山、肇平垟、五云山、梅山等地活动。

一路上，指战员们都体会到，刘英的军事指挥才能也是不同一般的。他与粟裕一起打了许多仗，影响很大。粟裕往往一声令下，率部队长途奔袭，乘其不备，一举全歼敌人，打得痛快淋漓。而刘英也有自己的特色，善于与敌人兜圈子，捉迷藏，麻痹疲劳敌人，冷不丁打敌人一个措手不及。他观察细致、机敏过人。

有一天夜里，刘英看到远处树林宿鸟被惊，一下都飞走了。于是立即决定改变行军路线，成功避开了一次敌人的伏击。

临时省委机关及教导团经过一夜一日的急行军，行程近百公里，终于找到先期到达的郑海啸及陈铁君游击队。为了扩大活动范围，刘英派保卫队队长程美兴率工作组进入永嘉县纸山开辟新区，又派张金发带领一支十一人组成的武装工作队，整顿恢复了红十三军失败后与上级失去联系的基层党组织，开辟了一大片新的游击根据地。

这一带成为临时省委的驻地之一，刘英的足迹遍及纸山各地。

此时，在平阳县委书记郑海啸的帮助下，从浙西南返回的第二纵队政委张文碧率部来到纸山一带。原来重建后的第二纵队在浙闽边活动，遇到强敌围攻，部队被打散了。赵春和擅自离开部队，返回江西老家。政委张文碧率部在龙泉、云和边界活动，于一九三七年二月十一日的晚上，在龙泉至云和的公路上打了一次伏击战。战斗中，截获了国民党给驻龙泉的第五十二师送军需的一辆军车，缴获了五万分之一、十万分之一的军用地图若干张。

张文碧决定把军用地图送给临时省委和挺进师师部，率部到达瑞安县李井乡江坑村源头山的时候，与敌保安大队打了遭遇战。此时，形势十分险恶，国民党第十九师在各个要道日夜站岗盘查。张文碧率部一个多月都来往于泰顺、瑞安、平阳山区，在纸山终于找到刘英的下落。

刘英见到地图十分高兴，留张文碧在浙南活动。

终于找到组织

虽然还是战乱时期，温州码头却十分繁忙，有不少军舰和外国商船往返穿梭。这些军舰不断偷窥中国沿海，配合外国商船到这个东方国度来寻找发财梦。

一个商人打扮的人，急急忙忙下了船，叫上一辆黄包车，往温州市区赶。这个人就是临时省委交通员吴毓。他找到中共地下党员周饮冰，焦急地说明了自己的来意，找到省委刘英书记！周饮冰告诉他，最近敌人疯狂“清剿”红军游击队，刘英书记和临时省委都在不断地转移，一时半会儿很难找到。

吴毓急得直跺脚，他有紧急情况要向刘英书记报告。于是，他们一起去找另一名中共地下党员何畏。找到何畏后，三人商量如何才能见到刘英。从几个交通员那儿了解情况后，他们发现根本没有办法进入游击区找临时省委和刘英书记。三个人一时都想不出好办法。

吴毓边思考边踱步，忽然大声地说自己有一个大胆的设想！

周饮冰与何畏都被吓了一跳，不知吴毓到底有什么好主意。吴毓小声地说出自己的想法。何畏明确表示反对：“不能冒险，我们的生命比什么都重要。”周饮冰看看吴毓，点了点头，也只能这样办了！

三月二十五日，吴毓与何畏、周饮冰等人分头从永嘉、乐清、瑞安等地将《快邮代电》发出去，呼吁国民党当局在国难当头，民族危机空前严重的情况下，以民族利益为重，捐弃前嫌，停止内战，一致对外，双方迅速派出代表举行和平谈判。

吴毓、何畏、周饮冰在等待国民党地方当局及军队的反应。

一个多月后，何畏看到《浙瓯日报》上刊登的一则《紧急启事》。只见报纸上写道：

> 兄等有日代电业经传达，并有实际负责人已来永嘉候商，一切所提各项皆可商量。惟务盼兄等派员来此面洽，嘱件始可采纳，来员当负完全责任。切勿延误为祷！

周饮冰感到奇怪，他们怎么会用这种方式联系我们呢？吴毓认为，我方也是用了《快邮代电》，他们来个《紧急启事》也不足为怪。何畏担心这是一个圈套，认为不能轻易上当。周饮冰看到《紧急启事》下面的地址，就建议过去看看。

吴毓觉得没有别的办法，只能自己去冒险一下。

国民党军第五十五旅旅长唐伯寅手里拿着中共闽浙边临时省委、省军区的一封《停止内战，一致抗日》的《快邮代电》，翻来覆去地看，心想，怎么去找他们，他们躲在哪个角落？在《浙瓯日报》上已经把启事刊登出来了，共产党方面会不会有什么动静？

这时，吴毓正在想办法联系唐伯寅，他找到平阳县鳌江镇的国民党军第五十五旅旅部。副官把吴毓带到唐伯寅的面前，吴毓说自己就是临时省委的联络员吴毓，希望国共和谈，共同抗日。

经过商量，唐伯寅还请示了国民党军第十九师长李觉和闽浙赣皖边区主任公署主任刘建绪驻温州的代表——党政事务处处长邓讱少将，双方约定谈判地点在平阳北港，并停战一周，以便红军派出正式代表举行和谈。

其实，国民党一边说与红军进行谈判，一边却准备对红军进行“清剿”。国民党温州行政督察专员张宝琛、闽浙赣皖边区主任公署党政事务处处长邓讱、浙江省保安纵队司令宣铁吾、中统局浙江省主任刘怡生、温台戒严司令部司令萧冀勉、第十九师师长李觉、第五十五旅旅长唐伯寅等相互通气，他们在贯彻蒋委员长的指示，推动落实对共产党和红军“北抚南剿”的要求。

刘英率部从永嘉纸山一带回到平阳北港。

出去打探消息的程美兴回来报告说：“没有什么新消息，还是很难进入温州市区，但发现少数‘清剿’部队往山下撤。”龙跃等人感到奇怪，前段时间国民党军大举进攻，突然停止了。

刘英判断，一定有新情况，指示程美兴继续派人想办法进入温州市区，找到何畏、周饮冰他们……

而此时，吴毓、何畏、陈铁君正打扮成商人的样子，寻找刘英的驻地。全副武装的国民党军士兵拦住了他们的去路，一个军官看了看他们，问往哪里去。吴毓也不客气地递上一张字条，敌军官一看唐伯寅旅长的文书，赶紧叫士兵让路。吴毓一行顺利地进入游击区。

听说吴毓、何畏、陈铁君进了游击区，刘英亲自迎了出来：“我们想着曹操，曹操就到了！”随行人们都高兴地拍起了掌。

吴毓拿出一沓文件，对刘英说：“这是刚从上海带回来的。”

刘英边翻看着文件，边听吴毓介绍从上海领受任务到回温州后，这段时间的情况，包括如何用临时省委、省军区的名义发《快邮代电》，如何到唐伯寅旅部商谈停战，如何一路进入游击区。

此时，大家才恍然大悟，为什么这几天对方停战了。

为了商讨与国民党的谈判事宜，临时省委在平阳北港山门乡大屯村召开了会议。刘英主持会议，他说：“吴毓同志冒着极大的风险，找唐伯寅商谈并进入游击区，我们应该好好商讨一下，如何与国民党谈判，大家都说说看。”

大家你一言我一语说开了。有的说："有什么好谈的？十年的恩仇，说消就消了？"有的说："敌人是假惺惺的，怎么可能跟我们谈，搞不好是圈套，小心为妙。"有的说："这个机会难得，说不定也能谈成。"

……

刘英摸了摸右手，想起了北上抗日先遣队在谭家桥的那场战斗以及自己的右手腕的伤，如果没有及时进行手术，小命早就没有了……他拉回思绪说："当前敌强我弱，敌人未必是真谈，无论什么结果，就算是为宣传党的抗日统一战线政策，争取政治上的主动，我们还是不能放弃这次机会，一定得去谈，何况这是吴毓几个同志冒着生命危险争取来的机会。"

他安排吴毓、陈铁君等几个同志代表临时省委前去谈判。他认为，与国民党谈判是我们一项新的课题，以前只是战场上的战斗，现在谈判也是一种新的战斗。对这场新的战斗一定要把握好一些原则问题。刘英指着吴毓带回来的文件，嘱咐他们几个人，最重要的是，要坚持两个原则：一是坚持党的独立与批判的自由，什么都由国民党说了算，那是不行的；二是红军武装保持独立性，不要把番号也给弄丢了，或者把我们的部队拆并到其他国民党部队中去……退让的最低限度是中共中央提出的五项要求和四项保证。

吴毓几个人都点头，表示同意。

刘英又提到了谈判的一些具体细节问题，让几个人再想想议议，尽量把可能的情况想得细一些，后果想得严重一些，做好充分准备。他还语重心长地说："你们这次以临时省委、省军区的名义发通电，动静闹得有点大，虽然结果是好的，但也是冒险的，就像诸葛亮唱空城计，不可随便'唱'啊！"

吴毓赶紧说是自己的原因。何畏也把责任归到自己身上，说是自己想得不够周全。刘英打断了他俩的话，让大家不要再提这事了，接下来要全力做好谈判准备。

刘英为加强白区工作，决定在温州城区秘密派驻临时省委白区工作团，何畏任主任，周饮冰、黄耕夫等为成员。其任务是：建立和发展抗日民族统一战线，领导学生爱国运动，建立和加强党在工人中的工作，以配合挺进师

和游击根据地的斗争。

唇枪舌剑互不让

国民党方面虽然停战了，但并不是真心实意想谈判。

宣铁吾告诫唐伯寅，不要以为停战几天，就真的停战了。蒋介石的“北抚南剿”策略不是嘴上说说的。事实也是如此，闽浙赣皖边区主任公署主任刘建绪召集六十多个县长参加会议，部署了对红军游击队的“清剿”，这架势不是一般的。国民党浙江省政府新主席朱家骅是CC系的，对付共产党很有一套。他们已做好彻底“清剿”的准备，还发誓“绝不留后患”。国民党方面停战几天，其实是在给部队做一次休整，那些出入共产党游击区的重要岗哨，一个也没有撤。

唐伯寅旅长不太放心，又请示李觉，既然要谈，总得做个准备。李觉训斥他是个笨蛋，说他没有领会明白上峰的意图。

五月七日，浙南国共双方第一次谈判在平阳北港的山门乡畴溪小学举行。谈判桌是用学生课桌拼成的。中共方面吴毓、陈铁君、董启文三位代表，吴毓是首席谈判代表，自然坐中间。国民党方面的代表有邓切、唐伯寅等。吴毓提议邀请畴溪小学校长邓扫空、教师林书全和当地中医师陈鸣玉三人以地方公证人的身份列席谈判，得到邓切的同意。

谈判开始时，双方代表交换了各自对国内时局的看法与和谈的意向。第二天开始触及实质性问题。没多久，谈判就结束了，而且结果也是刘英预料的那样，并没有谈出什么来。

谈判刚结束，吴毓几人立即连夜向刘英做了汇报。

当时吴毓代表中共方面首先发言，为表示诚意，开门见山地主动提出五项保证：一是闽浙抗日红军愿意改编为国民革命军，直属南京军事委员会领导；二是闽浙苏区改为特区，在特区内实行民主选举，行政上按照国民政府的编制，国民党可派驻代表或顾问；三是停止推翻国民党的武装暴动方针；

四是停止没收地主的财产；五是闽浙红军改编后，在特区内集中训练，准备对日作战……国民党一方邓讱坐在中间，显然是首席代表。坐在他边上的唐伯寅听了吴毓的“五项保证”，马上打断说“不行”。

听到这里，刘英说：“他们连起码的谈判礼节都没有，说明他们确实是没有诚意的。”

吴毓点点头，所以他也不客气地告诉对方，话还没有说完呢。接着，吴毓提出五点要求：一是双方停止军事行动，一致抗日；二是召集各党派、各武装部队代表共同商讨救亡大计；三是开放言论、集会、出版、结社自由；四是释放政治犯；五是改善人民生活。接着，邓讱就提出两点要求：一是闽浙边区红军接受收编，统一由国民政府领导和调遣；二是红军全部政工干部集中到南京受训，然后另行分配工作。

刘英认为，从邓讱的两点要求明显听出来了，对方想在谈判桌上达到他们在战场上没有达到的目的，那就是消灭挺进师和浙南游击队。

所以，吴毓他们果断地拒绝，而且明确告诉对方，双方是谈“合作”，不是谈“收编”。政工干部不能另外对待，要一起改编。唐伯寅马上反驳吴毓，说既然他们的两条要求，临时省委都不同意，那临时省委提出的五点要求，他们也做不到。陈铁君为了争取政治上的主动，提出：闽浙红军在国难当头的今日，不忍内战再续，情愿舍弃一切，集中开赴北上抗日，但国民政府一方必须让出抗日路线。邓讱看了看他，回答说这个要等请示上司后再予答复。谈判就这样结束了。

刘英听了吴毓的介绍，认为这一个回合双方只是亮明立场和观点，这也是早就预料到的结果。我们还是要有耐心，迎接新的唇枪舌剑吧！

陈铁君还说起这次谈判的一个有趣插曲，刘英也饶有兴趣地听着。

当时，约定的谈判时间快到了，吴毓、陈铁君焦急地在大门口等，龙跃却一直没有到，只见龙跃的部下董启文参谋上气不接下气地赶到了，喘着粗气说，刘政委有急事叫龙跃办，自己是替龙跃来参加谈判的。

刘英笑着说："哦，没错，当时接到省委交通员的紧急情报，临时安排龙跃去处理了，一时没有办法联系到你们参加谈判的几个人。"

陈铁君接着说："当时我们有点突然，就商量着，我们来谈判的人改了，要不要跟对方说明一下。吴毓果断地说："时间差不多到了，还是别改吧。"就这样，事先也没有跟国民党谈判代表说，谈判人员名单有变化。当谈判结束时，大家都起身往外走，陈铁君招呼了一声："老董，走！"邓讱奇怪地问："老董？他不是龙跃吗？"吴毓赶紧解释说："对的，他是龙跃，龙跃姓董。"邓讱顿了一下说："哦，是董龙跃。"陈铁君又补了一句："董龙跃，走！"

"董龙跃！"刘英哈哈地笑起来，大家也跟着笑了起来。

十余天后，浙南国共双方继续谈判，地点在鳌江国民党军第五十五旅旅部。

吴毓说了前几天提出的保证和要求，但双方分歧还是很大。唐伯寅转而说："现在社会上盛传，你们是假借和谈之名，实则是缓兵之计……"陈铁君马上接着说："这是有人在行造谣之事，这是污蔑……"邓讱指着手中的报纸说："这已经引起舆论的关注……"吴毓说："这都是自说自话……"

双方继续唇枪舌剑，互不相让。

五月十八日，国民党军第十九师李觉师长来到会场，跟邓讱耳语几句，然后扬了扬手中的电文，示意大家别争了。他把闽浙赣皖边区主任公署参座来电念了一遍。电文的意思是：限定今天止，中共方若同意我方提出的意见，就准备签订协议，若不同意，则"刀枪见分晓"。李觉强调，电文原话就是这么说的！

陈铁君愤愤地说："真是岂有此理！"吴毓正想发言，李觉把那份电文拍在桌上，厉声道："知道共产党是不见棺材不落泪，明说吧，这是蒋委员长手令，'停抚痛剿，绝灭根株'。"说完，扭头就走。邓讱、唐伯寅等三人也立即站起来走了。

吴毓、陈铁君、董启文无奈地注视着他们的背影。

在谈判协议上签名

和谈破裂，国民党顽固派大举进攻浙南革命游击根据地。

此时，在温州督战的邓讱接到刘建绪打来的电话。刘建绪已经看了闽浙边临时省委的通电，也收到老乡贺龙前段时间写的来信，感到贺龙的情真意切。贺龙从民族大义出发，又动以乡情旧谊，呼吁化干戈为玉帛，携手共同抗日。刘建绪心下感动，就给闽浙边临时省委拟了个信，叫邓讱看看有没有适合的人，给刘英送去。邓讱一口承诺，有办法把这个事办好。

此前，国民党军第十九师师长李觉跟自己的岳父、湖南省国民政府主席何键打了包票，三个月“清剿”浙南红军游击队，所以他给唐伯寅下了死命令，让他冲在一线。邓讱代表刘建绪跟随部队督战。

刘英在十分困难的形势下，只得带领临时省委机关及教导团向浙西南进发，打算与粟裕会合，增强力量，一起渡过难关。陈铁君率领游击队为保卫临时省委机关的安全，充当先头部队，欲从正面引开强大的敌人。

想不到的是，陈铁君却把自己送入险境。他在突围中不幸负伤被俘，还被押解到四省边区主任公署驻地——衢州。

刘英不得不率部返回浙南游击区。

此时，邓讱来到了衢州监狱。狱警把陈铁君带到会客室，邓讱怒斥卫兵，客气地告诉陈铁君，自己是受四省边区主任公署刘建绪主任之托，希望与浙南共产党重开国共和谈之门，携手共同抗日。他交给陈铁君一封刘建绪写的信，信里还附有贺龙将军给刘建绪的亲笔信。这样，邓讱将陈铁君释放，陈铁君带着刘建绪的信返回到浙南。

陈铁君在吴毓的帮助下，在瑞安纸山附近找到了刘英。

刘英认真听取了陈铁君的汇报，看了刘建绪的亲笔信，又听到陈铁君学着邓讱害怕完不成刘建绪交办的任务有点求情似的口气，开心地笑了，看来，这次刘建绪还是比较认真的。陈铁君肯定了邓讱的态度，从交谈口气来看，还是有几分诚意的。

刘英问陈铁君："你的伤全好了没有？"

陈铁君拍拍胸脯："全好了！"

刘英说："那这样，还有劳你去一趟衢州，联系与国民党当局谈判的具体事宜。"

陈铁君说："首长，没问题，我正想主动请缨呢！"

刘英嘱咐陈铁君，一方面继续坚持原则性，另一方面可以有一定的灵活性，也要表达我方对抗日的真诚与渴望，同时，要特别注意自身的安全！

陈铁君充满信心地说："请首长放心，保证完成任务！"

经陈铁君联系协商，中共闽浙边临时省委与四省边区主任公署重开谈判，地点在温州城区申江旅馆。吴毓、黄耕夫代表闽浙边临时省委一方，邓讱等代表四省边区主任公署一方。

省委白区工作团成员黄耕夫被任命为省委秘书长，第一次代表闽浙边临时省委参加谈判。

浙南国共双方终于再次坐在一起，共商抗日救国大事。临时省委主动提出，只要能坚持共产党独立、批评自由以及保持红军武装独立，其他一切都可以谈。四省边区主任公署也同意，政治问题就不再具体谈了，双方都交由各自的中央解决。

经过几番协商，双方都做出适当的让步，最终达成五项协议：一是闽浙红军改编为国民革命军，按照国民革命军的编制，待遇与国民革命军相同；二是闽浙红军以瑞安、平阳、泰顺三县边界的峰文乡为中心，进行集中，集中期限为半个月；三是红军集中时，如遇国民革命军与地方部队攻击则由四省边区主任公署负责，如红军发生暴动则由临时省委负责；四是无条件释放政治犯；五是一切政治问题，由双方中央解决。

临时省委代表在协议上慎重地签上了自己的名字。

这一天是：一九三七年八月二十四日。

发布告集中队伍

我们胜利了！刘英手拿和谈协议，舒心地笑了。他对吴毓等几个谈判代表说："和谈终于成功了，要乘机造势，立即掀起抗日救亡的高潮。"八月二十七日，刘英以闽浙边临时省委和省军区的名义，起草发布了《为巩固和平、坚决抗敌告全国各界男女同胞书》。

同时，刘英以临时省军区的名义向所属部队发出布告。

> 我中华民族处此最后的生死存亡关头，凡是有民族观念和不愿过悲惨命运的中国人，都应团结一致，对侵略予以无情打击为急务……我们应向全国同胞决绝的（地）声言，保证这次国共两党以民族彻底解放为最高信念，抗战到底，为争取和平统一的新中国而奋斗……本军区有鉴于此，特通告各部队，迅速向军区集中，以期早日对日直接作战……凡所经各地区对国民党驻军及一切地方武装部队，尤宜格外亲善，碉堡、电线和各种交通工具务须保护……在共同抗日图存的目标下，绝不许有损团结御侮之举动。

浙南平阳县山门乡大屯村。

刘英非常高兴，因为他们是浙南第一支到平阳结集地的红军部队。他刚安顿下来，就召集大家开会，主要了解一下和谈成功后各地的情况。

国民党地方当局根据和谈协议，将关押在衢州、永嘉、瑞安、平阳等监狱中的中共党员释放，但许多地方还没有什么动静。

临时省委派人到附近游击区送了消息，目前，除郑海啸带领的游击队已到达外，只有郑丹甫、余龙贵带来的四十多人。从交通员反映的情况看，红军游击队行动还存在不少困难，时有冲突发生。比如，到泰顺传达和谈成功消息的交通员，被当地壮丁队逮捕，刘英派人前往交涉，还不知情况如何；桐霞过来的几名伤员路经峰文乡遇到麻烦，要不是刘英路过及时交涉，可能还会出现意外。

刘英认为，就目前的形势看，按和谈协议在半个月内集中部队，根本不可能。主要原因是，四省边区主任公署没有将和谈的结果及时通令闽浙边各县国民党军政当局。为此，刘英认为有必要马上做两件事：一是给四省边区主任公署发函，让他们尽快照会各地国民党县政府，明确红军改编后的编制、指挥、待遇、集中办法等一些具体问题，争取到山门闽浙边临时省委驻地来谈；二是我方要加快红军游击队集中的进程，特别是派人到各地寻找红军游击队，抓紧沟通地方当局让行，及时结集到浙南平阳北港。

九月十六日，四省边区主任公署派来了谈判代表，处理解决部队一时不能集中的问题。来者是四省边区主任公署政训处王裕先上校、詹行烈中校等。

谈判地点在平阳山门畴溪小学。双方摆出具体问题，一一进行商谈。

双方谈到编制方案时，王裕先认为，闽浙红军全部编入刘建绪主任的国民革命军第十集团军，具体番号为国民革命军第十集团军第一路抗日游击队。限令十日之内在温州结集，并开赴乍浦，守海防……

刘英坚决地说："这不行，我们闽浙边红军的具体编制，以及今后如何行动，必须请示中共中央才能决定！"

詹行烈坚持认为，这应该由国民政府决定。

刘英说："这是个原则问题，是政治问题，红军是进行改编，不是收编！"

王裕先赶紧摆手："这个问题再谈吧！"

晚饭后，双方又回到谈判桌，继续谈判。

刘英要求对方说明红军改编后的待遇问题。

詹行烈表示，红军改编后，待遇应该根据任务定，任务不同，待遇也不同。

吴毓认为，待遇问题，原协议中已很明确，待遇与国民革命军相同。

詹行烈解释说，编制问题原协议中也明确了，闽浙红军改编为国民革命军，按照国民革命军的编制。

王裕先一看我方的阵势，想拖到明天再谈。刘英却想趁热打铁，于是双方继续谈判，一直谈到凌晨。

第二天，经过多轮协商，达成七项协议。刘英重复了一遍：红军改编“据任务编制”，集中地点统一明确在“平阳县的北港区”，红军军需与给养“根据任务发给”，集中时间从九月十七日至十月一日止，宣传口径是“和平统一、团结御侮”。刘英强调，“无条件释放政治犯；一切政治问题，由双方中央解决”这两条不变。

刘英交代吴毓，以中国人民抗日红军闽浙军区司令部、政治部的名义再发一个布告，要求所属部队迅速结集，以期早日实现对日作战。

不久，在山门乡大屯村，红军部队抽调人员，分几个小组，各组三五人或十余人不等。刘英亲自给大家布置任务：张文碧前往浙东南，寻找第一纵队余部；余龙贵前往泰顺，寻找林辉山部；陈昌会、邓福坦前往浙西南，寻找粟裕及率领的红军游击队……

第十一章

山门迎春晖

没有亲笔信不能调动部队

红军指战员们聚在一起聊当前的局势。

有人看到报纸，说有好消息，上个月驻台湾的日本空军，若干大型轰炸机从台北起飞后，经过温州、金华上空，想偷袭杭州的笕桥机场。中国空军第四大队大队长高志航率全大队起飞迎战，在近半个小时的空战中，共击落日机三架、重伤一架，而我军无一伤亡……

大家都称赞这个高志航大队长好厉害啊！

刘英走了过来问："啥事这么高兴？"陈铁君指着报纸，说："中国空军取得空战的胜利。"刘英笑着肯定了最近中国空军的骄人成绩，打破了日本空军不可战胜的神话，振奋了全国军民的抗战信心。大家都高兴地叫起来："好！好！"

刘英扬了扬手中的信，开心地说："还有好消息等着我们呢！"

大家把目光聚焦到刘英身上，都等着宣布好消息。他说："这是交通员从南昌带来的项英书记的信，这个信虽然是写给省委的，但要求转全体同志。信中表扬了大家，肯定了我们在三年困苦环境中不屈不挠的奋斗，我们是全党最光荣的战士，项英书记还代表东南分局向全体同志向我们致以最热烈的布尔什维克礼！"

叶廷鹏、郑海啸等几位浙南老同志激动得流泪，并叫道："太高兴了！太好了！"

刘英继续说："信中还特别告诉我们，方志敏主席的爱人缪敏同志原来被抓，现在释放了，就在项英书记处，不日将回赣东北，帮助集中部队。信中还讲了，项英书记到南昌，就是商洽南方各边区红军游击队集中改编，求得迅速停止游击战，奔赴抗日前线杀敌；在南昌设有总接洽处，可与接洽一切；还要求我们将部队集中在适当地点，指定一负责人统率队伍……"

陈铁君说："可以北上杀敌了！"

刘英告诉大家，项英书记要求他亲自去一趟南昌，商定部队的各级干部，以便报请政府加委。

一九三七年九月，刘英派龙跃、吴毓前往南京八路军办事处，向办事处汇报闽浙边临时省委与国民党地方当局谈判的情况，以及红军挺进师改编的情况。

刘英把写好的信交给吴毓。信中主要讲了三个问题：

> （一）闽浙赣皖四省边区之斗争，我们曾不断提议应建立总的领导机关，才能在领导上、指挥上、布置上、行动上取得绝对的一致。正因为当前尚存在着这一弱点，确实给了我们整个斗争中带来了不少的损失。兹根据整个政局的变化，我们仍坚持以往的提议，请中央从速解决。
>
> （二）关于目前整个策略的转变，我们认为重新教育、引进与提拔新的干部，是一个不可忽视而急（亟）待进行的工作。因此，我建议中央派一批得力而又先进的干部到这边来负担这一任务。
>
> （三）关于国共两党谈判问题，虽然我们在文件上得悉部分材料，但全盘解决究竟如何尚不明白，请中央根据整个的政局和闽浙赣皖的实情，给予我们一个具体的指示和确定我们今后的斗争任务。

这封信，其实是一份刘英代表临时省委给党中央的报告。刘英要求龙跃、吴毓到南京后要亲手把这封信交给中共中央组织部部长、中央驻南京代表博古。而浙南国共谈判的一些具体情况，他俩都是亲历者，可以做一些口头补充。刘英叮嘱他们经过杭州时，去见见刘建绪，争取和谈协议中他们答应的条件都能兑现，并嘱咐他们路上一定要注意安全，尽量不要暴露身份，确有必要时，可请求当地国民政府的支持。

十月八日，龙跃、吴毓风餐露宿，日夜兼程，不辱使命，完成任务后赶回了浙南。两人顾不得休息，立即向刘英汇报情况。

刘英给他们端上水，笑着说："别急，别急，慢慢说。"

吴毓先汇报了到杭州见刘建绪的情况。去时，刘建绪虽然设午宴招待他们，但这个老家伙固执得很，强调闽浙红军一定要改编为国民革命军第十集团军一部，还重提让我方部队改编后立即开赴乍浦海防的建议。

刘英说："刘建绪是个老军阀，仍然想扩充自己的实力，总为自己打算盘。那你们怎么回答他？"

他们出发前研究过地图，乍浦是平湖县一个濒临杭州湾的小镇，与浙南相距数百公里，调遣我方部队去驻防，分明是企图把我军调离根据地，失去依托而任由他们摆布。

所以，龙跃客气地柔中带刚地重申，闽浙红军部队的行动必须请示中共中央后决定，同时表示将这一问题向刘英书记汇报后，再给予答复。他们从南京返回再次路过杭州时告诉刘建绪，国民政府已命令整编南方红军为国民革命军新编第四军，叶挺任军长，闽浙边红军即将成为新四军的一部。这时刘建绪也不好说什么了，只是说句"很好"，希望部队早日开赴前线抗日救国。当问到红军改编后武器装备、被服怎么保障时，刘建绪说"会认真考虑的"。

刘英思考了一下："嗯，重点说说南京八路军办事处方面有什么消息。"

他们是九月二十九日到达南京的，向中共中央组织部部长、中央驻南京代表博古汇报了浙南游击根据地和挺进师的情况，以及与刘建绪代表谈判达成协议的经过，转交了刘英给党中央的报告。博古告诉他们，周恩来副主席正与何应钦谈判，将南方各省红军游击队改编为国民革命军新编第四军；部队集中后不要下山，防止国民党军队的袭击，他特别强调在新四军正式组建前，没有他的亲笔信，任何人不能调动部队。吴毓拿出密码本，说："博古部长让我们把电报密码本带回来。"

刘英高兴地说："有了博古部长的指示，我们如何调动部队就很明确了，有底了。有了这个电报密码本，以后我们就可以与上级取得直接电信联系了……你们别光顾汇报，赶紧休息休息。"

从此，闽浙边临时省委及挺进师恢复了与上级组织的直接电信联系。

原四省边区主任公署谈判代表邓讱、詹先烈又一次来到平阳县凤林村。

一到村里，邓讱就问刘英："你们是否按照原定时间结集部队？目前结集得怎么样？"刘英压抑着气愤："不提部队结集倒也罢了，既然已经提到了，倒要问一问，贵方有没有将和谈结果及时通报给浙闽各县各军？"

邓讱有点惊讶道："怎么了？"

刘英告诉邓讱，就是因为四省边区主任公署没有及时将和谈结果通报给各县政府及军队，致使红军结集行动发生了困难，还发生了阻拦、为难红军结集的事件，也致使红军未能在协议规定的期限内集中完毕，这是国民党地方当局执行和谈协议不力造成的，应负起责任。

邓讱有些歉意地说："这个真不好意思。说实话吧，我们这次来到这里，主要是受刘建绪主任的委派，来通报一下，闽浙赣皖边区主任公署结束使命，宣布撤销；现将闽浙边抗日游击总队事宜转交给当地政府，开拔前每月由平阳县国民政府发给一千四百元经费……"

刘英说："我们几百号人马，每月一千四百元经费，缺口太大了。还有，监狱里的'政治犯'怎么办？"

邓讱解释说："'政治犯'问题，国民政府会按照贵部提出的名单，陆续从温州、瑞安、平阳、衢州等地给予释放……"他无奈地说："四边区机构撤销了，红军集结后也交由地方政府负责，经费不够，我们也确实无能为力，只能找省政府黄绍竑主席了，实不相瞒，闽浙赣皖边区主任公署撤销了，我们也将到地方公干了……"

不久之后，邓讱弃戎从政，任国民党诸暨县县长，抗战期间还为地方留下了一些政绩。

部队集中教育改编

十月下旬，浙南山区刚开始感受到秋天的气息。

刘英叫人立即通知陈铁君队长、郑海啸书记集合浙南特委、平阳县委机关的人员，以及省委机关和已经到达的挺进师指战员，并下达向旺庄岭头出发的指令。队伍往村尾方向行进，到了旺庄岭头就地休息。过了好一会儿，远处的山岭上，一队人马走过来了。程美兴还以为发生什么情况，机警地从腰间拔出枪。

刘英笑着说："不要紧张，把枪收起来，你仔细看看前边那人是谁。"

程美兴眯着眼睛看了一会儿："哦，是师长回来了！师长回来了！"

粟裕的队伍从山岭的另一边过来，指战员们又鼓掌又欢呼。刘英伸出双手说："终于把你迎回来了。"粟裕高兴地说："这一别就是半年多了，大家也盼着这一天的到来！"

刘英扫视了一圈队伍："我们师长又带回来不少人马！我们的队伍又壮大起来了。"

这次从浙西南一起到达平阳山门的部队有三支：粟裕率领八十余人从遂昌门阵出发；张麒麟率领原第二纵队六十余人从龙泉宝溪出发；范连辉率领原第一纵队一部四十余人从青田、景宁边境出发。

大家都沉浸在欢乐之中，相互交流分别之后的情况。

粟裕向刘英介绍了在遂昌门阵举行谈判的情况。浙西南国共双方和平谈判还比较顺利，国民党遂昌县县长借口其他事由没有亲自前来，军事科长兼警察局长朱镇山出面会谈。红军方面由谢文清、刘清扬出面会谈。红军方面提了四条要求，朱镇山也觉得红军方面说得有理有据。

刘英笑了："我们以大局为重，都在理嘛！"

粟裕接着介绍谈判结束后的情况。朱镇山回到县城不久，国民党遂昌县复函，答应了红军提出的全部条件，浙西南国共合作抗日和平谈判正式达成协议。朱镇山与国民党遂昌县政府乡绅代表、当地游击队、村民们纷纷前来为抗日将士送行，乡亲们还舞起了板龙舞，场面十分壮观。

刘英又问粟裕："一路上还顺利吗？"

粟裕便讲了返回浙南路上的情况。一路上，双方事先谈好只要举起上红下白二尺正方形旗帜，国民党军方都给予通过。为了宣传团结抗日，扩大政治影响，部队取道闽浙边，途经遂昌的苏村、北界、湖山、王村口，再经龙泉的住溪、宝溪、高山，随后顺利进入青田县境内，与前来寻找浙西南红军余部的陈昌会小分队相遇，然后就一同奔赴集中地。

刘英又问了浙西南根据地反"清剿"斗争的情况。

粟裕沉默了一会儿，缓缓地叙述了浙西南各地党组织和红军游击队与国民党军进行的殊死搏斗，我方军民付出了极大的牺牲。他说："敌人的烧杀惨无人道，对我们的同志不仅是枪击和砍头，甚至把他们当众开膛，割了心肝去下酒，屠杀和活埋的基层干部和群众不计其数……"最后，他讲到几个月前，许信焜转移到青田养伤，在前往浙西南追赶第二纵队到龙泉龙殿坑隐蔽时，遭到国民党军的袭击，被一阵乱枪扫射中弹牺牲。

刘英想起许信焜跟随自己出生入死，牺牲时年仅二十三岁，十分痛惜。他说："许信焜的牺牲，对整个浙西南工作是一个极大的损失，可惜了！"

粟裕在山门安顿下来后，刘英又与他分析交流当前的形势。

刘英认为，淞沪抗战爆发后，中国军队顽强抗击，日军没有取得决定性胜利，于是不断增兵，不久前，日本陆军与海军协同，在杭州湾北岸的金山卫登陆，策应其在上海的进攻。国民政府军事委员会把杭州湾北岸的守备部队，大部调往上海。这样一来，如果上海、南京失守，杭州将是无险可守。

粟裕在回浙南的路上，看到报纸上的一些消息。他认为，政委分析非常精到。据了解，国民党浙江省当局已做好准备，一旦杭州失守，就以金华为临时省会，目前省政府机关、工厂和学校已开始南迁……

刘英与粟裕达成一致的意见，部队相应地要做一些准备：一是改编番号、扩充兵员；二是召开临时省委会议，调整充实干部队伍。分散在浙南和浙西南各地的红军游击队，陆续汇集到平阳北港。此时，红军游击队全部兵力有三百余人，原挺进师成员不过百来人，地方干部六十余人，其余都是浙南、浙西南和闽浙边的农家子弟。

十一月上旬，在凤林村召开全体指战员大会，对红军部队进行整编，史称“山门整编”。

刘英宣布了闽浙边临时省委、省军区命令：中国工农红军挺进师改编为国民革命军闽浙边抗日游击总队；总队下辖三个支队一个教导队，粟裕任司令员，刘英任政治委员，陈铁君任副司令员，张文碧任政治处主任；范连辉任第一支队支队长，舒雨旺任第二支队支队长，周瑞球任第三支队支队长，刘亨云任教导团团长；总队在温州九柏园头设立办事处，吴毓任主任。

粟裕介绍装备编制情况，并做动员讲话。经过整编，总队共有四百零九人，装备有长短枪一百二十一支、重机枪一挺、轻机枪三挺，总队还抓紧扩充兵员，成立新兵队。

战士换帽徽前，刘英强调：“我们原来戴着的红五角星帽徽，是光荣的红军；现在改变番号，戴上这个青天白日帽徽，是为了国共合作，与国民党军队一起抗日，也是光荣的。我们光荣的革命历史和传统不能忘记，大家要把红五角星帽徽好好保存起来，不要丢失了……坚决执行党中央抗日民族统一战线政策，保持和发扬红军优良传统，加强学习，加紧训练，按照党中央的决策和新四军总部的指示，随时准备开赴抗日前线！”

战士们从帽子上取下红五角星，换上了青天白日帽徽……红军老部队原来就是高举北上抗日旗帜的，容易接受同中国一切武装力量联合抗日的思想。而且在与国民党和平谈判时，闽浙边临时省委机关对部队进行反复的教育，合作抗日的观念深入人心，指战员们没有太多的情绪。

吴毓认为，现在国共合作了，我方驻温州办事处应该是公开的，他干脆在报纸上登载启事，表明办事处成立的目的。

> 吴毓启事，毓奉派为国民革命军闽浙抗日游击总队驻温办事处主任，与党政军当局协商大计并取密切之联系以迅速应付事变。除书面通知党政军当局外，特此启事。

不日，《浙瓯日报》就将启事刊登出来了。刘英担心总队温州办事处的安全问题，吴毓干事情风风火火的，公开了办事处地址，虽然方便了联系，但也有安全风险。后来温州办事处果真出了大事。

此时，离浙南不远的福建宁德城关，也举行了闽东地区的第三次国共和谈，但没有取得成功。不久，叶飞派中共闽东特委宣传部部长范式人与国民党福建当局在福州重开谈判，最终达成和谈协议。十二月三十一日，《福建民报》全文发表了中共闽东特委《共赴国难宣言》，闽东国共和谈宣告成功，闽东三年游击战争结束。

集训很必要

一九三七年十一月底，闽浙边临时省委第十二次扩大会议在平阳县凤林村召开。

刘英主持会议，粟裕首先做抗战形势报告。

接着，刘英做三年游击战争最后八个月斗争总结和抗日战争新形势下任务的报告。

刘英认为，三年游击战争在中国革命史上必将写下光辉的一页，但我们也付出了极大的代价。八个月来，各级党组织遭到不同程度的破坏，特别是人员和根据地损失了百分之八十，八个月能坚持下来，保存了基本地区和干部，保存了游击武装，功劳不小啊……目前，国共和谈取得了成功，部队已结集完毕，但北上的时间、北上的路径、北上的手续都没有明确。因此，在抗战全面爆发的新形势下，闽浙边临时省委当前的主要任务，就是培训干部，扩大队伍，恢复和整顿各地党的组织……

会议还决定增补临时省委委员，充实各特委领导班子。目前，省委委员仅剩下刘英、粟裕、谢文清、龙跃四人，需要做调整补充，经前期酝酿，增补了林辉山、张麒麟、陈昌会。浙南特委组织尚健全，龙跃的任务就是抓紧恢复和建立新的县区委，着重恢复和建立浙西南特委。一九三七年十二月，张麒麟、傅振军、曹景垣、曾友昔、周建生等人组成新的浙西南特委，张麒麟任书记。

张麒麟要求，以公开身份立即回到浙西南。粟裕认为，目前形势很复杂，也不太明朗，不宜公开身份。

刘英认为，最近全国各地有百余名进步青年，这其中还有我们的中共党员，都以各种名义来到浙江，特别是到丽水来，有“同乡回乡服务团”，有“青年流亡团”，有“战地服务队”，开展抗日救亡工作。于是建议张麒麟他们以“浙西南抗日救亡工作团”的名义返回浙西南开展工作，重点是建立县区党组织，恢复抗日救亡工作。吴毓也要加强与丽水的联系，主动做好统战工作。

军政训练班很快就开班了。学员五十多人，大都是挺进师支队及浙西南、浙南游击根据地的骨干。培训的地点在大屯村的宗祠里。没有桌子，以门板长凳当写字台，以青石砖头为椅子。

刘英、粟裕是干部训练班的主讲老师。

粟裕讲如何反对日本帝国主义进攻的方针、办法与前途。他认为，形势发展非常快，日军在杭州湾登陆后，一部往东北方向直驱上海，其主力向沪杭铁路推进，嘉善、平湖、嘉兴、桐乡、长兴相继沦陷，他们烧杀掳掠，无恶不作，下一步的目标就是南京、杭州了……

刘英讲抗日统一战线问题。课堂上，他问大家："我们为什么要和国民党合作？红军为什么要改番号为新四军，还要换青天白日帽徽？"学员们的回答五花八门，问题看得不够深、不够远。刘英强调，我们看问题要看实质，国共合作就意味着敌我矛盾转化了，当前斗争的主要矛盾是民族矛盾——日本帝国主义和中华民族的矛盾是主要矛盾……

有学员问："什么叫矛盾？"

刘英说："问得好！"他就把"矛盾"的古代寓言讲给大家听……他顺手拿了一只宗祠供奉用的碗和一支筷子，边比画边讲："从前，有个楚国人，卖矛又卖盾，他先夸自己卖的盾非常坚固，没有东西能够攻破它，然后又夸耀自己的矛，说没有东西攻不破，于是，有人就问他，用你的矛攻你的盾，那会怎么样呢？这个人回答不了，大家都嘲笑他。"刘英又问大家："无法被攻破的盾，和可以刺穿任何东西的矛，能共同存在吗？"

有的学员说："那是不可能存在的！"

有的学员摸摸头，突然醒悟："这就叫矛盾，明白了……"

刘英说："只要大家认真学习领会，就能慢慢跨进革命理论的大门……"接着，他分析了主要矛盾的转变，国共两党只有团结合作，才能挽救民族危机，把日本侵略者赶出中国。所以，改变番号这些都是形式上的问题，实质上红军还是共产党领导的，坚持的是抗日民族统一战线，是在坚持独立自主原则基础上的统一战线。

学员们纷纷鼓起掌："首长，我们明白了……"

刘英问各位学员："真明白了？那我要给大家提问了，如果回答不了，就不能结业，继续留下来参加培训，好不好？"学员们大气也不敢出，一下子变得静悄悄的。刘英提了一个问题："革命的领导核心力量是什么？请前排这位学员回答。"

前排的学员站起来，小心地回答："革命的领导核心力量是中国共产党。"

刘英点点头笑了笑，表示满意。

一九三八年元旦刚过，为适应形势需要，培养知识分子干部，刘英召开闽浙边临时省委会议，决定在平阳山门开办抗日救亡干部学校。经研究决定，抗日救亡学校的校长由粟裕司令员亲自担任，副校长何畏，教导主任黄耕夫，总务主任邓扫空。

刘英对吴毓说："我与校长粟裕司令员商量过了，我们总队的办事处正式成立了，有个任务交给你这个主任。"粟裕就给吴毓交代任务："我们临时省委、省军区要办抗日救亡干部学校，对外称国民革命军闽浙边抗日游击总队救亡干部训练班，主要由办事处负责招生工作。"

吴毓回答："好的，没有问题！"

学校借用平阳山门畴溪小学的校舍，办学经费从国民党地方当局给闽浙边抗日游击总队的给养中出。

经费有了保障，其他都好办。吴毓负责招生，他首先确定了学校的办学宗旨，就是培养抗日救亡的军政干部人才；初中学历或同等学力都可报名，男女兼收；年龄在二十至三十五岁之间；受训时间暂定三个月；校址在平阳山门；报名日期，从广告发布日起，至一月十日止；报名地点主要在九柏园头，当然直接来山门也是可以的。另外，开学时间定在一月十五日，开学前三日到校，经面试后编队受训；伙食费、讲义费学校都补贴，服装、被铺费用自备。当然，有钱的学员自己交一点钱，也是欢迎的。设好要求和条件，吴毓于一月五日在《浙瓯日报》上刊登了招生广告。

温州街头报童在叫卖报纸："招生了！招生了！男女兼收，吃住免费。"招生处人来人往，十分热闹。吴毓向前来咨询的人热情地介绍，抗日救亡学校主要开设哲学、政治经济学、抗日民族统一战线和游击战术等四门课，做社会调查和群众工作……

报名的人大多来自温州各县，也有少数来自台州、丽水、宁波、绍兴、上海、无锡等地。这些人中有工人、教师，而大部分是中学生。招进来的一百五十名学员中，有三十多名是女学员。其中有一位女学员是温州中学的学生，名叫陈锡荣（又名陈雪莹），在训练班上她认识了副校长何畏，后来两人谈起恋爱，当年结为夫妻。

一月十五日，抗日救亡干部学校开学了。

学员从畴溪小学借用校舍、课桌。开学典礼那天，副校长何畏主持，刘英先做动员，他向学员们介绍共产党和红军的历史、宗旨，讲述当前的抗战形势和共产党的抗日统一战线政策，阐明抗日救亡运动的性质、任务和目的。讲得很有激情，很有说服力和鼓动性。

粟裕讲授游击战术课，为此，他专门撰写了《游击战术讲授大纲》。他认为，抗战以来的事实证明，抵抗日本帝国主义的侵略，只有正规军进行的正规战是很不够的，必须同时在敌人的后方开展游击战争，才能实现全面的全民族的抗战，最后把侵略者赶出去，要把抗日游击战上升到战略高度上去……

这个讲授大纲，为充实革命游击战争理论做出贡献，在南方各游击区中也是十分罕见的。

正当大家认真投入学习之时，突然发生了一件事，使学校的气氛紧张起来。乐清来的一名学员郑梅迪，是一名中共地下党，觉悟和警惕性很高。他向副校长何畏汇报：有三名学员曾参加过国民党以抗战名义举办的“抵制日货训练班”，这个班专门训练过化装、跟踪、盯梢等科目；另外，最近几天有两个温州青年到学校做客，身上带有手枪，目的是要刺杀刘英书记。他说得有鼻子有眼，好像马上要发生什么重大流血事件一样。

何畏虽然认为“抵制日货训练班”不太可能是特务训练班，但有可能特务也混入了这个班，参加了训练。所以学校还是组织了搜查，但没发现那三名学员有什么可疑之处，也没有发现那两名温州青年有什么问题，只是在从台州来的学员陈家璧的枕头内搜出了两把锋利的匕首。学校严肃地审问了陈家璧，他以台州人外出都带有防身刀具的习惯进行辩解。学校方面也没有深究，只是把那两名温州青年打发走了，又把陈家璧和另外三名学员一起送到平阳县城，交给国民党县政府，县政府却立即释放了他们。

事实上，陈家璧的确是国民党训练有素的职业特务，是台州的特务组织的头目之一。三年多后，正是陈家璧带领了一批特务，抓捕了刘英书记。

培训班的教学方法是上大课与分散自学、组织讨论相结合。早晚安排歌咏活动，课间还有健身活动。夜间，还搞学员的紧急集合、急行军。第一次紧急拉练后，教员把学员们沿途丢弃的物品摆出来。

粟裕说："如果真的是打游击，大家的东西都要丢光了，别说打仗了，怎么生存都成问题。游击队里有这么一句话，叫作'穿在身上，吃在肚里'，这是经验之谈啊！"

刘英看了这些沿途丢弃的物品后，说："集训很重要啊，一定要实行军事化管理。"

何畏赶紧向两位首长表态："我们一定抓好落实。"

学员丢失的物品中，有一口小皮箱是林斤澜的。粟裕看到林斤澜身板子不错，就问他是否愿意到前线打日本兵，林斤澜坚定地说，愿意。何畏说林斤澜写文章、编墙报、演出都是一把好手，纪律性强，又能吃苦，更适宜留下来在后方宣传抗日。刘英赞同林斤澜留下来从事党的地下工作。于是，林斤澜就留在浙南担任剧团团员、机关雇员和中学教员等。

后来，林斤澜成为全国知名的作家、诗人。

请示与部署

此时，新四军军部来电。刘英接过电报一看，又是催促闽浙边抗日游击总队去皖南集中的！短短几天时间，军部第二次来电催促了。博古主任已明确，没有他的指示，部队是不能调动的，怎么军部却一个劲地催促？

刘英思考着：我们迫切需要上级的指导，看来得派人到新四军办事处或直接去军部问个究竟，请示部队下一步的行动。这次让谁去好呢？吴毓统战工作任务重，这次去不了。龙跃还得去，他与博古主任认识，沟通起来方便一些。这次叫高个子机枪手余龙贵去吧，让他出去见识见识。

一九三八年二月十九日，龙跃、余龙贵离开温州，到金华坐火车，前往南昌。

到了南昌，他们俩急匆匆来到三眼井高升巷张勋公馆，这里就是前不久从武汉搬迁过来的新四军军部。到了军部大院，军部副官处给他们俩发了新四军臂章和符号，龙跃发的是中尉副官，余龙贵发的是少尉，说是为了他们俩行动方便。他们第一次戴上了新四军臂章和符号。

新四军副军长项英、副参谋长周子昆亲自接见了龙跃和余龙贵。他俩赶紧递上一封信，是刘英代表临时省委写的那封信。周子昆问："粟裕还在吗？"龙跃、余龙贵一愣，回答说："在的呀！"

周子昆说出原委：一九三七年五月，陕北召开苏区代表会议，张闻天致开幕词，周恩来副主席把起草好的开幕词事先送给毛泽东主席过目，开幕词开头就是悼念各个战线上英勇牺牲的中华民族优秀儿女。三年了，许多留在南方的优秀将士不知生死，毛泽东主席指着粟裕的名字，问：北上抗日先遣队的粟裕还在吗？那时周子昆刚准备到新四军来当副参谋长，毛主席把任务交给他，叫他到南方报到后，抽空打听打听，好好找一找粟裕的下落。

余龙贵赶紧回答道："在的在的。三个月前，粟裕师长带着我们返回浙南，与刘政委会合。现在他们俩正在一起加紧培养干部、训练部队，准备接受新的任务。"周子昆高兴地给延安发了四个字：粟裕还在！

项英认真看了刘英写来的信，并向龙跃询问有关情况。他认为，闽浙边临时省委培训干部、扩大队伍、恢复组织，工作抓得非常紧，做得很好。现在中央成立了东南分局，由项英任书记，曾山任副书记兼组织部部长，闽浙边工作就由曾山分工负责和安排落实。龙跃、余龙贵表示随时听候命令。

曾山找龙跃、余龙贵谈了很久，最后告诉他们，项英书记决定让曾山跟他们一起到浙南去，向刘英、粟裕传达东南分局关于闽浙边临时省委和闽浙边抗日游击总队下一步行动的指示意见。

龙跃、余龙贵赶紧表示，这可太好了，希望尽早起程。

刘英接到龙跃、余龙贵发来的电报，二月二十八日，曾山从南昌起程前来浙南传达中央指示。刘英打算安排曾山住在凤林村。凤林是平阳县凤卧乡的一个村。这个村和村民们给刘英留下很好的印象。

刘英对这个村也特别地关注和关心。

凤林村里有个老人叫郑志西，他思想进步，支持革命，为人正直，办事公道，在当地很有威望。郑志西准备举办七十大寿，刘英听说后，特地为他写了一副对联："四世同堂，极尽天伦之乐；年届古稀，爱国犹不落后"，还为他设计了一块写有"礼隆杖国"四个大字的寿匾，请思想比较进步的国民党平阳县的徐用县长题词，匾牌做好之后送给郑志西老人表示祝贺。

郑海啸为其去世的父母进行入土安葬仪式。他大哥安排了葬礼，按照风俗，全家儿孙和亲戚朋友都要来送葬。郑海啸对他两个哥哥交代："我们应该低调一点，不要太张扬。"刘英知道后，对郑海啸兄弟说："你们按照当地的风俗安排出殡。"

刘英、粟裕带着部分指战员一起为郑海啸的父母送行，还派张金发带几个司号员在送葬队伍前吹号引路。

墓地在凤卧村的山边，离村两三里地。郑海啸在当地群众中威信高，参加送葬的人很多。因为有刘英、粟裕和其他红军指战员参加送葬，在当地成为轰动一时的新闻。郑海啸兄弟仨紧紧握着刘英的手，表示感谢。刘英说："我们共产党人也是父母所生，也要有人情味，也要尊重当地的风俗，我们应该这样做。我们为老海双亲送殡，这一行动，就是用来驳斥国民党顽固派对共产党妖魔化的谰言，使广大群众更相信共产党的主张，相信共产党领导的红军是人民子弟兵，才有更多的乡亲支持革命，才会纷纷欢送自己的亲人参军。"

此时，天气很冷，刘英来到郑海啸的住处。

刘英想起战士们的冬服还没有落实，就对郑海啸说：“指战员们还没有棉衣、棉被，你们县委能不能马上组织给指战员做被服？”

郑海啸回答：“可以！”他立即安排人买来棉布、棉花，从山门、凤林请来几十个裁缝师傅，动员他们带缝纫机来大屯村和凤林村做棉衣、棉被；组织当地妇女协助钉纽扣、缝扣眼，半个月的突击后，几百套被服全部缝制出来了，并及时发给指战员。被服堆满了房间，还留了一部分给新来的战士。

早上刮着西北风，天气显得特别寒冷。刘英利用早操时间到一些干部住处看看，当看到郑海啸只盖一条旧的薄被子时，便问：“天这么冷，盖薄被子怎么行呢？为什么不盖新被子？”郑海啸笑着回答道：“我没有问题，新被子是给新来的同志准备的，弄脏了怎么行？”

后来，在许多场合刘英表扬郑海啸公私分明、先公后私，风格很高。

三月上旬，要迎接曾山的到来，刘英又想到了凤林村和郑海啸。

刘英吩咐郑海啸：“你到北港去迎接曾山同志，接回来后要保障曾山同志生活起居和住处安全。”

郑海啸立即表示“没问题”。他就带着几个人到了北港，站在北港码头等。曾山在龙跃、余龙贵的陪同下坐着木船徐徐开进了码头……下了木船，郑海啸陪同曾山一行步行到山门。

刘英、粟裕带领抗日救亡干部学校的师生，排列在山门街两旁欢迎。走过欢迎的师生队伍，粟裕向曾山建议抽空给抗日救亡干部学校的师生做个报告。刘英笑道：“校长发出的请求，首长一定会满足的。”

曾山表示：“没有问题，这也是我这次来浙南的任务之一，宣传抗日救亡，不是我满足你们的请求，而是你们满足了我的任务需要，我感谢你们都来不及呢！”

说说笑笑间，曾山与粟裕、刘英步行来到龙井庵，参观了闽浙边临时省军区司令部驻地。随后，到了刘英在大屯村的住处，曾山稍事休息。龙跃告诉刘英：“工作上的大事，曾山同志都会传达。”

刘英问道："那你们就没有什么好消息告诉我？"

龙跃、余龙贵告诉刘英，他们在南昌看了一场电影，是他们这辈子第一次看电影。刘英笑了，他也只是听说过电影，也从没有看过。

三月五日，中共闽浙边临时省委决定在山门乡大屯村召开省委扩大会议。

刘英、粟裕分别向曾山汇报了浙南的工作。

曾山肯定了粟裕、刘英的干部培训、军事训练、抗日救亡工作，特别是统一战线工作已经做到国民党省政府主席头上去了，成效都十分明显。接着，他传达了中共中央和东南分局的指示：一是浙江红军部队改编为新四军第七团队，集中地点为皖南泾县章家渡，部队应及早出发；二是浙江地理位置重要，原来的游击根据地不能放弃，要留下一些干部在浙江继续坚持斗争。

刘英、粟裕表示坚决执行中共中央和东南分局指示精神。

曾山告诉他们俩："你们一个要带队奔赴皖南参加直接抗战，一个要留下来继续领导浙江工作。"他一再强调，浙南游击根据地是"十年血战的结果"，是今后抗战和革命斗争的重要战略支点，无论如何不能放弃，一定要保存好。

粟裕、刘英表示，一定会将浙南这个根据地坚守住、保存好。

曾山为抗日救亡干部学校的全体师生做报告，师生们整齐排列，端坐在畴溪小学的操场上。

热烈的掌声过后，曾山做《当前形势和主要任务》的报告。他从抗日战争形势讲到党中央的主张和国共合作，从抗日救亡讲到青年肩负的历史重任。曾山认为："在江浙，国民党军的战线已被击破，日军正沿着长江西进，指向武汉。日本是有强大武装力量的帝国主义国家，日军是有计划有准备的进攻。我们中国是半殖民地半封建社会的国家，军事技术落后，政府与军队陈旧腐败，病态与弱点很多，军事指挥十分落后……但从长久看，我们中国地大物博，国际形势也不利于日本，我们中国有力量战胜日本。当前的紧急任务，就是团结一切可以团结的力量，克服当前的一切困难，继续抗战。我们对国民党的态度，是帮助他们发展、巩固力量，不是削弱它、分化它……我在莫斯科时被邀请到红场，观看阅兵式和群众游行，苏联红军很强大，有很多新式武器。中国的红军即现在的八路军、新四军，在抗日战争中也会强大起来的。中国必将成为世界上一个强大的国家！”

曾山的报告赢得热烈的掌声。最后，他还回答了学员们提出的许多问题。报告结束后，曾山、刘英、粟裕和校领导、教员及部分学员骨干合影留念。

去与留都服从组织

为尽快确定谁留浙江，谁率队北上，曾山分别听取刘英、粟裕两人的意见。

自从部队陆续到山门集中后，刘英与粟裕带领部队加紧军事训练，举办军政干部训练班，创办抗日救亡干部学校，培养和教育干部，改编部队，一直为迎接抗战做准备。在这种氛围下，刘英心中充满着战斗的渴望，恨不得马上率部奔赴抗日战场，同日本侵略者决一死战。

曾山找刘英谈话。曾山在谈话中透露，中央对刘英的任用是非常重视的，早些时候，毛泽东和张闻天致博古、叶剑英的电报中指出：南方各地游击队集中为一个军，考虑以叶挺为军长，项英为副军长，陈毅或刘英为参谋长。中央把参谋长这么重要的位置点明要留给刘英，留给浙南的同志，一方面说明毛泽东对刘英的了解和信任，另一方面也说明浙南战略地位非常重要。

这让刘英回想起当年在中央苏区、在毛主席身边工作的日子。他在毛主席指挥下的红四军任过基层指战员，转战闽赣间……这些还历历在目。

曾山认为，刘英已成长为一名成熟的高级指挥员，不但会带兵冲锋陷阵，而且能主政一方了。

刘英表示："请东南分局和首长放心，我一定服从组织安排。"

曾山就是希望刘英有这个态度，结果也不出所料。

曾山找粟裕谈话时，提到毛主席一直惦记着粟裕，主席还问身边的人北上抗日先遣队的粟裕还在吗？并把寻找粟裕的任务交给周子昆，叫周子昆到南方报到后，抽空打听打听、好好找一找粟裕的下落。这次龙跃、余龙贵带去粟裕的消息，周子昆高兴地给毛主席发电报报平安。这说明，粟裕给毛主席留下很深的印象。粟裕也回忆起在井冈山的时候，带了一个连给毛主席当"卫士长"，那是最早与毛主席近距离接触，后来到了红四军都是一路跟过来。粟裕深刻认识到，如果没有毛主席的游击战思想，也许在浙南的三年游击战就坚持不下来了……

粟裕向曾山证实了自己早年当过政工干部的事儿。那是在井冈山时，政工干部一度被戏谑为"卖狗皮膏药"的，粟裕时而任连党代表，时而任连长，多次变动岗位，在红四军一纵二支队任政委，到红一师任师长时还兼政委。

曾山夸粟裕确实是个难得的人才，认为粟裕有了这样的经历，无论干什么工作都能干得出色。

临时省委和总队召开领导干部会议。会上，曾山宣布经过协商，并经新四军军部批准后决定：刘英和一部分干部及三个短枪班的武装留在浙江坚持斗争，粟裕率领部队北上皖南。

刘英表态，坚决服从组织的决定，让粟司令带队北上皖南，自己留守浙江坚持斗争。虽然也渴望与同志们一道上前线，为赶走日本侵略者效力沙场，但浙江的工作也需要干部。平心而论，粟司令更精通军事，更适合率队作战。

粟裕表态，组织上的决定就是命令，坚决服从。奔赴抗日战场既是本人的愿望所在，同时也是我们这支部队的使命所在。粟裕决心与北上的战友一道，代表留在浙江坚持斗争的广大战友，多杀敌人，早日将日本侵略者赶出中国！

曾山又说："目前，几个大问题原则上已经定下来了，东南分局也同意了，我们抓好落实就可以了。另外，这次我们过金华要会晤黄绍竑主席，争取在浙江设几处新四军驻浙办事机构，把有关人员做个安排，便于尽快发挥办事机构的作用。"

刘英表示，这项工作很紧迫，有了办事机构，部队北上，也方便提前安排路线，并协调国民党地方当局，做好保障工作。

至于今后浙江的工作安排和其他一些问题，曾山要求刘英亲自到东南分局汇报，接受指示。所以，按照东南分局的意见，这次刘英就跟曾山一道去南昌汇报工作。吴毓跟他们先到金华对接国民党省政府，之后就在丽水安排部队北上的工作。刘英这一去就赶不上为粟司令送行了，所以，他提出，今晚两个老战友好好聊聊，交换交换思想。

粟裕也正有此想法。曾山说："这叫心有灵犀，两个多年搭档的战友，暂时要分开了，是要好好话别一下。"

老战友的离别

刘英早早站在门口等着，当粟裕从远处走来时，就迎了上去。两个老战友似有千言万语无从说起，只是紧紧握着对方的手。过了一会儿，两人才回过神来，刘英赶紧把粟裕让进房间。

刘英爽朗地说："好！那就以白开水代替酒了，为粟司令壮行。"

粟裕说："好！干一杯！"

这几天，刘英接连没有睡好觉。以前大家也有过分开行动甚至半年不见面的时候，但过不了多久都会见面。这一次却不同，不知道哪年哪月才能再相见。一起北上的战友，一张张熟悉的面孔在眼前闪过，特别是跟粟裕同是从红四军出来的，中间合作过、交集过，为保卫中央苏区，转战赣南闽西地区，又同时调入红七军团一同跟随抗日先遣队北上闽浙赣皖，然后又一起率领挺进师坚持三年游击战争……两人之间有过多次的争论，有时还争得面红耳赤。工作上产生过一些矛盾，有时甚至是尖锐的矛盾，虽然这些矛盾都是为了革命事业。刘英也不断做自我反省：作为临时省委书记、挺进师政委，在一些问题的处理上，方式方法都有不当之处，所以，刘英表示真希望两人能继续共事，能有机会补偿以往的一些过失。然而，根据上级的指示、工作的需要，两人马上就要分手了。

粟裕也和刘英一样，想到就要和生死与共的战友分别，心中感慨万千，在红军队伍中虽然也与其他同志合作过，但与刘英合作时间最长，可以说是一对老搭档了。在闽浙赣边境一带，在老百姓的心目中，在国民党政府和军队的档案里，他们两个人的名字都是紧紧地连在一起——粟刘。不过，两人自去年春天分开后，刘英在浙南，粟裕在浙西南，一直到去年十月之后才会合，有半年多时间没有见面了。部队集中到山门以后，又是各忙各的，刘英忙着办干部训练班，开展组织建设，找干部谈心，布置宣传工作。粟裕也忙着训练部队，创办抗日救亡干部学校，研究总结游击战术……两人除了开会，难得在一起说说话、谈谈心。刘英马上要随曾山同志去南昌向党中央和东南分局汇报工作了，粟裕过几天就要带队上皖南，说实在话，两人都想过在临别时找对方说说心里话。这不，刘英已抢先一步安排这个机会了。

刘英斟上一杯水提议："来，粟司令，为我们过去的合作干杯。"

两人你来我往，水喝了不少。

刘英分析了两人的特点，一个是搞军事工作的，一个是做政治工作的，可是从脾气性格来看，是把两人搞反了。粟裕更像政治委员，镇定、稳健。而刘英呢，办事相对急躁一些，更像带兵打仗的。有机会，刘英希望两人角色换一换，粟裕做政治工作，刘英去冲锋陷阵。

粟裕真诚地认为，刘英是天生的政工干部，思想敏锐，善于做人的工作，写得一手好字，军事素质也很好，身体棒棒的，还打得一手好拳脚，军政兼备，文武双全，组织上让刘英留下来是对的。之后浙江地方工作也将异常复杂，留下来的人手也不多，希望刘英一定要多加保重，将来两人还做搭档……

刘英说："继续做一对好搭档！我期待这天早日到来，再干一杯！"

天已黑了，粟裕准备返回住处，刘英陪着走了一段路。浙南春天的夜晚，两个战友并肩走在乡间的小路上。他们回忆起各自少年求学时期的生活，回忆起各自父母和老家的情况。两人都还清楚地记得在红四军时的战斗和生活。

刘英认为，粟裕比自己小两岁，但进步快、资格老，自己刚到红四军不久，粟裕就被提拔为支队长了。

粟裕表示，在红四军虽然只待了四年，但自己终生难忘，那四年从井冈山反“围剿”，到保卫中央苏区，每一次战斗都是跟在毛主席、朱总司令身边锻炼，不然哪有自己今天的进步？

刘英说自己也一样啊，没有红四军，没有毛主席、朱总司令的言传身教，一个小学生出身的人，怎么可能两年多时间就担任师政委？刘英深情地说，明天自己就要随曾山同志汇报工作去，不知两人什么时候才能再次见面，过去临时省委内部有些问题处理得欠妥当，自己作为省委书记，应该负主要责任，有对不起的地方请多加谅解。

粟裕认为，人非圣贤，孰能无过，自己也有很不成熟的地方，需要刘英的原谅。刘英打断他的话，表示不必再提旧事。粟裕又说：“我们打败日本侵略者后，还要再回浙江一起好好共事，共同建设好浙江！”粟裕从口袋里拿出多时不吹的口琴，准备给刘英吹一曲。刘英笑着说，好长时间没有听粟裕吹口琴了。

粟裕还是吹《苏武牧羊》这首曲子。此时，这无人的小路上响起了深沉悲壮、幽婉动听的声音，仿佛在这夜空下出现一个个像苏武一样的忠诚爱国、威武不屈、充满民族气节的民族英雄。

三月十四日一大早，曾山、刘英一行就出发前往南昌。

粟裕、龙跃等一路送行，郑海啸在前面引路。他们经过山门街。山门街，位于山门镇凤岭山麓南侧，始建于明末清初，已有三百多年的历史。街

道东西走向，长三百多米、宽四米，为卵石路面。街的两边都是木房店铺。街边有一溪渠穿过，终年水流不息。

当他们经过凤林村时，刘英指着郑海啸对曾山说："这个老海很了不起，他政治意识强，军事素质好，群众基础实，动手能力强，办事速度快，是名副其实的'浙南农民领袖'！"

曾山笑着对刘英说："你在我这儿夸过老海很多次了。老海也跟我详细介绍过这个村庄，以及这一带群众开展抗日活动的情况。"老海给曾山留下的印象很好，工作认真深入扎实，与群众打成一片，几乎没有他克服不了的困难，确实像刘英说的，是"浙南的农民领袖"。

郑海啸不好意思地摇摇手说："前面就到了，别只夸奖了！"

粟裕、郑海啸等一直送到水头，即将登上木船的时候，粟裕、刘英紧紧握手。刘英说期待粟裕司令早日传来杀敌立功的佳音……粟裕表示，等着喝刘英政委备好的庆功酒，一定一醉方休……木船起动了，刘英在木船上，粟裕站在岸边，两人同时举起手，相互敬了一个标准的军礼……木船开出去很远了，他们还在相互注视着，敬礼的手久久没有放下。

他们谁也想不到的是：在此一别，竟成诀别！

第十二章

艰险求发展

一百支枪与一份杂志

曾山带领刘英、吴毓等一行离开温州，来到金华。

刘英与国民党浙江省政府主席黄绍竑举行了会谈。刘英向黄绍竑通报了浙南红军已改编为新四军，即将出发赴皖南集中的情况，并向他提出两条建议和要求：一是在丽水设立新四军驻浙江办事处、在温州设立新四军通讯处、在平阳设立新四军后方留守处，主要是为照顾部队家属和处理部队离开后的有关事宜，巩固扩大国共合作和共同抗日成果；二是要求国民党省政府为新四军补充枪支、弹药和军服，由于红军部队过去一直处在艰苦的环境中，物质条件很差，现在要开赴前线，与日本侵略军作战，需要补充粮饷和装备。平阳县每月只发一千四百元，应付不了部队的装备、军服等开支，要求省政府拨给步枪五百支、子弹十万发、军服一千套。

黄绍竑同意了第一条要求，但对装备问题比较慎重，只答应拨给子弹五万发、军服一千套。

刘英向黄绍竑介绍了临时省委联络员吴毓，以便于今后工作上的联系。同时要求吴毓要与当地政府做好沟通联络工作，沿途把粟裕率领的抗日部队安排好、保障好，并且立即着手安排新四军驻浙江办事处的设立。黄绍竑也向刘英、吴毓介绍了省建设厅的伍廷飏厅长。

会见结束后出现了一个尴尬的场面：黄绍竑站起来送客人到公馆外，看了看刘英的手，问他的手怎么了，刘英回答说是前些年被狗咬了！

刘英离开黄绍竑公馆后，交代吴毓：粟裕司令已经从山门出发，到丽水之前，需要协调三件事：一是北上队伍在丽水境内的一切保障，包括吃住行；二是协助督促释放"政治犯"；三是落实黄绍竑答应的子弹和军服，特别是部队十分紧缺的枪支。刘英一口气说完三项任务，而且在"枪支"上加重了语气。他强调说，这些任务，说起来容易，做起来是困难的，要求吴毓不单是尽量完成任务，而是……

吴毓坚定地说："保证完成任务！"

此前，一批有文化的青年随浙江旅沪同乡会，以抗战服务团的名义到达丽水。国民党省政府主席黄绍竑比较开明，只要坚持抗日，允许不同政见者进入国民政府部门任职。

省建设厅下属的战时物产调整处是一个经济管理机构，安排了不少理论素养高、实践能力强的"视察员"。伍廷飏就安排了他的同学张锡昌及其在陆军监狱的难友刘端生，还有张锡昌的妹夫骆耕漠当视察员。这个官方视察员可以在署衙内调用小汽车，可以四处巡视。

但是骆耕漠到丽水前，没有把党组织关系转过来。大舅子张锡昌担忧，这会给妹夫骆耕漠党内活动带来麻烦。所以，张锡昌事先没有招呼，就安排骆耕漠、刘端生到一个宾馆里见了几个人。张锡昌招呼大家围拢来，先介绍了张贵卿，是中共处属特委组织部部长，还有汪海粟，都是外来的知识青年。

张贵卿讲了来这里的任务，就是让刘端生、骆耕漠两位同志补填党员表格，只有中共党员才能更好地开展革命斗争。骆耕漠说自己在陆军监狱的时候已经是共产党员了，还担任了特别支部委员，他对重新填表有些疑问。张贵卿做了解释，虽然骆耕漠对党很忠诚，信仰很坚定，在狱中担任过特别支部委员，但当时没有履行入党的文字手续，现在需要补办一下。入党需要两个介绍人，自己考虑好，把表格填起来就好了。

骆耕漠解除疑问后，就在表上填了张锡昌、徐洁身两个介绍人。

张贵卿表示，都是革命老同志了，自己也没有什么话要特别说了。两人以后的党组织生活，就在省建设厅战时物产调整处的特别支部，汪海粟是支部书记。组织关系明确了，以后任务可能更多一些，具体工作仍是跟省委联络员吴毓对接。

骆耕漠曾被派到武汉，除为浙江省建设厅战时物产调整处做进出口的业务外，还动员一些青年到浙江工作。他通过一个朋友在报纸上登了一则启事，结果一周之内，就有五十多名原本打算去延安的各地青年，转到浙江新战线上来了。这五十多名青年抗日骨干分两批，派到遂昌、龙泉、云和、瑞安等地去，以搞物产调查的名义参加抗日救亡活动。

此后刘英同意骆耕漠辞去战时物产调整处视察员的职务。骆耕漠就向伍廷飏递了辞呈，准备到金华组织文化界的抗日救亡运动。

有国共合作的大背景，共产党在国统区公开活动不算非法。骆耕漠没有来得及去金华，就应吴毓之约来到丽水高井弄新四军驻浙江办事处。

吴毓告诉骆耕漠，黄绍竑主席答应的给北上抗日部队的子弹、军服，已经部分落实；但按照刘英书记的指示，还要想办法搞到一批枪支。枪支？骆耕漠有点惊讶。吴毓肯定地点了点头，黄绍竑非常相信伍廷飏，只要伍廷飏答应签字了，就能搞到所需的军需物资。但伍廷飏办事雷厉风行，个性十足，如果搞不好，事情很可能办砸，那就完不成刘英书记交代的任务了。

骆耕漠一时想不出什么好办法。

吴毓把打听到的情况和盘托出。骆耕漠到战时物产调整处任视察员时间不长，但也有所了解。伍廷飏有好几个住处，一般外面的人连他住哪里都不知道，但他对战时物产调整处的人特别亲切，会告诉他们自己住哪儿，还会让他们到自己家里去。因为粟裕率部北上皖南，马上就要经过丽水了，如果不抓紧办好，就会耽误命令的执行，所以这个事只能找建设厅战时物产调整处的同志帮忙了。骆耕漠想了想，承诺由他想办法。

当天晚上，骆耕漠从皮箱里找出了一包白术，这是离开老家时爱人张锡英嘱咐带给哥哥张锡昌的，因为没有时间送给大舅子，先拿来办事了。他借用战时物产调整处的小车，很快就到了伍廷飏二姨太住的别墅。

伍廷飏和二姨太客气地让骆耕漠坐。骆耕漠把一包白术放到二姨太身边，说："这是刚从老家临安於潜带回来的，给嫂子补补身子。"二姨太说："这个小骆真是太客气了。"伍廷飏也说："白术是很有名的，有'北参南术'之说，这个'术'就指白术了。"然后话锋一转，问骆耕漠今天找自己有什么事。

骆耕漠也不客套，直接讲了黄绍竑主席答应给新四军一批军需，又说听说战时物产调整处的一个仓库里有一批枪支。伍廷飏坦言仓库里是有一批枪支，不过这次黄绍竑主席并没有答应给粟裕部枪支。骆耕漠说："此事是黄主席亲自布置的，但具体还是由伍厅长安排，给新四军送枪支事关抗战，这肯定是备受老百姓称颂的一件事。"

伍廷飏似乎很赞成"事关抗战""百姓称颂"这八个字。骆耕漠又马上强调这事事关民族生存，是大事。

一开始伍廷飏有点为难，黄绍竑主席的命令是要执行，但增加调配枪支不太好办。骆耕漠吹捧着，赠送这批军需物资时，再弄个隆重的仪式，黄主席、伍厅长都来参加，全城老百姓肯定会铭记他们的义举。此事新闻界也极为重视，他们到时都要来采访伍厅长。

伍廷飏哈哈地笑了起来，说："这的确是大事！"骆耕漠趁热打铁，又说报刊会组织记者采访，这是国民政府为抗日出装备、出物资，是支持抗战的壮举。二姨太插话了，说："人家小骆也不是为自己，而是为了抗战，还专门跑来说这事，能办就给办了吧！"

一九三八年三月十八日，粟裕在根据地群众的热烈欢送下，率领四百多人，从平阳山门出发赴皖南前线。

部队途经瑞安、泰顺、云和，来到丽水大港头时，黄绍竑专程从金华方岩赶过来检阅部队，同时部分兑现了谈判中的承诺，发给部队子弹三万发、军服五百套，另外还有一百支枪。这一百支枪只有刘英、吴毓、骆耕漠和伍廷飏等少数几个人知道是怎么回事，连黄绍竑也不清楚。后来的中共党史、军史里，也没有具体记载这一百支枪的来历。

但当时有报刊对伍廷飏支持抗战做了报道。

骆耕漠拿着报刊给伍廷飏看，说《钱江潮》上文章发出来了。伍廷飏知道《钱江潮》是黄绍竑出资创办的报纸。骆耕漠又说："我们伍厅长的确为抗日救国做了一件大好事，十分得民心。"伍廷飏激动得三天没有睡好觉，笑着夸骆耕漠："老弟真会办事！"

骆耕漠在回忆时提到，这是他做过的可以载入史册的一件事。

部队经过遂昌时，经粟裕与地方当局交涉，关押的"政治犯"全部得到释放，其中五人跟随部队北上。四月十八日，部队到达皖南歙县岩寺后，编为新四军第二支队第四团第三营，粟裕被任命为第二支队副司令员。不久，在刘英的支持下，闽浙边临时省委又将六十多名新战士经过同样的行军路线，送达皖南，编入新四军。这样，从浙江北上抗战的总人数达到五百人左右，与红军挺进师进入浙江时的人数相当。后来，中国人民解放军第二十三军被称为"老三营"的部队，其前身就是挺进师。

而闽东红军独立师，早在一个月前的二月十四日，已改编为新四军第三支队第六团，在叶飞团长、阮英平副团长的率领下从屏南县城出发，到达皖南岩寺地区。

此时，吴毓接待了温州过来的几个人，商量着新书店和印刷厂开办的问题。因为，刘英明确指出，要在丽水开办书店和印刷厂，为党发行图书和印刷秘密文件。

此前，吴毓曾按照刘英的要求，来到平阳鳌江，找到《平报》社营业部主任杜贤宏和平阳县抗日救亡负责人项经川，向他们传达刘英的有关指示。当时刚过完春节，准备在丽水开办书店和印刷厂的负责人孔望光就来到温州。刘英接见了他们，交给一笔开办“浙东书店”和印刷厂的经费，并做了指示。他们就住在五马街附近的安乐客栈里，购进了一批图书和文具，置办了印刷器材。

正因为有临时省委和刘英书记的推动，浙西南各地创办的宣传抗日救亡的报刊如雨后春笋。各种抗战刊物九十一种、报纸二十七种，有印刷单位二十家，出版机构四十六家，出版的抗日书籍、刊物一百三十八种四十多万册。绝大部分都是共产党组织以公开合法身份掩护而创办的，或是中共党员以公开合法身份参与创办的。丽水籍进步画家金逢孙主编的《抗战画报》，刊登大量的漫画、木刻画，起到很好的宣传抗日救亡的效果。

此时，骆耕漠根据刘英指示来到金华，主抓浙江抗日文化工作。他发现抓文化工作的人手紧缺，于是向联系人吴毓做了反映。

过了几天，吴毓在金华约见骆耕漠，传达了刘英书记的指示，要在金华成立浙江省文化工作委员会，成员有骆耕漠和邵荃麟、葛琴夫妇，骆耕漠任省文委书记。骆耕漠表示，组织上的决定坚决执行，只是他与邵荃麟、葛琴不是太熟悉，只知道他们都是写文章的高手，希望吴毓给引荐一下。吴毓当即答应，并安排在“老地方”见面。

老地方，就是柏树巷一号，是金华南城东街上的一幢院楼。

骆耕漠从丽水到金华后，就住在这个老地方。第二天见面很顺利，大家统一了思想。省文委成立后首先创办了一份救亡杂志，取名《东南战线》。三个人进行了分工，骆耕漠负责杂志的资金、印刷、发行等事务，葛琴负责组稿，邵荃麟负责编校。因为印刷的原因，创刊号出刊耽搁了较长的时间。

《东南战线》一面世，社会影响很大。美国著名记者史沫特莱对这份杂志大加赞赏，还亲自撰写了一篇文章交给葛琴刊发。史沫特莱的文章在杂志上一发表，《东南战线》的发行量就增加不少。

坚决地发展党组织

此时，粟裕在北上皖南的路途中，而刘英随曾山在前往南昌的火车上。曾山一路上与刘英聊起了黄绍竑，也聊起了浙江的抗日工作。

黄绍竑曾担任国民党第二战区副司令长官，同中共中央代表周恩来、朱德、彭德怀、刘伯承等都有过多次接触，对中共的抗日主张有着较深的了解，尤其是华北战场上，他看到了共产党领导的八路军积极配合国民党军作战，人民群众积极支援八路军的情景。在他指挥的娘子关战役中，国民党军队差一点全军覆没，幸好有八路军增援。他对共产党团结抗日的诚意感受比较深，来浙江省任职之前，还一再要求周恩来派一些干部来浙江，帮助他开展工作。所以，黄绍竑强烈推行的《抗日救国政治纲领》，受《中国共产党抗日救国十大纲领》影响很大，《纲领》起草小组成员大多是共产党员，汪海粟、刘端生、施平等参与讨论、起草，张锡昌执笔成文。

曾山说："黄绍竑等国民党高层的统战工作一定要更加重视，这项工作还是要抓紧做好。"刘英点头，表示一定会重视统战工作。

他们下了火车，来到南昌东书院街二十一号。这里有五幢法国风格的红砖房，每栋建筑面积相近，都是两层半。这是盐商余兴庆的住宅，但此时已是中共中央东南分局的驻地。在这里，刘英向项英汇报了浙江党组织发展、抗日救亡和部队整训的情况。他说："我们浙南红军已改编为新四军，粟裕同志已带领四百多人离开温州平阳，北上皖南报到。"

项英点头表示肯定，这些情况曾山同志电报上已汇报过，自己也要于近日赶到皖南。目前，项英特别想了解浙江方面的工作主要存在哪些问题，需要东南分局提供什么支持。

刘英提出，前次吴毓、龙跃已向南京的博古主任带去闽浙边临时省委的书面报告，主要是反映浙江存在两个平行党组织的情况，一个是一九三七年十一月成立的中共浙江省临时工作委员会，徐洁身任书记；今年初，在金华斗鸡巷改为省工作委员会。另一个，就是一九三五年十一月成立的闽浙边临时省委。一个省出现两个省级党组织，不容易协调，不好统一组织管理，所以再次向中共东南分局提出，请帮助解决。

项英表示理解，在国共合作抗日的新形势下，为切实贯彻党的抗日民族统一战线政策，加强对分属不同系统的浙江各地党组织的领导，并迅猛发展组织，必须成立统一的中共浙江省委，这是十分必要和非常紧迫的。他表示会抓紧研究解决，希望刘英大胆地放手开展工作，在回去之前会有一个明确的答复。

在南昌期间，刘英趁工作空隙之时，与曾山、涂正坤、刘树林、陈丕显、谭启龙、黄知真一起到照相馆，留下了一张珍贵的合影。

五月七日，回到浙南的刘英，在平阳县凤卧乡玉青岩村召开会议。

刘英传达了东南分局的指示，决定撤销闽浙边临时省委和浙江省工作委员会，成立中共浙江临时省委，书记刘英，常委谢文清、汪光焕、赖大超、顾玉良分别任组织部部长、宣传部部长、青年部部长和职工运动委员会负责人，委员龙跃、林辉山、张麒麟、陈昌会，施月琴为妇女部部长。

为了落实东南分局的指示，进一步做好统一战线工作，刘英兼任统战部部长，吴毓为统战部副部长。

临时省委决定，成立浙南、处属、台属、宁绍、金衢五个特委。在浙西南撤销浙西南特委和浙南特别工委，划归处属特委领导，张麒麟任书记。

鉴于党的工作重心的转移，为了适应快速发展的革命斗争形势需要，为加强温州城市党的工作，临时省委决定成立中共温州中心县委，管辖城区和周边的乐清、玉环三个区域的工作，直属临时省委领导，干部也由临时省委任命。刘英认为，中共温州中心县委的干部主要以浙南的本地干部为主，目的就是发挥本地干部的作用。经研究决定，何畏任书记，邓扫空任组织部部长，林国挺任宣传部部长，连珍任青年部部长。

刘英找了一些浙南本地干部谈话。意想不到的是，他们对临时省委的这个决定有不同的看法。

许多本地干部都很有个性，敢于提意见建议。他们认为，临时省委对浙南老同志的使用不够重视。比如，叶廷鹏虽有五十多岁了，但也是个有十多年党龄的老革命，仍然身强体壮，革命意志坚定，不说功劳也有很大的苦劳，只任特委的农民运动委员会的委员，是不合适的。所以，他们建议临时省委应该肯定老同志的功绩，发挥老同志的作用，这是对浙南老同志的尊重，体现外来干部与当地干部的团结与融合。

刘英也谈了自己的看法，认为不能分浙南的同志和外地的同志，大家都是为了革命才走到一起，不能分你我、分彼此。

有几个本地干部有些激动，认为这不是个人认识的问题，而是在实际工作中、干部任命中，就有分你我、分彼此的现象。刘英最后解释道，干部任命是临时省委集体决定的，不可能说变就变，大家的精力要用到发展党组织上。

临时省委和刘英注重指导各地恢复和发展中共组织。

此前的情况，用龙跃的话来说是这样的：浙南地区在三年游击战争结束时，党的工作地区非常狭窄，主要地区是平阳北港，其次是福鼎、泰顺、瑞安各有一两个乡的范围，城市方面除永嘉有微弱的工作外，其他全无。党员不到四百名，干部也很少，县区级机构很不健全。

此时，临时省委工作十分繁忙，浙南特委基本上与临时省委一起行动。龙跃书记既负责全省的地方巡视工作，还兼管部队的政治保卫工作，浙南各县都是由临时省委直接领导。

在刘英和临时省委的重视下，浙南共产党活动由秘密转向半公开状态，干部党员的建党积极性高涨。

临时省委和各特委分别派出一批党员干部深入到各县去恢复和发展党组织。为取得建党的经验，浙南特委一九三八年五月派张金发等深入平阳县凤卧乡等基层，从培养积极分子入手，建立健全马头岗、凤林、玉青岩三个党支部。在取得建党经验的基础上，又派出许多工作人员，深入各县去恢复和开展党的工作。其时，龙跃数次与支部成员座谈，总结建党经验，然后推广。

郑丹甫任书记的中共浙闽边区委于一九三七年十一月成立，负责指导泰顺、福鼎、鼎平三个县委。一九三八年各地党组织继续发展。一月，中共泰顺县委恢复，书记杨雅欣。三月，中共温州市委成立，以温州城区为活动区域，书记宿士平。四月，中共鼎平县委恢复，书记先后为林辉山、刘发羡、周义群；中共瑞安县委恢复，书记先后为施震南、孙经邃。五月，中共温州市委撤销，中共温州中心县委成立，书记何畏；中共瑞平县委改为中共平阳县委，书记郑海啸；中共青景丽中心县委建立，书记陈昌会。此后，党组织继续迅速发展。

为了适应快速发展的革命斗争形势需要，一九三八年五月十二日，中共浙江临时省委机关由浙南游击根据地的平阳县山门乡秘密迁到温州城内。

那里很重要

临时省委正在大力加强组织建设，通知施平从云和回到丽水县委工作。正当此时，施平受到国民党庆元县县长罗中天邀请，请他到庆元县工作。

一九三八年五月初的一天，刘英找施平谈话。

刘英分析了当前全省复杂的形势。

黄绍竑原为桂系军阀，投靠蒋介石，又对蒋介石有所不满，他自己已经没有军队，成了政客。他有进步的一面，有抗日愿望，愿意建立抗日民族统一战线，同时他也想利用抗日之机，培养自己的实力。他想在庆元建立游击根据地的中心点，派出他当年的参谋长罗中天任县长，把他的警卫营也放在这个县。罗中天及这个警卫营都是久经战场的广西籍人，黄绍竑准备把这个营作为将来组建正规军和游击队的骨干。

罗中天之所以请施平来庆元，有形势发展的原因，更重要的是受了黄绍竑的指示，希望与共产党合作，利用共产党的力量为自己服务。罗中天是黄绍竑的忠实信徒，背景非常复杂，他和军统特务关系密切，为了当官又投靠中统特务系统。

刘英对施平说：“我们也有建立敌后根据地的想法，目前临时省委在浙西南的主要力量放在龙泉、云和、遂昌，也要往景宁、庆元方向发展。我也希望通过黄绍竑的关系，使我们这一计划得到实施。”

施平点点头说：“明白。”

刘英进一步指示道：“你接受罗中天的邀请，对罗中天要以诚相待，影响他向进步方向转化，你要竭尽全力把庆元建成抗日基地，因为这不只是黄、罗的理想，也是我们的理想。你到庆元后与先期到达庆元的党员接上关系，帮助建立庆元县的党组织，大力发展党员，扩大我们的影响。”

施平表示一定尽自己的全力。

刘英还特别叮嘱施平：“不能轻易暴露共产党员的身份，不然是危险的。庆元山上有我们的人在活动，还有我们的少量武装力量，是红军时期留下来的，现在‘山下’暂时不与‘山上’发生关系，但要注意不要发生误会。”

正当刘英、施平商讨如何在庆元发展党的力量的时候，已经北上的粟裕奉命组建新四军先遣支队，亲自担任先遣支队司令员，向苏南敌后挺进，执行战略侦察任务。

庆元与福建的松溪、政和、寿宁三个县接壤，可以说是大山中的大山。境内没有公路，交通十分不便。从丽水坐公共汽车到龙泉后，施平换穿草鞋徒步而行。龙泉与庆元相距八十多公里，一路上施平都在大山中行走，大概需要两天才能到达目的地。

路途中树高林密，花开鸟啼。施平一心赶路，在过险关要隘时，才停足四处观察，只见村庄凋敝、人烟稀少。他与挑夫聊天时，挑夫告诉他一些庆元的情况，庆元县域面积大得很，从最西面的黄田，到最东面的蒿塘（今分属左溪镇、官塘乡），得走三四天。全县人口有十二万多，约一半人以种香菇为生。男人一年中有半年多在外受雇种菇，大多到福建、江西等地。

他们聊到了为什么菇民没有带妻女一同去菇山的话题。挑夫说："那是因为菇有'菇神'，女人去了会亵渎'菇神'，菇就生长不出来，所以没有人敢带妻女去菇山。"那这些女人、孩子在家干吗呢？男人外出种菇后，妇女老少大多出外以行乞为生，每年插秧后就外出，收获稻谷时返回老家，全家才能团聚。

施平问为什么妇女都要外出行乞。挑夫解释，由于男人外出，留家妻女容易受地主老财的淫辱，所以妇女尽可能外出，行乞比较普遍。

一路上，施平还看见抓壮丁的情况。做了一番了解后，他想，只有革命成功，在新的社会制度下，这里的农民才能得到解放。

五月十一日，施平来到庆元，受到罗中天的欢迎。

很快，施平被委任为庆元县政府第一科——民政科科长，兼任兵役科科长和县抗日自卫委员会副主任。组建抗日自卫委员会是黄绍竑的新政措施之一，由当地的国民党县党部书记、县长、第一科科长、抗日自卫团司令和有名望的乡绅组成，协商有关地方抗日自卫的大事。

施平很快与先期到达庆元的汪金更、梅占魁、陈忍、方奋、周国俊等党内同志接上关系。

此时，庆元以共产党员和进步青年为主的抗日群体异常活跃。他们组织儿童抗战救亡团，建立流动剧团，演出各种抗日剧目，编印文艺读物。中共党员陈麟章编写《出征》，还有党员化名创作了《我的志歌》《感怀》《牢中感怀旧作》等新旧体诗歌，宣传抗日救亡，激励民众爱国热情。尤其以县兵役科事务员公开身份为掩护的中共党员倪洪兴，依照庆元地方戏种"官塘小调"填写的歌词影响最大，其中一首《抗战小调》流传最广。

庆元呀，百姓呀，真真苦，
山多田少，米粮荒，
香菇价贱，油盐贵，

地匪林乃道打家劫舍来吵闹。

中国呀，百姓呀，真呀真真苦，
水旱成灾，数个里，
内战匪扰不休停，
东洋鬼子兵趁机打劫来入侵。

我们呀，弟兄呀，大家拉起手，
消灭土匪林乃道，
打倒日本把国保，
大家把国保，走上战场杀强盗。

另外，中共党员通过统战关系，促成国民党县政府在松源小学内创办了艺友师范班。中共党员、流动剧团团长史风任班主任，由地下党员和进步青年兼任教员，以公开招考的形式向全县招收四十多名学生，编印有关抗日救亡运动的教材，教唱流行的抗战歌曲。

施平等党员和进步人士常被邀请讲授抗日救亡的专题课。

六月初的一天晚上，晚饭后施平等几名骨干党员在县城咏归桥上散步。其实，就在这个散步过程中召开了一次特殊的秘密会议，完成了建立中共庆元县特别支部的伟大使命。当然，他们不知道四年前庆元县已经有了第一个党组织——中共白柘洋村支部，这是闽东党组织在庆元县东部建立的一个支部，并且那里还建立了浙西南最早的苏维埃政权。

“散步会议”决定，庆元县特别支部由施平任书记，汪金更、梅占魁为委员。特别支部直属临时省委领导。

特别支部成立后，丽水回乡服务团又陆续选派一批党员和进步青年到庆元。特别支部从外地来的进步青年中挑选赵国琛等骨干发展为党员，又从本地学生青年中培养进步分子姚玄、姚嗣崇并发展为党员，并且创办了《新庆元》杂志。

八月，临时省委决定将中共庆元县特别支部改建为中共庆元县委员会。

刘英派出临时省委统战部副部长吴毓，前往庆元传达临时省委指示精神，并嘱咐多了解一些施平他们在庆元开展工作的情况。

特别支部派汪金更步行至龙泉八都迎接临时省委代表吴毓。

吴毓来到庆元的当天夜里，代表临时省委在县城中山公园内主持秘密会议，宣布成立中共庆元县委员会，施平任书记，汪金更为组织部部长，史风为宣传部部长，竹口区委书记陈忍为县委委员。县委工作机关设在县民众教育馆内。

吴毓回到临时省委，向刘英详细地汇报了庆元的情况。他汇报了施平实施的新兵役办法，汇报了庆元县特别支部的建立、党委的成立，汇报了创办公开刊物的情况。他还汇报了庆元县干部的成分。

刘英听了频频点头，对施平在庆元的工作开展情况表示满意。他说："随着抗战形势的发展，整个阵营会发生摆动，内部也存在着或明或暗的斗争，县委的任务是努力争取他们的进步，并且在进步的、先进的、优秀的分子中发展我们的党员。"

吴毓向刘英汇报了中共庆元县委成立后施平打算做的工作。施平他们决定首先抓当地青年的培训，只有培养好革命的骨干，才能更好地开展发动群众的抗日运动。施平还向罗中天建议，开办一期"乡镇事务员"训练班，招收抗日爱国知识青年加以训练，充实和担任各乡镇的事务员。乡镇长是直接管理老百姓的，但绝大多数乡镇的具体事务却由事务员落实，这是县政权的基础。

刘英认为，改造旧政权，首先要改造乡镇政权，这是釜底抽薪之举，是把老百姓从乡镇保甲制度下解放出来的重要一步。新派的乡镇事务员如能比较忠实地执行抗日民主的新政令，认真提倡、号召、发动群众，兴利除弊就容易了。

罗中天接受了施平举办“乡镇事务员”训练班的建议，罗中天自任班主任，施平为副班主任，并由施平负责的县民政科主管。吴毓告诉刘英，目前他们正在做招生工作，想招一些抗日爱国知识青年，给青年们进行政治启蒙教育，同时发现一些可以作为党员进行培养的人。

刘英认为，这个想法、做法很好，但能不能达到目标，还要走一步看一步。

事实就像刘英估计的那样，这批人并没有完全往理想的方向发展。毕业考时，有几个学员竟然在班上鼓动罢考，目的是跟进步青年对立。原来这几个学员是混进来的国民党顽固派。施平对发展党员十分慎重，认为三个月的时间太短，对他们的政治面貌还是不够了解，决定不在班上发展党员，待他们回到工作岗位、教育审查合格后再介绍发展。所以，庆元县委决定，对那几个混进来的学员也进行分配，一是为争取团结国民党更多的有识之士共同抗日，二是考虑到不要使我党过分暴露，把对国民党势力的斗争搞得太尖锐化。

刘英说：“党组织和党员既要大力发展，也要稳妥发展，施平这样做还是比较慎重的。”

此前，处属特委已经建立，省委决定中共庆元县委归处属特委领导。

是不是自己人

施平没有想到的是，随着了解的深入，庆元县的情况越发像刘英书记说的那样，甚至还要更加复杂。国民党县政府里的党政军领导，进步的和落后的，革命的和反革命的，一并存在，是一个各种势力大杂烩的地方。

协助县长掌握全局的秘书，是省民政厅厅长派的。掌握财政钱粮的第二科科长，是由财政厅厅长选派的。他们都属于CC系的。警察局长、县自卫大队长是黄绍竑的警卫营营长，都是罗中天的老部下，属于老军统的人。管教育的第三科科长是个中间型人物，没有派别。四个区长，一个是罗中天的军事部下，三个是省建设厅战时物产调整处派来的革命青年，二十几个救亡青年担负各种行政工作。

刘英指示处属特委应多关心指导庆元工作，这是我们党未来工作的希望。

处属特委十分重视刘英的指示，立即派处属特委委员、青年部部长宣恩金到庆元指导工作。宣恩金到庆元的时候，施平已被派往荷地区处理“蒿塘事件”了。

“蒿塘事件”是怎么回事呢？原来罗中天县长为“集中抗日力量”，做出“关于收编区乡两级自卫队部分枪支充实县自卫团的决定”。一九三八年九月十三日，荷地区长胡英（中共党员）接受县政府调遣，前往蒿塘乡宣布收编当地枪支的命令，传达乡自卫队人事变动的决定。

意外的是，有人将前来宣布收缴枪械的区长胡英等人绑架并囚禁起来。十月二十八日，受罗中天县长的委派，施平以民政科科长的身份前往解决绑架事件。

翻阅相关资料，“蒿塘事件”有三种说法。第一种是地方党史的说法，认为这是“地方武装势力头子”组织指挥本地自卫队人员干的；第二种是区长胡英回忆录中的说法，胡英他们去了五个人都被绑起来关了一个多月，他推测是县政府把枪支收起来，又重新发下去，那个“地方武装势力头子”认为他们的好枪被换成了差枪不公平，所以把他们五人绑架了，但区长没有见到“地方武装势力头子”，并不真正知道是谁干的；第三种是施平回忆录中记录的说法，认为是“山上自己人”干的。

施平在《难忘岁月》中是这样回忆的：

我在庆元时和山上党组织没有发生联系。山上的党组织一直坚持在浙闽边山区，是红军根据地。有时我们进入山区时，一路上还可看到红军留下的署有粟裕、叶飞名字的红军布告和写有欢迎白军反正过来当红军的标语。这说明庆元县党组织并非始于一九三八年，而是更早的十年内战、三年游击战时期。

这一年九、十月，出了一件事，山上武装同志把庆元东区的区长胡英（地下党派去的）抓去了。虽然我还不了解山上的情况，但刘英同志曾向我交代过山上有我们的武装，因此，我心里有数，很可能是我们自己人，国民党是不会把自己县政府的区长抓走的。

……

抓区长一事似乎证实了山上同志对抗日形势还很不了解，可能是打听一下国民党搞统一战线到底是怎么回事。但我们山上的同志也尽力避免和国民党政权发生对抗行动，所以很快就把区长放回来了。根据区长的汇报，抓他的武装人员只是侦察性质的。罗中天心中有了数，反正人已放回，也就不再追问什么。

施平帮助县长平息了“蒿塘事件”，罗中天对施平更加信任了。但是，为了处理这个事件，施平错过了与刘英指示处属特委派来的宣恩金会面的机会。

这次，宣恩金到庆元，带来了一个叫杨绍模的广西人。杨绍模公开任庆元县的政工队长。杨绍模按照国民党的规定去省政府驻地永康方岩办的政工队训练班受训。杨绍模受训回来后，没有讲有什么事发生，但汪金更在邮件检查中，发现了丽水保安司令部给他寄来的一封火漆密封的信件。按规定，火漆密封信件是不能拆阅检查的，经过县委讨论，这信件照常送到杨绍模的手中，看他如何反应，以检验他对党是否忠诚。杨绍模收到信件以后，过了好几天，都没有向组织汇报收到的信件。

杨绍模与罗中天来往密切，许多场合相互讲广西话别人听不懂。因此，县委认为杨绍模有通敌的嫌疑，可能已经被敌特收买而叛变，决定秘密开除他出党。

因为此前宣恩金在庆元没有碰到施平，所以，处属特委按照临时省委刘英书记的指示，又派特委委员傅振军来到庆元。在庆元县委会议上，傅振军宣布了特委的决定，调竹口区民众教育馆馆长陈麟章到县城工作，以县民众教育馆馆长的公开身份，开展革命活动；县委增设青年部、妇女部，陈麟章为县委委员兼青年部部长，雷敏任妇女部部长。至此，全县共有党员一百零四人，四个区委，还建立庆元自卫大队特别支部，庆元县的党组织建设出现了团结、奋进的局面。

利用傅振军返回丽水的机会，施平请他向处属特委汇报杨绍模的情况，并将被秘密开除出党的杨绍模带回丽水，继续参加丽水回乡服务团，参加抗日救亡运动。

不能轻易暴露身份

一九三九年一月，国民党庆元县政府收到一封密件。姚嗣崇悄悄截留了国民党的密件报告给施平。施平看到这封密件十分吃惊，悄悄把密件带出县政府，交给汪金更连夜抄录一份，并速送省委。

这到底是什么密件？密件有两份：一份是国民党中央执行委员会秘书处一九三八年十二月十七日发的"渝感文字六一五号"《中共浙江临时省委积极扩展其武装组织概况》；另一份是"渝感文字六一六号"《中共浙江临时省委组织及活动概况》。

这两份密件由丽水行政专员公署和保安司令部转发到各县。

转发的密件中说，浙江的共产党组织已发展到四十四个县，并有省委书记刘英及以下特委、县委组织名称和领导人的名单。凡是施平认识的共产党领导人和重要成员都在名单上，施平名字也列在中共丽水中心县委成员的名单上。但是，奇怪的是云和、庆元、松阳、遂昌均有共产党组织，却说是"详情不明"，没有附名单。

施平及县委的几个同志猜测，"详情不明"可能是故意略去，以免把机密泄露给共产党。县委判断密件可能会带来的严重后果，请示省委和刘英书记已来不及了，只有依靠县委自己来制定相应的预防措施。有的同志认为，施平已经暴露，必须立即离开，不然会有被抓捕的危险；也有的同志主张，施平应该主动去澄清，不然将会陷入十分被动的境地。大家意识到，这是一场非常棘手的面对面斗争，要保护庆元的党组织，必须保住我们每个党员身份不暴露。

施平认为，如果去主动澄清，大有此地无银三百两之嫌。他沉着地指着文件，这个文件上还是有个“破绽”的。他表示，自己一方面利用这个“破绽”拖延时间，另一方面还是要等待省委和刘英书记的指示。

第二天上班，施平才在密件上批了四个字“拟即遵办”，并叫秘书立即送罗中天阅。

罗中天收到密件后，几天都不动声色，既不批办，也不过问施平。又隔了几天，罗中天主持召开抗日自卫委员会会议，宣布有重要事件要讨论，会上宣读了那份密件，连后面的名单也全念了。罗中天念完后，到会的人都保持沉默。

施平想起十几年前在昆明参加“青年努力会”所受的训练，在这种情况下，要采取主动，争取首先发言，挡住别人的攻击，这也是一种防范的本领。于是，他立即发言，说这份情报靠不住，省政府的情报工作做得太差了，理由是：自己是罗县长亲自从云和邀请来庆元工作的，并没有在丽水工作过，而这份情报上说自己是中共丽水县委委员，岂不是很可笑？若说施平是云和或庆元的共产党的委员，似乎还说得过去，所以这份文件是捕风捉影的。施平在学生时代就是见过世面的人，在杭州读书的时候，曾两次与蒋介石面对面谈判。他的话无懈可击，而且态度坦然、沉着，毫无紧张、恐惧的样子，把在场的人都镇住了。

继续发言的人，说了一些似是而非的话，都没有对施平的发言提出任何意见和疑问。直到最后，罗中天在总结讲话中，也没有提到密件上有施平名字的问题。

当天夜里，施平主持召开中共庆元县委会议。会上有人提出，罗中天召开这样的会议，把施平暴露出来，自己又不表态，不知他打算要怎么样。大家分析认为，国民党下发的这个公文，以及此前省委刘英书记的分析，都说明浙江形势已发展到一个转折点，似乎黄绍竑已开始屈服于国民党顽固派的压力，国民党开始对共产党全面进攻了。施平说，整个形势影响着罗中天，国民党庆元县政府的顽固势力将进一步左右他，我们的处境可能比想象的还要糟糕，党的行动应当更谨慎、更秘密，但是庆元是我们刘英书记及省委寄以希望的一个县，不到最后时刻，我们不能轻言放弃。

抗日自卫委员会开会后，罗中天对施平一直保持沉默，不提密件和开会的事。施平也不主动找他说话，免得罗中天怀疑他故意辩解。大约两个星期后的一个下午，罗中天很神秘地找施平谈话。

谈话的地点在县政府一所独立的房子里。罗中天听到施平过来的声音，就走出房门来迎接。门口有两个警卫，房子里面也有一个警卫，这不免让施平感到惊异。罗中天告诉施平，是想与他谈一件大事。施平心想，罗中天如此神秘，葫芦里到底卖什么药，就等着他往下说。

罗中天开门见山地告诉施平，他心里很久以前就存着一件大事，就是想找共产党，希望能和共产党取得联系。他讲到自己在山西打仗时，就和一些共产党指挥员接触过，对他们很是佩服。在太原战役中，自己所在的部队守寿阳城，日军大炮非常厉害，矮小的城墙根本抵挡不住，也不知如何才能把城守住，多亏八路军一位指挥员指点，把防御工事做在城墙脚下。后来，日寇进攻时，把城墙差不多给轰平了，但鬼子冲锋上来时，却被城墙脚下突然发出的猛烈炮火打得伤亡惨重，大败而逃，县城保住了。后来，他就一直想找共产党，到浙江后更希望找到共产党，可是一直没有找到。罗中天带着“真诚”的语气问施平到底是不是共产党员，并且希望施平相信他没有任何恶意。

施平表示，罗县长是自己非常尊敬的上司，当然完全相信他的话，只可惜自己不是共产党员，也不认识共产党的人，自从“一二·九”学生运动以来，自己唯一想的就是抗日救亡。在聊天中，罗中天想知道施平是怎么一个人从云南到浙江来的。施平告诉罗中天，自己出生在云南，虽然地处边陲，消息比较闭塞，但那儿同样受着帝国主义的欺诈和压迫，同样民不聊生。当时就听说了孙中山先生，听说了三民主义，也同样想寻找出路。自己这次来浙江完全受纯洁的爱国心驱使，没有任何党派关系，也不愿加入任何党派。

罗中天突然又向施平发问，昆明的“青年努力会”是什么组织？

施平心里一惊，罗中天是怎么知道自己加入过这个共产党领导的外围组织的？但他镇定地解释：那是十几年前的事，他考进昆明的成德中学，“青年努力会”在学校各班都有建立，是领导他们学校工作的一个组织，影响很大，年龄大一点的也有国民党员，而自己没有加入。罗中天还想了解这个“青年努力会”都做些什么。施平进一步介绍了“青年努力会”，说主要是组织大家学习理论，比如什么叫革命，什么叫国共合作；教大家学习如何发言、如何做记录；相互之间叫同志。

罗中天穷追不舍，继续问施平，以后就没有加入过什么组织了？施平又把话题绕回来，说自己没有加入任何组织和党派，也没有兴趣。两个小时过去了，罗中天表现出很失望的样子，说施平是真的不想帮他这个忙。施平两手一摊，说：“这个忙真的帮不了。”

谈话结束出来后，施平立即安排召开县委会议。

施平向县委汇报了罗中天找他谈话的情况，主要是想了解他是不是共产党员。施平说，罗中天想找共产党的关系是假，想掌握共产党的情况是真，特别是本县是否有党组织及其情况，我们若被其发觉，将是十分危险的。

当即，县委决定：通知一些可能受到罗中天“突击”的场所和人员，遇到这样的事情时，一定要坚定地保守党的秘密，坚决否认自己是共产党和知道任何共产党组织，并且要时时提高革命警惕。

不行就撤回来

施平一直在等待省委和刘英书记的指示，还没有等到新指示，却有了新问题。

有一天，罗中天的老婆周璧派人叫施平去她家，说是有事商量。施平起先有些犹豫，思前想后，觉得自己应该还没有完全暴露，应该去摸摸虚实。施平到了罗中天家，家里只有他老婆周璧一人。她夸了一通施平年轻、帅气、能干之类，又说罗县长也很欣赏他。施平礼节性地感谢县长的栽培，也感谢了夫人的夸奖。之后，周璧单刀直入地说请施平来家里的用意，是给他介绍对象，说施平像罗县长一样是个整天忙于公务的人，不知道关心照顾自己。

施平只得从实说自己还没有对象，主要是远离老家，犹如浮萍，哪有心思考虑这个。

周璧就介绍起了自己的亲妹妹，她年龄与施平相仿，人长得也很标致，隔天想安排施平与她妹妹见个面。如果合适，到时结婚了，施平就是县长的亲戚了，罗县长也更方便关照施平了。施平头脑转了一下，觉得不便直接拒绝，就说“只是怕太烦劳夫人了，也怕自己配不上夫人妹妹”。周璧说自己眼力不错，她看着合适的人，那一定是合适的，施平如果没有意见，到时通知他见面。

施平出来后，既舒了一口气，又有些烦恼，心想，这个事怎么处理好呢？

此时，刚好省委收到庆元县委抄报上来的密件。刘英立即做出指示，要求处属特委立即派员到庆元指导工作。处属特委委员、组织部部长张贵卿领受了任务。他一到庆元，施平就将密件情况做了详细的汇报。张贵卿转达了省委刘英书记“不行就撤回来”的指示，如发现有问题，立即组织县委主要成员有序撤退，保护好我们的党员干部。

施平点头表示赞同省委和刘英书记的意见，同时将罗中天夫人给他介绍对象的事，也向张贵卿做了汇报。

张贵卿思考了一会儿后表示，这事回去之后，立即向省委和刘英书记做汇报，但回话不会很快，嘱咐施平还是要见机行事。他的建议是，如果罗夫人一定要安排见面，不能太强硬拒绝，务必把党组织和个人安全摆到第一位。

施平点点头，表示同意张贵卿的意见。

一九三九年二月的一天，罗中天到国民党省政府出差，回来后立即把施平叫到办公室，告诉施平这次出差在外听到了许多关于他的流言。形势很吃紧，大家朋友一场，所以叫他还是离开庆元，到别的地方去避一避。而且叫施平走得越快越好，明天就走！

施平回到办公室，当即就写辞职书亲自交给罗中天。然后，着手做好立即走的准备。当夜，施平主持召开县委会议，汇报了罗中天要求他离开庆元的经过。大家担忧的是罗中天会不会找其他人“突破”，会议决定：立即通知全体党员，提高警惕，绝对遵守党的纪律，不能把党员身份暴露给任何人。

施平最后说，下一步县委工作如何办，由于情况突变，时间仓促，来不及向上级请示报告，只能等他回到丽水汇报后，听省委、特委的指示行事。在上级未决定新任书记之前，他的工作由汪金更负责。明天一早就起程，大家不必送行，避免引起别人的注意。

第二天天刚亮，施平就动身离开庆元。罗中天竟派了他的亲信自卫大队何大队长，挎着盒子枪，带两个随从来送行。

过了庆元的地界，到了小梅镇，已是龙泉的地界了。施平请何大队长及随从回去，何大队长才说出实情，是罗县长有交代，必须把施平科长送上车。他们就一直跟着施平步行两天到龙泉，看着施平上了开往丽水的长途汽车，才放心地返回庆元。

回到丽水后，施平立即向省委刘英书记汇报了庆元的情况。刘英肯定了施平到庆元后的工作，夸他处理问题能力强，成绩非常明显。

施平认为，在庆元虽然做了一些工作，但离刘英书记大力发展党组织和党员的目标，还有比较大的差距。特别是自上而下发动的群众多，从下往上发动的少，深入发动群众、隐蔽工作不够，减弱和影响了反动势力凶恶反扑时党的抗击力量。

刘英认为，这是形势发展变化导致的。施平的任务已经完成得很出色了，短短的九个来月时间，在庆元发展了四个区委和一个特别支部，党员一百多人。

施平问，那下一步，自己还回庆元？

刘英说："你的信，我已收到，来不及给你和庆元县委做指示，你就回来了。你的党员身份已经完全暴露，不能再回庆元了，就留在省委这边改做上层统战工作，庆元我们决定派曾涛同志去任县委书记。"施平点点头，表示服从省委决定。此时，刘英问起那个罗夫人，后来给施平介绍对象没有。施平不好意思地笑着告诉刘英，罗中天出差回来后，就马上打发自己走，罗夫人也没有提这个事了。

后来，临时接替施平的汪湘、赵国琛等领导因暴露身份，先后被迫离开庆元，县委其他成员及姚玄、姚嗣崇、吴引年等党员，在上级组织安排下也先后撤离庆元。刘英对施平说："庆元的基层党组织尚未暴露，仍在坚持工作，这是让我感到最欣慰的。"

在刘英及组织的精心安排下，施平到了省建设厅的油茶棉丝管理处做公开工作。这个管理处的地点在缙云，他任视察员，和经济界、文化界上层人士交往。他还兼任了《茶人通讯》的主编，出刊八期后被停刊。

这年初秋的一天，省委通知施平汇报工作。听了情况汇报后，刘英对施平说："你在浙江有被捕的危险，省委决定让你撤退到皖南屯溪地区，组织关系仍留在浙江，与骆耕漠和张锡英夫妇组成党小组，接受骆耕漠的领导。"

施平表示，服从组织安排。

刘英告诉施平，组织上已把他安排在中央政府财政部设立在屯溪的"皖南办事处"，担任调查统计组组长，利用这个公开职务掩护，做潜伏的工作。

到屯溪不久，施平说自己对埋伏的工作没有耐心，向组织提出要求当新闻记者，到敌后我党领导的抗日根据地做采访工作。施平的要求得到了刘英的批准。他在回忆录中写道：

> 我这个小小“土拨鼠”，在井冈山远远的灯光引导下，匍匐在大地母亲的怀抱，东拨土、西拨土，种鲜花，去杂芜，在历史的风口浪尖，走过了军阀战争时代，蒋介石、国民党的反革命统治时代，全程参加了抗日战争和解放战争。在中国共产党领导下，经过全国人民以身许国、前赴后继的坚强战斗，终于战胜了国内外敌人，我们民族终于在沦亡中得到挽救。

从此，施平经刘英的同意和举荐，踏上新的征程，以笔作为武器，宣传党的抗日救国主张，这是一项光荣而重要的使命。

而此时，远在苏皖一带与日军作战的粟裕，因为取得狸头桥战斗的胜利，毙伤日伪军七十余人，而接受国际友人史沫特莱的采访。新四军成立江南指挥部，陈毅任指挥，粟裕任副指挥。不久，粟裕指挥部队在沪宁线上打了一场漂亮的伏击战，歼敌一百一十多人，炸毁火车一列。

第十三章
风起九柏园

发挥小机构的大作用

温州城区有条小巷，小巷里有个小花园。园内栽有九株柏树，人称九柏园，巷因园而得名，被称为九柏园头。

这个园子建于清晚期，由魏、黄两个宅院组成。魏宅坐北朝南，为传统的合院式建筑，正厅五开间。黄宅位于魏宅的北侧，分东西两部分，原来是两层的小楼房。楼下有个天井，还有一个厅堂、一个厨房、一个卫生间。楼上有两个房间，各个房间十平方米左右。

园子前的门牌是九柏园头十七号（现为十九号）。园子的门面开了一家绣花店。穿过绣花店，径直可以走入后院。

临时省委机关迁到温州城后，就秘密落户在这里。

住在这里，极大方便了刘英对各方面工作的指导。此前新四军驻温州通讯处就设在这里，临时省委交通员吴毓任主任。后来，吴毓调整到丽水任新四军驻浙江办事处主任，这里的主任就由周饮冰担任。周饮冰是平阳县水头人，曾任中共瑞安县仙降区委书记。此前，临时省委派出的驻温州白区工作团，他是其中的成员。他与爱人在九柏园头以开设绣花店为掩护，开展地下工作。

担任新四军驻温州通讯处主任后，周饮冰积极为新四军提供后方支援。

刘英对新四军在浙江设的几个办事机构极为重视，认为这是与新四军联系的纽带，重要信息的来源地，也是临时省委的重要工作之一。虽然这几个机构人数少，但一定要发挥它的大作用。

尤其是设在九柏园头的新四军驻温州通讯处，这里既是临时省委秘密办公地，也是临时省委与各特委的重要联络点。刘英常来这里办公，临时省委组织部部长谢文清、青年部部长赖大超经常在这里居住，甚至党内有些会议也在这里召开。临时省委上下级来温州联系工作的人员经常在通讯处出入。当时公开工作与秘密工作没有严格分开，不仅做公开工作的人员常来，做秘密工作的人员也经常出入，或临时住在这里。临时省委的文件多在这里存放，文印工作也在这里进行。

这就为后来发生的“九柏园头事件”埋下了伏笔。

新四军驻温州通讯处作为公开的机构，要出面与国民党地方军政当局周旋。浙南三年游击战争期间，不少党组织受到破坏，不少党员与组织失去联系，外省外地区也有一些失散的党员找不到党的关系。通讯处公开建立，使这些失去联系的党员找到党组织，重新参加革命。

刘英要求通讯处开辟向新四军和八路军输送干部和进步青年的渠道。通讯处根据刘英的指示，开辟了两条交通线：一条是由温州经丽水、缙云、永康、金华、寿昌，到安徽泾县新四军兵站，经这条交通线输送到皖南新四军军部教导队学习的进步青年有几百人；另一条线路由通讯处介绍进步青年到武汉八路军办事处，然后转赴延安。

积极协助外地来温州的文化团体进行抗战宣传，这也是通讯处的任务。上海民众慰劳团赴皖南，途经温州时，通讯处动员温州救亡团体协助他们工作。慰劳团与国民党驻军第一〇七师抗敌剧团联合演出，宣传抗日救亡工作。

此外，通讯处还注重做国民党抗战伤兵的工作，每次外地抗战伤兵途经温州，通讯处总是发动各界人士赴码头迎接，并且帮助抗战伤兵与各方交涉，解决有关医疗、安置等问题。

平阳北港水头街的三桥堂，是座不起眼的五间木结构房子。一九三八年三月十三日，这里成立了新四军驻闽浙边后方留守处，黄耕夫任主任。

按照刘英的指示，黄耕夫积极做好抗日宣传。此时，恰好抗日救亡干部学校的学员结业，他利用自己兼任教务主任的便利，选拔其中的优秀学员，成立了新四军流动宣传队，优秀学员之一的连珍担任队长。宣传队共有队员二十一名，其中十六名是选拔出来的优秀学员，其他几名是负责挑运演出道具、宣传资料和行李的农民群众。

后方留守处组织宣传队进行短期集中培训，准备宣传资料。培训后，他们从平阳水头出发，一路上利用演讲、演戏、唱歌、座谈等形式，广泛宣传抗日救亡和统一战线政策。他们平均每两天转一个地方，白天个别访问开明绅士、乡镇保甲长，与知识青年座谈，分发宣传材料，刷标语；晚上，演出、歌咏与群众联欢等，深受乡村群众的欢迎。

黄绍竑听说这个宣传队很厉害，宣传共产党的主张，认为这是在蛊惑人心。于是，他出面与新四军驻浙江办事处交涉，要求宣传队停止活动。吴毓立即将黄绍竑的意见报告给刘英。刘英深思良久，临时省委为了顾全大局，团结抗战，只能停止宣传，决定解散宣传队。吴毓派人送信到平阳县新四军驻闽浙边后方留守处，传达了刘英的指示。

六月间，后方留守处集合了全体宣传队员，宣布新四军流动宣传队解散。

连珍只得投奔九柏园头新四军驻温州通讯处。第二天上午，周饮冰主任派通讯员带连珍到小南门临时省委秘密驻地，向刘英汇报工作。刘英肯定了流动宣传队和连珍的工作，向他解释为了顾全统一战线大局而解散宣传队，并传达了上个月临时省委关于成立温州中心县委的决定，任命何畏任书记、连珍为青年部部长。下午，还来不及报到，何畏就开门见山交给连珍一个任务：据可靠消息，晚上国民党军警要抓捕刘英，刘英和有关文件已经转移，为免得小南门临时省委秘密驻地的房东——阿三受牵连，需要选合适的人留宿。连珍明白何畏的用意，立即答应留下。当晚，国民党便衣搜捕行动中连珍被捕，在新四军驻温州通讯处的交涉下，才得到保释，回到党组织安排的工作岗位。

此时，国共和谈成功已有几个月，临时省委多次要求国民党释放“政治犯”，但仍有相当部分“政治犯”没有获得自由。

后方留守处按照临时省委书记刘英的指示，与国民党当局交涉，经过努力，使瑞安、平阳、泰顺等县监狱里的“政治犯”得以释放。留守处与国民党区乡政府协商，争取到新四军军属与国民党军军属享受同等的“免予再征壮丁”的待遇。

刘英鼓励黄耕夫主任与国民党地方当局负责人建立统战关系。国民党平阳县县长徐用是一位开明的县长，他到北港巡视工作，黄耕夫就请他到留守处驻地视察，并请他检阅由共产党组织起来的抗日自卫队。徐用对共产党的组织能力、抗日精神非常佩服。

黄强是国民党平阳县党部的常务委员，他后来出任北港区抗敌后援会的会长。抗敌后援会根据《中国共产党抗日救国十大纲领》，制定了抗敌行动纲领。这个纲领还刊登在《上海译报》上，引起广泛的关注。

后方留守处动员、介绍、输送一批进步青年，到延安抗日军政大学、陕北公学和皖南新四军军部教导队学习。徐用的儿子和黄强的儿子，通过后方留守处介绍到延安参加革命。还有十多名青年也是通过后方留守处，直接介绍去新四军军部教导队学习。

刘英听闻国民党县长的孩子也被送到延安后，大加赞赏，表扬后方留守处工作扎实，富有成效。

临时省委机关在北港的时候，外来人员和地方干部向刘英汇报请示工作，都经过后方留守处，由后方留守处派人护送到临时省委驻地。

刘英率临时省委机关迁到温州后，后方留守处作为省委和浙南特委的交通站，仍然发挥了很好的联络上下的作用。

新四军军部派来的杨建新任新四军驻温州采购办事处主任。与此同时，为配合采购办事处工作，中共江苏省委难民委员会在温州设立红十字会温州办事处，主任是罗德明。这两个办事处合署在温州城区县前头办公，一起为输送抗日人员和采购输送军需物资做了许多工作。

上海英、美、法租界成为“孤岛”，只有外国轮船可以通航于上海租界与温州之间。西方几个国家数十艘商船经常在温州与上海、香港、澳门、南洋之间航行。温州港成为抗战时期大后方同敌占区各地经贸往来的中转口岸，中国东南沿海的重要物资集散地之一。

刘英向临时省委机关的工作人员介绍了杨建新的情况。杨建新是新四军军部军需处科长，主要工作是向外接运物资，采购各种军用装备，订立军需制度，许多在红军游击战争时没有的各种供应制度都建立起来了。

杨建新也说明了新四军军部派他来的主要任务，是负责浙江地区和上海方面的联系，接洽各方面来往的新四军人员，并掩护其行动。海外华侨和港澳同胞给新四军捐献的大批被服、药品、军械、医疗器械与款项，大都通过采购办事处接运到新四军军部。还要掩护领导干部往来，为了解决部队急需的弹药、药品、器材日夜奔走。

刘英指示临时省委机关要全力以赴，帮助采购办事处为新四军印刷所转运一批印刷机器设备。他亲自指挥和谋划，制定严谨的方案。后来，以红十字会的名义将这批机器设备从上海通过水路运到温州，再由温州通往皖南的交通线转运到泾县小河口新四军印刷所。

采购办事处把数百吨物资按这条线路，分批送到新四军军部；以红十字会的名义将七大箱霍乱疫苗赠送给国民党温台戒严司令部防疫处；将来自上海的国民党伤兵五十四人，转送到国民党军政部第七十八兵站医院医治，并组织各界人士前往慰问。

同时，采购办事处组织外地剧团到温州演出。这些演出中以著名学者吴大琨为团长，由上海各界人士组成的赴第三战区慰劳将士的演出最为著名。演出在温州散场后，观众还组织游行，声势浩大，影响很广。

几个派驻机构为在温州中转输送抗日人员，采购输送军需物资，做了许多工作。

中共江苏省委难民工作委员会以红十字会的名义，组织滞留在上海的党员、进步青年，打着“难民开荒”的旗号，到皖南参加新四军。首批“难民”七百余人，经新四军驻浙江办事处和驻温州通讯处的接洽与介绍，由上海租界乘英商太古公司的“新北京”号轮船抵达温州，临时省委立即发电报给新四军军部。军部派员赴温州接收，“难民”在温州重新编队后，经丽水、金华、兰溪、寿昌、歙县，直达泾县云岭新四军军部。随后，送走第二批“难民”一百多人、第三批“难民”三百多人。

三批“难民”共一千两百多人，其中中共党员七十多人，无线电收发报技术骨干四十多人。

中共中央来电表扬：能在日寇包围的情况下，从租界中送出大批“难民”支援新四军，这是成功的壮举。

刘英十分开心，称赞这些派驻机构发挥的作用很大。

此外，上海党组织还通过温州党组织输送交通员三十多人赴皖南，两次组织“民众慰问团”接送上海、江苏、温州的党员、进步青年到皖南，或经武汉八路军办事处转赴延安投身革命。

开展救亡运动

刘英和临时省委利用各种关系，广泛发动群众，组织各种社会团体，开展抗日救亡工作。各群众团体和进步人士出版各种进步报刊，引导群众提高对抗日救亡活动的认识。

中共领导的永嘉战时青年服务团影响很大。早在一九三七年八月二十一日，由徐贤议、胡今虚、孙绍奎、胡景瑊等人发起，在温州城区九山河畔籀园图书馆，成立了永嘉战时青年服务团（简称战青团）。战青团设立干事会，民主选举干事十一人，后来干事一度扩充至二十三人，内设组织、宣传、作战、总务四个部门。总干事先后为徐贤议和胡今虚；温州中学学生胡景瑊很活跃，任副总干事。他曾组织野火读书会，主编校刊《明天》，组织发动学生请愿，要求拆毁“东洋堂”，掀起了温州抗日运动高潮。

战青团办公地点位于温州市区康乐坊二百八十号，之前，这里是濂昌钱庄，后卖给亚细亚煤油公司。该建筑为砖木结构的三层楼房，面阔三间，坐北朝南，石英砂抹面，正面为欧式巴洛克风格。

战青团成为温州地区开展抗日救亡运动的中坚力量和影响最大的抗日团体。胡景瑊等人利用自身知书识文的优势，先后出版多种报纸杂志，举办多种集训班，培养优秀干部，联合教育、文化等有关单位，开展与反动势力的斗争。直到一九三八年底，被国民党温台戒严司令部强制解散为止，战青团坚持活动一年多，全盛时团员达八千五百余人，在农村以区为单位发展了十个分团四十八个支团。

刘英经常过问战青团的工作，并指示他们，要放手发动群众，广泛吸收各阶层青年参加。他还非常关心战青团几名年轻领导的成长，给自己老部下、瑞安县委书记程美兴写信时称胡景瑊为“聋兄”，过问他的进步情况。胡景瑊也不辜负刘英的期望，进步很快，新中国成立后，担任温州新成立的市人民政府第一任市长。

抗日救亡团体纷纷举办各种训练班。战青团举办两期军训队，三期救护训练班，以及工人讲习班、乡村干部训练班，还成立三十人的救护队，进行战地救护演习。日本飞机轰炸温州近郊南塘机场时，救护队立即集中队员，背着药箱，抬着担架，赶赴现场抢救伤员。他们还帮助中学组织读书会，阅读进步书籍。后来，还有八名救护队员在队长郑人菊的带领下，前往皖南，参加新四军。

抗日救亡团体都有自己的宣传队伍，采取多种形式进行宣传活动。

战青团规定每星期六为例行演讲时间，有时还增加次数。主要是讲解抗日前线的战事进展，日军在各地的暴行，沦陷区百姓的苦难，中国军民的抗战事迹，以及团结抗日救亡的道理。在街头、广场、空地上，挂出中国地图，上面鲜明地标出东三省、华北、北平、南京、上海和杭州等沦陷区情况，年轻的战青团成员指着地图进行讲解，形象生动。配合宣传画、漫画展览，向观众宣讲。印发相应宣传资料，配合控诉日本侵略军的暴行，声泪俱下，让群众深受震动。

很多抗日救亡团体都有歌咏队，不仅在街头，还深入到农村、工厂开展抗战歌曲的演唱和教唱活动，还将大量抗战歌曲印发给群众。

《大刀进行曲》等大量充满爱国主义激情的抗战歌声，响遍温州大街小巷。

各救亡团体的宣传队、话剧队活跃在温州城乡，许多剧目都是自编、自导、自演，不分白天夜晚，进工厂、下乡村演出。《放下你的鞭子》等剧目短小精悍、通俗易懂，艺术水准较高，往往能引起观众的共鸣。

战青团宣传队拥有大批话剧人才，四次在温州城区的五马街中央大戏院演出大型话剧，曾演过田汉的《卢沟桥之战》、陈白尘的《群魔乱舞》等。他们也常常下乡演出，到过瓯江北岸的西楠溪地区的枫林、五尺、蓬溪等山区演出，甚至到偏僻的深山小村罗家寮演出。

胡景瑊等战青团领导纷纷登台，带头演出，深受群众欢迎。

刘英有时也打扮成商人，在群众中间观看演出。

此时，浙南出版了大量的抗日报刊，规模空前，读者无数。在中共组织直接领导、支持和影响下创办的刊物如《战时导报》等多达十一种期刊，共发行近九万份。一些共产党员成为这些刊物的编者和主要撰稿者。温州中共印刷支部还翻印了《西行漫记》的节录本和《论持久战》等小册子。

生活书店、新知书店和战时书报社等都在温州设立分店，出售进步书籍。

各抗日救亡团体还积极开展筹募工作，募集到大量钱物，支援前线抗战。战青团成立仅二十天，就收到捐款六百二十八元。各地纷纷捐钱捐物，常可看到青年学生打出“抗日募捐，有钱出钱”的小旗、横幅和标语，有的

进步妇女甚至把自己的金戒指、金耳环都捐献出来。

此时，刘英把主要精力集中在恢复原来被摧残的地区和开辟新区上，同时还把工作重点放在宣传和组织抗日救亡，巩固与发展抗日民族统一战线上。

浙江的局面由内战转入了团结抗战，党的威信空前提高，党的影响空前扩大。但国民党破坏统一战线的行动一直没有停止过。九月二十一日，国民党温台戒严司令部根据永嘉县党政军联席会议的决议，以“抗日团体未经依法呈准备案”为借口，下令取缔永嘉战时青年服务团、温州学生抗日联合会、永嘉文化界战时工作团、永嘉教育界救亡协会、永嘉儿童救亡总团五个抗日救亡团体。

龙跃向刘英汇报，战青团等准备发动团员上街游行请愿。

刘英认为，国民党顽固派为反共不择手段，战青团等团体如组织大规模的游行请愿，国民党顽固派必妄加罪名，采取更加残酷的手段镇压，革命力量将遭到损失和摧残。

龙跃表示，明白刘英书记的意思。

刘英认为，战青团不宜采取群众游行的方式，而应一方面发表宣言，抗议戒严司令部解散抗日救亡团体的行径，揭露其阴谋；另一方面要做好工作，善于指挥退却。

根据刘英的指示，省委起草了《为永嘉当局取消青年服务团等五团体给各级党的秘密指示信》。指示信发到各特委、县委，信中指出：抗战发动后，以国共两党为基础的抗日民族统一战线日趋巩固与扩大，可是国民党中某些顽固派不顾国家民族利益，惧怕统一战线下民运的增长，不惜压制民运，解散救亡团体，西安十三个救亡团体和汉口三个团体，以及目前永嘉五个团体遭受解散等不幸事件，完全出于他们之手。

指示信要求，我们对事件的态度应该是坚持和巩固、扩大抗日民族统一战线，特别是开展反对破坏抗日民族统一战线的斗争，在这个基本方针下争取救亡团体组织的存在与工作不受任何压制。

此前，五个团体根据省委和刘英书记的指示和要求，已在严北溟主编的《浙江潮》上发表了五团体遭受解散《敬告各界人士书》，要求国民党地方当局“收回成议”，呼吁全国各界公正人士赐予援助，并指出“团体固可取缔，民众运动实有未可取缔者”。

五团体实行力量转移，一部分党员干部转移到农村中去开展活动，另一部分则继续利用公开合法的身份，有计划地转到工会、妇女会、政工队，以及作者协会、战时剧人协会永嘉分会、《浙江潮》周刊读者会等组织中去活动。

乐清、瑞安、平阳等县城乡的抗日救亡团体，也先后遭到国民党政府当局的强制解散，被迫停止活动。

面对严峻的形势，为安全起见，刘英把存放在九柏园头的文件和物资，大部分转移到另外的地方。

污蔑、争论和失误

国民党当局打压抗日团体，拒不承认中共在浙江发动群众开展抗日救亡的工作，反而对浙江中共组织和刘英个人进行攻击。

一九三八年七月二十五日，为了反击国民党的造谣中伤，刘英撰写了《一个共产党员的申诉》，对北上抗日先遣队的战斗历程进行了回顾，对浙江党的工作给予充分肯定，并严正回击了国民党的造谣污蔑。几个月来，许多抗日志士不畏艰难，日夜不休艰苦工作，其结果是，一次又一次的罪名扣到头上来，一种又一种流言暗箭射到身上来，还有某些少数坏分子从中挑拨和唆使，使十几个忠厚诚实的国民在莫须有的罪名之下惨遭枪杀。

刘英写这篇文章的目的就是为了反驳某些坏分子，消弭地方当局的误会与不必要的摩擦，将事情之真相作公开的申述：

> 我们听到了这样一种无稽的流言说："刘英同志从前线带了廿几支木壳枪逃到平阳来捣乱。"如果用这种谣言打算削弱共产党或刘英个人的威信，非但爱国的同胞会觉有（得）无聊可笑，就是我们的敌人——日本帝国主义、汉奸、托匪也会觉得制造谣言者的愚笨。中国共产党曾受了十年的污蔑和诽谤，但真金是不怕火的，它在民族抗战的今天，是和抗战的政府一样的（地）得到全国人民的信仰和拥护的，而且它和中国民众的血缘是最亲的。至于刘英同志，他参加革命是和中国红军的生命史一样长久——足龄十年。一九三四年中国共产党吹响第一声抗战的号角，北上抗日先遣队举起了中国第一支的抗日大旗，这北上抗日先遣队数万的英勇健儿，便是方志敏、寻淮洲、刘畴西、刘英诸同志所领导的。部队开到安徽的中部，当时未蒙政府的谅解而遭阻挠，我们的民族英雄方志敏、寻淮洲、刘畴西壮志未竟，而先后牺牲了。刘英同志单独领导了遭受了那项巨大的惨痛损失的部属，辗转闽浙，继续发动民众督促政府抗战，奔走呼号夜以继日，历经四年之艰苦奋斗，一直到实现全民族抗战的今天，刘英同志始终是站在抗战的最前线的先行者。假如我党决定了他来浙江工作，我们应该表示热烈的欢迎，因为他是优秀的共产党员，是民族革命的模范战士。

刘英在文中呼吁"以最大的民族愤怒来扑灭这些中华民族的败类和有害国共合作一致抗战建国的一举一动"，同时让人们必须明白：共产党对抗日主张是最彻底的，共产党员是抗战建国最坚决、最勇敢、最积极的战士，多一个共产党员便是多一份抗战力量。

文中还替被诽谤的郑丹甫做了辩护。

郑丹甫是一名优秀的共产党员，坚强的爱国主义者。他在反"清剿"期间，将家里的良田卖了，用于支持革命；第二次又将十亩良田卖了，献给当地的抗敌后援会。在合作抗日协议签订不久，国民党顽固派极尽诽谤之能事，污蔑郑丹甫是"散匪"，应予逮捕。

刘英在文章中严正申述，说郑丹甫忠实坚决执行共产党的抗日民族统一战线政策，一切服从抗日。揭露了国民党顽固派破坏合作抗日的阴谋，也反映了郑丹甫忠于党的事业，怀着抗战到底的决心。

此时，刘英听说各地方政府都接到上级的密令，阻挠中共的活动，并公开地散发攻击污蔑共产党的小册子，挑拨离间，破坏抗战。于是，他号召每个共产党员要积极地提高政府的威信，巩固和强大国民党的力量，因为国民党和共产党的力量的共同扩大就是抗战力量的加强，否则任何力量的削弱便是国防力量的削弱，这是我们已经受到过的惨痛的教训。

刘英在文章中充满诚意，最后，他表明了自己的态度："谨以至大的诚恳欢迎和接受严正的批评，造谣和污蔑只有减低了制造者的信用，且贤明的地方当局今后定会给我们的抗战工作以更大的帮助和正确的领导，这是我们这次申诉最殷切的愿望!"

在刘英对外进行申诉的同时，临时省委机关迁到温州城区，引起了内部争论。

党内有的同志认为，城市工作的风险很大，把临时省委机关搬到敌人的眼皮底下来，这是十分危险的，只会给我们党的事业造成损失。因此，他们建议应该迁回根据地。

刘英认为，情况没有那些人想象的这么严重，把临时省委机关搬到城区目的是方便工作，现在全国形势发展非常快，我们应该学会做城市工作，不然就要落伍了。

党内有的同志认为，目前，浙南的形势还是不明朗、不乐观，国民党顽固派对共产党还是非常敌视的，随时有可能发生意外的情况。党的公开工作与秘密工作一定要严格分开，新四军驻温州通讯处是可以公开的，省委机关是不能公开的。但是，做秘密工作的人员也常常出入，或临时住在这里。省委的文件多在这里存放，文印工作也在这里进行。

何畏在白区工作的时间比较长，他与温州中心县委的大部分成员的意见比较一致，认为省委机关在城区，一旦出现问题，就来不及了。

刘英认为，可以先看看形势，省委机关到时还可以再搬迁。

不久，发生了一件出乎意料的事。

有人向省委反映何畏个人英雄主义，组织观念淡薄，与浙南一帮兄弟哥们搞小组织小团体。省委认为何畏搞小团体是极端错误的，要求何畏深刻认识错误，并发表声明。何畏多次写过声明给省委，省委认为不够深刻，没有通过。

何畏是温州中心县委书记，领导着永嘉、玉环、乐清等地下党的工作。省委首先指示永嘉县委认真学习领会《开展反何畏斗争，巩固浙南党的组织》的文件精神，然后在全省范围内开展了“反何畏思想斗争”，同时撤销温州中心县委，一大批人受到处理，青年部部长连珍也被撤了职。

一九三九年春，在无奈的情况下，何畏与陈阜、黄昂、邓扫空、张忍之，以及何畏爱人陈锡荣、邓扫空爱人黄木半等前往陕北延安，请求中央解决问题。

何畏一行到了延安，找到了中共中央组织部，把“何畏事件”的前因后果说清楚。后来，何畏改名为黄先河，与他同行的几个人都在延安继续参加革命。

温州中心县委是由省委直接领导的，包括青年部部长连珍等三十多人没有前往延安。但他们的组织关系与生活费都是由省委直接掌握的，组织上不认同了，与党的关系无形中就被中止了，致使这三十多人与党脱离了关系。

之后几十年，他们三十多人多次要求回到党的怀抱，却一直得不到答复。直到改革开放之后，中共浙江省委发出〔一九八五〕五十二号文件，才为“何畏事件”彻底平反。中共浙江省委的文件是这样批复的：

> 在一九三八年开展的“反何畏思想斗争”中，省委把党内不同意见作为“反党”问题处理，并决定撤销温州中心县委，这样做是不恰当

的。……现决定撤销一九三八年省委关于开展“反何畏思想斗争”的决议和撤销温州中心县委的决定，为黄先河（即何畏）同志平反，恢复政治名誉。对在“反何畏思想斗争”中受到错误处理或株连的同志，亦一律予以平反纠正。

连珍等三十多人才先后恢复组织关系。连珍参加革命工作时间，从一九三七年十一月参加闽浙边抗日救亡干部学校学习时算起。按国发〔一九八二〕六十二号文件规定，批准连珍离休，享受厅级干部政治生活待遇。

重用年轻人

按照刘英的安排，临时省委青年部部长赖大超，之前主要的任务是对各青年团体进行指导。各救亡团体基本停止活动后，刘英经常安排他参加临时省委的一些会议和文件的起草工作。

一九三八年八月，赖大超在龙跃的邀请下，帮助浙南特委起草了《关于健全支部工作，加强党内教育的指示》，下发到各县执行。在临时省委的直接指导下，浙南特委恢复和新建了一批县以上的党组织。九月份，中共福鼎县委恢复，书记是林辉山。此后几个月时间里，中共永嘉县委建立，书记是孙绍奎；中共乐清临时县委成立，第二年春转为县委，书记是郑梅迪。同时，恢复和新建了一批区委，各地还健全了党组织工作机构。

一九三八年九月，经中共中央批准，中共浙江临时省委转为中共浙江省委，刘英任书记。

省委正式成立后，刘英大多数时间住在温州城里，利用温州九柏园头新四军驻温州通讯处和其他地下交通站，领导全省党的工作。

“何畏事件”在党内外影响很大。事件发生后，党组织得到情报：省委已被敌特注意！

于是，省委机关人员迅速分散到各处隐蔽。赖大超随王昭日夫妇到温州西郊一座颇大的青田人的平房里住了几天，后来又搬到市中心战青团一名党员家中居住。

此时，刘英住在进步人士开的一家小型医院里，以病房做掩护。看到赖大超一个外地人，在温州生活很不方便，刘英就叫他跟自己一起住了一段时间。

为了加强省委机关的工作力量，刘英决定从部分特委抽调干部到省委工作。

十月六日，秋高气爽，刘英与丁魁梅第一次见面。丁魁梅原在天台工作，她奉命调到省委工作，在温州九柏园头新四军驻温州通讯处第一次见到刘英。通讯处的工作人员指着丁魁梅，对穿一身淡灰色中山装的男子介绍道："这位是从天台来的，叫……"

那男子笑着说："哦，是丁魁梅同志，你好！"

丁魁梅有些诧异道："你怎么知道？"

通讯处的工作人员告诉丁魁梅："这是我们的刘英书记。"刘英哈哈地笑了，但没有回答丁魁梅的话，而是问她："你是怎么过来的？路上顺利吗？"这爽朗的笑声和亲切的问话，把丁魁梅从尴尬中拉了回来。丁魁梅说："哦，刘书记，我是从台州步行过来的，然后……"

刘英笑着对丁魁梅说："然后坐上渡船横渡瓯江，对吧！丁魁梅同志，你先休息一会儿。"

然后，刘英转身向几个人布置工作任务，丁魁梅也坐在一边听着。他吩咐工作时，从大事到小事，从原则到具体工作，明确、具体而周详。这时的刘英不像刚才那样满脸笑容，而是表情严肃，说话语气坚决而果断。末了，刘英要求大家保持高度的革命警惕性，计划要周密，行动要迅速，严防意外，要做最坏的打算，要朝最好的结果去努力。

丁魁梅一直注视着刘英，初次见面，给她留下了很好的印象，认为"他是一个十分机智、果断和坚强的人"。

傍晚，刘英叫一名省委机关的工作人员带丁魁梅到住宿的地方。刚要出门，他叫住丁魁梅，问她是否有便衣，最好换上便衣再出门。

“有的！”丁魁梅穿着一身政治工作队的制服，回答完刘英的话，她赶忙转身到里屋换上了一件淡蓝色的旗袍。此时，丁魁梅已深深意识到，从今往后，自己已从公开的革命斗争转入秘密的地下斗争。她知道，接下来的斗争更艰苦、更复杂、更危险，但有刘英书记这样的人直接领导，她对革命是充满信心和渴望的。

暮色中，丁魁梅住进了一个王姓房东的房子里。这也是省委机关的一处秘密办公点，先前已有工作人员住在这里，包括一名女同志小施。

第二天晚上，刘英来到丁魁梅住处。这时，丁魁梅看到和感受到的是：刘英目光炯炯、神采奕奕地出现在我们的面前，他的到来，好似给我们带来了更大的力量和信心，我们都以愉快和希望的目光注视着他。

刘英刚从九柏园头新四军驻温州通讯处过来，对大家说：“目前斗争形势非常严峻，我们内部可能有人已投敌叛变，敌人已盯上我们的通讯处。所以，我决定通讯处机关要迁移到另外一个地方去，打算明天就撤离原驻地，我们在十时前到指定地点集合，而且大家今后务必不要再到旧址去联系或找人，那将是非常危险的。”

接着，刘英以省委书记的名义与丁魁梅谈话。

刘英先发话，问了台州那边的工作情况。丁魁梅简单做了汇报，并告诉刘英，那边的同志们都好，就是想见见刘英同志。刘英接着问台州各地的妇女工作情况，并主动提了一些问题。丁魁梅一边做简要的回答，一边深深感到，刘英不但对妇女工作十分关心，而且对妇女工作的情况也十分熟悉，并对台州妇女工作做了评价。总的来看，那边的妇女工作与全省其他地区相比还是不错的，但今后必须更加深入广泛地发动妇女，运用各种各样的形式，把她们组织到革命斗争中来。他还肯定地说：“没有广大妇女群众参加革命斗争，革命的胜利是不可能的。”

丁魁梅表示，我们妇女应该发挥应有的作用。

刘英透露，省委已决定成立妇女工作部，进一步有计划地开展全省妇女工作，所以调丁魁梅来妇女部工作。

丁魁梅感谢组织的关心和信任，表示自己一定加倍努力工作。

刘英对丁魁梅的哥哥和弟弟都参加革命，母亲很赞同革命，家里接待过很多同志，由衷地表示赞赏。还说，大家都知道丁魁梅有一个革命的好母亲，都非常挂念她。

丁魁梅感谢大家的挂念，母亲身体还挺好的，只是她一个人在台州。

刘英安慰道："不要紧的，以后会有机会回去看望她的。"

已经十一点了，刘英回到他的房间继续工作到深夜一两点钟。第二天早晨四点多钟，刘英已起床外出，丁魁梅和省委机关的工作人员还在沉沉的梦乡中，整个院子还是静悄悄的。

意想不到出大事了

一九三八年十月十日，天气有些阴沉。

早餐后，赖大超走在前往九柏园头的路上。他是按照头天晚上刘英的指示，要与刚从台州巡视回来的省委常委、组织部部长谢文清碰头。

九柏园头新四军驻温州通讯处院子的楼下，住着交通员周福生。楼上两个房间，一间住着省委文书郑香山、通讯处工作人员黄美平、机要员徐惠泽，另一间住着谢文清和通讯处工作人员王昭日。

赖大超走进谢文清的房间，看到里面坐着一个人。此人五十岁上下，穿着草黄色军装并戴着新四军臂章，自称新四军军部副官。他昨天刚到这里住下。不久，从楼梯上来了两个人，一个穿着浅蓝条花西装的人，年约三十岁；另一个穿着灰色中山装的人，年约五十岁。穿西装的向赖大超打听通讯处主任在不在。赖大超回答他不在。穿西装的扫视了房间后，从口袋里拿出一张名片递给房间里的人，名片上印着"温台戒严司令部孙哲民"。他打开放在面前桌子上的旅行小皮箱，翻看着检查。

谢文清看到楼下天井边有几个武装士兵守着门口，意识到是特务来搜查了。

孙哲民从小皮箱里搜出油印文件。“坏了！”赖大超一看，暗暗叫了一声。这正是刘英要他根据省委常委讨论的情况，起草的一份关于开展抗日救亡的指示文件。孙哲民指着这些油印文件说，这就是开展非法秘密活动的证据。然后问箱子是谁的。

赖大超为了把孙哲民的注意力引过来，就解释说是过路的同志寄存的。

孙哲民转向赖大超问，为什么要让过路人寄存行李？赖大超回答他，通讯处有招待过往同志的责任，当然无拒绝他们寄存行李的理由。孙哲民把油印文件放回箱子盖好，与穿中山装的在隔壁交换意见后，回到原处说，他们的司令请各位去谈话。

事情已向麻烦的方向发展了，敌人出手逮捕人了。

赖大超提出抗议，说通讯处主任不在，不能随便抓人，通讯处是得到国民党省政府批准成立的，是合法的机关，非法搜查就是破坏抗日民族统一战线，是亲者痛、仇者快的行为……谢文清、王昭日和站在门外的其他工作人员也纷纷提出抗议。

孙哲民却不慌不忙，若无其事地叫大家不要急，说司令只想请大家去谈话而已。此时，那个副官站起来，对大家的抗议一言不发。他从口袋里拿出一张信笺给孙哲民看。孙哲民接过来看后点点头，把信笺还给他。副官拿回信笺，也不与通讯处的工作人员打招呼，就悄悄地与孙哲民走出了房间。

谢文清、赖大超等通讯处工作人员都感觉到了，副官一定是乔装打扮的特务，事先打探消息的。

趁房间里都是自己的工作人员，谢文清、赖大超和王昭日三个人一起商量，通讯处工作人员不能全部被抓走，要想办法留下人，以便向组织报告这里发生的情况，并及时组织人员转移没有被搜查走的文件和物资。于是，他们主动找孙哲民交涉，先是提出抗议，要求他们赶快放人。双方相持不下，只得向孙哲民提出，至少得留下两个人来看管房屋、财产，否则一切后果由谁负责？

孙哲民与副官小声交换意见后，同意留下一个人。

留下谢文清、赖大超、王昭日，孙哲民都不答应。后来，他们同意楼下的炊事员周福生留下来。其实，周福生是经过游击战争考验，机智又勇敢的省委交通员。孙哲民把周福生叫上来，告诉他可以留下来，其他人马上带走。谢文清和王昭日两人把他们的视线挡住，赖大超向周福生做了两个手势，一个手势的意思是要设法转移天花板上的文件和物资，另一个手势是要他防止特务跟踪，注意安全。

随后，孙哲民和副官带头，谢文清、赖大超、王昭日和通讯处的郑香山、黄美平、徐惠泽六人居中，武装士兵跟在后面，离开了九柏园头。

谢文清等六人被押到一幢挂着“国民革命军温台戒严司令部”招牌的平房里。

他们被关在传达室后面的客厅里。趁这个机会，他们几个小声地商量着接下来如何应对。

大家对当前的形势做了预判估计。虽然是国共合作抗战，但地方合作关系可能会逆转，要做好思想准备，万一被长期关押了，要像方志敏那样坚强不屈，经得起考验，不出卖战友。接着讨论如何应付审问。除黄美平无秘密身份之外，其余五人都商定了化名和虚构的职务，以免暴露身份，便于组织公开交涉和营救。被问及小皮箱的事，就说不知道，或者说是过路同志寄存的。被问及通讯处做不做抗日救亡运动的工作时，可以回答“不知道”，或回答“不做，做了也对抗战有益而无害”。回答问题时，要避免和地下党扯上关系。被问及政治认识问题时，按照党的主张和统战政策精神正面回答，以免丧失立场。

最后大家讨论如何让组织知道他们五个人被捕后的假姓名和虚报的职务，以免交涉时出岔子，商定以缺少换洗衣物和要找通讯处主任出面交涉为由，伺机提出派人外出的要求。

他们商量好久后，来了一个自称司令部副官的人和几个武装士兵，带他们到大门对面马路边一幢有围墙庭院的两层西式房子里。除了在会客厅里走动之外，也可以在院子里散步。午饭也比通讯处好一些。但门口一直都有卫兵站岗。

下午，一个青年军官带着卫兵，来到赖大超几个人的关押处，说司令部肖参谋长请大家逐个去谈话。

赖大超先谈话，就跟随这个青年军官和卫兵来到院子后边的一个小厅堂中。当中有张长形小木桌，后面坐着个五十几岁、穿淡蓝长衫、清瘦的人，他面无表情，像个威严的教书先生，这个人就是肖参谋长。左边一张小桌，坐着刚才的青年军官，有个卫兵站在赖大超的边上。

一开始，赖大超站在肖参谋长的对面。站了一会儿后，赖大超就提出要一张凳子，要一根香烟，要一根火柴……肖参谋长让卫兵递给他。

等赖大超点燃香烟后，肖参谋长就问赖大超姓名、籍贯、职务等一些基本情况。赖大超就按照原来商量的，一一做了回答。肖参谋长问赖大超为什么参加新四军和共产党。赖大超说自己参加新四军是为了抗日救国，参加共产党是为了民族解放和社会解放。肖参谋长问通讯处做些什么事，搞不搞民众运动。赖大超回答说，通讯处是经过国民党省政府批准成立的，做新四军军部委托办理的事情，比如，代购军需用品，照顾军人家属等工作，不搞民众运动，不过搞民众运动对抗战救国也是有益而无害的。

肖参谋长还问了对三民主义、共产主义的认识。赖大超也做了回答，并提出了抗议，希望早点结束审问，早些释放他们回去做抗日工作。肖参谋长说，这是政治问题，要请示上面才能释放。赖大超又说，大家都没有带衣物和日常用品，还要去找通讯处主任来交涉处理问题，要求派人出去拿衣物和找主任。肖参谋长想了一下，就答应了。之后，坐在一旁记录的青年军官叫赖大超看记录，赖大超按了手印，然后回到原来的地方。

谢文清等五人也逐一被带去问了类似的问题。

大家都被审一遍回来后商量，如果允许派人出去，就派较熟悉情况的王昭日出去，想方设法把赖大超执笔、写在香烟壳上的报告请示信，交给刘英。

晚饭后，那个副官过来回话，留下的五人写书面保证书后，才能派一人外出拿衣物、找主任。几个人写了保证书，那个副官通知卫兵准许王昭日外出。

几个人怀着希望和担忧，看着王昭日的背影消失在大院的拐角处。

设法交涉

下午，丁魁梅在省委临时住处正在熟悉省委机关工作情况。怎么也想不到，突然传来一个不幸的消息：九柏园头的新四军驻温州通讯处已于今天中午十二时左右，被一支不明番号的国民党反动军队查封了，有关人员被捕。

这就是中共浙江省历史上的“九柏园头事件”。

丁魁梅一听到这个消息感到十分气愤。她既担心被抓的几个同志的安全，更担心刘英一早就出门，会不会已经出事。因为没有组织的指示，丁魁梅等几人不敢随意行动，只能怀着无比焦虑的心情，等待着新的消息。

两个小时过去了，大家等不下去了，都争抢着要出去打听消息。

无论情况如何危急，还是要冷静、机智地应对。后来，大家经过商量，决定由小施乔装打扮成一个小商贩，到九柏园头打听动静。小施去了一趟，回来说通讯处门口戒备森严，有武装卫兵把守。小施在附近转了很长时间，也没有了解到什么有用的情况，也没得到刘英的任何消息。大家的心情都很沉重，只好继续等待，觉得时间过得非常慢。太阳落下去了，所有人都盼着刘英能出现。

到了晚上，刘英终于回来了，大家稍稍松了一口气。

刘英扫视了大家一圈，才开始叙说一天的情况。原来，他一早出去，就是去了与大家约定的新的秘密驻地，一直等到中午十二点，一个人也没有来，因此他就直接赶到九柏园头。到了通讯处门口，看到许多军警在把守。他想转身走开已经来不及了，索性装着大老板的模样，大摇大摆地往里走去，并大声问："周先生在吗？昨天说好今天上午到店里结账，怎么不来？"他进去后，又朗声叫："怎么没有人？人到哪里去了？"军警们围了过来，对刘英进行一番盘问。刘英对答如流，没有引起反动军警的怀疑。他脱身后，就回来了。

实际上，刘英趁机侦察了一下通讯处的情况，里面大部分文件和物资已转移走，但还有些东西存放在天花板上。他注意到放在天花板上的文件、枪支和物资，都还没有被敌人搜劫走。

讲述到这里，刘英用低沉的语调说："我们的同志思想太麻痹了，要求大家一早集合的，可是行动缓慢，一直不见来集合，才遭如此惨重的损失。"顿了一下，他又说："这是惨痛的教训，我们要一直保持高度的革命警惕。"

大家都看着刘英，等着下一步的安排。他说："事已至此，我们要善于吸取教训，做好今后的工作，提高对敌斗争的艺术性，小心谨慎是必要的。"停了停，他要求大家，不要草木皆兵，长敌人的威风，灭自己的锐气："我们这几个同志的被捕，是我们党的损失，我们应该化愤怒为力量，加倍努力地做好我们的工作。同时，我们还要千方百计地设法营救他们，革命斗争总是曲折的，局部的挫败也是难免的，但最后的胜利必定是属于我们的！"

听了刘英这番话，丁魁梅等同志增添了战斗的信心和无穷的力量。

第二天一早，刘英与周饮冰商量如何处理此事。

刘英提出："我们派谁出去保释被捕的同志更合适？"

周饮冰马上表示："我去！我是新四军驻温州通讯处主任，即使会牺牲，也应该由我出面交涉，保释被捕的同志。"

确实没有更合适的人选了，刘英就应允了周饮冰的要求。

周饮冰来到戒严司令部抗议，并与肖参谋长进行了坚持原则的激辩。周饮冰独自一人闯进司令部肖参谋长的办公室，责问肖参谋长随意扣押人质，破坏国共联合抗日大好形势。

肖参谋长指责周饮冰态度傲慢、强词狡辩，把周饮冰也扣押了起来。

周饮冰是温州平阳县水头人。他出身书香门第，少时喜爱琴棋书画，为浙南名画家苏昧朔的入室弟子。他多才多艺，原来的名字叫“涓”，听上去似乎有些女性化。但是想不到，他的革命性如此之坚决，关键时候如此之勇敢。周饮冰被捕后，设法与家人通信，使党组织了解他们的行踪。

刘英见又一位好同志被捕，十分悲愤，立即把消息用密电报告给新四军军部，要求上级组织出面交涉。

此时，《浙瓯日报》在十月十五日发出一则《温台戒严司令部破获非法组织机关》的消息：

> 温台戒严司令部为维持地方治安起见，对非法组织与越轨行动，取缔甚力，兹司令部于本月十日在城区九柏园头破获假冒新四军驻温通讯处名义（该军久已调出浙东，上峰并有明令该军在浙省各地不得设通讯处，而该军亦无在温设通讯处之公文通知各机关）之非法组织，当时检查文件中，颇多荒谬言论，现闻戒严司令部已将破获情形报请上峰核办中。

按照刘英的指示，吴毓以新四军驻浙江办事处主任身份，到温台戒严司令部交涉，并到看守所看望谢文清、赖大超、周饮冰等七人，转交了刘英给他们的信。信是用香烟壳写的，除了表示慰问外，还告知他们已将情况报告给新四军军部，同时也与国民党温台戒严司令部进行了交涉，并希望大家团结一致，坚持斗争，静候结果，同时指定谢文清、赖大超为负责人。

不久，国民党当局借口已搜获新四军驻温州通讯处是非法组织的证据，不但拒不放人，而且把被捕的人员押解到江西上饶盘石渡李家村。

刘英果断决定，立即关闭新四军在丽水的驻浙江办事处和在平阳北港的驻闽浙边后方留守处。

刘英亲自给狱中的同志写信，给予精神上的鼓励；托熟人关系，给他们带去物质的慰问。他还多次以新四军驻浙江办事处的名义，与国民党顽固派多方交涉，反复派人谈判，要求释放无辜的同志。但是，由于国民党顽固派的背信弃义，一直没有结果。

新四军驻温州通讯处天花板上的秘密文件和枪支的安全，也是刘英非常担心的事。一旦被敌人发现，省委将会遭受更大的损失，而且给国民党顽固派更多攻击共产党的口实。于是，刘英召集省委机关的人员，分析了敌人在九柏园头周边布防的情况，并想了两个办法，可以把这些文件和枪支安全地转移出去。他安排人先试了第一个办法，就顺利完成任务。刘英安排机关人员乔装国民党军官，佩戴相应的符号，带着卫兵，装作到新四军通讯处来搜查的上级军官，“气势汹汹”地把楼房天花板上的文件、枪支和其他物资全部拿下来，敌人的保卫人员眼睁睁地看着东西被带走，连“哪一部分的”都不敢问。

后来，敌人多方追问，还是不知道是“哪一部分的”军人来九柏园头新四军驻温州通讯处搜查的。

此时，省委机关已完全转入秘密斗争状态，国民党顽固派到处张罗网、设陷阱，搜寻刘英和省委机关，有时反动军警、特务就在附近、在身边。但是，刘英往往不避艰险，置生死于度外，机智英勇，善于应变，发生险情也能虎口逃生。敌人始终一无所获。

刘英的工作更加繁重和艰辛了。

省委机关七个人被捕，简直使刘英失去了左膀右臂，许多工作都落到刘英一个人的身上。加上全省各地工作正在蓬勃开展，引起国民党顽固派的极大注意和嫉恨，斗争形势更复杂和尖锐了。

刘英经常亲自到各地区检查指导，工作十分忙碌，几乎每天都是工作到凌晨，黎明又起床。长期劳累过度，有时病倒了，也仍然抱病坚持工作。他始终保持愉快奋发的精神和高度的信心，是一个革命的乐观主义者。在协调营救被捕同志的百忙中，他仍然挤出时间指导全省党的工作有序地开展。

一九三八年十一月，中共六届六中全会决定将东南分局改为东南局，仍由项英任书记。全省工作稳定下来后，刘英立即前往皖南，于十一月二日到达中共中央东南局驻地，汇报浙江的工作和请示下一步的任务。

刘英从皖南返回后，在金华主持召开了省委会议。会议讨论关于建立中共浙西特委，开辟浙西工作问题。根据刘英的意见，调省委常委、宁绍特委书记顾玉良前往建立浙西特委，并担任书记。会议还分析了浙西的复杂情况，认为在抗日前线和沦陷区，如果没有革命力量，是不易开展工作的。因此，刘英提醒浙西特委必须注重武装工作，要建立一支强有力的人民武装，尽快打开浙西游击根据地的局面。

不久，东南局根据中共中央指示，要求浙江省委做好迎接党的第七次全国代表大会的准备。刘英立即着手为迎接党的七大的召开做准备，并于一九三九年二月一日，以浙江省委的名义，做出关于党的第七次全国代表大会准备工作的决议。决议号召：浙江全党同志加紧从政治上组织上来进行准备，加紧进行第七次全国代表大会的宣传与选举工作。

在温州期间，刘英在百忙中还给“魁梅战友”题词鼓励，其中有两幅是这样写的：抛开一切动摇，准备一切牺牲，集中一切力量，一切的一切都应该服从于革命与战争；站稳自己的立场，把握住事件的真理，任何麻醉欺骗与利诱，均不能丝毫动摇我们的斗争与决心！

一九三九年三月，国民党到处搞摩擦，温州的形势也一天天紧张起来，省委决定把工作机关从温州搬到丽水。

第十四章
兴华广货号

经商与隐蔽工作

中共浙江省委机关从温州秘密迁至丽水城内，正是春暖花开之时。

刘英判断，随着抗日形势越来越紧张，丽水这个小山城大有变成全省政治中心的可能。丽水城里已开始迁来一些国民党省政府的部门机关。有不少中共党员潜伏到国民党机关中充当工作人员，这样做是极其危险的，很容易被敌人发觉，不利于长期隐蔽。在这个国民党顽固派统治的城里立足，必须有其他职业做掩护。刘英认为最合适的职业还是经商，如果在丽水城里开一家商店，就能以商业活动作为掩护，开展革命工作。起先，他们在城内四牌楼开了一家小店作为交通站，因受日机轰炸而烧毁，便又在四牌楼摆了一个摊点。后来，附近一户人家在废墟上盖了四间店面楼房。

交通员王哲珊，原名王德三，党内称他为阿三。由他出面租了其中的两间，打算开设一家百货商店作为省委交通站。这两间门面坐东朝西，四开间两层楼，木结构，占地面积约八十平方米。一楼为店铺，二楼为住宿与办公场所。

一天，阿三给小郑带来了一封刘英的信。

信的内容是：小郑，我们原来计划开设的一家百货商店，不久就要开始营业了，这是很重要的一件事。为了工作的需要，秘书处将设在店里，我们决定你也去当营业员。店内的具体工作，请你与老顾同志接洽。此致布礼！

小郑叫郑嘉顺，是个只有十七岁的小青年。读完信，送走了阿三，小郑感到事情有些出乎意料，自己从来没有做过生意，怎么要自己干这一行呢？

老顾叫顾歧，原名张维群。他猜到了小郑的心事。小郑不承认有困难，只是说对这一行不熟悉，不知怎么下手。老顾托了一下鼻梁上的眼镜笑了起来，认为这话不合乎逻辑。老顾到省委秘书处不久，给人的印象是很平易、很合群的。省委秘书处全部人马就三个人，也是这家商店的全部伙计，他告诉小郑这家百货商店很重要，至少有三大任务，一是负责与东南局以及各特委的联络工作，二是作为省委秘书处的掩护，三是刘英同志以这家百货商店的老板身份住在丽水。

小郑知道这家商店的重要性，就是担心到时做得不好，误了大事。老顾劝小郑不要担心，有困难就想办法去克服，不懂就学习，学做生意比搞革命总容易得多吧？而且，这个做生意，就是我们革命工作的一部分。

小郑终于明白，能当一名合格的共产党员，肯定也能当好营业员。

老顾在金华开过进步书刊店，影响很大，不便出面，平常只能在楼上办公室里。

这天下午，小郑按照阿三的约定，来到大水门，接回从温州置办的货物。把货物拉到百货店后，就着手布置货柜。店铺的右边一间摆了一排货柜，临街边围了一圈玻璃台；左边一间作为过道，因为本钱少，货物不足，只能在墙上挂一些温州产的纸伞。经过一番布置，场面还是感觉挺大的，在丽水城算得上二流规模的百货商店。

百货商店开张的头一天晚上，刘英来到店里。他穿着一件派力司长衫，手里拿着一支三节电池的手电筒，一看就像一位阔老板。

刘英看了店里的布置和陈列后，高兴地说：“果然摆得不错，很有样子！”他亲切地拍拍小郑的肩膀，风趣地调侃说：“有这样的场面还是挺阔气的。”他边看边做了许多具体指示：时刻要保持高度的警惕，活动要隐蔽；东南局派来联系工作的政治交通员在这里联络，但不能安排在店里住；要注意做好社交工作，与隔壁的商人要搞好关系。

三个伙计点头答应，老顾请刘英给百货商店取个好听的名字。

刘英环视四周，思索了一会儿说："这不是一家普通的百货商店，经商仅仅是为了隐蔽、掩护，实际上它是为中华民族的解放事业、为共产主义的伟大理想而服务的，就叫'兴华广货号'，你们看怎么样？"三个伙计都称好。

第二天一早，小郑就在店铺外贴上老顾写的"兴华广货号"五个大字，同时还在店铺两边柱子上贴了一副刘英用左手写的对联：生意兴隆通四海，财源茂盛达三江。这样，店铺就正式对外营业了。第一天就吸引大批顾客，生意非常好。晚上，小郑一数钞票，一共做了一百五十多元的生意。

丽水城外的厦河村是刘英的居住地。

这里要出丽水城往东走，走过四五里田间小路，绕过一处荷花塘，穿过一条翠竹掩映的小径，就能看到梨园边的一处小房子。

这小房子是厦河村的保长王玉坤的，刘英把这幢小房子租了下来。后来，丁魁梅对这幢小房子的内部环境和布置过程做了描述：

> 打扫了房间，把斑驳的泥墙用白纸糊上，挂上双层的窗帘。在墙壁上挂着他写的一副对联"明月松间照，清泉石上流"，显示自己是不问政治的清高之士。并贴着一幅他画的寓意深蕴的《水中鱼乐图》，暗喻地下党员与群众的鱼水关系。整个房间简单朴素：两张二屉桌，几只凳子，还有一只书橱，放着旧书，特意摆一些碘酒、红汞、消炎药膏等药品，以掩人耳目。

刘英化名王志远，交通员阿三装成他的亲兄弟，让阿三的母亲扮演自己的母亲，阿三的女儿阿香扮演自己亡妻的女儿，加上丁魁梅，一家五口到丽水经商避难。

白天，一家五口像富商人家，还常常一起出去散散步。刘英给邻居看看病，逗逗孩子，并讲些故事。小孩子很淘气，邻居大人打骂小孩，或夫妻吵架，刘英就过去劝架。邻居有个穷孩子，整天光着脚板，结果脚板被刺破了，无钱医治，烂得不能走路，但还得帮着家里干活。刘英知道后，就给他包扎、换药，并用自己个人的生活费，在城里买了一双漂亮的鞋子，给孩子穿上。

保长王玉坤的孩子生了疮，刘英给他换了几次药就好了。王玉坤很高兴，把这个事在村里到处讲，村里人都知道王老板不但在城里开了一家店，是个阔老板，而且为人慷慨大方，知书达礼，多才多艺，还很讲义气。王玉坤识字不多，平常有公文来了，也恭敬地请刘英念给他听。上司要苛捐杂税、派壮丁，王保长也找刘英商量对策。称呼上，也从叫刘英为王老板，改称为王先生，后来就认起亲来，直接喊小叔。

刘英利用与王保长的这种特殊关系，设法复制了许多印章和路条，给地下党组织活动出具各种条子和证明。

晚上，邻居们熟睡后，刘英、丁魁梅小心顶好门。在昏暗的煤油灯下，刘英仔细地阅读交通员送来的上级指示和情报，看后起草文件、发通知……这些文件和通知，通过各个联络点的传送，指导全省各地开展党的建设和抗日救亡运动的发展。

就这样，刘英利用与群众的密切联系，打开关系，自如地领导着全省六个特委开展革命斗争。

统战作用大

省委在丽水城内外有多处秘密工作机关和交通联络处。

城内梅山脚绅弄口，原来是一家小盐店，省委将其改建为交通员阿三开办的家庭织袜工场，作为省委秘书处和联络站。各特委负责人到丽水，大多秘密住在织袜工场。

花园弄二号（今为丽水市梅山弄十九号）是中共党员黄景之租赁来的寓所，也是他的私人律师事务所。此前，这里是中共丽水县委的秘密联络站，省委领导机关迁驻丽水后，成为省委的秘密办公地点和联络站，省委一些重要会议就在此召开。周源任丽水县委书记的时候，发现黄景之认真阅读进步书刊，为人正直，爱打抱不平，就经常与他聊天谈心，还介绍他加入共产党。周源任中共处属特委委员、组织部部长后，一度隐蔽在这里，负责联系、接洽各地党的干部。

在交通员的引领下，刘英安排在黄景之律师家召开统战会议。此前，党组织已建到国民党的政府机关里去了，张锡昌所在的省建设厅战时物产调整处建立了中共特别支部。早在一九三八年刘英就组织成立了统战工作委员会，并宣布战时物产调整处党支部的张锡昌、骆耕漠、刘端生为委员，在刘英的直接领导下开展工作。这表明战时物产调整处特别支部很“特别”，由省委书记直接领导，规格特别高。

刘英就在黄景之家里，部署了全省统战工作。会后，刘英叮嘱张锡昌、骆耕漠等人，一定要发挥自身优势，做好我们党的统战工作。

张锡昌思想活跃，一个偶然的机会，就迅速将刘英的叮嘱化为行动。

中共党员张之清等人来到丽水太平区，对这一带进行半个月的社会经济调查。调查后认为，这里山多、地少、民贫，正好可以动员民众，大力发展生产，改善民生，从而支持抗战。

他们把这一想法提交给张锡昌。张锡昌认为这个想法很好，他又以省建设厅战时物产调整处视察员的身份，带人对太平区再次做详细考察。

经考察后，张锡昌发现，太平区一带都是山区，北通缙云、武义、永康，离国民党省政府机关所在地永康方岩很近，西面与宣平、松阳相接，可以连成一片。这里地势有利于分散隐蔽，适合打游击，进退方便，敌人的飞机、汽车无用武之地；群众思想基础好，有很强的抗日愿望；山上还有大量的荒山可以开垦，适宜种植油桐、油茶等经济作物，生产出口物资换取外汇以增强抗战实力。

张锡昌把调查的情况向省委刘英书记做了详细汇报。

刘英高度重视，认为这是一块可以开垦的好地方，不但可以组织群众发展农村经济，还可以进行政治革新实验。但是，仅凭党组织很难完成这样的目标，当时正值国共合作时期，为什么不可以与地方政府合作呢？

张锡昌很受启发，认为可以以地理位置重要、有大量可供开垦的荒地、经济发展前景好、群众抗日愿望强烈为理由，向国民党政府提出搞一个经济实验区。

刘英同意张锡昌的想法，指示他与国民党省建设厅联系，也可以与国民党地方县、区政府商量，把设想变为现实。

张锡昌得到刘英的同意，立即找到国民党省建设厅伍廷飏汇报，建议把太平区建成一处乡村建设的实验区。伍廷飏按照张锡昌的四条理由，向黄绍竑提出建议。黄绍竑同意这个建议，并将实验区的筹建交由省建设厅负责，省建设厅交给物产处负责，物产处则交给张锡昌落实。

经过张锡昌的协调，以及与丽水县的商洽，特约太平经济建设实验区筹备起来了，人事、经费等工作都由省建设厅来管。张锡昌还推荐徐旭担任实验区区长，选派丽水县委青年部部长曾涛带领二十多名进步青年，经过短期学习培训，以经济建设指导员身份，到太平经济实验区工作，还建立中共太平区委，张之清任书记。

在太平经济实验区里，推行了“二五减租”，减轻农民过重的负担；撤销了部分劣迹昭彰、欺压百姓的乡保长，选举开明进步人士担任乡保长；开展垦荒运动，把荒芜的山岗、谷地开发出来，种下玉米、油桐、油茶、茶叶等经济作物。先后有六百多人参加开荒，开垦荒山一万多亩。同时，组织合作社，主要经营生产资料，供应生活用品，购销土特产，建立造纸、织袜、布鞋、肥皂等生产合作社。所产的桐油由太平村“元盛商行”销往温州，所织麻纺布在金华举办的全省工业品展销中还得了奖。经济实验区还开办合作金库，每人投入五个工，作为入社股金，可以申领二十元左右的贷款，定期三年归还，年息四五厘。还在桐树岗下的太平港滩谷地，引小安溪水发电，创办了浙江省第一座农村水电站——太平汛水电站。

经济实验区里，先后办起农民夜校和妇女识字班，由经济建设指导员担任教师。刘英还到夜校给农民朋友讲过课。

经济实验区取得经验后，刘英同意张锡昌通过伍廷飏厅长向国民党省政府提出再建若干个这样的实验区，黄绍竑主席欣然同意。

年底，省建设厅厅长伍廷飏在丽水主持召开了经济实验区会议。那段时间还建立了青田海口、松阳古市、云和小顺、遂昌大柘、龙泉八都、庆元竹口、宣平曳岭等经济实验区。省建设厅挑选所属部门的五十多人，经过二十多天的培训，分派到各地担任区长、指导员。各区区署与经济实验区合二为一，建立行政与经济统一的领导机构，下设经济建设股、民政教育股、警察所等机构。

党组织通过统战关系，相继派遣中共党员和进步青年到各个经济实验区担任乡村指导员，在工作中培养发展党员，建立党组织。张锡昌以视察员的身份经常到各经济实验区视察指导工作。省建设厅还创办编印《乡建通讯》月刊，分发给各经济实验区指导员，交流指导工作。

各经济实验区的建立，有利于共产党摆脱国民党顽固派势力的控制，党组织也能更加主动地开展工作和发展抗战经济。

张锡昌的统战工作开展得很顺利，骆耕漠的统战工作也成效显著。

流亡在丽水的台湾籍爱国人士李友邦，经过深思熟虑，欲仿效朝鲜义勇军，组建自己的队伍参加抗战。他向曾一起在浙江陆军监狱坐牢的难友骆耕漠提出自己的设想：决定组织台湾义勇队，参加祖国的抗日作战。

骆耕漠当即向省委做了汇报，刘英立即指示骆耕漠和党员张毕来协助李友邦筹建台湾义勇队，并具体吩咐张毕来，筹建经费要充足，义勇队设在金华，不要设在丽水，在金华建立义勇队后，再向社会宣布。

在骆耕漠的有力协调下，集中在闽北的台湾同胞被分批带到金华参加义勇队。

一九三九年二月，台湾义勇队在金华酒坊巷十八号成立，这是第一支由台湾同胞在大陆组织的武装抗日队伍。李友邦任队长，张毕来任秘书。台湾义勇队人数发展到两百余人，成立三个区队。队员中有不少人懂日语，协助各抗战部队收集日军资料和情报，并积极参与日语翻译和日军俘虏的管理工作。

刘英始终关注着台湾义勇队的发展壮大。随着人数的增加和党员的发展，在义勇队里秘密建立了中共党支部，直接受省委统战部的领导，由副部长吴毓负责联系。

同时，又组建了台湾义勇队少年团，从新四军军部教导队学习归来的中共党员夏云任指导员。台湾义勇队主要活动基地在浙江，活跃于东南各省，积极从事抗日宣传和瓦解日伪的工作，在金华、衢州、兰溪三个地方建立医院，抢救医治了不少抗日伤员。

台湾义勇队还协助浙江省政府恢复和发展生产，派出技术人员筹备樟脑制造和药品生产。很少有人知道十九世纪中叶，中英还打过一场“樟脑战争”。英国侵略者逼迫清政府签订了丧权辱国的《樟脑条约》，废止樟脑官办，准许洋商领取经营执照，准许在中国买办樟脑，英国人完全垄断了台湾樟脑的制造和输出。短短几年时间，台湾樟脑输出增加一倍，而收购价格则每担从十六元跌到七八元，跌价近一半。

台湾义勇队支持创办的樟脑厂在丽水城南设立总厂，在丽水碧湖、松阳西屏等地设有分厂，生产的樟脑主要用于战时交通运输能源，为抗战做出了不可磨灭的贡献。

后来，国民党政府不得不正式批准台湾义勇队的合法身份，正式委任李友邦为少将队长。黄绍竑以及著名民主人士郭沫若、李济深、邵力子为义勇队创办的《台湾先锋》月刊题词。这也是对台湾义勇队的一种肯定。

过了一段时间，省文委接到通知，要骆耕漠一行到丽水见刘英。

丽水郊区一处幽静的地方。骆耕漠、邵荃麟、葛琴跟着吴毓、张锡昌来到一片树林里，四周有几个警卫人员在散步。刘英从对面走来。他们就站着交流，刘英告诉骆耕漠，现在有更重要的工作等着他，省文委的工作全权交给邵荃麟、葛琴来做。骆耕漠几个人都没有心理准备，有点惊讶。刘英肯定了骆耕漠前期参与中国工业合作社国际委员会的一系列工作，做得非常好，表示非常支持。

骆耕漠向刘英简单地汇报了路易·艾黎及中国工业合作运动目前的状况。刘英对路易·艾黎有所了解。他是新西兰著名的教育家、作家，来中国后，担任过国民政府行政院咨询中国工业合作运动的技术顾问。

此前，路易·艾黎来到金华、丽水认识了骆耕漠，即看中了他的才干，大有相见恨晚之感。

当路易·艾黎在丽水见到刘英之后，向刘英指名道姓要骆耕漠这个人。他说，丽水的抗战战略地位极其重要，但是丽水经济发展尤其是工业基础薄弱，抗战需要很大的物力、财力，发展工业是必走之路，同时，也很需要人力。

刘英非常赞同路易·艾黎的观点，答应让骆耕漠配合他的工作，并且希望他给丽水、给浙江更多的帮助，把浙江的工合运动重担挑起来。

一九三九年三月，路易·艾黎应刘英的要求，派人成立丽水工业合作事务所，帮助建立丽水油脂生产中心，从树木的果实中提炼润滑油等；派人在丽水的南明山举办工合技术培训班，为丽水培养工业合作化的技术人才；派人到云和建立五金厂，制造铁锅。路易·艾黎的工合组织出发点是，想通过广泛建立工业或手工业的合作社，达到恢复被毁工业、建设新的国防经济、增加战时生产、支持长期抗战的目的。

刘英要求骆耕漠在路易·艾黎的指导下，尽快把工合组织建起来，把培训班办好，浙江方面已安排三十人参加培训。另外，要创建东南工合皖浙办事处，把工合组织推广到皖浙各县。并且具体指示骆耕漠，下一步到屯溪有两块工作内容，一块是地方银行的顾问，一块是工合组织的筹备，任务很重。按规定，骆耕漠可拿双份工资，每月一百多元。

骆耕漠马上向刘英表态，他决定拿出一半的工资，支持省文委工作。

值得仿效

一九三九年三月十七日，周恩来从皖南泾县云岭新四军军部来到金华。

此行，周恩来名义上是应黄绍竑之邀到浙江来看看，实则以国民政府军事委员会政治部副部长的身份，一方面到东南抗日前哨传达中共六届六中全会精神，检查和了解浙江共产党的工作情况；另一方面是视察浙江的抗战设施，做黄绍竑的统战工作。

其实，早在一年前就有一个人来过浙江，做过黄绍竑的统战工作。这个人叫张爱萍，就是后来的中华人民共和国国务委员兼国防部部长，当时的公开身份是八路军武汉办事处的高级参谋。

张爱萍到浙江后没有找刘英，主要是担心联系刘英，既会给刘英带来不便，也容易暴露自己的身份，所以他只通过党员王闻识了解浙江党的工作和黄绍竑部队的情况。

党组织之所以派张爱萍来做黄绍竑的工作，是因为他在武汉办事处的时候，给国民党“桂系”讲过一段时间的游击战，其间就认识了黄绍竑。到了浙江，黄绍竑的地方武装实力还是比较强的，部队比较多，党员王闻识在第三支队任政训处处长，张爱萍就到第三支队任副处长。经过两个月的细致工作，第三支队队员成为抗战坚定分子的有六七十人。

其间，张爱萍还亲历了一段有趣的插曲。黄绍竑从丽水到金华检查考核第三支队的训练成果，召集营以上军官打靶——石灰桶靶。打了半天，整个支队竟然没有一个人打中靶。黄绍竑很生气，并转身看了看张爱萍，请他打几发。张爱萍当时也没有十分把握，从红军渡黄河之后，就没有进行过实弹射击。他只得硬着头皮，说：“好吧，既然黄主席下命令了，我就来试试。”他第一枪就击中了石灰桶，弥漫起很大的石灰粉尘。黄绍竑竖起大拇指，佩服地说："八路真厉害！"

此时，日军快攻陷南京，杭州岌岌可危。一旦杭州沦陷，黄绍竑部队也一定会后撤。为此，张爱萍给曾山和中共东南局写信，报告了浙江的抗战形势，并准备留下来带队打游击。曾山代表东南局给张爱萍回了信，认为在浙江国民党军队中搞统战条件还不够成熟。不久，张爱萍借故离开浙江返回武汉，向周恩来副主席报告了有关浙江统战工作的情况，认为在浙江可以形成更大的抗日军事力量。周恩来很赞赏他的意见。

为此，张爱萍根据在浙江调查了解的情况，写了一篇题为《目前的浙江应该做什么》的文章，发表在党内《群众》杂志上。

金华是浙江抗战的领导中心，浙江省的军政当局为周恩来举行了隆重的欢迎仪式。

周恩来的日程安排非常满，驻浙的国民党部队有关将领先后汇报浙江的军事工作情况。这些将领有：省军管区干部教导总队副总队长谢家驹，政治指导室主任兼《浙江潮》主编严北溟，第十集团军参谋长徐旨乾，省国民抗敌自卫团总司令部参谋长张绍棠，参谋处长裘时杰。

接着，周恩来经兰溪、建德、淳安、分水，前往浙西行署所在地天目山，会晤正在布置抗战防务的黄绍竑。双方商谈了团结抗战的有关问题，并达成口头协议。周恩来同意中共参加地方政治工作的人员，不在对方政府机关内发展党的组织，不在国民党后方地区发展武装组织；在抗战中遇有问题，由浙江省委统战部副部长吴毓代表中共方面同黄绍竑直接商量解决。

对国民党中下层军政人员，周恩来也十分重视，做了大量团结抗战的工作。

周恩来参加浙西行署、县政府和省国民抗敌自卫团的科长、上尉以上官佐参加的座谈会，出席省立浙西临时中学开学典礼，视察钱塘江南岸的防务，与坚守大源塔堰头的省国民抗敌自卫团第一支队政工人员谈话。他高度评价浙江抗战以来所取得的成绩，称赞浙江是东南战场的先锋，号召统一意志、精诚团结，勉励大家共同努力坚持抗战。

过桐庐，经富阳，周恩来乘船到达绍兴。他向故乡人民讲解国内外形势，勉励同胞跟日本侵略者斗争到底，还题写了“冲过钱塘江，收复杭嘉湖”的条幅，激发故乡人民的抗战热情。

四月一日，周恩来回到金华。第二天，他对浙江省军管区干部教导总队的军官做报告，题为《建军的重要性与社会军事化的实施》。

黄绍竑与周恩来一路同行，乘专车从金华出发，经丽水城，于下午抵达云和县小顺镇的黄绍竑公馆下榻。四月三日，周恩来身着黄色军装，在黄绍竑、伍廷飏、张锡昌和浙江省铁工厂厂长黄祝民的陪同下，视察了小顺的浙江省铁工厂。浙江省铁工厂是黄绍竑创办的军工企业。总厂设在云和县小顺镇，下设三个分厂，小顺为第一分厂，丽水县大港头为第二分厂，分别制造步枪和轻机枪，玉溪为第三分厂，负责炸药、手榴弹、枪榴弹等弹药原料的生产。

此前，中共处属特委先后派员到工人中发展党员。处属特委委员、工运主任周源多次到厂里指导党的工作，还建立了党支部。

周恩来特别关注民生，他在铁工厂察看了工厂车间、工人宿舍后，来到沉香庙。沉香庙是工人食堂，他看到食堂饭桶里的米饭又黄又粗，就打了一勺子饭，闻了闻、看了看，发现饭中有沙粒，还有霉味。他当即向黄祝民提出意见，要求厂方改善工人生活。

在铁工厂礼堂，周恩来做了国内形势的报告。

周恩来开门见山地提出抗战依靠谁的问题。他指出，要取得抗战胜利，必须发动全民族的力量，千千万万农民走出村庄，千千万万工人走出工厂，千千万万学生走出课堂，到抗日的前线去。抗战要依靠工人阶级，那种“工”字出头就入“土”的说法，不符合历史唯物主义关于劳动创造世界的观点，是一种谬论。道理很简单，农民不种地，工人不做工，人类就不能生存，社会就不能进步。“工人”两个字合起来，就是一个“天”字，工人阶级是顶天立地、创造世界的，工人是引擎，是发动机。

哗哗的掌声，不时打断周恩来的讲演。

周恩来充分肯定了工人们从各地生产建设战线来到丽水山区，为抗日制造武器，为国家努力劳动。他坚信工人、农民和其他各阶层人民团结起来，一致抗日，坚持到底，最后的胜利一定属于中国人民！中国的前途是光明的、远大的，日本帝国主义必败，抗战必胜！

在丽水期间，周恩来不顾旅途劳累，利用饭后、休息的间隙时间，分别邀请省建设厅和铁工厂的员工进行个别谈话，了解情况，宣传抗战，鼓励团结合作。

当晚十一时许，周恩来离开丽水，乘车返回金华。

在金华期间，周恩来分别接见了曾山、刘英、黄道、范式人、郭潜等人。此时，黄道是东南局宣传部部长兼新四军驻南昌办事处主任，范式人是中共福建省委常委兼军事部部长，郭潜则是中共江西省委书记。

周恩来听取了他们的工作汇报，向他们传达了党的六届六中全会精神，并强调要坚持持久抗战，坚持抗日民族统一战线。

此前，刘英就接到曾山的来信，得知周恩来副主席要到浙江视察，并要求他做好有关准备工作。他早早就通知了有关人员，还派吴毓到平阳北港接上龙跃，三个人一起前往金华。路过青田，他们还在党组织自办的旅馆里住了一宿。青田党组织为便于接待来往于温州、丽水的党员，在县城汽车站、石柱开办旅馆，由女党员经营。这些旅馆还接待过不少自己人，其中就接待过三批去皖南参加新四军，路过青田的温州进步青年。

在旅馆里，刘英约见当地党组织领导，了解青田的党组织发展、统一战线和其他抗日救亡工作的情况。到金华后，热恋中的刘英以“爱梅”的化名，给丁魁梅写了一封信，提及了这家旅馆的情况：

> 瓯江话别，我们一行三人当日安抵青田浙东旅社，每位房间的住宿费需法币一元，贫寒的我们，的确吓了一跳。白天口不思食，晚间没有

合眼，精神似乎有点不爽，心似不断地在跳跃，特别使我担心的，不知你是否旅途平安?！顺风搭轮到达了目的地。

为了能够找到那位久未见面的先生，翌晨五时搭车，九时半抵丽水，稍停片刻，复乘午后一时的特别快车，于午后六时卅分到达金华。不管精神和时间怎样的不许可，首先便要给你写封平信，虽然此信一下子不会到达你的手里，但总抹杀不了我们彼此间的敬爱与热情！

到金华的第二天中午，刘英见到了信中提及的“那位久未见面的先生”，就是五年多没有见面的周恩来副主席。他心情十分激动，远远伸出双手，迎了上去。周恩来也伸出双手，与他亲切地握在一起。随后，他发现了刘英伤残的右手，轻轻地抚摸着，感叹南方三年血战共产党多少将士倒在血泊中，感叹国民党顽固派给多少战友和亲人带来了伤害。

刘英简单地汇报了离开瑞金五年来的情况，说自己的手就是谭家桥战斗中受伤的，还向周恩来重点汇报了一年多来浙江党的工作。

周恩来充分肯定了刘英和浙江党的工作，经过一年多的大发展，取得了明显的成绩，一路过来看到浙江抗战形势喜人。他认为，在东南战场上，浙江是站在前进的地位，是值得其他各省仿效的。他反复叮嘱刘英，对国民党要有两手准备，要用合法地位推动抗战，不要给国民党留下制造摩擦的口实。

刘英非常佩服周恩来廉洁奉公、心系百姓的品质，以及细心过人的洞察力。周恩来在浙江的二十天，视察了十二个县，做了二十多场报告与演讲，给刘英等无数人留下了难以忘怀的记忆。

聆听教诲

周恩来还接见骆耕漠、邵荃麟、葛琴等抗日文化工作者，就刊物出版宣传等问题进行亲切交谈。

骆耕漠带来他们编的刊物《东南战线》。周恩来看后，认为刊物办得很不错。但要求他们不要把刊物搞得太“红”了，第一期就转载了《周恩来的小副官》《项英将军印象记》等党派性很强的文章，这样做不够策略，要把文章写得隐蔽一点。骆耕漠经周恩来提醒，才意识到这一点。他们三人连连点头，表示以后一定注意把握分寸。周恩来还要求他们不能把《东南战线》办得与党内刊物《群众》一样，两者性质不同，应该内外有别，要避免对国民党不必要的刺激。办报刊要十分重视加强和读者的联系，了解群众的思想情绪和问题，吸引群众和我们站在一起。

骆耕漠想，周恩来副主席日理万机，还能对一个地方刊物如此关心，内心无比激动，他表示虚心接受周副主席的批评。

周恩来接着告诉大家，他前不久参加了蒋介石主持召开的衡山会议，会上确定了国共合作的“二十四字”方针：坚持抗战，反对投降；坚持团结，反对分裂；坚持进步，反对倒退。不偏离这个方针，刊物可以理直气壮地宣传。

但是，在接下来准备出版《东南战线》第六期时，国民党顽固派百般阻挠，印刷厂死活不给印刷，骆耕漠他们三人明白是国民党顽固派在阻碍出版，胳膊扭不过大腿，也不能跟他们硬拼。另外，骆耕漠在刘英的催促下，即将到安徽屯溪从事工合组织工作，所以干脆在业务牌上写出告示：因碰到排印困难，《东南前线》自本期起停刊。

但是，周恩来强调的“二十四字”方针，对邵荃麟、葛琴接下来主持的省文委工作，和骆耕漠的工合组织工作仍然有很强的指导意义。

前往屯溪前，刘英对骆耕漠说：“你到屯溪不公开你的中共身份，不参与安徽地方党组织的任何活动，撰写文稿也只限于一般性的抗日救国文章，不介入国共两党纷争，以体现政治的单纯。”

“是!”骆耕漠深有体会地答应刘英的要求。从此，他只保持与曾山的单线联系，接受曾山代表党组织的一切指示，此后再也没有见过刘英。

四月五日，在金华城区的东南旅社，周恩来又召集中共浙江省委的同志开会。刘英再次见到周恩来，省委参加会议的还有龙跃、汪光焕、吴毓，以及刚从东南局调来担任省委民运部部长的薛尚实。

上午八点开始，周恩来做了关于目前抗战形势和党的任务的报告。他说："中国的抗日战争是持久战，自武汉失守后，我们进入了困难期，但是也进入了抗战的第二阶段，也就是相持阶段。"他控诉了日寇侵华的野蛮行径，批评了蒋介石缺乏战略观点，在政治军事上都是失败的，标榜焦土抗战，连长沙也放火烧了，造成无数人民流离失所，民愤沸腾……

个把小时后，日寇飞机来轰炸金华。

刘英等人跟随周恩来一起坐上新四军军车，开到郊外躲空袭。在一片树林子里，大家席地而坐，继续听周恩来做报告。远处传来轰隆隆的爆炸声，周恩来镇定地站着继续做报告。他双目炯炯地俯视着大家，每隔几分钟向四周警惕地扫视一次。

周恩来强调了党的任务就是坚持持久抗战，坚持抗日民族统一战线，动员全党克服困难，反对投降，打击暗藏在国民党内部的汉奸和亲日派，增长抗战力量，阻止敌人进攻，准备发起反攻，收复失地。在争取同国民党的长期抗战、长期合作中，要坚持党的独立自主政策，保持党在政治上对国民党的批评自由，发展壮大党的组织和武装力量，巩固和扩大抗日民族统一战线。

刘英听得很仔细，记得非常认真。他想多记一些，回去后整理成文，便于传达学习。

周恩来在讲到浙江的形势和浙江党的工作时指出，浙江的地位将会越来越重要，这里是蒋介石的老巢，复兴社、CC系、军统和中统的力量都比较强，自上而下都有一整套严密的组织。浙江有深厚的历史文化传统，他们统治的手段也比较高明和狡猾，这是浙江统治者的一个特点。他分析了浙江统治阶层内部党、政、军之间的矛盾，分析了蒋介石为什么让黄绍竑来浙江任省主席等问题。

不知不觉中，敌机飞走了。时间近中午，防空警报也解除了。刘英等人随周恩来又坐上军车，从原路返回城里吃午饭。

下午一点半，周恩来再次到东南旅社继续做报告。他肯定了黄绍竑来到浙江做了不少有利于抗战的工作，但是黄绍竑不断扩大自己在浙江的实力，于是国民党军方和党部都极力排斥黄绍竑的力量，他们的矛盾越来越大。比较起来，黄绍竑还是比较开明的。目前来看，我们要支持黄绍竑，也要积极争取黄绍竑的抗战力量。黄绍竑要在浙江独树一帜，蒋介石是绝对不会允许的，其力量最后必为蒋介石所摧毁。

刘英越听越觉得周恩来分析得透彻在理，大有“听君一席话，胜读十年书”之感。

后来，刘英也见证了周恩来预言的结果：蒋介石派俞济时到浙江，把黄绍竑的抗敌自卫团收编过去了；浙江省铁工厂也被国民党中央兵工署夺走了；连各县政工队也被浙江省保安处处长宣铁吾以“整肃”的名义，或被解散，或被改组为三民主义青年服务队，或直接成为宣铁吾领导的复兴社的特务组织了。

周恩来谈到浙江党的任务，就是要在大发展的基础上加强巩固，要严防汉奸、托派和国民党的特务混入党内，要继续加强对抗日救亡工作的领导，要注意培养干部，要加强浙西沦陷区的工作。他谈到浙西行署主任贺扬灵现在表面比较“进步”，但也可能与国民党特务机关有关系。

刘英一边记录一边想，虽然省委在浙西建立了特委，但自己对浙西沦陷区的工作重视确实还不够，工作落实不到位。

周恩来谈到干部问题时强调，当地的工农干部和知识分子干部要互相配合，互相帮助，互相学习，取长补短。刘英想省委是不是对当地工农干部在使用上还不够大胆，是不是过于偏向重用从中央苏区来的干部。

此时，周恩来问大家还有什么问题需要问。

刘英赶紧拉回思绪，他联想到前段时间施平在国民党庆元县政府工作的情况，就问了一个问题：共产党员在国民党政府机关和群众团体中担任公开职务，应该采取怎样的态度进行工作？

周恩来认为，共产党员不论在国民党政府机关还是群众团体中工作，都要埋头苦干，不暴露、不突出、不刺激，办事情要照顾全局，照顾多数，照顾将来；对友党、友军和其他党外人士合作共事，要不浮不躁、不卑不亢，以自己廉洁奉公的模范作用，争取更多的人团结在一起工作。

接着，有人提了第二个问题：在国民党军队里，现在可否发展党员，建立党的组织？

周恩来解释说："蒋介石视军队如性命，他最怕我们在他的军队里发展党的组织，为了合作抗日，我们不在国民党军队里发展党的组织。所以一年前我们曾派人到浙江国民党军队里工作，取得了一些成效，但是后来我们从大局出发，没有将这项工作进行下去。"刘英心里想，周副主席所说的派人到浙江国民党军队里工作，曾山部长提到的张爱萍，或许就是其中的一人。

接着，周恩来又补充强调："我们可以用交朋友的方式去进行工作。以前，我们的兵运工作要兵不要官，作用不大。现在，我们要着重做好军官的工作，这样作用大得多。"他做了一个形象的比喻：争取一"判官"胜过一百个"小鬼"。

返回丽水后，刘英要求省委机关把周恩来的讲话整理成文，并以省委的名义做出"学习贯彻周恩来同志指示的决定"，在全省党组织和党员中传达、学习和贯彻。

探监和设法营救

此前，传来金衢特委所辖的永康县委书记刘辛夫被敌人逮捕。刘辛夫与九柏园头被抓的七个同志关在一起，在江西上饶盘石渡李家村看守所。其爱人滕雪凡带着个一岁多的婴儿，十分辛苦。

刘英指示省委机关起草电文给金衢特委，将滕雪凡调入省委机关任干事，其重要任务就是联系被关押在集中营的人员。他还派一个省委机关年轻的女同志与她住在一起，方便对她生活上的关照。滕雪凡很快就来到省委机关。安顿好后，刘英找她谈了一次话，明确了她在机关的工作任务和注意事项。

之后，刘英拿着一封写好的密信，交给滕雪凡说："你代表省委、代表组织去看望他们，将这封信交给狱中的同志。"

滕雪凡表示："感谢组织，感谢刘书记的关心！"

刘英说："这是我们都要努力去做的！目前，监狱里面的工作还是很有成效的，已经着手建立了组织，多去看看他们，鼓舞大家的信心。"

滕雪凡在整理探监物品，刘英安排采购一些日用品带进去。准备了八份日用品，包括内衣、牙刷、牙膏、毛巾等，并亲自嘱托她，第一次去探监，一定要把密信放好，不然会引来极大的麻烦。滕雪凡看了看这些日用品，就把密信放到了牙膏中。

到了上饶看守所，宪兵检查物品后放行。进了监狱，刘辛夫抱孩子，滕雪凡指了指牙膏，刘辛夫看了她一眼，表示明白了。离开时，不远处宪兵往这边盯视着。刘辛夫将一个小方块密件塞给滕雪凡，滕雪凡见宪兵往这边走，赶紧把这个小方块塞进嘴里，转身抱着孩子往外走。宪兵拦住她，示意她张开嘴。她支吾着表示牙痛，随后张开了嘴。宪兵看了看她张开的嘴，还想问什么。没有回监的刘辛夫提出了抗议，大声指责他们这是侵犯人权。宪兵赶紧做了个"请"的手势。

出了监狱，到了安全的地方，滕雪凡掀开孩子肚子上的衣服，露出了一个小方块。她亲了亲孩子，内心在说：谢谢亲爱的孩子，你可帮了我大忙。

回到丽水后，刘英伸出大拇指，肯定滕雪凡任务完成得很好。

滕雪凡表示："这是我应该做的，而且还是孩子帮了忙。"她把探监的经过讲给刘英听。

刘英边听边逗孩子，说："对呀，一切都是为孩子。"他夸奖孩子也是联系上饶看守所特殊任务的小小交通员，接着又说："为了革命后代的幸福，我们不但不怕辛苦，甚至不怕付出更大的代价。雪凡同志，接下去还会有新的任务。"

滕雪凡说："刘书记，你吩咐吧，我一定完成任务。"

刘英交代她，下次去要画一张路线图回来，要注意沿途有多少碉堡，多少敌人岗哨，还要注意有没有移动暗哨，敌人的大致兵力部署……滕雪凡疑惑地看着刘英。刘英告诉她："是为了营救狱中的同志，或他们准备越狱时使用。另外，狱中有同志生病了，已安排买了一些药，这次也带去。"刘英请她转告狱中的同志，省委已将情况向新四军军部反映，军部一定会与第三战区交涉的，并交代滕雪凡密信如何带更安全。

滕雪凡到丽水街上买了一包橘子，回到家里把其中一个橘子掏空，把刘英写的密件塞进去，再把那个橘子放在包的最下面。

到了上饶看守所，又是例行的检查，宪兵看了药，滕雪凡告诉宪兵，里面的人病了。宪兵抢过整袋橘子，要留下。她正在犯愁之际，孩子哇地大声哭起来，滕雪凡拎回橘子，向宪兵解释自己奶水不够，这些橘子是孩子要吃的……两个宪兵看看孩子，又看着滕雪凡把大部分橘子拿出来放在检查台上，也就放她进去了。

这次，她进入了狱舍。狱中一天早晚两餐饭，此时是下午四时，是晚饭开饭时间。他们吃的是粗糙的红米饭，外加一小碗只有几颗黄豆煮的汤。睡觉的地方铺排着只高出地面五六厘米的地板床，床上是黄色的军用被子，叠得很整齐。饭后大家看书学习，情绪不错，刘辛夫几个人脸上还有点笑容，告诉滕雪凡监狱里的情况，现在与狱方的关系有所好转，这次是经请示后，才同意她进入狱舍的。赖大超抱过小孩逗着玩。滕雪凡小声告诉刘辛夫，密件在一只橘子中，刘辛夫也把信件交给滕雪凡。滕雪凡接过孩子，把信件放在孩子贴着小肚子的一个小兜里。

根据滕雪凡的要求，谢文清悄声地告诉她监狱内部的布防情况。滕雪凡默默地记在心中。这时，宪兵高声叫道："探监时间到。"滕雪凡抱着孩子离开。

回到丽水住处，滕雪凡把刘英交代的沿途布防情况，画成示意图，注明文字。她折起示意图，低头察看孩子小脚上的一片乌青，轻轻地抚摸着，她虽然心痛孩子，但还是坚毅地对孩子说："委屈你了，但你在跟妈妈一起做一件伟大的事情，设法营救的不单单是你爸爸，还有更多的爸爸的战友，孩子，这次全靠你响亮的哭声，才保住了刘英伯伯的密件，妈妈才能完成刘英伯伯交给的任务，孩子，谢谢……"

此时，滕雪凡想起狱中的战友们，仿佛听到他们脚镣叩击地面发出的声音，看到他们在狱中坚持斗争的场景……禁不住流下了泪水。刘英接过滕雪凡拿来的示意图，称赞滕雪凡任务完成得不错。

周恩来到浙江巡视结束后，专程探访被关押在上饶盘石渡李家村看守所的同志。他在第三战区军法执监部部长倪弼上校的陪同下，巡视了看守所。

之后，周恩来问谁是周饮冰。周饮冰立即应声，行军礼。他向周恩来汇报了被关押的情况，并告诉周副主席，他们没有犯罪，要求释放上前线抗日。周恩来当面质问倪弼，这些人没有犯罪，为什么被无端关押？倪弼假惺惺地搪塞，已报请中央解决。离开时，周恩来要求大家好好学习，并嘱咐工作人员留下一百块银圆，作为同志们的生活补贴。

组织上虽然想了很多办法，做了很多营救工作。但这年秋天，他们八个人还是以"危害民国罪"被判了刑。他们唱着激昂的歌声，被转往福建仙阳监狱。

囚徒，时代的囚徒，
我们，并不犯罪，
我们，都从火线上捕来，
从那阶级斗争的火线上捕来。

囚徒，不是囚徒，是俘虏！
凭它怎么样虐待，
热血仍旧是在沸腾！

蚊蝇和蚤虱，
黄饭和枯菜，
瘦得了我们的肉，
瘦不了我们的骨。

……
囚徒，不是囚徒，是俘虏！
我们并不怕死，
胜利就在我们眼前！
铁壁和铜墙，手铐和脚镣，
锁得住我们的身，锁不住我们的心！

滕雪凡再一次前往探监。刘英嘱咐道，路上一定要注意安全，把孩子带好。

仙阳监狱看管比上饶盘石渡李家村看守所要严。狱中有一间大房子，安放的是囚徒的床。两个床位间由下段木板和上段栅栏隔开，栅栏上方留着一个窗口，有四五个宪兵监视着。看到这个情景，滕雪凡非常着急，怎样才能完成传递密件的任务呢？此时，恰好刘辛夫抱过孩子，把自己口袋里的钢笔拿给孩子玩。当孩子回到滕雪凡怀里时，她把钢笔还给了刘辛夫，趁机把密件也一起搭过去。

后来一次，狱中的同志说吃不上菜，要求带点咸菜吃，滕雪凡把密件放在咸菜里。探监时，狱中的同志要抱孩子，她就把孩子从窗口递进去。他们接住孩子后，乘机把狱中的密件塞到孩子的鞋中。她把孩子抱回来的时候，就把密件带了出来。

以后几次都是在送日用品时，把密件放在其中加以传递，而且都没有出过问题。

滕雪凡带来了刘英的密信，信中传达省委指示：批准成立狱中特别支部，谢文清任书记。

短短数月，秘密党支部在狱中团结了三十多人。一场有领导、有组织、有计划的狱中对敌斗争就此展开。他们坚信：倒退的野蛮的民族最终必陷于毁灭，而进步的文明将是永恒的幸福。

刘英每次听了滕雪凡的汇报后，都称赞她机智过人，并且鼓励道："同志们在狱中坚持斗争，坚持学习，表现很好，他们都是好同志，不久我们会见到他们的。"

滕雪凡共七次探监，都以孩子为掩护。刘英作为省委书记，在秘密而繁忙的工作条件下，几乎每次都亲自过问探监情况和听取汇报，亲自领导和指挥狱中党组织的斗争，还非常细心地关怀着滕雪凡母子俩。

抓好学习与当好代表

四月八日，在温州地下交通站，刘英主持召开省委组织工作会议。会议传达了党的六届六中全会和周恩来的指示精神，研究部署召开全省党代表大会的准备工作，并确定了省委今后的任务。

这次会议内容非常丰富，既有如何加强政治、组织、干部、支部工作原则，又有做好具体工作的方法。比如，要认真研究日本强盗的每一新企图和阴谋，要采取有效的对策和预防的方案，要建立巡视制度和由下而上的报告制度，要建立健全集体领导与个人负责制，要加强支部生活，要加紧一切统战工作，要严防奸细混入。

这一系列的措施，使浙江的党组织在国民党顽固派掀起的第一次反共高潮中，避免了大的损失，保存了党的力量。

会议还提出要提高全党同志自觉学习的精神，并做出详细的规定。

对此，刘英对党员干部的学习常抓不懈。中共浙江省第一次代表大会召开前，刘英严肃地对林辉山说："你已经是省委委员了，不识字给工作带来很大的困难，特别是做统战工作。"

林辉山点头道："是的，首长！"

刘英说："给你提要求都三四年过去了，你还是不识字。"

林辉山不好意思起来。他记得当时吴毓从上海带回来"八一"宣言，刘英组织学习后，为掌握党政军主要干部对当前形势和任务的了解情况，要求每个干部都参加考试，识字的书面考，不识字的口头考。林辉山就是其中不识字、参加口头考试的一个。

刘英说："没有文化水平，许多事情的理解都有局限性。"

林辉山说："我都已经三十多岁了，能否把文化学好？"

刘英耐心地说："当然，一方面过去生活困难，穷人读不起书，这是自然的事；另一方面，在紧张的斗争形势下，学习条件也差一些。不过这些都是过去的事儿了，现在开始必须认真学习文化。不抓好学习，你既当不好省委委员，也当不好省党代表。"

此后，林辉山才真正下了决心，把学习文化作为政治任务来完成。尤其是做统战工作，要与各种人打交道，更要有文化。他感到最迫切的是识字问题，特别是要把自己的名字写好。

林辉山感叹道："首长这样关心我，要我学习文化，得下真功夫！"

早些时候，省委根据中共中央和东南局的指示精神，布置了党的七大的宣传与代表选举工作。全省各级党组织在两三个月时间里，普遍召开了自下而上的党代会，总结近年的工作，确定今后一个时期党的工作任务，并选举了出席全省第一次党的代表大会的代表。

为此，全省第一次党的代表大会召开的条件已经成熟。

一九三九年七月二十一日，中共浙江省第一次代表大会在平阳县凤卧乡的冠尖和马头岗举行。大会会场布置得隆重热烈，主席台正中悬挂着中共党旗，两边插着红旗，上方是大幅会议横标，四周又是好多锦旗和彩纸标语。会场空间开阔，桌椅整洁，人员往来有序。

参加会议的正式代表二十六名，代表了全省一万九千多名党员。

刘英在大会上致开幕词。开幕词的结尾是这样说的：

> 我们这次大会的目的是在坚持抗战，坚持持久战及巩固与扩大统一战线的总方针下，与国民党同志亲密合作及团结全浙一切抗日党派与一切爱国同胞共同克服新的困难，增长抗日力量，动员一切力量保卫大浙江，阻止敌人的占领与进攻，配合前线各战场的英勇行动，驱逐敌人出浙江，出江南，以至驱逐敌人出中国，以达到建立独立自由与幸福的新中国。我们相信浙江党的全省代表大会及全国党的第七次代表大会一定会胜利完成，我们更相信战胜敌人与建立新中国也一定会胜利。

召开这次大会是刘英对浙江党的建设所做的一大贡献。

这是新中国成立之前，中共浙江组织召开的唯一一次代表大会，在中共浙江发展史上占有重要的地位。

省委机关和浙南特委的部分党员干部列席大会，叶廷鹏应邀参加会议，并在大会上发言。大会通过了目前抗战形势与浙江党的任务的决议，讨论了国际国内形势问题、党的建设问题、统一战线问题、职工问题、农民问题、妇女问题、青年群众团体的领导问题等，内容异常丰富。大会充分肯定了两年来浙江党的工作，分析了当前正在急剧变化中的浙江局势；号召全省共产党员应该加倍努力，去执行大会的决议，并强调党的团结的极端重要意义。

大会以无记名的方式选举产生了新的中共浙江省委：刘英为书记，汪光焕、薛尚实、龙跃为常委，张麒麟、郑丹甫、林辉山、刘清扬、顾玉良为委员，杨思一、林一心为候补委员。大会还选出刘英、汪光焕、龙跃、张麒麟、顾玉良、郑丹甫、林一心、杨思一、丁魁梅、林辉山、孙绍奎、刘发羡十二人为浙江省出席党的七大代表，谢廷斋、林尧等三人为候补代表。

七月三十日，大会闭幕。之后，省委常委会考虑到丁魁梅已怀孕，不便参加党的七大，由候补代表谢廷斋递补；龙跃、汪光焕、顾玉良也因工作需要而留下了。

大会结束后，刘英返回省委领导机关驻地丽水时，路过温州，特意与丁魁梅去府前街黎明摄影社拍摄了结婚照。他为两人的结合准备了特殊的礼物：一封写给从未见面的岳母的信和一张结婚纪念照。

> 我俩蒙陈怀宽、杨超两先生之介绍，并征得双方家长的同意，谨于中华民国廿八年十月十六日在温州敝舍举行结婚典礼，时值国难，一切从简。
>
> 我俩从此结合，定能本着互尊、互勉、互谅、互助之精神，结成牢不可破的终身伴侣，为抗战建国伟业共同努力！谨此奉告，敬请福安！
>
> 并祝阖家健康！

此前，刘英在写给丁魁梅的一封情书中说：

> 常人结婚往往因爱情而影响工作和斗志，我们则不然。质言之，我们婚事正式宣布后，只有增加我们的斗志，发扬以往的作风和不断的互相尊重、互相勉励、不骄傲、不自满、力求进步，以期达到吾人之最终的政治目的！魁！勇敢的、坚决的、努力的、虚心的、富有朝气的学习与斗争——斗争与学习！

十月十六日，刘英与丁魁梅在温州举行婚礼。第二天，刘英就离开新婚妻子，率领中共浙江七大代表团，从丽水出发赴皖南东南局集合。

此前，处属特委委员、组织部部长周源到青田山口巡视工作期间，带来了中共中央准备召开七大的消息，并代表特委提出要向七大献礼的决定。山口党员对此表现出极大的热情，经党的支部委员会成员商议确定，雕刻马克思、恩格斯、列宁、斯大林、毛泽东的石雕像向七大献礼。时间紧，就昼夜加班，赶制成功了马恩列斯四个人的浮雕石像，每尊十五厘米长、十一厘米宽、一点五厘米厚，石料为庄严的淡青色，并刻有“献给中国共产党七大”的字样。由于东方人面部轮廓线条不明显，所以毛泽东像没有雕成功。雕刻好的四尊浮雕石像由殷铁飞带到处属特委。刘英指示，这浮雕石像不但代表青田党员，也代表浙江党员献给党的七大的一份礼物，一定要带上，而且要安全送达皖南新四军军部。

刘英一行到了金华，与宁绍特委、金衢特委的七大代表会合。他们在金华住了四五天，把原来用作掩护的证件和衣物统统交给省委保管。九位代表都换上了崭新的新四军军装，准备以新四军指战员的身份，先到皖南新四军军部报到。

向皖南出发的前一天，刘英挤出时间，招呼大家一起去看望坚持党的文化工作的邵荃麟、葛琴。

刘英穿着国民革命军高级军官的服装，佩戴三角武装带，系着“军人魂”的佩剑，脚蹬黑色油亮的皮靴，后跟还套上马刺。一看这身打扮，完全是一位威武的高级将领。跟在后面的几个人也是军装笔挺、步伐矫健。好几位代表心犯嘀咕，这么多人穿着军装上大街，是不是目标太大了？刘英书记今天是不是有些冒险、大意？

路上要经过国民党驻军司令部，门口有哨兵在站岗。刘英一行往司令部门口走去，哨兵立即向刘英立正、敬礼。刘英很熟练地随手还礼，带着大家从容地走过大门口。此时，大家才明白，刘英邀约大家一起同行，才与这个高级将领的身份相符。国民党的特务和大兵们怎么会相信，这些人是他们曾经悬赏通缉过的共军首领，其中还有现任的中共浙江省委书记呢？

刘英率领八人一同乘长途汽车奔赴皖南。两位新四军干部一路护送，这三四天的车票、验证、宿夜、吃饭都由他们安排办理。到达军部设在皖南岩寺的兵站，站长认识刘英，热情地招呼和接待，让大家有了回家的感觉。

第二天清早，兵站派军用卡车送他们继续行进，下午顺利到达皖南泾县云岭新四军军部。

一行人被安排住在军部招待所。招待所是一幢小小的民房，中间是过堂，两侧是卧室，刘英、杨思一、孙绍奎、谢廷斋四人住一室，其余五人住一室。军部总务科通知招待所，他们九个人的菜金每人每天从八分增加到一角八分。这是很大的款待了，刘英与大家同吃同住，没有特殊的待遇。他们的身份在军部也没有公开，招待员不知道他们是谁，只是从增加的菜金中知道，他们是军部首长的客人。

如果说刘英有什么特殊的话，就是他的床位靠着窗口，那里光线好点，窗下有一张小板桌，可以在这里接待客人和写材料。根据军部的要求，刘英在这里修改定《北上抗日与坚持浙闽边三年斗争的回忆》一文，准备发表在新四军机关刊物《抗敌》杂志上。此时，离三年游击战争已相隔四五年，写此长篇回忆文字，着实不容易。改好的稿子就交给孙绍奎、谢廷斋誊抄。他们两人每天抄七八千字，足足抄了一个星期。第二年夏天，刘英再赴皖南，经过多次慎重修改，在丽水厦河村定稿，留下了七万多字的宝贵历史资料。

新四军政治部主任袁国平和周子昆、曾山等领导多次来军部招待所看望刘英，但次数最多的要数项英。

项英一来，总是同刘英促膝长谈，有时一坐就是几个小时。项英在谈话中笑声很响，这对于几个在国民党统治区只能低声细语说话的地下工作者来说，很不习惯。只要听到房间里传出爽朗的笑声，代表们就知道是项英来看望刘英了。

他们九个人在军部招待所住了一个多星期后，项英宴请了刘英和闽浙两省到达军部的参加七大的代表，袁国平、周子昆作陪。

席间，项英和袁国平讲话，他们高度评价了闽浙边三年游击战争和当前浙江党的工作，特别提到刘英是中共东南局所属各省的模范省委书记，所以中央领导点名刘英必须到延安出席党的第七次代表大会。

风雨欲来

过了十几天，七大代表集中向延安进发的时候，项英又突然来到军部招待所，向刘英传达了党中央发来的指示电，大意是：国内时局恶化，蒋介石加紧反共，刘英应返回浙江坚持斗争。

接着，刘英与项英商量，代表中的处属特委书记张麒麟、台属特委书记郑丹甫和宁绍特委书记杨思一，随刘英一起返回浙江坚持斗争；其余五人，由金衢特委书记林一心负责，率领林辉山、刘发羡、孙绍奎、谢廷斋，作为浙江党代表前往延安参加党的七大。

不久，大家从军部获知山西发生"晋南事变"，八路军西安办事处被抄，还有多起全国性反共事件。这说明，要求刘英回浙江的决定是必要的、正确的。这一去一回，说明中央对刘英的信任和重托。

刘英对中央的决定坚决地接受，而且立即与几个特委负责人一起研究回浙江后的工作。他请示项英后决定：为了应付时局突变，避免损失，把浙江各地身份已经暴露的共产党员，撤退到皖南新四军军部，另行安排工作。这一决定对保存浙江党的干部起到了良好的作用。

在招待所期间，军部给每位代表发放新的灰色棉布军大衣。谢廷斋因为已有一件西式呢大衣，所以没有领，仍然穿着那件旧大衣。刘英要带领几个特委负责人返回浙江，为了通行方便，他想以自己的新棉大衣调换谢廷斋的旧呢大衣，于是请杨思一征求谢廷斋的意见。这件事让谢廷斋很感动，刘英为这点小事，竟如此公私分明，待人平等尊重。

临别时，刘英还专门把几位去延安的代表找来开会，嘱咐大家：要尊重林一心的领导；要做到团结一致，互相帮助、照顾；要以身作则，起模范作用，团结外省的代表，不要给各地党代表不好的印象；要努力学习，提高自己的素质，完成党所赋予的光荣任务。

刘英马上要返回浙江，几个安排上延安的代表都叫刘英写几句临别赠言，以留作纪念。刘英给谢廷斋写的是：你朝气蓬勃、年轻有为的共产党员，望你努力学习、积极工作，为中华民族的解放和人类最壮丽的事业终生奋斗！

刘英等四人于十二月份返回浙江。其余五名浙江党代表由东南局派部队护送北上，一九四〇年一月二十八日晚上偷渡长江，然后转入敌后，经过华中、华北各抗日根据地，十二月十六日才到达党中央所在地延安，等待了四年多之后，才参加了具有深远历史意义的党的七大。

此刻，这五名北上的党的七大代表谁都没有想到，这竟是他们与刘英书记的最后一面。

面对新的形势，为了加强与浙江省委的联系和指导，东南局为浙江省委办了两件事：一是派老红军、老党员杨椿担任政治交通员，负责浙江省委与东南局、新四军军部的联络，兼省委保卫工作；二是配给浙江省委一部电台和机务人员，以便省委与东南局、新四军军部的联络。

为了安全和便于工作，刘英决定把电台委托给处属特委管理。张麒麟派傅振军等三人到丽水接运。在丽水，傅振军几个人将电台器材及发电机分装在两只“美孚”牌煤油箱里，焊好封口，像是两箱煤油。他又买了两篓橘子，打扮成富商，雇了一艘小篷船，以省委交通员阿三送亲戚做生意的名义，一路护送，溯瓯江而上。经过六天的行程，到达龙泉城郊茶寮。这里早有特委交通员张子斌等候接货，由他们秘密搬运至龙泉县住龙乡水塔村的水碓坑，两名机务员把电台架设起来。

自此，中共浙江省委有了自己的第一部电台。省委的电波开始在披云山下，频频向东南局和皖南新四军军部发送。

收发电文，由机务员杨萤负责。为了保密，杨萤把收到的电文抄在一张薄纸上，然后搓成小卷，插在雨伞柄里或放在其他隐蔽的地方，再交给交通员张子斌或陈成昌，通过水路或陆路送至丽水，交到省委机关和刘英书记手中。

刘英对龙泉早有深厚感情，三年游击战争时期曾在那儿留下足迹。对来自龙泉的电台人员，他也特别关心。每当交通员送电文来的时候，他都会热情接见。

有一次，交通员张子斌送去电文，刘英便留他吃饭，还关心地问道："你有没有成家？"张子斌回答说："现在革命任务重，事情多，等到革命胜利后再说吧。"刘英便颔首称赞，表扬他，说他思想觉悟高，责任心强，但要随时严守机密，绷紧保密这根弦。

杨萤是机务组中唯一的女性，女同志都有爱美的天性。有一次，杨萤到丽水逛街时，顺便到照相馆拍了一张照片。刘英知道后，便找杨萤谈话，向她讲明地下斗争的纪律，形势的严峻。杨萤听后感到十分惭愧，便把照片悄悄撕毁，免得留下后患。

省委电台工作半年多以后，由于形势恶化，耗损的零件无法购买、更换，故障不能得到修理、排除，处于停顿状态。最后受国民党顽固派的偷袭而遭破坏。

但是，浙江省委第一部电台的设立，加强了省委与东南局、新四军军部的联系，指导了浙江各游击区的革命斗争，刘英为此付出了一份心血。

刘英从皖南不只带回一部电台，还带回来一件十分重要的任务——安排新四军干部家属在丽水生产。

新四军四师政委黄祖炎之妻赵玉英跟随刘英来到丽水，产下一男婴，取名黄新华。第二年春，新四军军部秘书长李一氓的妻子王仪在丽水生孩子，产下一女婴李世蓉。在刘英的精心安排下，处属特委书记张麒麟把黄新华、李世蓉带到省委电台的落户地——龙泉县住龙乡水塔村。黄新华由村妇叶必秀抚养，李世蓉由村妇范翠珠抚养。

这一男一女两个孩子，在老区百姓的细心呵护下成长着。

从皖南刚回到丽水，刘英就参加了全省宣传工作会议。

这一天是一九三九年十二月十六日，省委常委、宣传部部长汪光焕在丽水花园弄二号黄景之律师事务所召开全省宣传工作会议，刘英传达了从皖南带回来的东南局指示精神。

针对国民党顽固派不断制造摩擦的形势，刘英要求各地党组织根据东南局的要求，采取“有理、有利、有节”的原则，反对顽固派的进攻，并从组织调整到斗争策略的运用、从党的工作到群众工作都进行了工作部署。

会议期间，省委下达了十多个文件、指示，交与会者带到各地传达贯彻。

时间很快进入一九四〇年初。一天，驻杭日军土桥师团一千余人身穿白衣，在漫天大雪中，偷渡钱塘江，侵入萧山县城。这是抗战以来中日两军隔钱塘江对峙的局面首次被日军打破。从此，日军随时可能南窜，浙西南、浙南常常遭受日军飞机的干扰。

四月十六日，刘英写给在天台的丁魁梅的信中，叙述了日军轰炸的惨状：

> 十五号的下午，这里到了中国机一架，成千成万不愿意做亡国奴的男女同胞，不仅是说不尽的兴奋，而且陆续不断地去参观；可是到了晚上十一点钟的时候，日寇的吃人机就来了十几架，在飞机场，在城里，在乡间和田野，一时疯狂的（地）乱炸。据云，城里有五处被炸，死伤百余人，飞机场附近也炸得很厉害。这样一直地分批的约卅余架兽机炸到十六号八时半上午才停止，这无疑的是可恶又可杀的汉奸报告消息的啊！
>
> 当兽机飞来轰炸时，我们一家大小老幼，连八十九岁的老伯伯，都躲到防空壕里去了，所以大家都很平安地度过了这场惨无人道的暴行啊！

从年初到年中，刘英对全省的特委组织先后做出了调整，以应对变化的形势。

一九四〇年一月，宁绍特委分设，王文祥任宁属特委书记，杨思一任绍属特委书记。六月，处属特委改建为闽浙边委，张麒麟任书记。另外成立傅振军任书记的丽水中心县委，均直属省委领导。七月，金衢特委分设，王明扬任金属特委书记，张贵卿任衢属特委书记。

此前，省委还决定龙跃调省委任职，郑丹甫由台属特委书记调任浙南特委书记。一九三九年十二月底郑丹甫在上任途中不幸被捕，龙跃兼任浙南特委书记。

国民党顽固派的反共活动迅速扩大，在全国范围掀起了一次反共高潮。浙江的国民党顽固派也趁机掀起一股反共逆流，政治上排挤中共组织，军事上“围剿”中共武装，文化上进行反动宣传。

在浙南、浙西南相继有不少中共组织领导被捕或被暗杀。

各特委及辖下的县、区委有不少领导也被捕乃至牺牲。中共党员、著名律师王景之在医院割痔疮，被特务暗杀；中共党员、省建设厅督察刘端生一向身体健壮，在丽水医院治疗感冒，不明不白地死亡；曾在庆元县工作过的中共丽水县组织部部长方奋等多名中共党员被捕。

一九四〇年十月，中共东南局在皖南召开闽浙两省部分干部会议。会上强调“独立自主搞武装”和“长期隐蔽，积蓄力量，等待时机”的方针，并决定将党委制改为单纯领导的特派员制。会议期间，项英专门向参加会议的浙江代表交代，要他转告刘英，省委机关要上山，不要住在城市里，省委上山后，在丽水或温州设立交通总站，与上下联系。

丁魁梅回到丽水后，把寄托在家乡天台的女儿刘小英也接过来一起生活。刘英非常爱孩子，深夜工作累了，就走去看看女儿。但面对当前的严峻形势，他想把女儿送到天台由姥姥抚养。

一天晚上，他主动对丁魁梅说：“我们为千千万万的革命后代，必须坚持工作，努力工作！”

丁魁梅点头回应道："是啊！"

刘英抱着女儿对丁魁梅说："但是，女儿毕竟太小了，要哭要哄要抱她，我们就会分散精力，长期这样下去，对革命有影响的。"他用商量的口气接着说："而且目前丽水兵荒马乱的，还是把女儿送回天台，请妈妈辛苦一些抚养吧！"

丁魁梅轻轻地叹了一口气："我们虽然也会想女儿，但也只能先送回天台，让妈妈抚养了！"

刘英有些激动地说："我们共产党也是有感情的，只不过我们把对亲人的爱，更多地集中到对受苦受难的群众身上去了！我们不惜流血牺牲，都是为了千千万万受压迫剥削的人民能过上幸福美好的生活，这里面也有我们对妈妈和女儿的一份爱！现在妈妈为我们受苦受累，今后我们要让她生活得好些。让那些骂我们共产党人不要家庭、不要亲人的坏蛋去号叫吧！"

丁魁梅被刘英这番道理所深深感动，为了革命和千千万万的亲人，决定再次骨肉分离，把女儿刘小英送回天台去。

皖南事变之前，国民党顽固派四处"清剿"共产党。

在厦河村也驻扎了国民党军的一个连，敌连长霸占了王玉坤的前屋，与刘英家只有一墙之隔。这样，邻居们不敢来看望刘英，孩子们也不敢到刘英的院子里来玩了。王玉坤家的鸡也整日关着，不敢放出来，院子里只有国民党军官对下属的训斥声和整夜不停的玩麻将声。

村里的人都很少出门，刘英却笑着对丁魁梅说："敌人派一个连的兵来保护我们啦！"

丁魁梅回答说："你还有心思开玩笑。"

刘英说："最危险的地方，也是最安全的地方。"

隔了一段时间，邻居才悄悄过来叫刘英帮忙。有的是要换药，有的是有喜事要写对联，有的是有要紧事商量。但大家都不敢像以往那样随意，担心隔墙有耳，惹出祸事来。

国民党士兵生疮的也很多，看到村里人都找刘英换药，也过来揩油。刘英一边给国民党士兵换药，一边跟他们聊天，了解国民党军的活动情况。很快，士兵们都知道这个王老板是村里保长的小叔，城里开着家商店，是个阔佬。敌连长听到村里人和部属都称赞王老板，就主动与他打招呼，邀请他到连部去做客，友好地问生意行情。

刘英也趁机谈一些从报纸上看到的消息，谈战局时势，间接探听一些国民党军情。

这个敌连长做梦也想不到，与他为邻的经常谈天说地的王老板，就是他们费尽心思、重金悬赏也要抓到的“共匪”省委书记刘英。

不久，国民党军撤走了，乡亲们又像之前一样走亲访友，互相串门。

一九四一年春节将至，厦河村王玉坤家的院子里很热闹。

院外虽然吹着北风，但刘英家里有许多乡亲欢聚在一起，孩子们更是又唱又跳。刘英给各家各户提早写对联准备过新年。乡亲们对刘英的字赞不绝口，手捧着刘英写的春联，喜气洋洋地拿回家贴起来。

刘英还给房东的儿子王德云雕镂了一枚《高射炮击落敌机》的木刻，形象生动，非常精致。

此时，却传来了震惊中外的皖南事变。刘英深感愤慨和悲痛，为悼念新四军阵亡将士，他写下了“念我英烈，万古垂青”的诗句。

春节刚过不久，在皖南事变中被捕的饶漱石，突然来到丽水。饶漱石是东南局副书记，经过党组织的营救，以华侨慰问团名义被释放。脱险后，他从安徽屯溪到浙江兰溪，后又到永康，在辛亥革命先驱吕公望之子吕子韬的帮助下，终于摆脱了国民党军统的追捕。

一路上，在中共东南局政治交通员涂峰的护送下，饶漱石以刘英亲戚的身份来到丽水厦河村。

刘英一家在厦河村人缘好，村民们把饶漱石当上宾相待，送茶，送点心。饶漱石向刘英介绍了皖南事变的经过，要求省委严密党的组织，做到不暴露、不突出、不刺激，保持单线联系，最大限度地保存党的有生力量。建议将省委机关迁回浙南，便于对浙南游击区的领导。由于他不知道省委机关原先是设在温州城内的，因此就没有交代搬到山上去更安全。

经过刘英的精心安排，饶漱石在丽水隐蔽了一段时间后，在交通员的护送下，经永康、上海，辗转抵达苏北新四军军部。

此时，兴华广货号里的小郑已学会许多本领，既会经商做生意，也善于隐蔽自己，与狡猾的国民党特务做斗争。但丽水城和周边的形势越来越严峻，随时都可能出现意外。

一天，小郑和阿三因为另有任务外出，店里只得交给老顾照看。这时，老顾碰到了一个原来认识的国民党政府人员，到店里这里看看、那里瞧瞧。他警惕地意识到可能是特务。小郑回来后，老顾及时把情况向刘英做了汇报。刘英为了防止意外，当晚就把放在店里的所有文件搬走，并安排老顾转移到安全的地方，阿三也暂时离开。小郑年纪轻，认识人少，就留在店里观察动静。

后来，那个国民党政府人员果然来店里了解情况，小郑矢口否认店里有姓顾的，而且告诉他店老板姓王。此后一段时间，小郑大门不出，也不与外界联系，刘英也只是天黑后派人在店外观察，有时由阿三的孩子送来刘英的秘密指示。十多天过去了，没有发生意外的事情。

小郑把情况向刘英做了汇报。刘英认为危险基本过去了，但提高警惕是十分必要的。

不久后，刘英对丁魁梅说，省委机关要搬回温州去。

丁魁梅问："为什么？"

刘英说："上级指示，国民党顽固派反共高潮到来了，温州离基本地区近，万一有变，比较好办。"

在省委机关搬离前，刘英把继续留在丽水的东南局派驻的政治交通员杨椿安排到比较安全的城郊外磁窑村租住。

杨椿的住处作为省委在丽水的联络机关，而杨椿本人则继续负责东南局与省委和各特委的交通联络工作。为了方便与杨椿联系，刘英要求处属特委委员傅振军一家从丽水城南搬迁到外磁窑村附近的小白岩村居住。

另外，根据刘英的决定，阿三对温州情况很熟悉，由他具体负责省委机关搬家事宜。店里就留下小郑一个人，他照常开门营业。不久，他生了病，只好在店门外贴上“整理内务，暂不营业”几个字，把店门关起来。小郑身体恢复健康的时候，省委机关转移的工作已经准备就绪。

一九四一年四月初的一个晚上，根据刘英的指示，阿三把商店给退租了。小郑悄悄告别已经完成联络使命的兴华广货号，在丽水南面的大水门外，登上阿三租来的蚱蜢船，与刘英等人顺流而下一起前往温州。

第十五章

赤心献革命

形势、任务与信心

省委机关搬回温州城区不久，日军占领了温州城。

刘英率省委领导机关从温州城区进入浙南基本地区。此时，中共中央决定将东南局与中原局合并成华中局，刘少奇任书记，同时任命刘英为华中局委员。刘英深感肩上的责任重大。尤其是国民党在龙泉成立闽浙赣三省边区绥靖指挥部的几个月来，不断增兵浙南，大肆搜捕共产党员和革命群众，省委机关接连两次遭到围攻，给刘英造成很大的压力。

六月，刘英带领部分省委机关人员到浙南特委检查工作，住在特委秘密驻地平阳县吴小垟村。为了保证刘英的安全，特委书记龙跃也转移到吴小垟村附近，并在山上增加了瞭望哨，又派警卫人员配合群众站岗，还安排基层党组织在附近几个乡镇探听消息。

一天，接到群众报告，国民党顽军从两个方面向吴小垟村包围过来了。

刘英立即指挥省委机关人员从密林中安全撤离，郑海啸则布置县委警卫人员做后卫。省委、特委机关刚离开不久，国民党以一个营的兵力扑了过来。敌人扑空了，就当场放火烧了八十多间民房，还枪杀、逮捕当地群众多人。

三天后，刘英一行到达凤卧镇赤砂村，布置好岗哨，大家就躺下休息了。特委书记龙跃一直担心刘英的安全，怎么都睡不着觉，天不亮就起来，亲自去查哨。当他在哨位上向对面山岗竹林眺望时，发现有几个人影在晃动。哨兵并不太在意，因为对方人数不是很多，以为是打柴的。龙跃立即派人去侦察，才发现情况严重。他向刘英报告，敌军约有一个团的兵力，正分多路向村子包围过来。

刘英立即率部紧急撤离，连续急行军十七八里山路后，大家都非常疲乏，都想就地休息。

郑海啸却认为，这里不能休息，山背后有一条大路，不远处就驻有国民党军，如果敌人从那边行进，正好堵住我方的后路。

刘英果断地命令："大家听老海的，撤！甩开敌人，立即转移。"

部队向后山背侧跑去。正是这一跑，赢得了时间差。赶来的国民党部队共有三路纵队，抬着重机枪，在几十米外的大路上，正大踏步地从外侧山背后绕到山前。

此时，刘英率部从山前内侧转入山背后，几乎是与敌人擦肩而过。大家都说："好险啊！"

此时，丁魁梅已把女儿刘小英送回天台老家，她怀有身孕，组织上也没有安排太多的危险工作给她。她就向刘英要求回到老区去。刘英给她带信说，温州城是省委一个重要的据点，决不能放弃，也不同意丁魁梅离开温州城区进入老区。

刘英认为浙南基本地区环境紧张，不能安心工作，再加上国民党封锁，对外联络不方便，在日军撤出温州后，决定自己带领省委机关返回温州城区来。

一九四一年秋，已改任华中局政治交通员的涂峰从上海带着重要文件来到温州。

涂峰带来中央三个文件：一是皖南事变的教训总结，指出项英犯右倾机会主义错误；二是中央关于建立新四军七个师的决定，并任命粟裕为一师师长；三是任命刘英为华中局特派员，负责指挥浙江、福建、江西三地区工作。

随即，福建等地派人来接洽工作，刘英在温州有许多事情需要处理，就一直在温州城区，再也没有返回老区。

九月下旬，省委在温州召开全省特委书记会议，传达上级决定并商讨进一步贯彻执行隐蔽精干方针问题。根据任务，省委决定对处属特委领导做调整。处属特委书记顾春林调往省委工作，特委书记由傅振军代理。刘英指示傅振军，浙闽边境是红军创建的老基地，基层党组织坚强，群众基础好，省委计划于明年春节后将省委机关迁到闽浙赣三省边界的浦城，处属特委要协助做好省委领导机关的搬迁工作。

傅振军答应刘英，一定会做好准备！

十月二十六日，郑丹甫在狱友的帮助下，利用菜地浇水的机会，逃出了监狱。

郑丹甫原想到闽东找特委，但没有找到，又折向龙泉再到了丽水。他化装成逃兵，帮人采过茶，当过挑夫。经过二十天艰险奔波，于十一月十五日在温州小南门，找到了刘英、龙跃。他与刘英相拥相视，热泪盈眶。

刘英以锄非的化名，为郑丹甫题写了一首诗。

离乡舍爱赴疆场，七载征尘撼华邦。
偷生弹雨息囹狱，壮志不屈实堪扬。

刘英又以爱群的化名，以省委的名义给郑丹甫写赠词。

桐山初会，处丽话别，其间偷生弹雨，栖息枪林。共赴伟业，坚持斗争，朝夕相处，息息相关，迄今行将七载矣！

虽彼此所负使命不同，然志向信仰和目的则完全一致。不幸平北蒙难，忽又匆匆两载，幸志坚而谋有方，奋且勇终脱险，今也重会温永，喜慰英名。

当此国际形势发生严重变化，神圣抗战业已四载有半。吾人处境艰险，使命繁重，虽合欢未已，然离情相继，系念伟业，毅然分手。

望各自爱，奋勇迈进，并肩携手，奔赴征尘，后会有期，胜利重逢。敬祝健康，并致布礼！

蛛丝马迹

此时，浙南形势朝着不利中共组织的方向发展。

刘英执行华中局指示：一切能活动的干部、已暴露的党员均离开或到苏南苏北来。为了安全转移干部，刘英指示台属特委，要建立一条从海游、沈家门（或宁波）、上海、南通到苏中的地下交通线，负责撤退党员干部去苏北抗日根据地。

台州党组织接到刘英的指示后，特意将浙东南交通站建在台州和温州之间的大溪镇。这里水网交织，道路通达，地理位置十分优越，古时候就是著名的驿站。

浙东南交通站站长叫赵任，就是大溪人。他早年加入共产党，经过了长期的革命斗争考验。他曾以小学教员的身份做掩护，开办农民夜校，提高农民的文化知识水平，宣传共产党的主张。在县委的指导下，他组织群众，开展抗租反霸斗争。后被国民党保卫团抓捕进了监狱。

全面抗战爆发后，国共合作再次形成，赵任获释。回到家乡，他重新开展革命活动。组织上给赵任争取到冠城乡乡长的职务，以掩护党的秘密活动。赵任担任乡长达五年之久。一九三八年四月，赵任在家乡冠城建立了武装队伍，共三百五十余人，一百多把大刀，并请来武术教练。他们一面宣传抗日救国道理，教唱革命歌曲；一面练习武艺，锻炼杀敌本领。中共台州特委成立后，特委成员经常住在赵任家，大家都认为冠城的武装工作很有成效，并把它作为台州特委的一个武装工作点。

刘英到冠城指导工作时认为，赵任军事素质好，工作很有成绩，并对身边的台属特委书记说：“我看赵任完全可以提拔使用，是军事委员的合格人选。”根据刘英的指示精神，台属特委决定在大溪赵任家建立浙东南交通联络站。

赵任负责交通站的工作，先后接待了省委、特委领导，表现出色。在不到一年时间里，台州、温州、丽水等地党组织先后通过这条交通路线，安全转送了许多党员干部。

在这次大“清剿”中，虽然利用地下交通线安全送走了一些革命干部，但是国民党也不断加强对浙南地区的控制，并且高价悬赏抓捕刘英、龙跃、郑海啸等人。

刘英也陆续听到一些党员骨干被捕牺牲的不好消息。

因为叛徒出卖，打入国民党平阳县霞关镇内部任警备队队长的共产党员章志中被捕。共产党员、霞关镇镇长张传卓根据上级组织的指示，联络当地乡绅，经过多方交涉，以镇里的工作不能停顿为由，将章志中暂时保释，自己作为人质被扣押。章志中按照组织要求，夜里将镇警备队的弹药集中起来，缴了平阳自卫队驻霞关镇一个班的武器，连夜转移到基本地区。由于这次行动没有及时通知张传卓，致使张传卓被捕牺牲。章志中隐蔽养伤时，也遭到国民党顽固派的逮捕杀害。

十一月五日，叶廷鹏在家乡平阳县被国民党特务逮捕，十一日在北港英勇牺牲。为揭露和声讨国民党顽固派的罪行，引导和激励广大革命干部和群众的斗志，中共浙江省委特别制作了一本纪念册，在党内印发。其中有省委的《对叶同志等牺牲的正确认识及目前应努力的方向》一文，还有刘英嘱托吴毓撰写的悼念文章。吴毓用赤光的化名撰写了《沉痛纪念叶廷鹏同志》，他指出：

> 高举革命旗帜，在布尔什维克党领导下，顽强而又英勇地同民族敌人、阶级敌人足足搏斗了十七年的我们敬爱的革命老战友——叶廷鹏同志，正当民族解放战争进入敌我相持阶段，国内两条不同政治展开最严重顶激烈斗争的一九四一年，惨痛地遭受反共投降派的屠杀，光荣地为建立独立自由幸福的新中国的伟大事业而壮烈牺牲了！

郑海啸连续失去亲人。他的妻子、凤林村交通站站长金澄梅，为严守党的秘密，被敌人用枪托打成重伤不治而亡。他的胞弟郑志荫带领一个武装工作组开展工作，遭到国民党顽军的追杀，被割去头颅示众。

郑海啸的大女儿郑明德随武工队完成任务后，在返回县委机关的途中，遇到国民党军的包围。武工队突围了，但年仅十七岁的郑明德被捕。武工队多次向郑海啸要求去平阳县城劫狱，救出郑明德，但为了保护大家的安全，避免更大的损失，郑海啸坚决拒绝了武工队的要求。

郑明德在监狱中表现得极为坚强，经受住了各种威逼利诱和严刑拷打，使敌人一无所获。

敌人又使出恶毒的办法，托人捎信给郑海啸，说只要郑海啸写一封信，说明郑明德年纪小不懂事，就可以释放。郑海啸非常干脆地告诉捎信的人，共产党抗日，国民党顽固派反共，没有什么好写的。敌人不死心，又一次捎来信，说只要郑海啸写上“请释放”三个字，郑明德马上就可以出狱。郑海啸明白敌人想拿这三个字大做文章，破坏共产党的信誉。他认为，决不能拿党的原则做交易，他坚决地回答：一个字也不写！

后来，被誉为“浙南刘胡兰”的郑明德英勇就义于平阳县城。

此时，郑海啸的儿子郑一平就在刘英身边。

几个月前，刘英离开平阳游击区时，准备带郑一平到设在温州市区的省委机关工作。临行前，省委统战部副部长吴毓嘱咐郑一平，到了省委机关后，要努力学习，跟着刘英书记好好工作。郑一平懂事地点点头，之后便跟着刘英去温州了。

到达温州后，郑一平被安排与省委秘书周义群一起住。

此时环境恶劣，时刻都要小心谨慎。刘英担心郑一平的安全，如果郑一平有个三长两短，没有办法向他父亲郑海啸交代。第二天，刘英看望郑一平时，就跟他商量，说要给他改名字。郑一平看了看刘英，不明白为什么要改名字。刘英告诉他是为了安全："你以后就叫周志远吧，如果有邻居问你来干什么，你就说是来温州读书的。"

郑一平声音清脆地回答："好！"

刘英接着对郑一平说："周志远，你要多多学习革命理论，提高自己的政治水准，有空时还要练练字。"

刘英经常在天黑以后到工作人员的住处，这是为了保密和安全。他常常戴着礼帽、穿着长衫，一副大商人的打扮，有时也会穿中式衣裤。天气转冷了，刘英就叫人给郑一平做了一件新的棉长袍。郑一平穿起来一试，有点长，但很温暖。四十年后，郑一平都还记得这件棉长袍。

废寝忘食、投身工作的刘英，对郑一平影响很大。有一次，天刚黑下来，刘英就到省委秘书处，看了各地给省委的来信后，坐下来起草给各地党组织的工作指示。郑一平在一旁看书，还帮助抄写了一些通知。夜里十点多钟，郑一平上下眼皮都撑不住了，想打瞌睡。刘英就说："小鬼，你先睡。"第二天，郑一平睡醒了，他仍然在伏案工作，烟灰缸里是满满的烟头。郑一平到楼下打来洗脸水，小声地问刘英："首长，睡过没有？"刘英摇摇头，表示不困。

郑一平年纪小，只有十四岁，但人小鬼大，经常会观察别人。他看到周义群与别人不一样，生活上讲究，喜欢讲吃讲穿，比较追求物质享受。公家每月发的伙食费很少，吃得比较差，如果大家煮地瓜稀饭吃，周义群就不与大家一起吃，而是一个人到街上吃。

郑一平的直觉是敏锐的，他把周义群的表现悄悄地告诉了刘英。

其实，刘英也早就发现周义群越来越不可信。周义群生活上铺张浪费，刘英曾多次提醒过他。周义群衣服穿的是哔叽袍子，烟吸的是“老刀牌”，一家人日常开支很大。刘英说周义群衣服穿得太好了，烟也吸得太好了，平时开支太大，而且没有报账。

周义群对刘英的批评口头上表示接受，但行动上始终不改。

年前，上级拨了一笔五万元的活动经费给省委。周义群要求存放到他岳父郑伯琅的银行里，方便随时取用。年关将近，省委要给各特委一笔费用。刘英多次催促周义群，叫他抓紧把那笔钱取出来，各地都等着支付各种费用。

“哦!”周义群嘴上答应着，可是一直不拿出钱来。

如此一而再、再而三，刘英的态度和语言就不再那么客气了，有时也大声地训斥周义群。但周义群只是低着头不作声，钱还是拿不出来。

此时，刘英才真正开始疏远、警惕周义群。

处境危险

有一天傍晚，刘英突然来到阿三家，告诉住在这里的顾春林说：“瑞安那边发生了事情，有同志被捕了，我们这个地方已不安全，你要赶快搬走。”他考虑到时间不早，恐怕外面戒严了，就决定留下来住一夜。

阿三家没有其他空床，刘英就与顾春林凑合了一夜。

第二天清早，顾春林穿上刘英让阿三新买的棉袍，跟着刘英把行李都搬到北大街百里坊大中华百货商店。刘英把顾春林介绍给这里的主人郑家琪，就走了。

大中华百货商店也是省委机关的一处秘密驻地。顾春林根据刘英的吩咐，与郑家琪一起把一包省委文件藏在楼板底下的夹层里。这包文件主要是刘英写北上抗日先遣队和三年游击战回忆的油印本，有好几份叠在一起。在油印本的扉页上，印有刘英亲手用铁笔勾出来的两行空心字“生而为英，死而为灵”。正是这包文件被保留下来了，才让今天的人们更多地了解那段悲壮的历史。

让人想不到的是，顾春林在大中华百货商店里只住了四五天，省委机关就发生了大事情。

在严酷的斗争中，浙江各地党组织遭到了不同程度的破坏，不少党员先后被捕，大部分党员都英勇不屈，用生命保守党的秘密，但也出现了一些叛徒，陈方汀、施泽民和李少金都先后叛变。

陈方汀是温岭县委书记，曾以小学教员的身份为掩护，进行革命活动。国民党特务机关破获陈方汀的真实身份后逮捕了他，在严刑威逼下，他出卖党组织，供出了他所知道的党组织秘密。施泽民原是中共平阳县委书记，后来任中共瑞安县委书记，被捕后叛变革命。

李少金原是刘英的警卫员，是一个老红军，跟随挺进师来到浙南，是小南山战斗中唯一幸免于难的人。后来，刘英把他分配到台属特委工作，还提拔为特委武工团团长。其间，由于他私吞公款而受到台属特委追究，于是叛变革命，泄露了组织秘密，给党的事业造成了巨大的损失，并在浙江党内外造成极其不良的影响。

台属特委通过多方努力，追捕了李少金，并决定对其处以死刑。

党组织在乐清湾，准备将李少金沉海处死时，出现了意外。国民党税务警察误以为执行船是偷运食盐的船只，开枪鸣警。由于党组织执行人员寡不敌众，致使李少金乘机脱逃。浙江省调查统计室是中统特务设在杭州的一个机构，李少金投靠了这个特务机构，并向其主任刘怡生出卖了他所知道的党组织的秘密，特别是报告了省委和刘英的情况。刘怡生对李少金如获至宝，立即向蒋介石汇报，并接受蒋介石指令，一定要活捉刘英，破坏中共闽浙赣三省边区党组织，重点瓦解、摧毁浙江的党组织。

李少金经过一段时间的特务训练后，被派往台州地区任县调查统计室秘书。他还接受刘怡生密捕刘英的指令，并长时间在金华、丽水、衢州、台州等地跟踪刘英，判定刘英近期在温州城内。

此时，刘英一副商人的装扮，以购买、销售山货为掩护，进行党内工作。

李少金在温州的一个山货店发现了刘英的行踪。他紧盯刘英，并通过情报机构向杭州的刘怡生汇报。刘怡生立即调动大批特务、警察迅速赶往温州。

刘英对自己处境的危险，已经有所觉察。

此时，省委也采取了一些措施，比如决定春节后将省委机关迁到浦城，比如想把周义群调离温州市区的省委机关，但这些措施刘英都还没来得及实施。

一九四二年一月中旬的一天，刘英吃过晚饭，来到小高桥省委秘书处。周义群不在，他的妻子郑爱婵哭着说："首长，我已经怀孕了，快生孩子了，需要义群在身边照顾，不能派他到外地工作。"刘英听人反映，周义群经常不回家住，在外面宿妓，烟、酒、嫖一样不落，就严肃地找他谈话，希望他痛改前非。"一定改，一定改！"周义群一反之前的沉默，痛哭流涕地表示改正。

刘英发现周义群嘴上说改，却没有实际行动，越来越不可信，就自己在墨池坊租赁了一处房子。这处房子是新建的，还没有建完成，连门牌也没有，除了丁魁梅外，没有第三个人知道。过了几天，刘英悄悄地搬家，地址一直保密，没有告诉周义群夫妇。

郑一平多次听到周义群夫妻说怪话。他把这个情况告诉刘英，刘英只得说，不要理他们。二月初的一天，刘英又来到郑一平的房间说："小鬼，过几天你搬到我的住处去。"郑一平点点头，刘英又接着嘱咐他："这事不能告诉周义群。"

此时，刘英还没有意识到后果有多严重，很多双眼睛已紧盯他。在他搬入新居的第八天，就出大事了。

不幸被捕

此时，省委筹划已久的两个会议即将召开。

一是检查永嘉和乐清两县的工作，准备于二月八日召开会议，会上拟成立温州中心县委。另一个会议是省委决定春节后将省委机关迁到福建浦城去，在机关撤离之前，研究布置今后全省的工作。刘英逐个给各地特委书记写信，催促他们赶紧来开会。一九四二年的春节是二月十五日，各特委接到来信后，都纷纷为会议做准备，起程赶往温州。

恒丰盐店位于温州小南门，从一九三八年五月以来，一直是省委机关和各地党组织来人接洽并住宿的秘密地点。

一九四二年二月八日，是一个不幸的日子。

刘怡生派特务陈家璧，带着叛徒李少金、陈方汀等会同中统浙江省调查统计室常驻永嘉联络员杨法震，以恒丰盐店为着眼点，以李少金、陈方汀为眼线，轮流守候盯梢，秘密侦察。

提早到盐店参加会议的吴毓，在楼上等待开会。有人突然敲门，交通员去开门，却看不见人。过了一会儿，又有人敲门，开了门仍不见人。正当吴毓疑惑不解之时，周义群和郑梅迪来了，他们问："刘英同志来了没有？"吴毓回答："没有。"周义群说自己要去寻找刘英。

半个小时后，刘英身穿长衫，头戴礼帽，走向恒丰盐店。

突然，李少金从街边冲上去，拦腰抱住刘英。附近守候的特务六十多人也冲上来，团团围住刘英。刘英痛骂叛徒，之后被押解离开恒丰盐店。过盐店边一座小桥时，刘英边挣扎边向桥边靠去。周义群带着一群特务往他这边拥，混乱之时，刘英将长衫内的一份文件悄悄地扔下河去。

吴毓和郑梅迪听到店外的嘈杂声，发现被敌人包围了，急忙从隔壁房子的暗门脱险。

随后，国民党大批军警包围并搜查了恒丰盐店。

陈家璧、李少金等由周义群的岳父郑伯琅带路，来到小高桥周义群家，逮捕了周义群的妻子郑爱婵，以及平阳县委书记郑海啸的儿子郑一平。郑爱婵被捕后立即叛变。

半夜，周义群、郑伯琅带领特务到九山的省委交通站，逮捕了交通员阿三一家。来温州向省委汇报工作的衢属特委组织部部长姚祖培也一同被捕，并被搜去省委存放的数箱文件。姚祖培被捕后很快叛变，出卖了衢属特委的党组织，致使衢属特委书记张贵卿在龙游被捕。

第二天早上，周义群、郑爱婵和郑伯琅带领特务到百里坊党组织的联络点大中华百货商店。省委秘书顾春林听到有人在叫门，商店经理、联络员郑家琪起来问是谁在敲门，得知是周义群，就下楼开门。不料，是周义群带着一群国民党特务来抓人。门一打开，特务一拥而入，把郑家琪、顾春林都逮住了。在混乱之时，郑家琪打开后门逃走了。顾春林扑向后门，后门已被郑家琪反扣，没法逃走。他只得不顾一切往外跑，被特务开枪击中右肩受伤被捕。

叛徒、特务又去小南门木材行交通站搜捕，联络员林瑞祥外出，他的儿子林传民被捕。

郑爱婵带领特务又去西郊联络站。刘英警卫班原副班长刘正发看到这批人行踪可疑，就同联络站人员朱爱莲隐蔽到对面的木匠铺里，联络站负责人吴荣膺刚好外出，特务扑了个空。

此前，浙南特委书记龙跃和组织部部长郑丹甫接到刘英的信，要求他们两人一同到温州城区参加会议。两人商量后，认为环境恶劣，形势紧张，来回不便，回信给刘英说不准备参加会议，有事通过交通员联系。可是刘英再次来信，认为事情重要，省委机关准备北移，今后见面比较困难，一定要参加会议。

于是，龙跃、郑丹甫分别带着一名交通员赶去。十日到达温州城区，很快发现恒丰盐店和九山两个省委联络站已被破坏。

郑丹甫与交通员分手后，来到柑橘园的房子——九山联络站，发现门是开着的。他按规定轻轻叫了两声“阿三”，没有人答应，看来情况不妙。鉴于第一次被捕的教训，感觉到可能有意外发生，就装作若无其事的样子走向大路。果然，敌人的暗探马上过来盘问，两个特务没有问出什么破绽，可是第三个特务上来又是问个不停，死缠着不放。

此时，龙跃带着交通员从街道对面走来，郑丹甫立即大声与特务争吵，并做手势，让龙跃迅速避开。龙跃也是机灵人，立即走开。郑丹甫以生意人的身份吸引敌人，并大声地说："你有事跟我来，到我那里去说。"特务看着他一身打扮十分阔气，说话口气又大，以为是什么大来头，被唬住了，不敢再纠缠。

郑丹甫趁机立即离开，与龙跃先后返回纸山浙南特委机关。

这次国民党特务破坏中共浙江省委机关的行动，从八日晚七时多开始到第二天七时结束，共计逮捕八人，省委设在温州城里的七个点全部遭到破坏。

刘英在墨池坊的新住处没有被国民党特务发现，丁魁梅幸免于难。

丁魁梅第三天外出打听，才知道刘英被捕。她悲愤万分，决定亲自去华中局报告此事，并要求组织设法营救。她立即将家里的秘密文件、电报密码、来往信件和刘英与其他领导人的合影照片全部焚毁。丁魁梅还通知她知道的党员张曼君，要她送信给瑞安县委书记程美兴，希望营救刘英。

整理什物时，丁魁梅发现了一份写有省内各特委和华中局在上海的联系地址等信息的文件，她没有焚毁，因为要靠它才能找到组织。于是，把它小心地收藏在棉絮内带走。

经过温岭时，丁魁梅住在浙东南交通联络站站长赵任家里。

她首先着手给各特委书记写密信，告知省委被破坏和刘英被捕的不好消息，要求各特委人员注意隐蔽。信的大意是：大哥（刘英）突然得了一种全身麻痹，不能行动的恶疾（失去自由）。拟到伯父家（中央）救援，望保重（小心）。

这些信件都交给赵任。赵任通过多种渠道，迅速安全地把信件送出去，使各地的党组织未遭受损失，为党做出了重大贡献。

此时恰好是除夕，连日纷纷大雪难以出行。丁魁梅只得在赵任家里住了两天。大年初三，她到黄岩找到台属特委书记刘清扬，把有关情况向他做了汇报，将各特委的通信地址、省委机关的一些来往账目和现钞交给了他。刘清扬用一块白绸子，给丁魁梅写了去上海的组织介绍信。她把介绍信细心地缝在衣服的夹层里。

丁魁梅到了上海，先到斜桥贻德里一号她三哥家住下。她找组织找了三四天，最后找到华中局在上海的一个机关负责人杨斌。杨斌两年前来过丽水，认识丁魁梅。丁魁梅从衣服夹层里拿出组织介绍信，并口头汇报了刘英被捕的事。杨斌安慰丁魁梅，要她好好休息，并立即电告华中局，请求中央向国民党提出交涉。

丁魁梅继续住在她三哥家，杨斌派了一位蔡姓女同志每周来看一次。杨斌自己每个月来一次，向她介绍政治形势与任务，并给她六百元钱，准备生小孩用。

看守所里的斗争

刘英被搜身，手表、金笔、零钱都被拿走，然后，被秘密押送到温州北山脚下的一座特级监狱里，并派重兵看守。他被关在监狱左边一间特别的牢房里，脚上戴着重脚镣。

连续几天，国民党不断让叛徒来确认此人是不是刘英。中共瑞安原县委书记施泽民来拘留所辨认，被刘英骂了一顿后溜走了。在狱中，刘英知道有这么多叛徒的指认是瞒不过敌人的。于是，他决定讲出自己的真名，称自己是奉中共中央之命，从重庆八路军办事处来浙江调查国共两党摩擦事件的。他这样说的目的，是想为自己找个“合法”的身份，好让党中央向国民党当局交涉。因为靠武装劫持可能性很小，只有靠党中央通过国民党中央进行营救。

龙跃回到纸山不久，吴毓从联络站逃脱后也来到纸山，证实刘英确已被捕，省委机关已完全被破坏。

此时，为调查中共浙江省委被破坏的情况，华中局交通员涂峰和绍属特委特派员杨思一，到丽水找到省委交通员杨椿和处属特委代理书记傅振军，再由杨椿分别送信给金属、衢属、浙南特委，想方设法营救刘英。

龙跃、吴毓和程美兴多次派人到温州侦察，准备劫狱。由于敌人不断加强对刘英的看守戒备，只能另外寻找机会下手。

国民党温州行政督察专员张宝琛到狱中探视，遭到刘英的严词拒绝。张宝琛对手下说，刘英在浙闽两省边境活动多年，今日被捕，胜俘敌十万；抓住了共产党的省委书记，就能把浙江的共产党连根拔掉。

刘英知道顾春林遭到枪击，也关在这个监狱里，就向张宝琛提出给顾春林治伤的要求，并指责道："国共合作了，而你们居然打伤合作的人。"张宝琛觉得理亏，就满口答应刘英提出的要求，给顾春林治伤。刘英进一步提出要求，想亲自去慰问勉励顾春林。张宝琛不得不同意。

顾春林一向身体不好，再加上受了枪伤，流了许多血，一直发着高烧，身体非常虚弱，躺着不想动弹。进监狱两天后的晚上，刘英拖着沉重的铁镣，在监狱看守长的陪同下，来看望顾春林。顾春林顺着牢房木板边的小小弯月形窗口望去，看到了刘英亲切的脸庞。刘英亲自来看他，这是他万万没想到的。他努力支撑起来，走到牢房门口，与刘英隔着牢房门相对而立。

在昏暗的灯光下，顾春林看到刘英有神的眼睛和坚毅的脸庞。

刘英问顾春林是怎么被打伤的，伤在何处。顾春林一一做了回答。刘英告诉他，监狱方面已答应给他治伤，要他好好配合治疗。并一再叮嘱他，一定要坚强！

顾春林坚定地点了点头，请刘英放心。

刘英在浙江有很高的威望，同牢笼的"犯人"几乎都听说过。他请大家关照好顾春林，说完，拖着沉重的铁镣，叮叮当当地走了。顾春林忍不住流下了泪水。

二月十二日，国民党浙江省党部社会科科长叶蕴辉匆匆赶到温州，企图找到一点捕获浙江共产党的线索，但在刘英这里他一无所获。

国民党中统局则电示浙江省调查统计室主任刘怡生，要以最大力量，以生死利害关系，反复说明，争取刘英。刘怡生专程赶到温州劝降，“好言好语”地劝刘英：“你是共产党的省委书记，只要把你的罪行说出来，把你们的组织全部交代出来，我们可以给你一切荣华富贵，你就不需要奋斗……”刘怡生还与温台防守司令部司令萧冀勉一起威逼利诱，多次审问刘英，仍然一无所获。

刘英痛斥刘怡生一伙是民族的败类，不去打日本帝国主义，却来抓抗日爱国的共产党人。他怒斥道：“我们抗日救国，光明磊落，抗击日寇，赤胆忠心为中华，爱国何罪之有？你们破坏民族统一战线，破坏团结抗日，才是历史的罪人。全国人民都不愿做亡国奴，抗日人士你们永远抓不完、杀不尽，应该受历史审判的正是你们这些日本鬼子的帮凶、汉奸、卖国贼……”

刘怡生等无言以对。

刘英回答国民党特务的审讯总是一句话：“我的情况均在档案中，再没有什么东西可以说了。”

几天后，天开始下雪，看守所里更是阴冷恐怖。一天上午，刘英拖着沉重的脚镣，艰难地向郑一平他们的普通牢房走过来，站在牢房门口往里看。

郑一平被押到看守所，同牢房的有七八个人。郑一平从“犯人”的议论中得知刘英也不幸被捕，但想不到刘英这么快就过来看望自己。他靠近牢房门口，与刘英隔窗相望。

刘英走过来，伸出手摸摸郑一平的头，并深情地问道：“小鬼，怕不怕?”

郑一平有力地回答：“不怕!”

刘英满意地点了点头说：“这就对了！”接着，他压低声音严肃地说：“小鬼，你年纪还小，可能不会死，以后如能出狱，你要告诉党，告诉龙跃，告诉你父亲老海，我是被周义群出卖的……”他还没有说完，就被气势汹汹的特务、看守押走了。

郑一平望着刘英拖着脚镣的背影，情不自禁地流下了热泪。

刘怡生面对顶天立地的共产党人，束手无策，于是他利用最后的机会，拿出一封电报对刘英说：“顾祝同司令官来电，刘先生若能改邪归正，弃暗投明，为党国效劳，司令官既往不咎，还要到蒋总裁那里为刘先生请功。”

刘英从容地笑道：“请转告你们卖国的司令官，卖国求荣，屠杀人民总会落得万人唾骂，遗臭万年！”

国民党顽固派对刘英软硬兼施，毫无结果。他们惧怕会激起浙江的共产党人和革命群众愤怒抗议的烈火，闹出什么乱子，就慌慌忙忙地准备把刘英押往国民党浙江省政府临时驻地永康方岩。三月二十日，国民党顽固派心虚异常，担忧刘英在押解途中被劫持，竟在瓯江两岸布满军警，驱赶百姓，派出重兵，还配备四挺机枪。

敌人戒备森严，龙跃、吴毓和程美兴率领的游击队无从下手。

郑一平、顾春林、阿三继续被关押在永嘉。这年夏天，日军再次占领了温州，他们趁看守不注意，一起逃离了看守所。

方岩留英魂

刘英被押解到永康方岩。中共衢属特委书记张贵卿也被关押到这里。

叛徒、中共温岭原县委书记陈方汀奉刘怡生的命令，来向刘英劝降，说：“新四军全部被消灭了，还抗什么日？你过来吧，你看我现在有好吃好喝的，还不用担惊受怕，生活多么悠闲自在……”

刘英怒目而视，骂道：“你这个无耻的叛徒，你这条钻在反动派裤裆底下的哈巴狗，出卖灵魂、出卖同志的败类，早该砍你的头了。”

刘英被关在一个阴暗潮湿的屋子里，继续受审讯。敌人故技重演，先是百般劝降，继而采取夜以继日的疲劳审讯，最后又施以各种酷刑。刘英虽然遍体鳞伤，但他想到的不是个人安危，担心最多的不是妻室儿女，而是浙江上千万同胞和共产党员的命运。他始终不透露一点党的秘密，并警告敌人：“你们可以任意摆布我一人，但我们的同志会更好地战斗。”

每次审讯，刘英始终是那句老话：“我的情况尽在档案中，再没有什么东西可说了。”

刘怡生无可奈何地对其同伙叹息：“刘英的嘴像紧紧关住的铁门，始终无法打开。”特务们无奈，只得把种种酷刑加到刘英身上。皮鞭抽得呼呼直响，刘英多次被打晕，但是他用铮铮誓言表达心声：“头可断，血可流，抗日的壮志不可屈。”

刘英对未来充满无限的信心和希望，坚决保卫浙江省党组织的安全。在牢房中，他忍住剧烈的伤痛，用手指蘸着自己的鲜血，在墙上写下了“共产主义万岁”六个大字，表达了他对共产主义的坚定信念和抗战到底的决心。

在狱中，刘英利用一切机会为党做宣传工作。他给看守讲抗日民族统一战线的道理，讲抗日的形势，揭露国民党顽固派破坏抗战、捕杀共产党的罪行。

任根荣是监狱中的一个看守，刘英经常对他进行启发和教育。他非常钦佩刘英，还尊称刘英为先生。他帮助刘英向狱外递送字条，还将报纸和笔墨送进牢房。刘英还通过任根荣接触了另一个叫鲁荣甫的看守。

一天夜晚，刘英激愤的心情久久难以平静，他拖着沉重的脚镣在狱中踱步。他一边踱步，一边吟诵着岳飞的《满江红》：

怒发冲冠，凭阑处，潇潇雨歇。
抬望眼，仰天长啸，壮怀激烈。
三十功名尘与土，八千里路云和月。
莫等闲，白了少年头，空悲切。

靖康耻，犹未雪。
臣子恨，何时灭。
驾长车，踏破贺兰山缺。
壮志饥餐胡虏肉，笑谈渴饮匈奴血。
待从头，收拾旧山河，朝天阙。

吟罢《满江红》，情难自禁，诗如泉涌。刘英用任根荣送进来的笔墨，奋笔疾书，写下了一首诗，以锄非署名，第二天送给鲁荣甫：

十年征尘到如今，偷生弹雨息枪林。
战死沙场堪自乐，囹圄室内何我兮。

刘英多么渴望冲出牢笼重新投入战斗啊！被关押了三个月，经过多少次的审问，刘英坚强不屈，敌人从他口中没有得到任何口供。敌人企图破获中共浙江组织的阴谋成了泡影。

国民党顽固派还是不甘心，特务陈家璧亲自到监狱主持审讯，每隔一两天提审刘英一次。他软硬兼施，或派人劝降或施以酷刑。一天，敌人安排了一个从重庆来的国民党中央特派员对刘英进行劝降："刘先生文韬武略，闻名东南半壁，像您这样的人才，国家为数不多。您只要告诉我浙江共产党的干部名单，组织分布情况，我定向总裁举荐您，保您飞黄腾达。否则，既已进来，就休想出去。识时务者为俊杰啊！"

刘英训斥道："国土被践踏，同胞遭蹂躏，我认为如今最大的时务是抗日救亡，应'兄弟阋于墙，外御其侮'，而你们破坏统一战线、破坏国共合作，是要负历史责任的。我自从投身革命之日起，就做好了为革命而献身的准备。"

国民党中央特派员劝降一无所获，就再次实行其法西斯式的残忍刑讯。刘英被打得体无完肤，口吐鲜血，但他仍坚定地重复那句话："头可断，血

可流，抗日救国的壮志不可屈。你们想从我嘴里探得共产党的组织情况，只能是枉费心机!”

最后，浙江中统局在给第三战区司令长官顾祝同的“呈复”中，只得将刘英的籍贯、年龄、出身、职务等作为“谈话笔录”连同照片呈报上去了事。

日军发动浙赣战役，国民党浙江省政府机关准备撤离永康方岩，向南退往丽水。顾祝同转来蒋介石从重庆发来的急电：饬令从速处决刘英。

刘英给狱友写过一封信：我的问题与你们不同，各种苛刑我是有份的。若通信都没有了，或许我已赴九泉，但我时刻这样准备着。

一九四二年五月十八日凌晨，天下着毛毛细雨。

陈家璧打开牢门，假惺惺地对刘英说：“日本鬼子近日即将攻陷永康大地，蒋委员长指令我们要保护你们安全，准备向松阳方向转移，请你立即离开监狱。”紧接着，中共衢属特委书记张贵卿等人也被押了出来。

刘英已察觉到将赴刑场，就在监狱内对战友们做最后一次宣传，要坚持共产主义的信仰，坚持斗争到底。刘英随即将身上穿着的毛衣送给了其他狱友，从容整理好自己的外衣，梳理好头发。

二百余个全副武装的特务和军警押送刘英、张贵卿离开监狱。

面对这批荷枪实弹的特务和军警，刘英知道敌人要对自己下毒手了。于是对陈家璧说：“把话说明一点，不必遮遮掩掩，我刘英自从被捕的那天起，就做好了赴死的准备。”

刘英被特务们押解到方岩汽车站后面的马头山山麓。这时天已发亮，在顺着山坡的一条小路上，刘英见大批特务停止不前。刑场已到，刘英从容转过身来，望了祖国大好河山最后一眼。

刽子手单银昌举起了枪。

刘英竭尽全力高声呼喊：“中国共产党万岁！国际共产主义万岁！无产阶级革命万岁!”

在口号声中，刘英英勇就义了。

尾　声

一九四二年夏天，周恩来从重庆回到延安，在中央党校做报告时，沉痛地将刘英英勇牺牲这一噩耗告诉大家。他说："刘英同志被国民党顽固派抓去了，他英勇斗争，坚贞不屈，壮烈牺牲。"

这是周恩来代表党中央对刘英的高度评价。

老战友、老搭档粟裕听到刘英牺牲的消息，十分悲痛。在粟裕心目中，刘英始终是一位坚定的无产阶级革命家，是一位为人民不屈不挠奋斗一生的优秀共产党员。

粟裕在回忆录中是这样评价刘英的：

> 我们是从一九三四年开始在一起工作的，共同经历了北上抗日先遣队和三年游击战争这两段艰难的历程。一九四二年春，刘英同志在温州被捕。他在狱中顽强斗争，坚贞不屈，于五月十八日被蒋介石下令杀害了。他把自己的生命献给了革命事业，刘英同志的一生是革命的一生、战斗的一生，人民永远纪念他。

刘英牺牲两天后，妻子丁魁梅在上海生了一个男孩叫刘锡荣。丁魁梅产后急于投身革命，把儿子送回浙江天台，同两岁的女儿刘小英和小脚老母亲一起生活。

而此时，粟裕正率领新四军第一师进入最为困难的时期，日伪军对苏中地区实行军事、政治、经济、文化的“总力战”，可以说形势比以往任何时期更加严峻。但是，粟裕找到烈士刘英的遗孀和遗孤，把他们接到新四军苏北淮安根据地，主动担负起了抚养的责任。他还让人专门为他们准备了一辆马车，遇有敌情便坐马车随大部队转移，保证他们的安全。

这一年的秋天，中共浙南特委证实刘英被杀害的噩耗后，在青（田）景（宁）丽（水）交界处的石角村召开了追悼会。此后直到浙江全境解放，每年的五月十八日，浙南特委书记龙跃都要组织召开全体特委机关人员参加的纪念刘英烈士大会。

党的七大召开时，作为七大代表的刘英却参加不了这个重要会议。一九四五年六月初，党的第七次全国代表大会已经进入到选举新的党中央委员会这一议程。华东代表团团长是陈毅，他曾领导南方三年游击战争。在华东代表团的全体会议上，陈毅提议推荐几位在华东工作的领导同志作为新的中央委员候选人。他激昂地说：“如果刘英健在，我将力保他作为新的中央委员候选人。”

陈毅对刘英做了高度评价：

> 刘英同志牺牲了，他是在浙江温州被捕的，直到最后一分钟，都是和国民党斗争，非常英勇，始终没有向敌人屈服。在他被捕之后，浙江国民党特务机关，认为得到了宝贝。三个月就可以把浙江八属的党全部搞光、全部破坏。但是刘英同志没有屈服，直到最后一分钟都是很坚决勇敢的。因此刘英同志的名字，在浙江的上、中、下各层广大老百姓中间，都是呱呱叫的。

在新中国成立前夕，杀害刘英的刽子手单银昌自知国民党已穷途末路，准备逃往台湾，并已约定好时间在浙江舟山下海。他妻子是外省人，在他赶回老家准备带着妻子一同逃走时，解放军以迅雷不及掩耳之势南下，导致他不能在约定时间赶到舟山，只能回到老家浙江东阳潜伏。

单银昌担任过浙江中统情报处的行动组长，参与抓捕过不少地下共产党员和仁人志士，迫害学生爱国民主运动领袖、浙江大学学生自治会主席于子三和胡庆余堂党支部的地下党员，他手上沾满了革命者的鲜血。他知道自己罪大恶极，潜伏在老家的日子里，他很少出门，要出门也是早出门、晚回家。平时，他不敢抛头露面，生怕别人认出自己，只是躲在家里做些小木工活，让妻子拿到城里卖，换回一些生活用品，维持生计。

单银昌一直悄悄做准备，打算与溃退的蒋介石当局取得联系，寻找机会出逃到台湾去。他反常的举动，引起了周围群众的警觉。在镇压反革命运动中，经过群众举报，单银昌被抓捕归案。

审讯的时候，单银昌对自己杀害刘英的罪行供认不讳。他供述，刘怡生等人劝刘英叛变，刘英却对他们进行赤化教育，刘英太厉害了。后来，经过上级人民法院的审核，单银昌被核准执行死刑。一九五六年，浙江东阳县法院在横店召开万人公审大会，对单银昌进行公开宣判，并立即执行枪决。

第二年的十一月二十九日，《光明日报》刊登了题为《杀害前中共浙江省委书记刘英的凶手反革命分子单银昌被处死刑》的消息，对单银昌的犯罪事实进行了报道。

新中国成立前，中共浙江省委先后共有十一任书记（包括代理书记），刘英是任职时间最长的，其中包括刘英在内的九位省委书记都为共产主义事业英勇牺牲了。

刘英牺牲的地点在永康方岩。刘英殉难后，永康人民冒着生命危险保护并掩埋了刘英的遗体，自觉自愿地组织护墓。一九五九年八月，毛泽东在浙江金华召开县委书记座谈会时，对永康县委书记说：“你们永康出了个刘英，牺牲时还很年轻！为人民而牺牲，人民就会永远纪念他！”

这一年，刘英的战友和爱人丁魁梅写了《忆刘英同志》一文，发表在当年《东海》杂志第七期上。文章的结尾是这样写的：

刘英同志！你的壮志已偿，在我们伟大的祖国的美丽的土地上，你所切齿痛恨的反动统治与帝国主义侵略势力，已被彻底摧毁而一去不复还！你所热爱的祖国和人民，已像巨人一样地站在东方，祖国在奋勇飞跃地前进着，孩子们在健康地成长着，一切都可告慰于你。安息吧，刘英同志！

上个世纪五十年代初，在永康方岩风景区内刘英牺牲地马头山麓兴建了革命烈士陵园。一九八二年对陵园进行重修，一九八八年最终定名为“刘英烈士陵园”，聂荣臻元帅为陵园题写园名。上个世纪九十年代初，整个国家经济社会发展还没有那么好，永康县就发起重修、扩建刘英烈士陵园的倡议。在不到四个月时间里，全县就有近十六万人捐款，捐款总额达一百五十多万元，数千名干部群众参加了陵园扩建工程的义务劳动。一九九二年五月，刘英烈士牺牲五十周年前夕，完成了刘英烈士陵园的扩建工程，与方岩旅游景区融为一体。

现在整个陵园总面积约五十亩，集墓、馆、碑、亭于一园。中间一座是刘英烈士墓，墓碑上面镌刻着粟裕大将书写的“刘英烈士墓”，左右两边分别是衢属特委书记张贵卿烈士墓、永康解放前十三位革命烈士合墓。墓道北侧建有刘英烈士纪念亭。园林式的革命纪念馆依山而建，馆内设有刘英、张贵卿、永康党史三个展厅。

每逢清明节、建党节、建军节和其他节假日，这里都会成为人们缅怀先烈丰功伟绩、弘扬烈士崇高精神，开展革命传统教育、爱国主义教育和国防教育的重要场所。

为纪念刘英牺牲六十周年，二〇〇二年三月中共浙江省委党史研究室出版了《刘英纪念文集》，国共合作抗战时期曾在浙江工作战斗过的原国务委员兼国防部部长张爱萍题写书名。书中收录回忆录、文稿、书信等纪念文章和有关史料，高度评价和充分证明了刘英“不辱使命、坚定信念，奋勇挺进、追求真理，忠于人民、心系百姓，无私奉献、视死如归”的精神品质。

刘英的革命业绩和崇高精神，就像这本文集的序言所说的“如玉之洁，如流之长，仰之弥高，永留史册”。

二○○三年六月十二日，时任浙江省委书记的习近平在视察永康时专程祭扫了刘英烈士陵园。第二年，他在丽水调研时指出：“刘英、粟裕领导的中国工农红军挺进师曾长期在此战斗，留有多处革命遗址，值得重视与挖掘。” 二○一五年六月，浙江丽水召开隆重的大会，纪念中国工农红军挺进师入浙创建浙西南革命根据地和中共浙西南特委成立八十周年暨刘英诞辰一百一十周年，刘英之子、中纪委原副书记刘锡荣参加了大会。大会共同回顾了红军挺进师在浙西南的光辉战斗历程，缅怀包括刘英在内的革命先辈们的丰功伟绩，弘扬和传承革命精神，凝聚更多智慧、更大力量，建设美丽幸福新丽水。

二○一九年六月，中共丽水市委提出开展弘扬践行浙西南革命精神的活动，并提炼概括了“忠诚使命，求是挺进，植根人民”的浙西南革命精神表述语。刘英就是浙西南革命精神的重要创立者。刘英与粟裕、叶飞等老一辈革命家和无数革命先烈，在浙西南掀起波澜壮阔的革命斗争，孕育形成了浙西南革命精神，丰富了中国革命精神谱系，并为之增添了新的意蕴。

二○二二年二月，中共丽水市第五次代表大会号召丽水广大党员干部群众：不断砥砺忠诚使命、求是挺进、植根人民的精神意志，永做跨越式高质量发展道路上奋勇向前的新时代“挺进师”，为全面建设绿水青山与共同富裕相得益彰的社会主义现代化新丽水而不懈奋斗！

“生而为英，死而为灵”这一诗句，出自欧阳修的《祭石曼卿文》。欧阳修比石曼卿年少十三岁，他们是“同病亦同忧”的好友。他在石曼卿去世二十六年后为其写了一篇祭文，感悟人生一世，有生有死，只有身后的英名和杰出的灵魂，才能与日月同辉、永垂青史，进入到一个理想的境界。

刘英曾多次引用这一诗句，可见，他对这一诗句的钟爱，对革命生死观的深刻领悟。《北上抗日与坚持浙闽边三年斗争的回忆》的封面上有“生而为英，死而为灵”的字样，这是刘英亲自用铁笔勾勒出来油印的。他为纪念牺牲的战友，曾引用这一诗句，并加上“念我英烈，万古垂青”，成为一首绝好的悼挽诗。

在此，谨以刘英的这首诗作作为本书的结语：

生而为英，
死而为灵。
念我英烈，
万古垂青。

二〇二一年一月动笔
二〇二二年三月完稿
二〇二二年十月定稿
于莲城

刘英年表

一九〇五年

十一月，出生于江西省瑞金县竹岗村，取名刘声沐。

一九一四年

开始在本村读私塾。

一九一六年

在本村群德小学读书。

一九二二年

七月，群德高小毕业，在家务农。

一九二四年

松山小学任教。此间，阅读了不少进步书籍，思想逐渐进步。

一九二六年

转到性定小学任教。

一九二七年

四月，四一二反革命政变发生后，性定小学关门，教书生涯结束。

一九二八年

与人合伙在瑞金城里开了一爿米店，经营一年多，亏损关门，回家务农。结识了行医的邓文生等人，开始参加革命活动。

一九二九年

四月，约同本村的刘德连一起到长汀参加红军，并改名为刘英。先任军部会计，不久任军需供给部出纳股股长。

九月，加入中国共产党。毛泽东与之攀谈，后调到军部当文书。

秋冬季，第一次反“围剿”期间主动要求下连队，担任连指导员。

一九三〇年

任红四军营政委、团政委。

一九三二年

三月，任红一军团第四十四师政委。

四月，跟随毛泽东率领的东路军东征闽南。攻打漳州过程中，率部打前锋，佯攻宝林桥，强渡芗水。参加了毛泽东在红楼召开的师以上干部会议。

七月，参加水口战役。

一九三三年

一月，任红十一军政治部主任。

六月，任红一军团第三师政委。

秋季，调任红九军团第三师政委。不久，调任红十四师政委。

一九三四年

一月，任红五军团第三十四师政治部主任。

二月，奉调红七军团任军团政治部主任。

七月，中央宣布组建中国工农红军北上抗日先遣队，任先遣队政治部主任。跟随红七军团从瑞金出发，开始北上行动。

八月，先遣队攻打福州受挫，随军负责护送伤病员到连江、罗源安置。先遣队取得竹口大捷。

十一月，根据中革军委电令，红七军团和红十军合并为红十军团；成立红十军团军政委员会，刘英为五名委员之一。

十二月，红十军团在谭家桥战斗失利，右手负伤。

一九三五年

一月，与粟裕率部八百余人跳出敌人的包围。先遣队主力在怀玉山遭受七倍于己的敌人围攻而失利，方志敏、刘畴西等军团领导被俘。

二月，闽浙赣省委根据一月十五日苏区中央分局的指示，以红十军团突围部队为基础，组成中国工农红军挺进师，刘英任师政治委员。与粟裕师长率挺进师三次从广财山出征，终于翻越灵山，渡过信江，冲破敌人六道封锁线，顺利到达闽北地区。

三月，挺进师在江西上饶县石溪镇遭到袭击，唯一的电台被毁，从此与中共中央、中央分局失去联系达一年半之久。率部艰难转战到闽北苏区崇安县（今武夷山市）车盆坑，进行为期半个月的军政训练，成立挺进师政治委员会，刘英任书记。在浙江龙泉县溪头村，打响了挺进师进入浙江的第一枪。在庆元县半岭村，主持召开政治委员会会议。

四月，在福建寿宁县上村遭遇闽保二团马洪琛部偷袭。刘英与粟裕率部取得斋郎战斗大捷，这是挺时师进入浙江的“关键性一战”。

五月，率部经龙泉、云和县境进抵松阳县境，在安岱后村、斗潭村等地受到陈凤生、陈丹山、卢子敬为首的“青帮”群众的欢迎。

六月，与粟裕率挺进师各部会合于松阳县小吉村。主持召开政治委员会会议，总结一个月来的工作得失，商议部署下一步工作，从思想上、组织上为建立浙西南革命根据地奠定基础。成立浙西南特委和军分区。

七月，挺进师师部进驻遂昌县王村口。

八月，率师部直属队辗转浙江龙泉、庆元和福建省松溪、政和等县，与第四纵队会合于庆元县荷地镇，攻打举水乡一带的反动民团。

九月，主持召开上田政委会会议，决定采取“敌进我进”方针开展反“清剿”斗争。留下第二、五纵队坚持斗争，浙西南革命根据地遭血洗。与粟裕率领主力跳出敌人包围圈，进入闽浙边。

十月，与粟裕率部转战至福建寿宁县含溪村，与闽东特委书记叶飞率领的闽东红军会师。

十一月，与闽东党和红军负责人在泰顺县白柯湾小宫庙举行联席会议，成立中共闽浙边临时省委，刘英任书记。同时，成立闽浙边临时省军区，刘英任政治委员。

十二月，在国民党军重兵“清剿”下，挺进师第二、五纵队及游击队的指战员大多牺牲。黄富武被捕牺牲，标志着浙西南革命根据地的丧失。

一九三六年

一月，以闽浙边临时省委的名义发表声援北平青年学生的《快邮代电》。

二月，在泰顺县峰文乡主持召开闽浙边临时省委会议，决定临时省委留在福鼎、泰顺、平阳一带活动，粟裕率部返回浙西南，恢复浙西南的工作和寻找失去联系的第二、五纵队。

三月，临时省委决定建立中共浙南特委。

四月，闽浙边临时省委和闽东党组织发生工作分歧，闽东领导人叶飞等退出临时省委。

六月，“两广事变”发生，国民党第十八军撤离浙西南，闽浙边临时省委再次掀起革命高潮，大力开展根据地建设。

八月，率部取得了青山岭、李家山等十余次大小战斗的胜利，消灭敌人五六百人。在福鼎李家山主持召开临时省委扩大会议，宣布成立浙南人民委员会，建立了浙南军分区，统一领导浙南游击根据地建设。

十二月，西安事变和平解决后，国民党当局改而采取“北和南剿”的反动方针，令第四路军刘建绪部和浙闽两省当局调集国民党军约十万兵力，向闽浙边根据地发动进攻。

一九三七年

二月，在泰顺县天门下村的牛童往主持召开闽浙边临时省委会议，确定“隐蔽精干，保存力量”“机动灵活，积极作战”和“化整为零，分散游击”相结合的方针。率临时省委机关和特务队到永瑞平泰边区活动。

三月，交通员吴毓从上海返回浙南，以临时省委和省军区的名义发布《快邮代电》，提议国共双方迅速派代表举行和平谈判。

四月，国民党浙江地方当局在《浙瓯日报》上刊登《紧急启事》，表示愿意与中共闽浙临时省委代表“面洽”。

五月，派代表在平阳县北港区山门畴溪小学举行和谈，国民党方面毫无诚意，和谈没有成功。

七月，以中共闽浙边临时省委的名义发出通电和宣言，建议再次举行和平谈判。

八月，闽浙皖赣边区主任公署主任刘建绪同意重开和谈。双方代表在温州申江旅馆进行第二次谈判，双方最终达成五项协议。闽浙边临时省军区发出通知，令所属部队迅速集中，以期早日实现对日作战。

九月，闽浙皖赣边区主任公署代表到平阳接洽，率领代表亲自参加双方会谈，达成七项协议。

十一月，在平阳县凤林村主持召开闽浙边临时省委扩大会议，刘英做三年游击战争最后八个月的斗争总结和抗战形势下的任务的报告。同时，决定恢复中共浙西南特委。

十二月，闽浙边抗日游击总队在温州城区九柏园头设立办事处。

一九三八年

一月，闽浙边抗日救亡干部学校公开登记招生。

二月，在中共的推动和影响下，国民党省政府在丽水召开省政府扩大会议，通过并颁布《浙江省战时政治纲领》。刘英指派龙跃、余龙贵到武汉八路军办事处请示部队行动。曾山到达平阳山门，向刘英、粟裕传达了中共中央和东南局的指示。

三月，随曾山赴南昌途经金华时，会晤了浙江省主席黄绍竑，黄绍竑同意在温州、平阳、丽水等地设立新四军办事机构。粟裕率部离开平阳开赴皖南前线。

五月，从南昌返回平阳后主持召开会议，传达中共中央关于成立中共浙江临时省委的决定，刘英任书记。临时省委决定，将浙西南特委改为中共处属特委。

七月，发表了《一个共产党员的申诉》，以北上抗日先遣队的战斗历程，严正回击国民党顽固派的造谣污蔑。

九月，经中共中央批准，浙江临时省委转为浙江省委，刘英任书记。

十月，国民党当局查封温州九柏园头十七号的新四军驻温州通讯处。刘英果断决定，主动关闭新四军驻浙江各地的办事机构。

十一月，到达皖南东南局驻地，汇报、请示工作。

一九三九年

一月，在金华主持召开省委会议，讨论建立浙西特委、开辟浙西沦陷区工作。

二月，中共中央和东南局指示浙江省委做好准备，迎接党的第七次全国代表大会的召开。

三月，中共浙江省委领导机关从温州秘密迁至丽水城内，在丽水城内外相继建立十余处秘密工作机关和交通联络处。前往金华，与以国民政府军事委员会政治部副部长身份来浙江视察的周恩来见面。

四月，到金华向周恩来汇报工作，听取党的六届六中全会精神及对浙江工作的指示。在温州主持召开浙江省委组织工作会议，传达了周恩来的指示。

七月，中共浙江省第一次代表大会在平阳县凤卧乡的冠尖和马头岗开幕，刘英致开幕词。会议选举产生了刘英等十二人为中共七大代表。会议结束后，回到省委领导机关驻地丽水。

十月，省委通知出席党的第七次代表大会的代表到丽水集中。刘英与丁魁梅在温州举行婚礼，之后率领中共七大浙江代表团，从丽水出发到达皖南泾县新四军军部兼东南局驻地。

十一月，开始撰写《北上抗日与坚持浙闽边三年斗争的回忆》。带领杨思一、张麒麟、郑丹甫三位特委书记返回浙江。

十二月，带队回到浙江省委机关驻地丽水。在省委宣传工作会议上传达上级指示精神。

一九四〇年

一月，省委决定宁（波）绍（兴）特委分设为宁属特委和绍属特委。

六月，中共浙江省委指示，处属特委工作地区分设老区和新区，处属特委改建为闽浙边委。

七月，金（华）衢（州）特委分设金属特委和衢属特委。

十月，东南局召开闽浙两省部分干部会议，项英专门向参加会议的浙江代表传话，省委机关要上山，不要设在城市。

一九四一年

一月，中共浙江省委决定撤销丽水中心县委，重建处属特委。

四月，省委领导机关从丽水迁到温州。日军侵占温州，刘英率省委领导机关迁移到瑞安县东区肇平垟。

五月，省委机关迁回温州市区。刘英被中央任命为中共中央华中局委员。

七月，刘英被中央任命为华中局特派员，负责指挥闽浙赣三地区党的工作。

一九四二年

一月，决定春节后再将省委迁到福建浦城。

二月，刘英在温州恒丰盐店被捕，被关押，并受到审讯。

三月，被押送到浙江省政府驻地永康方岩，继续受审讯。

五月，刘英被秘密枪杀于永康方岩的马头山麓。

参考书目

中国人民政治协商会议浙江省委员会，文史资料研究委员会编．浙江革命史料特辑（六）［M］．杭州：浙江人民出版社，1981．

浙江省军区编．浙南三年［M］．杭州：浙江人民出版社，1984．

方志敏著．方志敏文集［M］．人民出版社，1985．

张廷贵，袁伟著．中国工农红军史略［M］．北京：中共党史资料出版社，1987

龙跃著．坚持浙南十四年［M］．杭州：浙江人民出版社，1987．

粟裕著．粟裕战争回忆录［M］．北京：解放军出版社，1988．

中共浙江省委党史研究室等编．中国工农红军北上抗日先遣队［M］．北京：中共党史出版社，1991．

中共浙江省委党史研究室，中共温州市委党史研究室编．浙南——南方革命的一个战略支点［M］．北京：中共党史出版社，1991．

朱永来著．寻淮洲将军传［M］．北京：解放军出版社，1997．

赖大超著．一个红小鬼的风雨人生［M］．中国青年出版社，1998．

王汝亮主编．浙闽边区革命斗争史话［M］．北京：当代中国出版社，1998．

方梅著．方志敏全传［M］．北京：解放军出版社，1999．

丽水市莲都区史志办公室编．中共丽水（莲都）党史第一卷（1919—

1949）［M］. 北京：中共党史出版社，2001.

中共浙江省委党史研究室编. 刘英纪念文集［M］. 北京：中共党史出版社，2002.

中共浙江省委党史研究室著. 中共浙江党史第一卷［M］. 北京：中共党史出版社，2002.

中共温州市委党史研究室编. 纪念郑丹甫任曼君［M］. 北京：中央文献出版社，2004.

中共青田县委党史研究室著. 中共青田党史第一卷（1919—1949）［M］. 北京：中共党史出版社，2004.

浙江省新四军历史研究会，中共温州市委党史研究室，中共平阳县委编. 郑海啸纪念文集［M］. 北京：中共党史出版社，2004.

中共温州市委党史研究室编. 中共温州党史第一卷（1924—1949）［M］. 北京：中共党史出版社，2004.

浙江省新四军历史研究会浙南分会编. 浙南武装斗争二十年［M］. 北京：当代中国出版社，2005.

浙江省遂昌县史志办公室著. 中共遂昌党史第一卷（1919—1949）［M］. 北京：中共党史出版社，2006.

叶飞著. 叶飞回忆录［M］. 北京：解放军出版社，2007.

浙江省新四军历史研究会编著. 红军挺进师与浙南游击区［M］. 杭州：浙江人民出版社，2007.

刘秉荣著. 中国工农红军全传［M］. 北京：人民出版社，2007.

林强，鲁冰主编. 叶飞传［M］. 北京：中央文献出版社，2007.

中共温州市委党史研究室. 浙南革命历史文献汇编［M］. 北京：中共党史出版社，2007.

中共永嘉县委党史研究室编著. 中共永嘉历史第一卷（1919—1949）［M］. 北京：中共党史出版社，2009.

吴利明著. 挺进师［M］. 杭州：浙江文艺出版社，2009.

中共宁德市委党史研究室编．范式人纪念文集［M］．北京：中共党史出版社，2009．

中共温州市委党史研究室．龙跃传［M］．北京：中共党史出版社，2009．

施平著．施平文集［M］．上海：华东师范大学出版社，2010．

浙江省云和县史志办公室著．中共云和县党史第一卷（1935—1949）［M］．北京：中共党史出版社，2011．

庆元县档案局（史志办）编著．中国共产党庆元历史第一卷（1933—1949）［M］．北京：中共党史出版社，2011．

中共温州市委党史研究室，温州市新四军历史研究会编．浙南——新四军的策源地之一［M］．北京：中共党史出版社，2012．

中共龙泉市委党史研究室著．中国共产党龙泉历史第一卷（1921—1949）［M］．北京：中共党史出版社，2013．

中共景宁畲族自治县委党史研究室著．中国共产党景宁历史第一卷（1927—1949）［M］．北京：中共党史出版社．

缪小宁著．闽东苏维埃［M］．北京：中共党史出版社，2014．

中共丽水市委党史研究室编．浙江省丽水市抗日战争时期人口伤亡和财产损失［M］．北京：中共党史出版社，2015．

中共瑞金党史工作办公室著．中国共产党瑞金历史第一卷（1926—1949）［M］．北京：中共党史出版社，2015．

中共泰顺县委党史研究室，泰顺县史志学会编．红军挺进师在泰顺［M］．北京：中国文史出版社，2015．

吴利明著．先遣队［M］．杭州：浙江文艺出版社，2016．

中共中央党史研究室编．中国工农红军北上抗日先遣队卷［M］．北京：中共党史出版社，2016．

中共江西省委党史研究室，上饶市委党史工作办公室著．闽浙皖赣苏区史［M］．北京：中共党史出版社，2016．

徐平主编．中国工农红军通览（1927—1937）［M］．北京：解放军出版社，2017．

处州晚报，丽水市档案馆编．丽水抗战遗址［M］．杭州：浙江工商大学出版社，2017．

潘庆平著．铁窗、战马和不平静的书斋——著名经济学家骆耕漠的传奇人生［M］．杭州：浙江人民出版社，2018．

丽水市档案局（馆）编．挺进师与丽水［M］．北京：中共党史出版社，2019．

中共丽水市委党史研究室编．中国共产党浙江丽水历史第一卷（1927—1949）［M］．北京：中共党史出版社，2019．

中共缙云县委党史研究室著．中国共产党浙江缙云历史第一卷（1927—1949）［M］．北京：中共党史出版社，2021．

中共松阳县委党史研究室著．中国共产党浙江松阳历史第一卷（1933—1949）［M］．北京：中共党史出版社，2021．

本书编写组编．读懂浙西南革命精神［M］．杭州：浙江人民出版社，2021．